사례별 경리 세무회계, 부가가치세 원천세, 법인세 세금, 가산세 세법

경영정보사 편

경영정보사

■ 저자 이진규 (약력)
(현)삼일인포마인 세무상담위원
(현)비즈폼, 이지분개 세무상담위원
　　20여년간 세무상담
(현)경영정보사 도서 집필 및 발간
(전)국세청 세무조사관

■ 저자 저서
법인관리 및 법인세무 컨설팅
법인기업의 세무회계실무
세법의 가산세 및 세무회계실무
부가가치세 및 원천세 실무
세금개요 및 절세

사례별 경리 세무회계, 부가가치세
원천세, 법인세 세금, 가산세 세법

2026. 01 05. 초판 발행
저　　자 : 이　진　규
발 행 인 : 강　현　자
발 행 처 : 경영정보사
신고번호 : 제2021 - 00026호

주　　소 : 대구시 동구 동촌로 255
　　　　　태왕 아너스 101동 401호
전　　화 : 080 - 250 - 5771
홈페이지 : www.ruddud.co.kr
E-Mail　 lee24171@naver.com

정　가　　25,000원

머리말

이 책은 중소기업의 세무회계실무를 담당하고 있는 실무자를 위하여 편집한 도서로 가능한 서술적인 설명은 생략하고, 사례중심으로 설명을 하였습니다.

상업부기 및 회계에 대한 전문교육을 이수하고 기업에서 막상 회계실무를 담당하다 보면 교육을 통하여 배우지 못하였던 여러 가지 복잡한 거래 사례를 접하게 되며, 특정 사안에 대하여 그 처리방법을 찾지 못하여 많은 시간을 낭비할 수도 있을 것입니다.

저자는 이와 같은 애로사항을 답변해드리는 회계 및 세무업무 전문 상담 사이트인 '이지분개'를 관리하면서 질의내용을 분석하여 회계업무의 전처리과정을 실무적으로 가장 쉽게 접근할 수 있도록 단원별로 이 한 권에 책에 수록하였습니다.

이 책은 특히 실무에서 회계처리를 함에 있어 발생하는 내용 중 그 처리에 있어 다소 까다로운 부분을 사례별로 예시를 들었으며, 실무에서 편리하게 활용할 수 있도록 각고의 노력을 기울였습니다.

본서를 통하여 기업의 회계처리업무에 관한 모든 궁금 점을 해결할 수는 없습니다만, 많은 부분은 도움이 될 것으로 믿습니다.

끝으로 중소기업의 회계업무를 담당하시는 분들에게 본서가 유익한 참고도서가 되기를 바랍니다.

2025년 8월
저자 이 진 규

사례별 경리 세무회계, 부가가치세 원천세, 법인세 세금, 가산세 세법

CONTENTS .....

경영정보사 홈페이지
무료 이용
(지정) 아이디   aa11
(지정) 비밀번호 aa1111

제1부   부가가치세

[01] 부가가치세 개념 ... 3
[02] 부가가치세 납세의무자 및 사업자등록 ... 5
[03] 납세지, 주사업장 총괄납부, 사업자단위 과세 ... 7
[04] 부가가치세 과세거래 ... 9
[05] 재화 또는 용역의 공급시기 ... 11
[06] 간주공급, 개인적공급, 사업상증여, 폐업시 잔존재화 등 ... 13
[07] 사업의 포괄양도양수, 영업권 양도, 대리납부 ... 18
[08] 세금계산서 발급시기, 월합계 세금계산서, 선발급 ... 23
[09] 세금계산서 작성 및 공급시기, 공동도급, 단가인하, 잠정가액 ... 30
[10] 전자세금계산서, 계산서 의무발급 사업자 ... 38

[11] 전자세금계산서 발급과 국세청 전송 40

[12] 전자세금계산서 수정발급과 가산세 적용 42

[13] 전자세금계산서 발급방법 등 52

[14] 영수증 발급대상자 및 영수증 발급 54

[15] 현금영수증, 현금영수증 의무발행 사업자, 현금매출명세서 제출 56

[16] 신용카드 매출 및 신용카드 매출전표등 발행세액공제 64

[17] 신용카드 매출 회계처리 66

[18] 영세율 및 영세율 부가가치세 신고 67

[19] 면세제도 및 면세대상 76

[20] 부가가치세 과세표준, 마일리지 80

[21] 과세표준에서 차감하여야 하는 것 83

[22] 세금계산서 발급대상이 아닌 것, 손해배상금 등 85

[23] 간주공급시 과세표준 계산 87

[24] 토지와 건물 일괄 공급시 과세표준 안분계산 89

[25] 매입세액공제, 매입자발행세금계산서, 경정청구 92

[26] 신용카드매출전표·현금영수증 매입세액공제 95

[27] 면세재화 매입에 대한 의제매입세액공제 102

[28] 재활용폐자원 등에 대한 매입세액공제 특례 106

[29] 대손세액공제 및 대손세액공제 사례 108

[30] 대손세액공제 신청 및 회계처리 사례 112

[31] 매입세액 불공제　　　　　　　　　　　　　　114

[32] 공통매입세액 중 면세사업분 불공제　　　　　119

[33] 부가가치세 신고 및 납부기한　　　　　　　　125

[34] 부가가치세 신고 및 실무 유의사항　　　　　　127

[35] 부가가치세 납부 또는 환급 회계처리　　　　　133

[36] 부동산 임대수익 부가가치세 신고 및 납부　　137

[37] 폐업자 및 휴업자와의 거래 세무 문제　　　　141

제2부　원천세 실무

[01] 과세대상 근로소득 및 비과세소득　　　　　　149

[02] 종업원 선물, 포상금, 경조사비, 종업원 할인판매 등　　161

[03] 이자소득세 원천징수　　　　　　　　　　　　167

[04] 기타소득 및 기타소득세 원천징수　　　　　　171

[05] 경품 지급과 기타소득세 원천징수 실무　　　　182

[06] 원천징수대상 사업소득 및 사업소득세 원천징수　　186

[07] 간이지급명세서 및 지급명세서 제출, 가산세　　192

[08] 주민세 종업원분 신고 및 납부　　　　　　　　197

제3부 사례별 세무회계 실무

[01] 퇴직연금 세무실무 및 회계처리   203

[02] 업무용 승용차 과세 특례   212

[03] 차량과 관련한 세무회계   222

[04] 수익적 지출, 자본적 지출   231

[05] 기숙사 또는 사택 관련 세무회계   236

[06] 골프회원권 및 콘도회원권 세무회계   240

[07] 판매 촉진과 관련한 세무회계, 사은품, 상품권, 샘플, 마일리지   246

[08] 손해배상금 및 클레임 세무회계   254

[09] 금융상품, CMA, MMF, 보험료 세무회계   256

[10] 소프트웨어, 프로그램 세무회계   264

[11] 4대보험, 두루누리, 연말정산 회계처리   266

[12] 수출실무 및 회계처리   282

[13] 수입실무 및 회계처리   292

[14] 외화환산손익 및 외환거래 회계처리   304

[15] 전기오류수정손익   309

[16] 가산세 및 적용 사례   318

[17] 지출증빙, 제척기간, 소멸시효   347

PDF 파일 제공 [경영정보사 홈페이지]

도서 지면 관계상 본 서에 수록하지 못한 아래 자료는 경영정보사 홈페이지에서 다운로드받아 사용하시면 됩니다.

□ 조세 체계 및 분류, 법령 검색
□ 법인과 개인기업의 세금
□ 간이과세자 부가가치세 신고·납부
□ 부가가치세 과세유형 전환과 재고납부(매입)세액
□ 보세구역과 부가가치세
□ 철 또는 구리스크랩 매입자 납부제도
□ 일용근로자 근로소득세, 노무 및 4대보험 실무
□ 배당소득세 원천징수
□ 퇴직금 및 퇴직소득세 원천징수, 퇴직금 중간정산
□ 반기별 신고 및 납부
□ 대손상각
□ 국고보조금 세무회계
□ 리스 세무회계
□ 위탁판매 및 수탁판매 세무회계
□ 주식 이동시 반드시 검토할 사항
□ 법인의 주주에 대한 이익배당 및 세무회계
□ 배당과 관련한 세무실무
□ 자본금 증자 및 감자 세무회계
□ 가수금 출자전환
□ 비상장법인의 주식양도양수와 세무실무
□ 법인의 부동산 취득 관련 제비용 및 회계처리
□ 법인의 부동산 양도 및 추가 과세 등
□ 건설중인 자산, 토지, 건물 일괄 취득시 취득가액 계산
□ 비상장법인 주식 평가, 주식 평가와 관련하여 유의할 사항
□ 자기 주식 취득 목적 및 취득 유형, 자기주식 회계처리
□ 비상장법인의 자기주식 거래와 조세 문제
□ 주식 양도에 대한 양도소득세 등 세무
□ 법인 폐업 및 청산 세무실무
□ 외부감사제도 및 감사인 선임

PDF 파일 제공 [경영정보사 홈페이지]

- ☐ 창업중소기업 등에 대한 법인세·소득세 감면
- ☐ 중소기업에 대한 특별세액 감면
- ☐ 고용을 증대시킨 기업에 대한 세액공제
- ☐ 통합고용세액공제
- ☐ 통합투자세액공제
- ☐ 중소기업 고용증가 인원 사회보험료 세액공제
- ☐ 근로소득을 증대시킨 기업에 대한 세액공제
- ☐ 성과공유 중소기업 경영성과급 세액 공제
- ☐ 연구 및 인력개발비 세액공제
- ☐ 기업부설연구소 설립 및 전담부서 설치
- ☐ 법인세 공제·감면시 유의사항, 공제감면세액 공제 순서
- ☐ 세액공제·감면의 중복적용배제
- ☐ 공제감면에 대한 농어촌특별세 납부
- ☐ 최저한세 및 세액공제액의 이월공제
- ☐ 임원퇴직금, 급여, 상여금 세무 문제
- ☐ 기업업무추진비(접대비) 손금산입 및 손금불산입
- ☐ 기부금의 손금산입 및 손금불산입
- ☐ 감가상각비, 내용연수표, 중고자산, 감가상각 의제
- ☐ 세무조정 개요 및 손금불산입
- ☐ 유가증권 평가
- ☐ 세무조정 사항의 소득처분
- ☐ 익금불산입, 배당금수익, 임대보증금 간주익금
- ☐ 손익의 귀속사업연도, 진행기준
- ☐ 소규모법인 등의 성실신고확인제
- ☐ 특수관계자 외의 거래와 부당행위계산부인
- ☐ 가지급금 인정이자 및 지급이자 손금불산입
- ☐ 본지점 회계처리 및 세무실무
- ☐ 주식매수선택권(스톡옵션) 비과세 등 세무
- ☐ 법인세 세율 및 법인세 납부, 분납
- ☐ 법인세비용 회계처리
- ☐ 법인세 중간예납세액 신고 및 납부
- ☐ 법인지방소득세 신고 및 납부
- ☐ 2025년 개정 세법
- ☐ 2026년 개정 세법(안)

2025년 세제 개편안(2026년 시행 예정)

1) 2025년 세제 개편안(2026년 시행)은 법인세 세율 1% 인상외에 실무에서 적용하여야 하는 세법 개정 내용은 특별히 없습니다.

2) 2025년 세제 개편안 주요 내용은 아래 정책 브리핑 자료를 참고하시되, 전체 자료는 경영정보사 홈페이지 개정 세법 또는 기획재정부 보도자료에서 [2025년 세제개편안 발표] 자료를 다운로드받아 참고하시기 바랍니다.

(2026년 7월 31일) 정책 브리핑 새 정부 첫 세제개편안 발표

기획재정부는2021년 7월 31일 서울 은행회관에서 세제발전심의위원회를 열고 '2025년 세제개편안'을 발표했습니다.

'진짜 성장을 위한 공평하고 효율적인 세제'를 비전으로 경제강국 도약 지원, 민생안정을 위한 포용적 세제, 세입기반 확충 및 조세제도 합리화를 3대 목표로 잡았습니다.

■ 경제강국 도약 지원

1) 인공지능(AI), 문화 산업 등을 중심으로 미래전략산업에 대한 지원을 강화한다.
우선 인공지능(AI)을 국가전략기술로 지정한다. 이에 따라 중소기업은 해당 기술 연구개발(R&D) 비용의 40~50%, 중견기업은 30~45%, 대기업은 30~40%를 세액공제 받게 된다.

2) 데이터센터 투자 시 △대기업은 기본 6%에 증가분 10%로 최대 16% △중견기업은 최대 18%(기본 8%+증가분 10%) △중소기업은 최대 35%(기본 25%+증가분 10%)의 세금이 감면된다.

3) 자동차·선박의 AI 지능형 자율 주행·운항 기술과 관련 설비·실증은 국가전략기술에 포함돼 세제 혜택을 준다. 방위 산업에서는 방산 물자의 '글로벌 공급망 진입·안정화 기술'과 관련 시설을 신성장·원천기술에 추가한다.

4) 또 웹툰 콘텐츠 제작비에 대한 소득·법인세 세액공제 항목을 신설했다. 공제율은 일반기업 10%, 중소기업 15%다.

5) 고용 창출에 어려움을 겪는 기업을 위해 통합고용세액공제 기준을 완화한다. 특히 지방에 있는 중소기업 공제액이 1인당 최대 1550만원에서 2000만원으로 확대된다.

6) 자본시장 활성화를 위해 정부는 일정 요건을 충족하는 고배당 기업으로부터 받은 배당소득에 대해 내년부터 분리과세를 허용하기로 했다.

고배당 기업은 현금배당이 전년 대비 감소하지 않은 상장법인 중 배당성향이 40% 이상이거나, 배당성향 25% 이상이면서 직전 3년 대비 5% 이상 배당을 늘린 기업이 해당된다.

이에 따라 그간 최대 45%에 달하던 종합소득 과세 대상에서 제외돼, 고배당 기업 투자자의 세 부담이 상당 폭 완화될 전망이다. 정부는 이를 통해 증시 활성화를 유도하겠다는 입장이다.

분리과세 세율은 배당소득 규모에 따라 달라진다. 과세표준이 △2000만원 이하면 14% △3억원 이하일 경우 20% △3억원 초과 시 35%가 적용된다.

현행 종합소득세율(6~45%)보다 최대 30%포인트(p) 이상 낮은 수준이다.

7) 지역성장 지원을 위해 10만원 초과 20만원 이하 고향사랑기부금에 대한 세액공제율이 기존 15%에서 40%로 상향된다.

인구감소지역, 성장촉진지역, 고용위기지역, 산업위기지역 등으로 공장 또는 본사를 이전할 경우, 최대 15년간 세액감면 혜택이 주어진다.

■ **민생안정을 위한 포용적 세제**

이외에 정부는 다자녀 가구, 소상공인을 위한 세제 지원 정책도 시행할 예정이다.

1) 취약계층 지원 강화를 위해 정부는 총급여 7000만원 이하이면서 자녀가 2명 이상인 가구에 대해 신용카드 등 소득공제 한도를 기존 300만원에서 최대 400만원으로 상향하기로 했다.

2) 자녀 1인당 월 20만원의 보육수당도 비과세 대상에 포함된다.

3) 미취학 아동에만 지원했던 교육비 공제에 초등학교 1~2학년 자녀의 예체능 학원비도 추가한다. 지출액의 15%가 공제되며, 연간 300만원 한도 내에서 혜택을 받을 수 있다.

4) 다자녀 가구에 대한 월세 공제 대상 주택 기준도 완화된다. 기존에는 전용면적 85㎡ 이하 또는 시가 4억원 이하였지만, 내년부터는 100㎡ 이하 및 시가 4억원 이하로 확대된다.

5) 사적연금을 종신형으로 수령할 경우 원천징수세율이 현행 4%에서 3%로 인하된다.

6) 소상공인과 중소기업 지원도 강화된다.
지역사랑상품권도 기업 업무추진비에 비용으로 인정받을 수 있게 되며, 소상공인의 경영 악화로 노란우산공제 해지 시 '퇴직소득'으로 인정받을 수 있는 기준도 완화된다.

7) '착한 임대인' 세액공제를 3년 연장하고, 사회적기업의 기부금 손금(비용) 인정 한도를 확대한다. 중소기업의 스마트기업 설비투자와 관련한 세액공제 특례도 신설된다.

■ 세입기반 확충 및 조세제도 합리화

1) 법인세는 2022년 이전 수준으로 환원된다. 세율은 구간별 세율을 각각 1%포인트(p)씩 인상한다.

일반 법인의 경우 과세표준 2억원 이하 구간은 9%에서 10%로, 2억~200억원 구간은 19%에서 20%로, 200억~3000억원 구간은 21%에서 22%로, 3000억원 초과 구간은 24%에서 25%로 각각 1%p 오른다. 소규모 법인 역시 구간별로 동일하게 1%p씩 인상된다. 이번 개정은 내년 1월 1일 이후 개시하는 사업연도부터 적용된다.

2) 증권거래세율도 2023년 수준으로 환원한다. 코스피 거래에 대한 증권거래세율은 현행 0%(농어촌특별세 0.15% 별도)에서 0.05%(농특세 0.15%)로 조정된다. 코스닥·K-OTC는 0.15%에서 0.2%로 인상되며, 코넥스 시장은 0.1%로 유지된다.

3) 지난 정부에서 50억원으로 올렸던 주식 양도소득세 관련 대주주 기준을 10억원으로 다시 낮춘다.

기재부는 이번 개편안으로 전년 대비 2026년 ~ 2030년 합계 8조 1672억원의 세수가 더 걷힐 것으로 내다봤다. 개편안은 오는 8월 14일까지 입법예고된 뒤 차관회의, 국무회의를 통해 최종 확정돼 9월 3일 이전 정기국회에 제출될 예정이다.

[출처] 대한민국 정책브리핑(www.korea.kr)

2026년 이후 시행 주요 개정 세법(안)

[세법 개정(안) 법인세율 환원(법인법 §55①)

현 행	개 정 안
□ 법인세율 및 과표구간	□ 법인세율 상향 조정
○ (일반법인)	○ (좌 동)

과 표	세 율	과 표	세 율
0~2억원	9%	0~2억원	10%
2~200억원	19%	2~200억원	20%
200~3,000억원	21%	200~3,000억원	22%
3,000억원 초과	24%	3,000억원 초과	25%

현 행	개 정 안
○ (성실신고확인대상 소규모 법인*) * ①~③ 요건을 모두 갖춘 법인 ① 지배주주등 지분율 50% 초과 ② 부동산임대업이 주된 사업이거나 부동산임대수입·이자·배당소득이 매출액의 50% 이상 ③ 상시근로자 수가 5인 미만	○ (좌 동)

과 표	세 율	과 표	세 율
200억원 이하	19%	200억원 이하	20%
200~3,000억원	21%	200~3,000억원	22%
3,000억원 초과	24%	3,000억원 초과	25%

<적용시기> '26.1.1. 이후 개시하는 사업연도 분부터 적용

[세법 개정(안)] 중소기업 특별세액감면 적용기한 연장(조특법 §7)

현 행	개 정 안
□ 중소기업 특별세액감면	□ 적용기한 연장
○ (감면율) 소재지·기업규모·업종에 따라 법인세·소득세의 5~30% 감면	
○ (한도) 1억원	○ (좌 동)
- 직전연도 대비 상시근로자 감소시 1명당 5백만원 차감	
○ (적용기한) '25.12.31.	○ '28.12.31.

[세법 개정(안)] 생계형 창업중소기업 세액감면 적용 기준금액 상향(조특법 §6)

현 행	개 정 안
□ 생계형 창업중소기업	□ 기준금액 상향
○ (기준금액) 연간 수입금액 8천만원 이하	○ 8천만원 → 1억 4백만원
○ (감면율) 5년간 소득세·법인세 50~100% 감면 * 일반 창업중소기업 5년간 0~50%	○ (좌 동)

<적용시기> '26.1.1. 이후 개시하는 과세연도 분부터 적용

[세법 개정(안)] 상가임대료 인하 임대사업자에 대한 세액공제 적용기한 연장 (조특법 §96의3①)

현 행	개 정 안
□ 상가임대료 인하 임대사업자의 임대료 인하액 세액공제	□ 적용기한 연장
○ (공제액) 임대료 인하액의 70% (종합소득금액 1억원 초과시 50%)	
○ (임대인) 「상가임대차법」상 부동산임대업 사업자등록을 한 임대사업자	○ (좌 동)
○ (임차인*) 「소상공인기본법」상 소상공인, 임대차 계약기간이 남은 폐업 소상공인 　* 단, '21.6월 이전부터 계속 임차한 경우에 한함	
○ (적용기한) '25.12.31.	○ '28.12.31.

[세법 개정(안)] 상용근로자 간이지급명세서 월별 제출시기 유예
(법률 제19196호 소득법 §81의11·부칙, 법률 19193호 법인법 §75의7·부칙)

현 행	개 정 안
□ 간이지급명세서 제출	□ 시행시기 유예
○ 상용근로소득 : 매월	○ (좌 동)
○ 시행시기 → '26.1.1. 이후	○ 시행시기 → '27.1.1. 이후

[세법 개정(안)] 현금매출명세서 제출 의무 범위 확대(부가법 §55, 부가령 §100)

현 행	개 정 안
□ 현금매출명세서 제출 의무 업종 　○ 예식장업 　○ 부동산중개업 　○ 보건업(병원, 의원 한정) 　○ 변호사업, 공인회계사업, 세무사업, 의사업, 약사업 등 〈추 가〉	□ 제출 의무 업종 추가 　○ (좌 동) 　○ 미디어 콘텐츠 창작업

<적용시기> '26.4.1. 이후 신고하는 분부터 적용

[세법 개정(안)] 현금영수증 가맹점 소득세 세액공제 적용기한 연장
(조특법 §126의3②)

현 행	개 정 안
□ 현금영수증 발급 시 소득세 세액공제 　○ (대상) 현금영수증 가맹점 　○ (요건) ❶ 5천원 미만 거래, ❷ 전화망을 통한 발급 　○ (세액공제) 발급 건당 20원 　○ (적용기한) '25.12.31.	□ 적용기한 연장 　○ (좌 동) 　○ '28.12.31.

[개정 세법(안)] 증권거래세율 환원(증권령 §5)

현 행	개 정 안
□ 증권거래세 세율 ㅇ 기본세율: 0.35% ㅇ 탄력세율 ❶ (코스피) 0%(농특세 0.15%) ❷ (코스닥·K-OTC) 0.15%(농특세 없음) ❸ (코넥스) 0.1%(농특세 없음)	□ 세율 조정 ㅇ (좌 동) ㅇ 탄력세율 ❶ 0.05%(농특세 0.15%) ❷ 0.20%(농특세 없음) ❸ (좌 동)

<적용시기> 영 시행일 이후 양도하는 분부터 적용

[개정 세법(안)] 주식 양도소득세 대주주 기준 환원(소득령 §157①·②)

현 행	개 정 안
□ 국내 주식 대주주 과세기준	□ 과세기준 조정
ㅇ (판정) 종목별 일정 지분율 또는 일정 보유금액 이상	ㅇ (좌 동)
- (지분율) 코스피 1%, 코스닥 2%, 코넥스 4% 이상	
- (보유금액) 50억원 이상	- 10억원 이상

구 분	지분율	보유금액
코스피	1%	
코스닥	2%	50억원
코넥스	4%	

구 분	지분율	보유금액
코스피		
코스닥	좌 동	10억원
코넥스		

<적용시기> 영 시행일 이후 양도하는 분부터 적용

[개정 세법(안)] 고배당기업에 대한 배당소득 분리과세 도입(조특법 §104의27 신설)

현 행	개 정 안

<신 설>	□ 고배당기업 배당소득 분리과세
	
	ㅇ (대상) 고배당 상장법인* 주주(거주자)
	
	   * 전년 대비 현금배당이 감소하지 않은 ❶ 또는 ❷ 충족 법인
	   ❶ 배당성향 40% 이상
	   ❷ 배당성향 25% 이상 및 직전 3년 평균 대비 5% 이상 배당 증가
	
	  - (제외) 공모·사모펀드, 리츠, 투자목적회사(SPC) 등
	
	ㅇ (과세특례) 고배당기업 배당소득은 금융소득 종합과세 대상에서 제외하여 분리과세
	
	  - (대상) 현금배당액(중간·분기·결산배당 포함)
	  - (적용세율) 3단계 누진세율
	
	{table}
	
	ㅇ (적용기간) '28.12.31.이 속하는 사업연도에 귀속되는 배당분까지

과세표준	2천만원 이하	2천만원 초과 3억원 이하	3억원 초과
적용세율	14%	20%	35%

<적용시기> '26.1.1. 이후 개시하는 사업연도에 귀속되는 배당 분부터 적용

제1부

부가가치세 실무

01 부가가치세 개념

❶ 최종소비자가 부담하는 간접세이며, 일반소비세다.

① 부가가치세란 재화 또는 용역의 소비행위에 대하여 부과되는 일반소비세로 재화 또는 용역을 공급하는 자가 공급받는 자로부터 징수·납부하는 간접세이다. 간접세란 조세를 부담하는 자(부가가치세의 경우 최종소비자)외 납부하는 자가 다른 세금을 말한다.

예를 들어 컴퓨터 대리점에서 컴퓨터를 1,100,000원에 구입하였다고 하자 이 경우 컴퓨터가격에는 반드시 부가가치세라는 세금이 포함되어 있다. 소비자는 컴퓨터 구입가격에 부가가치세가 포함되어 있는지를 모르고 컴퓨터를 구입하였지만, 컴퓨터 대리점은 컴퓨터를 판매하고자 하는 가격이 1,000,000원 이면 컴퓨터 가격의 10%(100,000원)를 소비자로부터 덧붙여 받는다.

이와 같이 물품대금의 10%를 덧붙여 받는 금액이 부가가치세인 것이다. 그러면, 소비자가 물품가격의 10%를 세금(부가가치세)으로 컴퓨터대리점에 더 준 돈은 어떻게 되는가? 컴퓨터대리점 사업자는 소비자가 컴퓨터 구입시 부담한 부가가치세를 소비자를 대신하여 세법이 정하는 바에 의하여 관할 세무서에 납부하여야 한다.

② 일반소비세란 특정한 소비가 아닌 일반적인 소비에 대하여 부과하는 조세란 의미로 특정한 물품, 특정한 장소 입장행위, 특정한 장소에서의 유흥음식행위 및 특정한 장소에서의 영업행위에 대하여 부과하는 개별소비세와 구분된다.

❷ 부가가치세는 일정 기간 단위(과세기간)로 신고·납부한다.

많은 소비자로부터 컴퓨터 판매시마다 받는 부가가치세를 매일 납부한다면 매우 번거로운 일이므로 일정 기간(3개월 또는 6개월 단위) 동안 모아 두었다가 컴퓨터를 판매할 시 덧붙여 받은 부가가치세를 납부하는 것이다.

컴퓨터 대리점이 소비자에게 판 컴퓨터를 구입하는 과정을 살펴보면, 컴퓨터 대리점은 생산공장으로부터 컴퓨터를 880,000원(부가세 포함)에 구입하였다고 하자. 컴퓨터 생산공장은 대리점에 컴퓨터대금 800,000원에 부가가치세 80,000원을 덧붙여 880,000원에 판매하고, 컴퓨터 생산공장이 대리점으로부터 받은 부가가치세 80,000원은 컴퓨터 생산공장이 컴퓨터대리점을 대신하여 일정 기간 내 세무서에 부가가치세를 납부하여야 하는 것이다.

이와 같이 부가가치세는 물품을 구입한 자가 부담하고 물품을 판매한 자가 물품을 구입한 자로부터 부가가치세를 받아 두었다가 물품을 구입한 자를 대신하여 납부하는 세금인 것이다.

❸ 과세사업자는 매입시 부담한 매입세액을 공제받을 수 있다.

사업장 관할 세무서에 일반과세사업자로 사업자등록을 한 자에 한하여 사업과 관련하여 물품 구입시 물품대금의 10%를 부가가치세로 더 준 매입세액(단, 불공제로 특정한 경우 제외)은 사업자가 물품판매시 물품대금의 10%를 부가가치세로 더 받아 둔 매출세액에서 공제를 받을 수 있다.

▶ 사업자의 물품 등 매입 및 매출과 부가가치세

컴퓨터 제조공장		컴퓨터 대리점				소비자
컴퓨터 판매	→	컴퓨터 매입	→	컴퓨터 매출	→	매입가액
공급가액 800,000		공급가액 800,000		공급가액 1,000,000		1,100,000
매출세액 80,000		매입세액 80,000		매출세액 100,000		

보 충	컴퓨터대리점의 부가가치세 납부 계산 사례

① 매출 공급가액 1,000,000원 + 매출 부가가치세(부가세예수금) 100,000원
② 매입 공급가액   800,000원 + 매입 부가가치세(부가세대급금) 80,000원
③ 납부할 부가가치세 (부가세예수금 - 부가세대급금)   20,000원
 - 매출시 소비자로부터 받은 부가가치세(매출세액) 100,000원에서 매입시 컴퓨터 생산공장에 지급한 부가가치세 80,000원(매입세액)을 공제한 금액을 납부한다.

02 부가가치세 납세의무자 및 사업자등록

❶ 사업자 개념

사업자란 영리목적에 불구하고, 사업상 독립적으로 재화 또는 용역을 공급하는 자를 말하며, 부가가치세 납세의무자란 사업자로서 부가가치세가 과세되는 재화 또는 용역을 공급하는 자를 말한다. 납세의무자는 재화 또는 용역 공급시 거래상대방으로부터 부가가치세를 징수하여 일정 기간 단위로 신고·납부하여야 한다.

❷ 사업장 및 사업자등록

사업자는 사업개시일로부터 20일 이내에 **사업장**이 속하는 관할세무서에 사업자등록을 신청하여야 한다. 다만, 신규로 사업을 하고자 하는 자는 사업개시일 전이라도 사업자등록을 할 수 있다.

사업장은 사업자가 사업을 운영하기 위하여 거래의 전부 또는 일부를 이행하는 고정된 장소로 부가가치세 납세지는 각 사업장의 소재지로 한다. 한편, 사업장이 둘 이상인 사업자는 각 사업장마다 사업자등록을 하여야 한다.

사업자등록을 하고자 하는 사업자는 사업자등록신청서를 관할세무서장에게 제출하여야 하며, 신청서에는 다음의 서류를 첨부하여야 한다. 한편, 사업의 허가·등록전에 등록을 하는 때에는 사업허가신청서 사본, 사업등록신청서 사본, 사업신고서 사본이나 사업계획서로 이에 갈음할 수 있다.

① 사업장을 임차한 경우에는 임대차계약서 사본
② 상가건물을 임차한 경우 해당 부분의 도면
③ 법령에 의하여 허가를 받거나 등록 또는 신고를 하여야 하는 사업의 경우에는 사업허가증 사본, 사업등록증 사본 또는 신고필증 사본

❸ 사업자 분류

[1] 과세사업자
과세 재화 또는 용역을 공급하는 사업자는 일반과세자와 간이과세자로 구분한다. 간이과세자란 소규모 사업자의 납세편의를 위하여 일정 요건을 충족(예를 들어 연간 매출액이 4,800만원 이하인 경우)하는 경우 간이과세자가 될 수 있으며, 간이과세자 부가가치세 신고 및 납부특례에 대한 사항은 간이과세자편을 참고한다.

[2] 면세사업자
면세되는 재화 또는 용역(면세편 참조)을 공급하는 사업자

❹ 사업자등록사항의 변경 및 정정신고

사업자가 다음 각 호의 어느 하나에 해당하는 경우에는 지체 없이 사업자의 인적사항, 사업자등록의 변경 사항 및 그 밖의 필요한 사항을 적은 사업자등록 정정신고서를 세무서장에게 제출(국세정보통신망에 따른 제출을 포함한다)하여야 한다.

1. 상호를 변경하는 경우
2. 법인의 대표자를 변경하는 경우
3. 사업의 종류에 변동이 있는 경우
4. 사업장을 이전하는 경우
5. 상속으로 사업자의 명의가 변경되는 경우
6. 공동사업자의 구성원 또는 출자지분이 변경되는 경우
7. 사업자 단위 과세 사업자가 종된 사업장을 신설하거나 이전하는 경우
8. 사업자 단위 과세 사업자가 종된 사업장의 사업을 휴업하거나 폐업하는 경우

▶ **업종 추가 또는 변경에 대하여 사업자등록 정정신고를 하지 못한 경우**
사업자가 새로운 사업의 종류를 추가한 경우에는 사업자등록정정신고를 하여 업종을 추가한 사업자등록증을 교부받아야 하는 것이나 사업자등록 정정신고를 이행하지 아니하거나 지연신고한 경우에도 가산세 등 불이익은 없으며 추가되는 업종에 대한 세금계산서 및 계산서를 발급할 수도 있다.

03 납세지, 주사업장 총괄납부, 사업자단위 과세

❶ 납세지 개념

납세지란 납세자와 국가·지방자치단체간의 법률관계의 이행장소를 결정하는 장소적 기준이 되는 곳으로 납세지는 납세자의 신고, 신청, 청구 및 납부 등의 행위의 상대방이 되는 과세 관청을 결정할 때의 기준이 된다.

[1] 세목별 납세지
① 종합소득세 : 주소지 관할세무서
② 법인세 : 법인 등기부상 본점 소재지 관할 세무서
③ 부가가치세, 원천세 : 사업장 소재지 관할 세무서

[2] 부가가치세 납세지
① 사업장 관할 세무서를 납세지로 하며, 사업장은 사업자가 사업을 운영하기 위하여 거래의 전부 또는 일부를 이행하는 고정된 장소로 한다.
② 부가가치세는 각 사업장별로 사업자등록을 하고, 각 사업장별로 부가가치세를 신고 및 납부하여야 한다. 단, 2군데 이상의 사업장이 있는 거주자의 납세편의를 제공하기 위하여 주사업장 총괄 납부와 사업자 단위 신고 납부제도가 있으며, 그 내용은 다음과 같다.

❷ 주사업장 총괄납부

사업장이 둘 이상인 사업자가 다음에 정하는 바에 따라 주된 사업장의 관할 세무서장에게 주사업장 총괄납부를 신청한 경우에는 **납부할 세액을 주된 사업장에서 총괄하여 납부**할 수 있다.

① 주된 사업장은 법인의 본점(주사무소를 포함한다. 이하 같다) 또는 개인의 주사무소로 한다. 다만, 법인의 경우에는 지점을 주된 사업장으로 할 수 있다.

② 주된 사업장에서 총괄하여 납부하는 사업자(주사업장 총괄납부 사업자)가 되려는 자는 그 납부하려는 **과세기간 개시 20일 전**에 주사업장 총괄 납부 신청서를 주된 사업장의 관할 세무서장에게 제출(국세정보통신망에 의한 제출 포함)하여야 한다.

❸ 사업자단위 과세 사업자

① 사업장이 둘 이상인 과세사업자는 사업자 단위로 해당 사업자의 본점 또는 주사무소 관할 세무서장에게 등록을 신청할 수 있다. 이 경우 등록한 사업자를 사업자 단위 과세사업자라 한다.

② 사업장단위로 등록한 과세사업자가 사업자 단위 과세사업자로 변경하려면 사업자단위 과세사업자로 적용받으려는 과세기간 개시 20일 전까지 사업자의 본점 또는 주사무소 관할 세무서장에게 변경등록을 신청하여야 한다.

[개정 세법] 2019년 이후 사업장이 하나인 사업장단위 과세 사업자가 신규사업장 개설시 즉시 사업자단위 과세·주사업장 총괄 납부 신청 가능

③ 사업자 단위 과세사업자로 등록신청을 한 경우에는 사업자 단위 과세 적용 사업장에 한 개의 사업자등록번호를 부여하며, 사업자 단위 사업자로 승인을 받은 사업자는 각 사업장을 대신하여 그 사업자의 본점 또는 주사무소의 소재지를 부가가치세 납세지로 하여 부가가치세를 신고 및 납부하여야 한다.

④ 사업자 단위 과세사업자는 사업자등록번호가 하나이므로 세금계산서 수수시 세금계산서 비고란에 실제로 재화 또는 용역을 공급하거나 공급받는 종된 사업장의 소재지 및 상호를 기재하여야 하는 것이며(부가가치세법 시행령 제67조제2항제8호), 부가가치세 신고시 각 사업장별 부가가치세 과세표준 및 납부세액(환급세액) 신고명세서를 별도로 제출하여야 한다.

▶ **총괄납부제도와 사업자 단위 과세제도의 차이**
총괄납부의 경우 **부가가치세 납부만** 주된 사업장에서 총괄하여 납부하고 기타 세금계산서 발급 및 신고 관련 업무는 사업장별로 하여야 하나 사업자 단위과세제도의 경우 세금계산서 발행 및 신고·납부를 사업자단위로 일괄하여 본점에서 관리한다.

04 부가가치세 과세거래

❶ 개요

과세거래란 재화 또는 용역의 공급시 부가가치세를 거래 징수하여야 하는 거래를 말한다. 다만, 면세(면세 편 참조) 및 영세율(영세율 편 참조)로 특별히 규정한 것은 부가가치세를 징수하지 아니한다.

❷ 재화의 공급

재화의 공급이란 계약상 또는 법률상의 모든 원인에 의하여 재화를 인도 또는 양도하는 것을 말하며, 재화의 공급은 다음에 규정하는 것으로 한다.

① 현금판매·외상판매·할부판매·장기할부판매·조건부 및 기한부판매·위탁판매 기타 매매계약에 의하여 재화를 인도 또는 양도하는 것
② 자기가 주요자재의 전부 또는 일부를 부담하고 상대방으로부터 인도받은 재화에 공작을 가하여 새로운 재화를 만드는 가공계약에 의하여 재화를 인도하는 것
③ 재화의 인도대가로서 다른 재화를 인도받거나 용역을 제공받는 교환계약에 의하여 재화를 인도 또는 양도하는 것
④ 경매·수용·현물출자 기타 계약상 또는 법률상의 원인에 의하여 재화를 인도 또는 양도하는 것. 단, 「국세징수법」 제61조의 규정에 따른 공매 및 「민사집행법」의 규정에 따른 강제경매에 따라 재화를 인도 또는 양도하는 것은 재화의 공급으로 보지 아니한다.

▶ **재화의 공급에 해당하지 아니하는 경우**
1. 담보로 제공하는 것
2. 사업에 관한 모든 권리와 의무를 포괄적으로 승계하는 사업양도

❸ 용역의 공급

용역의 공급이란 계약상 또는 법률상의 모든 원인에 의하여 역무를 제공하거나 재화·시설물 또는 권리를 사용하게 하는 것을 말하며, 다음의 사업에 해당하는 모든 역무 및 그 밖의 행위로 한다. 단, 고용관계에 의한 근로의 제공은 독립된 사업자가 제공하는 용역의 공급이 아니므로 과세거래에서 제외한다.

① 건설업
② 숙박 및 음식점업
③ 운수업
④ 통신업
⑤ 금융 및 보험업
⑥ 부동산업 및 임대업
⑦ 사업서비스업, 공공행정, 국방 및 사회보장행정
⑧ 교육서비스업, 보건 및 사회복지사업
⑨ 오락, 문화 및 운동관련 서비스업
⑩ 기타 공공, 수리 및 개인서비스업, 가사서비스업

▶ **채무면제 또는 상품권 구입은 재화 또는 용역의 공급이 아님**
1. 채권을 면제하여 주거나 채무를 면제받는 거래 및 상품권을 구입하는 거래의 경우 재화 또는 용역의 공급이 아니므로 세금계산서 발급대상이 아니다.
2. 세금계산서 발급대상이 아님에도 세금계산서를 발급한 경우 매출자는 세금계산서 불성실가산세(공급가액의 3%)를 부담하여야 하며, 매입자는 매입세액을 공제를 받을 수 없다.

05 재화 또는 용역의 공급시기

❶ 개요

공급시기란 거래가 발생한 시점으로 **재화 또는 용역을 공급하는 때(거래시기)**에 재화 또는 용역을 공급받는 자에게 세금계산서를 발급하여야 한다. 다만, 세금계산서 발급의무가 면제되는 경우에는 발급하지 않아도 된다.

❷ 재화의 공급시기

[1] 일반적인 공급시기
① 재화의 이동이 필요한 경우에는 재화가 인도되는 때
② 재화의 이동이 필요하지 아니한 경우에는 재화가 이용가능하게 되는 때
③ 제1항 및 제2항 규정을 적용할 수 없는 경우에는 재화의 공급이 확정되는 때

[2] 거래형태별 공급시기
① 현금·외상판매 또는 할부판매의 경우 재화가 인도되거나 이용가능하게 되는 때
② 장기할부판매의 경우에는 대가의 각 부분을 받기로 한 때
장기할부판매란 재화를 공급하고 그 대가를 월부, 연부 또는 그 밖의 할부의 방법에 따라 받는 것 중 다음 각 호의 요건을 모두 갖춘 것을 말한다.
1. 2회 이상으로 분할하여 대가를 받는 것
2. 해당 재화의 인도일의 다음 날부터 최종 할부금 지급기일까지의 기간이 1년 이상인 것
③ 반환조건부판매·동의조건부판매 기타 조건부 및 기한부 판매의 경우에는 그 조건이 성취되거나 기한이 경과되어 판매가 확정되는 때
④ 완성도기준지급 또는 중간지급조건부로 재화를 공급하거나 기타 공급단위를 구획할 수 없는 재화를 계속적으로 공급하는 경우는 대가의 각 부분을 받기로 한 때 다만, 재화가 인도되거나 이용가능하게 되는 날 이후에 받기로 한 대가의 부분에 대해서는 재화가 인도되거나 이용가능하게 되는 날을 재화의 공급시기로 본다.

⑤ 재화의 공급으로 보는 **가공의 경우에는 가공된 재화를 인도하는 때**
⑥ 자가공급, 개인적공급, 사업상증여의 경우에는 재화가 사용 또는 소비되는 때
⑦ 폐업시 잔존하는 재화의 거래시기는 폐업하는 때로 하되, 폐업 전에 공급한 재화의 공급시기가 폐업일 이후에 도래하는 경우에는 그 폐업일을 공급시기로 본다.
⑧ 수출재화의 경우 내국물품을 외국으로 반출하거나 대외무역법에 의한 중계무역 방식으로 수출하는 경우에는 수출재화의 선(기)적일

❸ 용역의 공급시기

[1] 일반적인 공급시기
역무가 제공되거나 재화·시설물 또는 권리가 사용되는 때로 한다. 단, 사업자가 공급시기가 도래하기 전에 재화 또는 용역에 대한 대가의 전부 또는 일부를 받고, 이와 동시에 그 받은 대가에 대하여 세금계산서 또는 영수증을 발급하는 경우 그 발급하는 때를 각각 당해 재화 또는 용역의 공급시기로 본다.

[2] 거래형태별 공급시기
① 통상적인 공급의 경우에는 역무의 제공이 완료되는 때
② 완성도 기준지급·중간지급·장기할부 또는 기타 조건부로 용역을 공급하거나 그 공급단위를 구획할 수 없는 용역을 계속적으로 공급하는 경우에는 그 대가의 각 부분을 받기로 한 때
③ 제1항 및 제2항의 규정을 적용할 수 없는 경우에는 역무의 제공이 완료되고 그 공급가액이 확정되는 때
④ 사업자가 부동산임대용역을 공급하고 전세금 또는 보증금을 받은 경우 예정신고기간 또는 과세기간의 종료일

06 간주공급(개인적공급, 사업상증여 등)

❶ 개요

과세대상인 재화의 공급은 원칙적으로 계약상 또는 법률상의 모든 원인에 의하여 재화를 인도 또는 양도하는 것으로 한다. 그러나 통상의 거래가 아니더라도 **재화의 공급으로 간주**하여 과세하는 경우가 있으며, 이러한 공급을 간주공급이라고 한다. 간주공급에는 자가공급, 개인적공급, 사업상증여, 폐업시 잔존재화 등이 있으며, 간주공급은 세금계산서 발급대상이 아니다.

❷ 자가공급

사업자가 자기의 사업과 관련하여 생산하거나 취득한 재화를 자기의 사업을 위하여 직접 사용·소비하는 경우 중 아래의 것은 재화의 공급으로 본다.

[1] 면세전용
과세사업자가 부가가치세가 면제되는 재화 또는 용역을 공급하는 사업을 위하여 사용 소비되는 재화로서 예를 들어 과세인 우등고속버스를 면세인 일반버스로 전용하는 경우가 이에 해당한다.

[2] 비영업용 소형승용차로 전환 및 주유소의 업무용승용자동차 주유
① 택시운수업자가 영업용으로 취득한 소형승용자동차를 임직원의 업무용으로 사용하는 경우 (당초 매입세액이 공제되지 아니한 것은 제외한다)
② 주유소가 판매목적으로 매입한 유류를 임직원의 업무용 소형승용차(경승용차 제외)에 주유한 경우

[3] 직매장 반출
부가가치세는 사업장마다 등록을 하여야 한다. 따라서 2이상의 사업장이 있는 사

업자가 자기사업과 관련하여 생산 또는 취득한 재화를 타인에게 직접 판매할 목적으로 다른 사업장에 반출하는 것은 재화의 공급으로 본다. 이 경우 과세표준은 취득가액이 원칙이나 취득가액에 일정액을 가산하여 공급하는 경우에는 그 공급가액으로 한다. 그러나 총괄납부승인 또는 사업자 단위 신고·납부승인을 얻은 사업자가 총괄납부 또는 사업자 단위 신고·납부를 하는 과세기간에 반출하는 것은 이를 재화의 공급으로 보지 아니한다.

□ 부가가치세법 기본통칙 10-0-1【재화의 자가공급에 해당되지 아니하는 경우】
사업자가 자기의 사업과 관련하여 생산하거나 취득한 재화를 자기의 과세사업을 위하여 다음 각호의 예시와 같이 사용하거나 소비하는 경우에는 재화의 공급으로 보지 아니한다.
1. 자기의 다른 사업장에서 원료·자재 등으로 사용하거나 소비하기 위하여 반출하는 경우
2. 자기사업상의 기술개발을 위하여 시험용으로 사용하거나 소비하는 경우
3. 수선비 등에 대체하여 사용하거나 소비하는 경우 (2011. 2. 1. 개정)
4. 사후무료 서비스제공을 위하여 사용하거나 소비하는 경우 (2011. 2. 1. 개정)
5. 불량품 교환 또는 광고선전을 위한 상품진열 등의 목적으로 자기의 다른 사업장으로 반출하는 경우 (1998. 8. 1. 개정)

❸ 개인적 공급

사업과 직접 관계없이 개인적인 목적 또는 기타의 목적을 위하여 사업자가 재화를 사용·소비하거나 사용인 또는 기타의 자가 재화를 사용·소비하는 것으로서 사업자가 그 대가를 받지 아니하거나 시가보다 낮은 대가를 받는 것으로 한다. 다만, 매입세액이 공제되지 아니하는 것은 과세되는 재화의 공급으로 보지 아니한다.

[1] 종업원 선물의 세무처리

사업자가 복리후생목적으로 선물을 구입하여 종업원에게 증정하는 경우에는 그 매입세액은 공제가 가능하다. 그러나 직원에게 주는 선물은 재화의 공급(개인적 공급)에 해당되는 것이므로 부가가치세가 과세된다. 즉, 종업원 선물용으로 물품 등을 구입할 시 부가가치세 매입세액을 공제받는 경우에는 그 선물을 종업원에게 지급할 시 부가가치세 매출세액을 계산하여 납부하여야 하는 것이다. 단, 매입세액을 공제받지

않는 경우 부가가치세를 납부하지 않아도 되므로 실무에서는 종업원 선물 구입의 경우 매입세액불공제하고, 과세대상 급여로 처리를 한다.

[2] 취득 또는 생산한 재화를 직원에게 무상으로 증정하는 경우

개인적공급에 해당하므로 시가를 과세표준으로 하여 부가가치세를 신고하여야 하며, 과세표준은 재화를 무상으로 증정받은 직원의 근로소득에 합산하여 근로소득세를 원천징수하여 납부하여야 한다.

□ 부가가치세 집행기준 10-20-2 [개인적 공급 또는 사업상 증여에 해당되지 않는 사례]
① 사업자가 자기생산·취득재화를 자기의 사용인에게 복리후생을 위하여 실비변상적이거나 무상으로 공급하는 다음의 것에 대하여는 재화의 공급으로 보지 아니한다.
1. 작업복·작업모·작업화
2. 직장체육비·직장연예비와 관련된 재화
3. 다음 각 목의 어느 하나에 해당하는 재화를 제공하는 경우 각 목별로 각각 **사용인 1명당 연간 10만원을 한도**로 하며, 10만원을 초과하는 경우 해당 초과액에 대해서는 재화의 공급으로 본다.
  가. 경조사와 관련된 재화
  나. 설날·추석, 창립기념일 및 생일 등과 관련된 재화
② 광고선전물의 배포
사업자가 자기생산·취득재화를 광고선전 목적으로 불특정다수인에게 무상으로 배포하는 경우 (직매장·대리점을 통하여 배포하는 경우를 포함한다)에는 재화의 공급으로 보지 아니한다.
③ 기증품(할증품)의 과세
사업자가 자기의 제품 또는 상품을 구입하는 자에게 구입당시 그 구입액의 비율에 따라 증여하는 기증품 등은 주된 재화의 공급에 포함되므로 재화의 공급으로 보지 아니한다.

❹ 사업상증여

사업자가 자기의 고객이나 불특정다수인에게 재화를 증여하는 경우에 증여하는 재화의 대가가 주된 거래인 재화공급의 대가에 포함되지 아니하는 것은 재화의 공급

으로 보아 부가가치세를 과세한다. 단, 사업을 위하여 대가를 받지 아니하고 다른 사업자에게 인도 또는 양도하는 견본품과 매입세액이 공제되지 아니하는 것은 과세되는 재화의 공급으로 보지 아니한다.

▶ 경품을 물품으로 지급하는 경우 부가가치세가 과세됨

1. 경품을 금전이나 상품권 또는 농·축·수·임산물 등으로 지급하는 경우에는 부가가치세 과세대상이 아니나 과세물품인 경우 사업상증여로 보아 부가가치세를 징수하여 납부하여야 한다.
2. 경품의 부가가치세과세표준은 시가로 하며, 세금계산서는 발급하지 아니한다.

□ 부가가치세 집행기준 10-20-1 [사업상 증여 유형]
① 판매장려금
사업자가 자기 재화의 판매촉진을 위하여 거래상대방의 판매실적에 따라 일정률의 장려금품을 지급 또는 공급하는 경우 금전으로 지급하는 장려금은 과세표준에서 공제하지 않지만, 재화로 공급하는 경우에는 사업상 증여에 해당된다.
② 경품의 과세
사업자가 자기의 고객 중 추첨을 통하여 당첨된 자에게 재화를 경품으로 제공하는 경우에는 사업상 증여에 해당된다.

[사업상 증여에 해당하는 사례]
주유소를 운영하는 사업자 김정성은 주유소를 이용하는 고객 중 이용실적에 따라 김치냉장고, 침대, 청소기, 세제 등 물품을 무상으로 제공하고 있다. 이 경우 김정성이 제공하는 물품에 대하여 매입세액을 공제받은 경우 사업상 증여에 해당하여 재화의 공급으로 보아야 한다.

◆ 부수재화용역에 대한 부가가치세 과세여부
(부가46015-1015 생산일자 : 1999.04.12.)
사업자가 거래상대자와 사전약정에 의하여 재화의 공급시 주된 거래인 재화의 공급대가에 통상적으로 포함되어 덤으로 공급하는 재화는 주된 거래인 재화의 공급에 포함되어 부가가치세가 과세되지 아니하는 것임.

◈ 사은품을 제공하는 경우 과세여부
(소득46011-21044 생산일자 : 2000.07.26.)

[요지]
사업자가 자기 상품을 구매하는 고객에게 구매금액에 따라 값의 일부를 할인하여 주거나 덤을 주는 경우 또는 사은품을 제공하는 경우 그 할인금액이나 덤 또는 사은품을 구매고객의 과세소득에 해당하지 아니히는 것임.

[회신]
사업자가 자기 상품을 구매하는 고객에게 구매금액에 따라 값의 일부를 할인하여 주거나 덤을 주는 경우 또는 사은품을 제공하는 경우 그 할인금액이나 덤 또는 사은품은 구매고객의 과세소득에 해당하지 아니하는 것입니다. 또한 마일리지, 사이버머니 적립제도 등의 방법으로 일정기간의 구매실적에 따라 사은품 또는 사례금을 제공하는 경우에도 그 사은품 등은 구매고객의 과세소득에 해당하지 아니하는 것입니다.

1. 질의내용
사업자가 판매촉진을 위하여 구매자에게 사은품 등을 제공하는 경우 그 사은품 등이 구매자의 기타소득에 해당하는지 여부?

❺ 폐업시 잔존재화 과세

사업자가 사업을 폐지하는 때에 잔존하는 재화는 자기에게 공급하는 것으로 본다. 그리고 사업자등록을 한 다음 사실상 사업을 개시하지 아니하게 되는 때에도 또한 같다. 폐업시 사업에 사용하던 재고자산 및 감가상각자산이 있는 경우 재고자산은 그 시가를, 감가상각자산은 '과세표준 감가상각자산의 간주공급시 과세표준'을 공급가액으로 간주하여 부가가치세를 납부하여야 한다. 단, **매입세액이 불공제된 재화의 경우에는 간주공급에서 제외한다.**

07 사업의 포괄양도양수, 대리납부

❶ 개요

포괄양도양수란 사업장별로 그 사업에 관한 모든 권리와 의무를 포괄적으로 승계시키는 것을 말한다. 포괄적인 양도양수는 재화의 공급으로 보지 아니하며, 이 경우 그 사업에 관한 권리와 의무 중 다음 각 호의 것을 포함하지 아니하고 승계시킨 경우에도 해당 사업을 포괄적으로 승계시킨 것으로 본다. 또한 양수자가 승계받은 사업 외에 새로운 사업의 종류를 추가하거나 사업의 종류를 변경한 경우를 포함한다.

1. 미수금 및 미지급금에 관한 것
2. 당해 사업과 직접 관련이 없는 토지·건물 등에 관한 것

재화의 공급으로 보지 아니하는 사업의 양도에 해당하는 경우 양도인은 부가가치세 폐업확정 신고시 사업양도신고서(별지 제19호 서식) 및 사업양도양수계약서를 작성하여 제출하여야 한다.

[서식] 사업양도신고서 : 국세청홈페이지 → 국세정책제도 → 통합자료실 → 세무서식

□ 사업양도의 구체적 범위 [부가가치세법 집행기준 10-23-1]
재화의 공급으로 보지 아니하는 사업양도란 사업장별로 사업용 자산을 비롯한 물적·인적시설 및 권리와 의무를 포괄적으로 승계시키는 것을 말하며(미수금, 미지급금, 사업과 관련없는 토지·건물 등 제외), 다음과 같은 사례가 포함된다.
1. 개인인 사업자가 법인설립을 위하여 사업장별로 그 사업에 관한 모든 권리와 의무를 포괄적으로 현물출자하는 경우
2. 과세사업과 면세사업을 겸영하는 사업자가 사업장별로 과세사업에 관한 모든 권리와 의무를 포괄적으로 양도하는 경우
3. 과세사업에 사용·소비할 목적으로 건설 중인 독립된 제조장으로서 등록되지 아니한 사업장에 관한 모든 권리와 의무를 포괄적으로 양도하는 경우
4. 사업과 관련없는 특정 권리와 의무, 사업의 핵심적 구성요소가 아닌 일부 자산, 채권, 채무를 제외하고 사업에 관한 모든 권리와 의무를 승계시키는 경우

5. 사업의 포괄적 승계 이후 사업양수자가 사업자등록만을 지연하거나 사업자등록을 하지 아니한 경우
6. 사업을 포괄적으로 승계받은 자가 승계받은 사업 외에 새로운 사업의 종류를 추가하거나 사업의 종류를 변경한 경우(2006. 2. 9. 이후 사업양도분부터 적용한다)
7. 주사업장 외에 종사업장을 가지고 있는 사업자단위과세사업자가 종사업장에 대한 모든 권리외 의무를 포괄적으로 승계시키는 경우
8. 2 이상의 사업장이 있는 사업자가 그 중 한 사업장에 관한 모든 권리와 의무를 포괄적으로 양도하는 경우
9. 「상법」에 따라 분할하거나 분할합병하는 경우에는 같은 사업장 안에서 사업부문별로 구분하는 경우
10. 「법인세법」 제46조제2항 또는 제47조제1항의 요건을 갖춘 분할의 경우

❷ 영업권 양도와 부가가치세 및 기타소득세 거래징수

사업장을 포괄적으로 사업을 양도하면서 영업권에 대한 대가를 받는 때에는 재화의 공급으로 보지 아니하여 부가가치세가 과세되지 아니한다. 즉, 영업권을 포함한 그 사업에 관한 채권, 채무 등 일체의 인적·물적 권리와 의무를 포괄적으로 양도하는 경우에 한하여 부가가치세가 과세되지 아니하는 사업 양도에 해당한다.

단, 영업권을 제외하여 양도하거나 영업권에 대하여 별도의 대가를 받는 경우에는 사업의 양도에 해당하지 않으며, 이 경우 양도인은 세금계산서를 교부하여야 하며, 양수인은 권리금 지급에 대하여 기타소득세(그 대금을 지급할 때 지급하는 금액이 60%를 필요경비로 차감한 금액의 20%) 및 지방소득세(기타소득세의 10%)를 원천징수하여 신고 및 납부하여야 한다.

[개정 세법] 기타소득에 해당하는 영업권의 필요경비율 조정
(2019년 이후) 60%, (2018.4월~12월) 70%, (2018년 3월 이전) 80%.

한편, 양도소득 과세대상 사업용고정자산(토지, 건물 및 부동산에 관한 권리)과 함께 양도하는 영업권은 양도소득에 해당한다.

◆ 영업권에 대한 세금계산서 발급 시기
(부가, 서면-2017-부가-1820 [부가가치세과-1843] , 2017.07.30)
부가가치세가 과세되는 사업을 영위하는 사업자가 사업과 관련된 영업권을 양도하는 경우에는 부가가치세가 과세되는 것이나, 사업장별로 그 사업에 관한 모든 권리와 의무를 포괄적으로 승계시키는 경우에는 부가가치세가 과세되지 아니하는 것임

◆ 고정자산과 같이 양도되지 않은 영업권은 기타소득에 해당함
(서면1팀-297, 2008.03.07.) 사업용 고정자산(소득세법 제94조 제1항 제1호 및 제2호의 자산을 말함.)과 함께 양도되지 않는 영업권 양도는 소득세법 제21조 제1항 제7호에 규정된 기타소득에 해당되므로, 동 기타소득에 대한 필요경비는 같은 법 제21조 제2항, 같은 법 시행령 제202조의 규정에 의하여 당해연도의 총 수입금액에 대응하는 비용의 합계액을 필요경비로 하여 계산된 기타소득금액에 대하여 같은 법 제145조 규정에 의한 원천징수의무를 이행하기 바람.

◆ 부가가치세가 과세되지 아니하는 사업의 양도 (부가46015-778, 1998.04.22.)
부가가치세법 제6조 제6항의 규정에 의하여 부가가치세가 과세되지 아니하는 사업의 양도는 양도인이 양수인에게 모든 사업시설 뿐만아니라 영업권 및 그 사업에 관한 채권, 채무 등 일체의 인적·물적 권리와 의무를 포괄적으로 양도하여 사업의 동일성을 유지하면서 경영주체만을 교체하는 것을 말하는 것이며, 다만, 사업과 직접 관련이 없거나 사업의 동일성을 상실하지 아니하는 범위내에서 일부 권리·의무를 제외하여도 사업의 양도로 보는 것임

◆ 영업권 양도 후 대금이 확정되는 경우 기타소득의 수입시기
(서면-2011-소득세과-369 생산일자 : 2011.04.29.)
영업권 양도 후 대금이 확정되는 경우 기타소득의 수입시기는 그 대금을 청산한 날, 자산을 인도한 날 또는 사용·수익일 중 빠른날로 하는 것임

○ 소득세과-335, 2011.4.11.
개인사업자가 영업권을 법인에게 양도한 후 대금을 청산하기 전에 자산을 인도 또는 사용·수익하였으나 대금이 그 이후 확정된 경우, 그 기타소득의 수입시기는 「소득세법」제39조제1항 및 같은법 시행령 제50조 제1항 제1호에 따라 그 대금을 청산한 날, 자산을 인도한 날 또는 사용·수익일 중 빠른 날로 하는 것입니다.

❸ 사업양도와 사업을 양수받는 자의 대리납부(법52④)

① 사업의 양도에 따라 그 사업을 양수받는 자는 그 대가를 지급하는 때에 재화를 공급받는 것으로 보지 않음에도 불구하고 그 대가를 받은 자로부터 부가가치세를 징수하여 그 대가를 지급하는 날이 속하는 달의 다음 달 25일까지 사업의 양수에 따른 대가의 가액과 부가가치세액 등을 적은 부가가치세 대리납부신고서와 함께 사업장 관할 세무서장에게 납부할 수 있으며,(법52④, 영95⑤) 2018년 이후부터 포괄양도 해당여부가 불분명한 경우에도 양수자(매입자)가 부가가치세액을 대리납부한 경우 재화·용역의 공급으로 본다.

② 동 제도는 포괄 사업양도양수에 대하여 세무상 다툼이 되는 사례가 매우 빈번하여 이를 보완하기 위한 제도이다. (포괄양도양수에 해당함에도 세금계산서를 발급한 경우 매입자에게는 매입세액을 불공제하고 신고불성실가산세 적용)

▶ 대리납부 절차
1. 매수인 → 세금계산서 발급(공급자 : 매도인, 공급받는자 : 매수인)
2. 매수인 → 매도인으로부터 부가가치세를 수취하여 다음달 25일까지 '대리납부신고서' 제출 및 부가가치세 납부
3. 매도인 → 매도인이 매수인에게 지급한 부가가치세는 매도인의 부가가치세 신고시 '사업양수자의 대리납부 기납부세액'으로 공제

▶ 매수인 회계처리
1. 매도인으로부터 부가가치세 수취
보통예금   1000 / 부가세예수금   1000
2. 대리납부
부가세예수금 1000 / 보통예금   1000

▶ 매도인 회계처리
매수인에게 부가가치세 지급
선납세금   1000 / 보통예금   1000

◘ 포괄적 사업양도양수를 잘못 판단하여 세금계산서를 발급 또는 미발급한 경우 세무상 문제

유 형	양도자	양수자
사업의 포괄양도양수에 해당함에도 세금계산서를 발급한 경우	1. 매출 감액 → 매출세액환급 2. 세금계산서합계표불성실 가산세는 적용되지 않음	1. 매입세액불공제 2. 신고불성실가산세
사업의 포괄양도양수에 해당하지 아니함에도 세금계산서를 발급하지 않은 경우	1. 매출누락 과세 2. 세금계산서 미발급가산세 3. 신고불성실가산세 4. 납부불성실가산세	세금계산서를 발급받지 못하였으므로 매입세액공제를 받을 수 없음

▶ 포괄양도양수와 창업중소기업 감면 여부

사업의 양수를 통하여 종전의 사업을 승계하거나, 종전의 사업에 사용되던 자산을 인수 또는 매입하여 같은 종류의 사업을 하는 경우에는 창업으로 보지 않으므로 창업중소기업에 대한 세액감면을 적용받을 수 없다.

▣ 포괄양도양수 회계처리 사례

[예제] 자산 3억원, 부채 1억원의 사업장을 포괄양도양수에 의하여 3억원에 인수하다. 포괄적인 양도양수 요건에 해당하여 세금계산서는 교부받지 아니하였다.

| 자산 | 300,000,000 | / | 부채 | 100,000,000 |
| 영업권 | 100,000,000 | | 자본금 | 300,000,000 |

08 세금계산서 발급시기, 선발급

❶ 세금계산서 발급의무자

① 일반과세자로 등록된 사업자로서 세금계산서를 반드시 발급하여야 하는 업종인 제조업, 도매업, 건설업 등을 영위하는 사업자로서 부가가치세가 과세되는 재화 또는 용역을 사업자에게 공급하는 경우에는 반드시 세금계산서를 발급하거나 전자세금계산서(법인 및 전년도 수입금액이 8천만원 이상인 개인사업자)를 발급하여야 한다.

② 전자세금계산서 발급의무자가 전자세금계산서를 발급하지 아니한 경우 및 전자세금계산서 발급의무자 이외의 사업자가 종이세금계산서를 발급하지 아니한 경우 세금계산서미발급가산세(공급가액의 2%)가 적용된다.

③ 제조업, 도매업, 건설업 등을 영위하는 사업자가 사업자등록이 없는 개인에게 재화 또는 용역을 공급하는 경우에는 주민등록기재분(비고란에 기재)으로 세금계산서를 발급하여야 한다. 단, 거래상대방이 물품대금을 신용카드로 결제하는 경우 거래상대방이 사업자이든 개인이든 세금계산서를 발급하지 아니할 수 있다.

④ 영수증 발행사업자(소매, 음식숙박업 등)는 세금계산서 발급의무가 없는 것이나 영수증 발행사업자 중 소매, 음식숙박업 등은 거래상대방의 요구가 있는 경우 세금계산서를 발급하여야 한다.

[세무리스크] 승용차 처분시 세금계산서를 발급하지 않은 경우
당초 매입세액을 공제받지 못한 승용자동차 등의 매각시에도 세금계산서를 발급하고 부가가치세를 납부하여야 함에도 이를 신고 누락한 법인에 대하여 부가가치세를 추징함

▶ 세금계산서 발급의무의 면제 [부령 제71조 ①]
1. 택시운송 사업자, 노점 또는 행상을 하는 사람, 그 밖에 기획재정부령으로 정하는 사업자가 공급하는 재화 또는 용역

2. 소매업 또는 미용, 욕탕 및 유사 서비스업을 경영하는 자가 공급하는 재화 또는 용역. 다만, 소매업의 경우에는 공급받는 자가 세금계산서 발급을 요구하지 아니하는 경우로 한정한다.
3. 자가공급, 개인적공급, 사업상증여, 폐업시 잔존재화에 해당하는 재화
4. 재화의 직수출
5. 용역의 국외공급
6. 외국항행용역의 공급(공급받는 자가 국내에 사업장이 없는 비거주자 또는 외국법인인 경우와 외국항행용역으로서 항공기의 외국항행용역 및 「항공법」에 따른 상업서류 송달용역으로 한정한다)에 따른 재화 또는 용역
7. 공급받는 자가 국내에 사업장이 없는 비거주자 또는 외국법인인 경우 외교공관등에 공급하는 재화 또는 용역
8. 부동산 임대용역 중 간주임대료가 적용되는 부분
9. 「전자서명법」 제2조제10호에 따른 공인인증기관이 같은 법 제15조에 따라 공인인증서를 발급하는 용역. 다만, 공급받는 자가 사업자로서 세금계산서 발급을 요구하는 경우는 제외한다.
10. 간편사업자등록을 한 사업자가 국내에 공급하는 전자적 용역
11. 그 밖에 국내사업장이 없는 비거주자 또는 외국법인에 공급하는 재화 또는 용역. 다만, 그 비거주자 또는 외국법인이 해당 외국의 개인사업자 또는 법인사업자임을 증명하는 서류를 제시하고 세금계산서 발급을 요구하는 경우는 제외한다.

▶ **신용카드매출전표 또는 현금영수증 발급시 세금계산서 발급의무 면제**
일반과세사업자가 신용카드매출전표 또는 현금영수증을 발급한 경우에 세금계산서를 발급하지 아니한다. [부법 제33조 ②]

❷ 세금계산서 발급시기

[1] 원칙
세금계산서는 사업자가 재화 또는 용역의 공급시기(공급시기 편 참조)에 재화 또는 용역을 공급받는 자에게 발급하여야 한다.

[2] 월합계 세금계산서 발급

다음 각 호의 어느 하나에 해당하는 경우에는 재화 또는 용역의 공급일이 속하는 달의 다음 달 10일(그 날이 공휴일 또는 토요일인 경우에는 바로 다음 영업일을 말한다)까지 세금계산서를 발급할 수 있다.

1. 거래처별로 1역월(1曆月)의 공급가액을 합하여 해당 달의 말일을 작성 연월일로 하여 세금계산서를 발급하는 경우
2. 거래처별로 1역월 이내에서 사업자가 임의로 정한 기간의 공급가액을 합하여 그 기간의 종료일을 작성 연월일로 하여 세금계산서를 발급하는 경우
3. 관계 증명서류 등에 따라 실제거래사실이 확인되는 경우로서 해당 거래일을 작성 연월일로 하여 세금계산서를 발급하는 경우

◆ 1역월을 초과하여 월합계 세금계산서를 발급할 수 없음
(제도46015-12172, 2001.07.16.)
사업자가 월합계 세금계산서를 교부함에 있어, 1역월의 범위를 초과하여 합계한 공급가액으로 당해 재화 또는 용역의 공급일이 속하는 과세기간 내에 세금계산서를 교부한 경우, 당해 세금계산서의 공급가액 중 1역월의 범위를 초과하여 월을 달리하여 교부한 공급가액에 대하여는 세금계산서 교부불성실 가산세를 과세하고, 당해 세금계산서의 매입세액은 공급받는 자의 매출세액에서 공제하는 것이나, 매입처별합계표불성실 가산세를 공급받는 자의 납부세액에 가산하거나 환급세액에서 공제하는 것임.

◆ 월합계 세금계산서는 임의로 정한 기간의 말일자로 발급하여야 하는 것임
(서면3팀-277, 2004.02.18.)
사업자가 고정거래처에 대하여 거래처별로 1역월의 공급가액을 합계하여 세금계산서를 교부하는 경우에는 당해 월의 말일자를 발행일자로 하는 것이니, 고정거래처외의 거래가 아닌 일반적인 거래에 있어서는 부가가치세법 제9조에 규정된 공급시기를 발행일자로 하여 세금계산서를 교부하여야 하는 것임

[3] 장기할부판매, 완성도기준지급조건부, 중간지급조건부 공급

대가의 각 부분을 받기로 한 때를 재화의 공급시기로 본다. 다만, 완성도기준지급조건부, 중간지급조건부의 경우 재화가 인도되거나 이용가능하게 되는 날 이후에 받기로 한 대가의 부분에 대해서는 재화가 인도되거나 이용가능하게 되는 날을 그 재화의 공급시기로 본다.

1. 장기할부판매의 경우
2. 완성도기준지급조건부로 재화를 공급하는 경우
3. 중간지급조건부로 재화를 공급하는 경우

■ **중간지급조건부 거래 [부칙 제18조]**

계약금을 받기로 한 날의 **다음 날**부터 재화를 인도하는 날 또는 재화를 이용가능하게 하는 날까지의 기간이 6개월 이상인 경우로서 그 기간 이내에 계약금 외의 대가를 분할하여 받는 경우

■ **완성도기준지급조건**

완성도기준지급조건이란 당해 용역의 제공이 완료되기 전에 건설공사의 완성도에 따라 그 완성비율만큼 대가를 지급하기로 한 계약에 의한 공급을 말하는 것으로서 계약금을 지급하기로 한 날로부터 잔금을 지급하기로 한 날까지의 기간이 6월 미만인 경우에도 용역의 제공이 완료되기 이전에 완성도에 따라 그 완성비율에 해당하는 대가를 받기로 하는 경우에는 완성도기준지급 조건부 공급에 해당한다.
(부가46015-217, 1998.02.06)

❸ 공급시기 도래 전 세금계산서 선발급

사업자가 공급시기가 도래하기 전에 대가의 전부 또는 일부를 받고(반드시 대가를 받은 경우에 한함) 세금계산서를 발급하는 경우에는 그 발급하는 때를 당해 재화 또는 용역의 공급시기로 한다.

한편, 사업자가 재화 또는 용역의 거래시기가 도래하기 전에 세금계산서를 발급하고 그 세금계산서 발급일로부터 **7일 이내**에 대가를 지급받는 경우에는 그 세금계산서를 발급한 때를 재화 또는 용역의 공급시기로 본다. 단, 다음 각호의 요건을 모두 충족하는 경우에는 세금계산서를 발급받은 날로부터 7일 경과 후 대가를 지급받더라도 그 발급받은 때를 재화 또는 용역의 공급시기로 본다.

1. 거래 당사자 간의 계약서.약정서 등에 대금청구시기와 지급시기가 별도로 기재될 것
2. 대금청구시기와 지급시기가 30일 이상 차이가 나지 않을 것

[개정 세법] 선발행 세금계산서 발급 사유 확대(부가가치세법 제17조)
세금계산서 발급 후 동일 과세기간 이내에 대가를 받는 경우
단, 조기환급을 받기 위해서는 30일 이내에 대가를 지급받아야 함
〈시행 시기〉 2018.1.1. 이후 재화 또는 용역을 공급하는 분부터 적용

[개정 세법] 신빌급 세금계산서 공급시기 특례 요건 완화(부가법 §17③)
(종전) 동일 과세기간 내에 공급시기 도래 및 대가수령
(개정) 동일 과세기간 내에 공급시기 도래
<적용시기> '22.1.1. 이후 재화 또는 용역을 공급하는 분부터 적용

□ 부가가치세 집행기준 39-0-1 [공제되지 아니하는 매입세액의 범위]

선발급세금계산서 시점별 매입세액 공제 여부 판단 사례

사업자 (주)한라는 아래와 같은 방법으로 세금계산서를 발급받았다. 각 사례별 매입세액 공제 여부 판단 기준

번호	대가 지급일	세금계산서 발급일	매입세액 공제 여부	부연 설명
1	2020. 2. 28.	2020. 2. 28.	공제	대가지급일과 세금계산서 발급일 일치
2	2020. 2. 28.	2020. 3. 31.	공제	대가지급일 이후 동일 과세기간에 세금계산서 발급
3	2020. 2. 28.	2020. 8. 31.	공제	대가지급일 이후 다른 과세기간에 세금계산서 발급
4	2020. 7. 7.	2020. 6. 30.	공제	발급일부터 7일 내에 대가 지급
5	2020. 6. 28.	2020. 2. 28.	공제가능	발급일이 속한 과세기간에 공급시기가 도래하고 대가 지급

□ 부가가치세법 제17조(재화 및 용역의 공급시기의 특례) -요약-
① 사업자가 제15조 또는 제16조에 따른 재화 또는 용역의 공급시기가 되기 전에 재화 또는 용역에 대한 대가의 전부 또는 일부를 받고, 그 받은 대가에 대하여 제32조에 따른 세금계산서 또는 제36조에 따른 영수증을 발급하면 그 세금계산서 등을 발급하는 때를 각각 그 재화 또는 용역의 공급시기로 본다. <개정 2017. 12. 19.>
② 사업자가 재화 또는 용역의 공급시기가 되기 전에 제32조에 따른 세금계산서를 발급하고 그 세금계산서 발급일부터 7일 이내에 대가를 받으면 해당 세금계산서를 발급한 때를 재화 또는 용역의 공급시기로 본다.

③ 제2항에도 불구하고 다음 각 호의 어느 하나에 해당하는 경우에는 재화 또는 용역을 공급하는 사업자가 그 재화 또는 용역의 공급시기가 되기 전에 제32조에 따른 세금계산서를 발급하고 그 세금계산서 발급일부터 7일이 지난 후 대가를 받더라도 해당 세금계산서를 발급한 때를 재화 또는 용역의 공급시기로 본다.
<개정 2017. 12. 19., 2018. 12. 31., 2021. 12. 8.>
1. 거래 당사자 간의 계약서·약정서 등에 대금 청구시기(세금계산서 발급일을 말한다)와 지급시기를 따로 적고, 대금 청구시기와 지급시기 사이의 기간이 30일 이내인 경우
2. 재화 또는 용역의 공급시기가 세금계산서 발급일이 속하는 과세기간 내(공급받는 자가 제59조제2항에 따라 조기환급을 받은 경우에는 세금계산서 발급일부터 30일 이내)에 도래하는 경우

[개정 세법] 착오로 인하여 선발급된 세금계산서의 매입세액공제 인정범위 확대 (부가령 §75)

종 전	개 정
□ 착오로 공급시기 이전 발급된 세금계산서에 대한 매입세액공제 인정 요건	□ 세금계산서 발급기한 확대
ㅇ 세금계산서 발급일로부터 공급시기가 30일 이내에 도래	ㅇ 30일 이내 → 6개월 이내
ㅇ 관할 세무서장이 거래사실 확인 후 결정·경정하는 경우	ㅇ (좌 동)

<적용시기> 2022.2.15. 이후 재화 또는 용역을 공급하는 분부터 적용

□ 부가가치세법 시행령 제75조(세금계산서 등의 필요적 기재사항이 사실과 다르게 적힌 경우 등에 대한 매입세액 공제)
법 제39조제1항제2호 단서에서 "대통령령으로 정하는 경우"란 다음 각 호의 어느 하나에 해당하는 경우를 말한다. <개정 2022. 2. 15., 2023. 2. 28.>
8. 재화 또는 용역의 공급시기 전에 세금계산서를 발급받았더라도 재화 또는 용역의 공급시기가 그 세금계산서의 발급일부터 6개월 이내에 도래하고 해당 거래사실이 확인되어 법 제57조에 따라 납세지 관할 세무서장등이 결정 또는 경정하는 경우

❸ 공급시기 이후 세금계산서를 발급한 경우 세무리스크

세금계산서는 공급시기가 속하는 날의 다음달 10일까지 발급하여야 함에도 공급시기가 지난 이후 세금계산서를 발급하는 경우 공급자는 공급가액의 1%를, 공급받는자는 공급가액의 0.5%를 가산세로 부담하여야 한다.

한편, 해당 **과세기간**의 부가가치세 **확정신고기한일 이후** 세금계산서를 발급하는 경우에는 매출자는 세금계산서 미발급가산세(공급가액의 2%)를 부담하여야 하고, 매입자는 매입세액공제를 받을 수가 없다.

단, 공급시기가 속하는 과세기간의 확정신고기한 다음날부터 1년 이내에 발급받은 경우에도 공급받는자는 예외적으로 매입세액을 공제받을 수 있다.

[개정 세법] 공급시기 이후 발급된 세금계산서의 매입세액공제 확대(부가령 §75)

종 전	개 정
□ 공급시기가 지난 후 발급된 세금계산서에 대한 매입세액공제 인정 요건 ○ 확정신고기한 다음날부터 6개월 이내에 세금계산서를 발급받고 ❶ 납세자가 경정청구, 수정신고 하거나, ❷ 관할 세무서장이 거래사실 확인 후 결정·경정하는 경우	□ 세금계산서 발급기한 확대 ○ 6개월 이내 → 1년 이내 (좌 동)

<적용시기> 2022.2.15. 이후 재화 또는 용역을 공급하는 분부터 적용

09 세금계산서 작성 및 공급시기, 공동도급

❶ 세금계산서 작성

① 과세사업자가 과세되는 재화 또는 용역을 공급하는 경우로서 세금계산서의 발급이 면제되는 경우(영수증발행사업자가 일반소비자에게 재화 또는 용역을 공급하는 경우, 간주공급 등)를 제외하고는 세금계산서 2매를 작성하여 공급자 보관용은 발행하는 자가 보관하고, 공급받는 자 보관용은 발행자가 물품을 공급받는 자에게 발급한다.

② 세금계산서 작성일자 ~ 세금계산서의 발행은 원칙적으로 물품을 인도(판매)하는 날짜에 발행하여야 한다. 다만, 계속적인 거래가 있는 거래처의 경우 매 번의 거래시에는 거래명세서를 작성하여 발급하고, 1개월 간의 거래를 합하여 그 달의 말 일자로 월합계 세금계산서를 발행할 수 있다. (다음달 10일까지 발행하여야 함)

③ 공급자 사업자등록번호 및 공급받는 자 사업자등록번호 ~ 공급자는 거래 상대방의 사업자등록번호를 정확하게 기재하여야 한다. 착오에 의하여 잘못 기재 또는 입력한 경우 세무서에 다시 정확한 사업자등록번호를 확인하여 주어야 하는 번거로움이 있으므로 주의를 요한다.

④ 공급가액과 세액 ~ 재화 또는 용역을 공급하고, 그 대가로 받기로 한 금액을 공급가액란에 기재하여, 공급가액의 10%를 세액란에 기재한다. 재화 또는 용역을 공급하면서 부가가치세 포함가격인 공급대가로 계약한 경우 공급가액과 세액을 구분하여 기재한다. 예를 들어 거래금액을 1,000,000원으로 정하고 세금계산서를 발행하는 경우 공급가액란에는 909,091원을 세액란에는 90,909원을 기재한다. 따라서 거래시에는 반드시 '공급대가' 와 '공급가액'이란 용어를 구분하여야 한다.

⑤ 거래품목이 5가지 이상으로 세금계산서에 거래내역을 모두 기입할 수 없는 경우에는 "****외"라고 기재하고 거래명세서를 별도로 작성하여 발급한다.

⑥ 영수/청구란 ~ 세금계산서를 발행하고 그 대금을 즉시 수령한 경우 영수란에 (영수)라고 표시한다. 이 경우 (영수)표시는 입금표와 같은 효력이 있다.

⑦ 비고 ~ 공급자가 사업자가 아닌 경우 주민등록번호를 기재한다. 위탁매매인 경우 수탁자의 사업자등록번호를 기재한다.

❷ 세금계산서 기재사항

[1] 필수기재사항

다음의 필수기재사항은 세금계산서를 형성하는 가장 기본적인 요소로서 그 전부 또는 일부가 기재되지 아니하거나 사실과 다르게 기재된 때에는 정당한 세금계산서로 보지 아니하여 이를 발급한 사업자에 대해서는 세금계산서불성실가산세를 부과하며 이를 수취한 사업자에 대해서는 매입세액이 불공제되거나 가산세가 적용된다.

1. 공급자의 사업자등록번호와 성명 또는 명칭
2. 공급받는 자의 사업자등록번호
3. 작성연월일
4. 공급가액과 부가가치세

[2] 임의기재사항

다음의 세금계산서 임의적 기재사항은 기재하지 않았거나 오류가 발생한 경우에도 가산세가 적용되거나 매입세액이 불공제 되지 않는다. 또한 세금계산서에 도장을 날인하지 아니한 경우에도 정당한 세금계산서로 인정이 된다.

1. 공급하는 자의 주소
2. 공급받는 자의 주소
3. 공급하는 자와 공급받는 자의 업태와 종목
4, 공급품목
5. 단가와 수량
6. 공급연월일
7. 거래의 종류

▶ **세금계산서의 공급받는자 상호, 대표자, 주소 등을 잘못 기재된 세금계산서의 경우에도 유효함**

세금계산서의 필수적 기재사항이 기재되었으나 임의 기재사항이 잘못 기재된 세금계산서는 유효하므로 세금계산서를 수정하여 발급할 필요는 없음

❸ 사업자등록번호 구성

○○○ - ○○ - ○○○○○
　　①　　　②　　　③

① 세무서코드 (예: 반포세무서 114)
② 사업자의 종류
- 법인본점 81, 86, 87
- 지점법인 85
- 국가 83
- 비영리법인 82
- 개인사업자 01 ~ 79
- 면세사업자 9○

③ 일련번호 ○○○ - ○○ - ○○○○●
일련번호의 마지막 숫자는 검증번호로 사업자등록번호를 전산에서 잘못 입력한 경우 오류가 발생하며, 이 경우 정확한 사업자등록번호를 다시 입력하여야 한다.

❹ 세금계산서의 공급가액 및 세액

공급가액에는 물품 판매가액을, 세액에는 물품 판매가액의 10%를 기재한다. 거래 관행상 부가가치세를 포함한 금액('**공급대가**' 라 한다.)을 판매금액으로 정하고 세금계산서를 발행하는 경우가 있는데 예를 들어 거래금액을 1,000,000원으로 정하고 세금계산서를 발행한다면 공급가액란에는 909,091원을 세액란에는 90,909원을 기재하며, 사업자는 물품등의 판매 또는 공급계약시 '공급대가' 와 '공급가액' 이란 용어를 반드시 구분하여 사용하여야 한다.

❺ 세금계산서 발급 특례

① 위탁판매 및 수탁판매

① 위탁판매란 자기의 상품을 타인에게 위탁하여 판매하고 수탁자(위탁자를 대신하여 상품을 직접 판매한 자)에게 일정액의 수수료를 지급하는 판매형태를 말한다.
② 위탁판매는 수탁자가 위탁상품을 판매하기 전까지 상품의 소유권은 위탁자가 가지고 있고, 수탁자는 단지 판매만 대행하는 것으로 위탁자는 위탁한 상품과 재고상품을 구분하기 위하여 위탁한 상품을 적송품으로 처리한다. 한편, 위탁판매를 위하여 직접 발생하는 부대비용(상품발송비 등)은 적송품에 가산한다.
③ 위탁판매 또는 대리인에 의한 판매의 경우 수탁자 또는 대리인이 재화를 인도할 때에 수탁자 또는 대리인이 위탁자 또는 본인의 명의로 세금계산서를 발급하며, 위탁자 또는 본인이 직접 재화를 인도하는 때에는 위탁자 또는 본인이 세금계산서를 발급할 수 있다. 이 경우 수탁자 또는 대리인의 등록번호를 덧붙여 적어야 한다.
④ 수탁자가 위탁자의 위탁판매에 대한 용역을 제공하고, 그에 대한 수수료를 위탁자에게 청구하는 경우 수탁자는 위탁자를 공급받는 자로 세금계산서를 발급한다.

▢ 부가가치세 집행기준 32-69-1 [거래유형별 세금계산서 발급 방법]
① 주요 거래에 대한 세금계산서 발급 방법
• 위탁판매나 대리판매의 경우 수탁자나 대리인이 위탁자 또는 본인의 명의로 세금계산서를 발급하며, 위탁자 또는 본인이 직접 재화를 인도하는 경우에는 위탁자 또는 본인이 세금계산서를 발급할 수 있다. 이 경우 수탁자 또는 대리인의 등록번호를 함께 기재하여야 한다.
• 지입회사가 지입차주의 위탁을 받아 지입차량을 매입하는 경우 지입회사는 차량 공급자로부터 자기의 명의로 세금계산서를 발급받고 자기의 명의로 지입차주에게 세금계산서를 발급하여야 한다.
• 사업자가 위탁 또는 대리에 의하여 재화를 공급하는 경우에는 수탁자 또는 대리인이 위탁자 또는 본인의 명의로 세금계산서를 발급하여야 한다. 다만, 위탁자 또는 본인을 알 수 없는 경우에는 위탁자(본인)는 수탁자(대리인)에게, 수탁자(대리인)는 거래상대방에게 공급한 것으로 보아 세금계산서를 발급한다.

2 공동도급 세금계산서 발급

① 공동매입에 대한 세금계산서 발급은 세금계산서발급에 있어 납세현실을 고려하여 예외적으로 정한 규정으로서 공동비용에 대하여 1개의 대표사업자가 매입세금계산서를 발급받은 경우 그 발급받은 세금계산서상 공급가액의 범위 안에서 다른 공동사용한 사업자 각각의 실지 사용한 지분에 따라 대표사업자 명의로 다른 공동사용 사업자를 공급받는 자로 하여 세금계산서를 발급할 수 있는 것이다.

② 공동경비의 배분 및 그 계산이나 공동경비를 특정법인이 총괄하여 우선 지출하고 이를 다른 법인으로부터 받는 것은 재화 또는 용역의 공급에 해당하지 않으므로 세금계산서 또는 계산서의 발행 대상에 해당하지 않은 것이 원칙이나 특정 비용을 부담하고 세금계산서를 수령한 법인이 그 비용의 수령을 위하여 그 금액의 범위내에서 세금계산서를 발급하면서 그 대가를 받는 경우 예외적으로 세금계산서 발행을 인정하여 주는 것이다.

③ 공동매입 후 주관사가 공동도급사에 원가 안분한 금액에 대하여 세금계산서를 발행하는 경우 해당 금액은 수입금액에서 제외한다. 한편, 공동매입세액은 주관사가 공제받는 것이며 원가 안분에 의하여 발행한 세금계산서의 매출세액은 공동도급사로부터 징수.납부하여야 한다.

□ 부가가치세 집행기준 32-0-4 [공동도급에 대한 세금계산서 발급 방법]
① 의의 : 공동도급이란 공사·제조·기타 도급계약에 있어서 발주처와 공동수급체가 체결하는 계약으로서 1개의 사업현장에서 둘 이상의 사업자(공동수급체)가 각각 자기의 지분 또는 공동의 지분에 대하여 사업을 수행하는 형태
② 사업자등록 : 원칙적으로 공동수급체는 공동사업자로 보지 아니하므로 사업자등록 대상에 해당하지 아니한다.
③ 세금계산서 발급
1. 매출세금계산서 : 공동수급체의 구성원 각자가 해당 용역을 공급받는 발주처에게 자기가 공급한 용역에 대하여 세금계산서를 발급하는 것이 원칙이나, 공동수급체의 대표사가 그 대가를 지급받는 경우에는 해당 공동수급체의 구성원은 각자 공급한 용역에 대하여 공동수급체의 대표사에게 세금계산서를 발급하고, 그 대표사는 발주처에게 세금계산서를 일괄하여 발급할 수 있다.

2. 매입세금계산서 : 공동비용에 대한 세금계산서는 각각 발급받을 수 있는 경우에는 그 지분금액대로 각각 발급받을 수 있으며, 대표사가 전체를 발급받아 각 공동지분에 따라 나머지 구성원에게 세금계산서를 발급할 수 있다. 이 경우 발급한 세금계산서는 재화 또는 용역을 공급한 것이 아니므로 부가가치세 과세표준에 포함되지 아니하지만 세금계산서합계표는 제출하여야 한다.

③ 본점과 지점간 세금계산서 발급 등

[1] 본점이 지점에 상품 등을 이전하고 세금계산서를 발행한 경우

2이상의 사업장이 있는 사업자가 자기사업과 관련하여 생산 또는 취득한 재화를 타인에게 직접 판매할 목적으로 다른 사업장에 반출하는 것은 재화의 공급으로 보아 거래시기에 세금계산서를 발급하여야 한다. 다만, 자기의 사업과 관련하여 생산하거나 취득한 재화를 자기의 과세사업을 위하여 자기의 다른 사업장에서 원료·자재 등으로 사용·소비하기 위하여 반출하는 경우에는 재화의 공급으로 보지 아니한다.

□ 부가가치세법 기본통칙 32-69-4【사업장이 2 이상인 경우의 세금계산서 수수】
(2019. 12. 23. 제목개정)
1. 본점과 지점 등 2 이상의 사업장이 있는 법인사업자가 본점에서 계약을 체결하고 재화 또는 용역은 지점이 공급하는 경우 세금계산서는 재화나 용역을 실제 공급하는 사업장에서 발급한다. (2019. 12. 23. 신설)
2. 본점과 지점 등 2 이상의 사업장이 있는 법인사업자가 계약·발주·대금지급 등의 거래는 해당 본점에서 이루어지고, 재화 또는 용역은 지점에서 공급받는 경우 세금계산서는 본점 또는 지점 어느 쪽에서도 발급받을 수 있다. (2019. 12. 23. 신설)
3. 제조장과 직매장 등 2 이상의 사업장을 가진 사업자가 제조장에서 생산한 재화를 직매장 등에서 전담하여 판매함에 있어, 수송 등의 편의를 위하여 제조장에서 거래처에 직접 재화를 인도하는 경우에는 공급자를 제조장으로 하는 세금계산서를 직접 거래처에 발급하는 것이나, 이미 제조장에서 직매장 등으로 세금계산서(총괄납부사업자의 경우에는 거래명세서)를 발급한 경우에는 직매장 등에서 거래처에 세금계산서를 발급하여야 한다.

[2] 총괄납부신청을 한 사업장의 지점 매출 및 매입

총괄납부신청을 한 사업자가 자기사업과 관련하여 생산 또는 취득한 재화를 타인에게 직접 판매할 목적으로 자기의 다른 사업장에 반출하는 것은 재화의 공급으로 보지 아니하므로 세금계산서를 발급하지 아니한다. 다만, 사업자가 세금계산서를 발급하여 관할세무서장에게 신고한 경우에는 그러하지 아니한다.

◆ 제조장에서 생산한 재화를 직매장 등에서 판매하는 경우
(제도46015-10469, 2001.4.9)
제조장과 직매장 등 2 이상의 사업장을 가진 사업자가 제조장에서 생산한 재화를 직매장 등에서 판매하는 전담하여 판매함에 있어, 수송 등의 편의를 위하여 제조장에서 거래처에 직접 재화를 인도하는 경우에는 공급자를 제조장으로하는 세금계산서를 직접 거래처에 교부하는 것이나, 이미 제조장에서 직매장 등으로 세금계산서(총괄납부승인을 받은 사업자의 경우에는 거래명세서)를 교부한 경우에는 직매장 등에서 거래처에 세금계산서를 교부하여야 하는 것임

4 단가인하, 잠정가액 등에 의한 세금계산서 발급

◆ 사전약정 없는 판매단가 인하의 부가가치세 과세표준 공제여부
(부가22601-93 , 1989.01.21.)
1. 사전약정없이 사업자가 재화를 공급한 후 일정기간의 판매실적에 따라 당초 공급단가를 인하하여 주는 경우, 단가인하로 인하여 감액된 금액은 부가가치세 과세표준에서 공제하지 아니하는 것이며,
2. 이 경우 사업자가 당초 재화를 공급하고 그 거래시기에 세금계산서를 교부 한 후 감액된 금액에 대하여 수정세금계산서를 교부한 경우에는 그 감액된 공급가액에 대하여는 세금계산서를 교부하지 아니한 것으로 보아 부가가치세법 제22조 제2항 제1호에 규정하는 세금계산서 미교부가산세를 적용하는 것임.

◆ 잠정가격으로 거래 후 추후 대금 확정시 세금계산서 교부방법
(부가 22601-1477, 1988. 8. 23.)
사업자가 거래당사자간의 대금의 정산특약에 따라 공급가액을 확정하지 아니한 상태에

서 잠정합의한 가격으로 재화를 공급하고 추후 확정가격에 의거 대금을 정산한 경우, 세금계산서 교부방법은 재화가 인도되는 때에 잠정합의된 가격으로 세금계산서를 수정하여 교부하는 것이며, 추후 당해 재화의 가격이 확정되는 때에 그 확정된 금액으로 세금계산서를 수정하여 교부하는 것임.

◆ 공급가액 획정전 재화공급시 세금계산서 교부방법
(서삼46015-10406 , 2001.10.08.)
사업자가 거래당사자간의 대금정산 특약에 따라 공급가액을 확정하지 아니한 상태에서 잠정합의한 가격으로 재화를 공급시 세금계산서 교부방법은 재화가 인도되는 때에 잠정합의된 가격으로 세금계산서를 교부하는 것이며, 추후 당해 재화의 가격이 확정되는 때에 그 확정된 금액으로 세금계산서를 수정하여 교부하는 것임.

◆ 잠정가액으로 대가를 수령하는 경우 세금계산서 교부 방법
(서면인터넷방문상담3팀-236 , 2005.02.17.)
사업자가 부가가치세 과세대상인 용역을 공급하던 중에 관계 법령에서 계약상 정해진 금액 미만으로 용역대가의 최고한도가 규정된 경우에 있어서 거래당사자간에 용역대가를 확정하지 못하고 잠정가액을 수수하는 경우에는 그 잠정가액에 대하여 부가가치세법 제16조 제1항의 규정에 의한 세금계산서를 교부하고 추후 당초의 공급가액에 추가되는 금액 또는 차감되는 금액이 발생한 경우에는 같은법시행령 제59조 단서의 규정에 의하여 그 발생한 때에 세금계산서를 수정하여 교부하는 것입니다.

◆ 상당기간 사용한 재화를 회수하는 것은 재화의 환입에 해당하지 아니하는 것으로 재화를 회수당한 사업자는 세금계산서를 교부하어아 하는 것임
(서면인터넷방문상담3팀-109, 2006.01.17.)
상당기간 사용한 재화를 회수하는 것은 재화의 환입에 해당하지 아니하는 것으로 재화를 회수당한 사업자는 세금계산서를 교부하여야 하는 것임

10 전자세금계산서, 계산서 의무발급 사업자

❶ 법인

법인사업자는 반드시 세금계산서는 전자세금계산서를 발급하여야 한다.

❷ 직전연도 공급가액이 8천만원 이상인 개인사업자

개인사업자는 **직전연도 공급가액이 8천만원 이상인 경우 전자세금계산서를 의무적으로 발급하여야 한다.** 단, 전자세금계산서 발급의무자가 아니더라도 전자세금계산서는 발급할 수 있다.

[개정 세법] 전자세금계산서 의무발급 대상 확대 (부가가치세법 시행령 제68조)

종 전	개 정
□ 전자세금계산서 의무발급대상 및 기간	□ 의무발급 대상 범위 확대 및 기간 연장
○ (대상) 직전연도 사업장별 공급가액(수입금액) 합계액이 1억원 이상인 개인사업자 ○ (기간) 당해연도 7.1.부터 다음연도 6.30.까지	○ (대상) 직전연도 사업장별 공급가액 합계액이 8천만원 이상인 개인사업자 ○ (기간) 당해연도 7.1.부터 계속하여 발급

<적용시기> 2024.7.1. 이후 재화 또는 용역을 공급하는 분부터 적용

▶ 개인사업자의 전자세금계산서 의무발급 대상자 공급가액 기준

공급가액은 사업장별 재화·용역의 공급가액을 기준으로 하며, 공급가액 8천만원 이상 판단시 신규사업자라 하더라도 공급가액을 12개월로 환산하지 않는다. 그리고 현금매출, 간주임대료, 고정자산 매각등 기타매출도 포함하여 판단한다

▣ 면세사업자 전자계산서 발급의무 및 미발급 가산세

[1] 적용대상
법인사업자 및 개인사업자 중 과세 및 면세사업 겸업자로서 직전연도 연간 공급가액 8천만원 이상인 자와 개인 면세사업자로서 직전 과세기간의 사업장별 총수입금액이 8천만원 이상인 자

[개정 세법] 전자계산서 의무발급 대상 확대(소득령 §211의2)
[종전] 직전연도 사업장별 재화·용역의 공급가액 합계액이 1억원 이상인 개인사업자
[개정] 직전연도 사업장별 재화·용역의 공급가액 합계액이 8천만원 이상인 개인사업자
〈적용시기〉 '24.7.1. 이후 재화 또는 용역을 공급하는 분부터 적용

[2] 전자계산서 미발급 가산세
* 공급가액 × 2% [(종이)계산서를 발급한 경우 : 공급가액×1%]

[3] 전자계산서 지연발급 가산세
* 공급가액 × 1% [(종이)계산서를 발급한 경우 : 공급가액×1%]

[개정 세법] 계산서 지연발급 가산세 신설
* 과세기간 말의 다음달 25일까지 지연발급 : 공급가액의 1%
* 과세기간 말의 다음달 25일까지 미발급 : 공급가액의 2%
〈적용시기〉 2018.1.1. 이후 개시하는 과세연도 분부터 적용

■ 계산서 지연발급의 경우에도 매입자는 가산세 적용 없음
매출자가 면제 계산서를 지연발급한 경우 매입자에 대한 가산세 적용에 대하여 소득세법에서 따로 정한 규정이 없으므로 가산세 적용은 없다.

11   전자세금계산서 발급과 국세청 전송

❶ 전자세금계산서 발급 및 지연발급에 대한 가산세 등

① 전자세금계산서 발급대상의무자는 반드시 전자세금계산서를 발급하여야 하며, **전자세금계산서를 발급하지 아니하고 종이세금계산서를 발급하는 경우 세금계산서 미발급가산세(공급가액의 1%, 매입자는 가산세 적용 없음)**가 적용된다.

② **거래시기가 속하는 월의 다음달 10일**까지 반드시 전자세금계산서를 발행하여야 하며, 11일 이후 발행하는 경우 매출자는 공급가액의 1%를 가산세로 부담하여야 하며, 매입자는 공급가액의 0.5%를 가산세로 부담하여야 한다.

예를 들어 제1기(1.1 ~ 6.30.)분을 부가가치세 신고기한(7월 25일) 이후 발행하는 경우 또는 제2기(7.1 ~ 12.31)분을 부가가치세 신고기한(다음해 1월 25일) 이후 **발행**하는 경우 과세기간이 달라져서 매출자는 세금계산서미발급가산세(공급가액의 2%)가 적용된다.

☐ 부가가치세법 제60조(가산세)

[개정 세법] 공급시기가 지난 후 발급된 세금계산서의 매입세액공제 인정범위 확대(부가령 § 75)

종 전	개 정
☐ 공급시기가 지난 후 발급된 세금계산서에 대한 매입세액공제 인정 요건 ㅇ 확정신고기한 다음날부터 6개월 이내에 세금계산서를 발급받고, 납세자가 경정청구, 수정신고 하는 경우	☐ 세금계산서 발급기한 확대 ㅇ 6개월 이내 → 1년 이내

〈적용시기〉 2022.2.15. 이후 재화 또는 용역을 공급하는 분부터 적용

❷ 전자세금계산서 국세청 전송기한

전자세금계산서를 발급한 후 즉시 국세청에 전송함을 원칙으로 하되, 재화 또는 용역의 공급일이 속하는 달의 다음달 11일까지는 국세청에 전송하여야 한다.

▶ 전자세금계산서 발행 및 국세청 전송 시기(예시)

구 분	1.1. ~ 1.1. 거래분에 대한 월합계 세금계산서의 경우		
	작성일자	발급가능기한	전송기한
종이세금계산서	1. 31	2.10	
전자세금계산서	1. 31	2.10	2.11

[개정 세법] (2019년 이후) 전송 관련 가산세 인하
(지연전송) 0.5% → 0.3%
공급시기가 속하는 과세기간 확정신고기한(25일)까지 전송시
(미전송) 1% → 0.5%
공급시기가 속하는 과세기간 확정신고기한(25일)까지 미전송

❸ 전자세금계산서 수정 발급 및 전송기한

① 발행된 전자세금계산서는 취소.반송이 불가능하며, 수정 등의 사유가 발생한 경우에는 반드시 전자적으로 수정세금계산서를 발행하여야 하며, 수정세금계산서의 전송기한은 최초 발행된 세금계산서의 전송기한과는 독립적으로 수정세금계산서 발행일(또는 전자서명일)을 기준으로 전송기한이 다시 시작된다. 즉, 수정전자세금계산서의 경우에는 당초 발행된 전자세금계산서의 전송기한이 적용되는 것이 아니라, **수정전자세금계산서의 작성연월일(또는 전자서명일)을 기준**으로 하므로 수정 전자세금계산서 **발급일의 익일**까지 전송하여야 한다.

② 발행된 전자세금계산서는 취소.반송이 불가능하며, 수정 등의 사유가 발생한 경우에는 수정세금계산서를 발행하여야 한다.

12   전자세금계산서 수정발급과 가산세 적용

❶ 전자세금계산서 작성일자를 잘못하여 발급한 경우

① 공급시기와 전자세금계산서 작성일자가 다른 경우 세무상 문제

공급시기(거래일자)와 세금계산서 작성일자가 착오로 잘못 기재한 경우 작성일자를 수정하여 수정세금계산서를 발급하여야 한다. 다만, 세금계산서는 발급시기가 속하는 달의 다음달 10일까지 발급을 하여야 하므로 수정한 작성일자의 다음달 10일 이내에 수정세금계산서를 발급하여야 가산세 적용이 없다.

▶ **작성일자를 잘못 기재하여 해당 공급시기가 속하는 달의 다음달 10일 이내 수정발급 하는 경우 가산세는 없음**

예를 들어 20×7년 1월 31일 거래에 대해 작성일자를 잘못하여 2월 3일로 하여 2월 3일 발급하였으나 이를 수정발급 하고자 하는 경우 늦어도 2월 10일까지는 작성일자를 1월 31일로 하여 발급하여야 가산세가 없다.

▶ **작성일자를 잘못 기재하여 세금계산서를 수정발급하는 경우 가산세 적용은 없으나 당초 지연발급한 경우에는 지연발급에 대한 가산세가 적용되는 것임**

작성일자를 잘못 기재하여 이를 수정발급하는 경우 가산세 적용은 없다. 다만, 당초 발급한 세금계산서의 작성일자가 공급시기가 속하는 달의 다음달 11일 이후 발급된 경우에는 세금계산서 지연발급에 해당하여 공급자에게는 지연발급가산세(공급가액의 100분의1)가 공급받는자에게는 지연수취가산세(공급가액의 0.5%)가 각각 적용된다.

② 공급시기와 작성일자는 같아도 발급일자가 늦은 경우 세무상 문제

세금계산서는 재화 또는 용역의 공급일을 작성일자로 하여 해당 재화 또는 용역의 공급일에 전자세금계산서를 발급(공급일 = 작성일자 = 발급일자)하여야 한다. 다만,

월합계 세금계산서나 실제거래사실이 확인되는 경우 해당 월의 말일 또는 거래일을 작성 연월일로 하여 해당 월의 다음달 10일까지 발급을 할 수 있다.

정당한 공급일을 작성일자로 전자세금계산서를 발급하더라도 발급일자가 늦어지는 경우 다음의 가산세가 적용된다.

▶ 공급시기가 속하는 다음 달 11일 이후 부가가치세 확정신고기한내 전자세금계산서를 발급하는 경우 지연발급가산세가 적용됨

작성일자는 정당하더라도 다음 달 11일 이후에 세금계산서를 발급한 경우 동일 과세기간인 경우 공급자는 공급가액의 1%를 가산세로 부담하여야 하며, 공급받는자는 공급가액의 0.5%를 가산세로 부담하여야 한다.

▶ 확정과세기간의 신고기한 이후에 전자세금계산서를 발급하는 경우

공급자가 세금계산서를 발급하지 않은 것으로 보아 공급자는 공급가액의 2%를 가산세로 부담하여야 하며, 단, 매입자의 경우 확정신고기한 다음날부터 1년 이내에 세금계산서를 발급받은 경우 세금계산서 지연수취가산세(공급가액의 1%)는 부담하여야 하나 매입세액은 공제받을 수 있다.

❷ 계약 해제 또는 반품 관련 수정세금계산서 발급방법

1 개요

① 계약이 해제된 경우 계약해제일을 작성일자로 적고 비고란에 처음 세금계산서 작성일을 덧붙여 적은 후 붉은색 글씨로 쓰거나 음(陰)의 표시를 하여 발급한다.

② 재화를 공급한 후 하자 등의 사유로 반품된 경우 재화가 **환입된 날을 작성일자**로 하여 비고란에 당초 세금계산서 작성일자를 부기한 후 붉은색 글씨로 쓰거나 부(負)의 표시를 하여 발급한다.

■ 재화의 환입 또는 계약의 해제로 그 사유가 발생한 날 정당하게 세금계산서를 수정 발급한 경우 매출자 및 매입자 모두 가산세 적용은 없다.

▶ **사업연도 이후 계약 해제 또는 환입된 경우 매출 차감**

내국법인이 상품·제품 또는 기타의 생산품을 판매한 경우 그 손익의 귀속시기는 그 상품 등을 인도한 날이 속하는 사업연도로 하는 것이며, 판매한 상품 등이 반품된 경우에는 그 반품일이 속하는 사업연도에 매출의 취소로 보아 매출액에서 차감하는 것임(법인-1434, 2009.12.28.)

2 계약의 해제시 수정 전자세금계산서 발급

계약이 해제된 때에 그 작성일은 계약해제일로 적고 음의 표시를 하여 발급한다. (종이세금계산서의 경우 비고란에 처음 세금계산서 작성일을 덧붙여 기재함)

3 재화 또는 용역의 공급없이 착오로 세금계산서를 잘못 발행한 경우

재화나 용역을 공급함이 없이 매출 세금계산서를 잘못 발급한 경우에는 수정세금계산서 발급사유에 해당하지 아니하므로 수정세금계산서를 발급할 수 없으며, 재화나 용역을 공급함이 없이 매출세금계산서를 발급한 공급자는 공급가액의 3%를 가산세로 부담하여야 한다. 한편, 거래없이 타 사가 세금계산서를 잘못 발행한 매입세금계산서를 수취한 해당 업체는 매입세액을 불공제처리 하여야 하며, 매입세액공제를 받은 경우에는 수정신고를 하여야 하고, 수정신고시 신고불성실가산세 및 납부불성실가산세를 추가로 부담하여야 한다.

4 반품시 전자세금계산서 수정발급

[1] 처음 공급한 재화가 환입(還入)된 경우

재화가 환입된 날을 작성일로 입력하고, 음(陰)의 표시를 하여 발급한다. (종이 세금계산서의 경우 비고란에 처음 세금계산서 작성일을 덧붙여 기재함)

◆ 상당기간 사용한 재화를 회수하는 경우 세금계산서를 발급하여야 함
(부가, 서면인터넷방문상담3팀-109 , 2006.01.17.)
상당기간 사용한 재화를 회수하는 것은 재화의 환입에 해당하지 아니하는 것으로 재화를 회수당한 사업자는 세금계산서를 교부하여야 하는 것임

[2] 불량재화는 반품받고 동일 제품으로 교환하여 주는 경우

부가가치세가 과세되는 재화의 공급에 해당되지 아니하므로 반품에 따른 수정세금계산서 및 교환에 따른 세금계산서 발급대상이 아니다.

[3] 불량재화는 반품받고 동종 유사 제품으로 교환하여 주는 경우

반품에 따른 수정세금계산서 및 교환에 따른 세금계산서를 각각 발급한다.

[4] 불량재화를 반품받지 아니하고 동종 유사 제품을 무상으로 주는 경우

무상 공급시 시가를 과세표준으로 하여 세금계산서를 발급하여야 한다.

❸ 필요적 기재사항을 잘못 기재한 경우

① 필요적 기재사항을 착오로 잘못 기재한 경우

처음에 발급한 세금계산서의 내용대로 세금계산서를 음(陰)의 표시를 하여 발급하고, 수정하여 발급하는 세금계산서는 양수로 작성하여 발급한다.

다만, 다음의 어느 하나에 해당하는 경우로서 과세표준 또는 세액을 경정할 것을 미리 알고 있는 경우는 제외한다.

1. 세무조사의 통지를 받은 경우
2. 세무공무원이 과세자료의 수집 또는 민원 등을 처리하기 위하여 현지출장이나 확인업무에 착수한 경우
3. 세무서장으로부터 **과세자료 해명안내 통지**를 받은 경우
4. 그 밖에 1호부터 3호까지의 규정에 따른 사항과 유사한 경우

② 필요적 기재사항을 <u>착오 외의</u> 사유로 잘못 입력한 경우

재화나 용역의 공급일이 속하는 과세기간에 대한 **확정신고기한 다음날부터 1년까지** 세금계산서를 수정 발급할 수 있으며, 처음에 발급한 세금계산서의 내용대로 세금

계산서를 음(陰)의 표시를 하여 발급하고, 수정하여 발급하는 세금계산서는 양(陽)의 표시를 하여 작성한다. 다만, 과세표준 또는 세액을 경정할 것을 미리 알고 있는 경우는 수정 전자세금계산서를 발급할 수 없다.

[개정 세법] 수정세금계산서 발급기한 확대(부가령 §70①)

종 전	개 정
☐ 필요적 기재사항*을 잘못 기재한 세금계산서에 대한 수정세금계산서 발급기한 * 공급자, 공급받는자, 공급가액, 작성연월일	☐ 수정세금계산서 발급기한 확대
○ 재화·용역의 공급시기가 속하는 과세기간의 확정신고기한까지	○ 확정신고기한까지 → 확정 신고기한 다음날부터 1년까지
- 단, 관할 세무서장이 결정·결정하거나 세무조사 통지 등 결정·경정할 것을 미리 알고 있는 경우 수정발급 불가	- (좌 동)

<적용시기> 2022.2.15. 이후 재화 또는 용역을 공급하는 분부터 적용

❹ 기타 수정 전자세금계산서 발급

1 착오로 전자세금계산서를 이중으로 발급한 경우

① 매출자는 처음에 발급한 세금계산서의 내용대로 음(陰)의 표시를 하여 발급 : 전자세금계산서를 착오에 의한 이중으로 발급한 경우 당초 작성일자로 하여 부(-)의 수정세금계산서를 발행하고 당초 과세기간분에 대하여 '경정청구'하여 환급을 받아야 한다. 이 경우 가산세 적용은 없다.

② 매입자는 매입세액을 공제받은 사실이 없는 경우 가산세 적용은 없으나 매입세액을 중복으로 공제받았다면, 수정신고를 하여야 하며, 수정신고시 신고불성실

및 납부불성실가산세가 적용된다. 단, 수정전자세금계산서를 발급받고 수정신고시에는 매입처별세금계산서합계표 불성실가산세는 적용되지 않는다.

□ 부가가치세법 시행령 제70조(수정세금계산서 또는 수정전자세금계산서의 발급사유 및 발급절차)

② 면세 등 발급대상이 아닌 거래 등에 대하여 발급한 경우

처음에 발급한 세금계산서의 내용대로 음의 표시를 하여 발급하며, 면세거래에 대하여는 면세 계산서를 발급하여야 한다.

◆ 면세 계산서 발급대상 거래에 대하여 세금계산서를 발급한 경우 계산서 미발급 가산세가 적용되는지 여부
(법인세제과-1279, 2019.9.18.)
의료업을 영위하는 비영리내국법인이 부가가치세가 면제되는 용역을 공급하면서 계산서를 교부하는 대신 부가가치세가 과세되는 것으로 착오하거나 부지로 부가가치세법상 세금계산서를 교부한 경우에는 「법인세법」(2018.12.24., 법률 제16008호로 개정되기 전의 것) 제121조제6항에 따라 계산서를 작성·발급한 것으로 보아 같은 법 제76조제9항에 따른 계산서미발급가산세를 적용하지 않는 것임

③ 공급받는 자를 잘못 기재하여 세금계산서를 발행한 경우

공급받는자를 잘못 기재한 경우 재화 또는 용역의 공급시기가 속한 과세기간의 **확정 신고기한 다음날부터 1년까지** 공급받는 자를 수정하는 세금계산서를 발행할 수 있으며, 이 경우 적용되는 세금계산서 관련 가산세는 없다. 단, 공급받는 자의 수정은 기재사항 착오로 볼 수 없으므로 **확정 신고기한 다음날부터 1년 이후**에는 수정세금계산서를 발급할 수 없으며, 이후 세금계산서를 발급한 경우 세금계산서를 발급하지 않은 것으로 보아 공급자는 공급가액의 2%를 곱한 금액의 가산세가 적용되며, 매입자는 매입세액을 공제받을 수 없다.

[개정 세법] 수정세금계산서 발급기한 확대(부가령 §70①)
필요적 기재사(공급자, 공급받는자, 공급가액, 작성연월일)을 잘못 기재한 세금계산서에 대한 수정세금계산서 발급기한
(종전) 확정신고기한까지
(개정) 확정 신고기한 다음날부터 1년까지
<적용시기> '2022.2.15. 이후 재화 또는 용역을 공급하는 분부터 적용

4 사업자를 주민등록기재분으로 세금계산서 발급한 경우

공급자가 거래 상대방이 사업자인 것을 모르고 주민등록번호를 기재하여 발행한 세금계산서는 주민등록번호를 사업자등록번호로 수정한 세금계산서를 발급할 수 있다. 이 경우 가산세 적용은 없으나 관할 **세무서장이 경정하여 통지하기 전까지** 당초에 발급한 세금계산서의 내용대로(당초 작성일자) 세금계산서를 수정하여 발급하여야 한다. **다만, 공급받는 자가 사업자등록을 하기 전에 공급받는 자의 주민등록번호를 기재하여 발급한 세금계산서에 대하여는 사업자등록번호로 수정한 세금계산서를 발급할 수 없다.**

◆ 주민등록번호 세금계산서 발급분 수정발급 가능 여부
(부가, 서면-2017-부가-2799, 2017.10.31)
사업자가 세금계산서를 교부한 후 그 기재사항에 관하여 착오 또는 정정사유가 발생한 경우에는 수정세금계산서를 교부할 수 있는 것이며, 매출처별세금계산서합계표에 대하여 가산세를 적용하지 아니함.

5 폐업자에게 세금계산서를 발급한 경우

재화 또는 용역을 공급받는 자가 사업자가 아닌 경우(폐업자 포함)에는 공급받는 자의 주소·성명 및 주민등록번호 기재하여 발급하여야 한다. 단, 매입자가 폐업자인줄 모르고 사업자번호로 세금계산서를 발행한 경우 재화 및 용역의 공급일이 속하는 과세기간에 대한 **확정신고기한 다음날부터 1년까지** 수정세금계산서를 작성 발급할 수 있는 것으로 이 경우 당초분은 취소하고 공급받는 자의 주민등록번호를 기재한 수정세금계산서를 발급할 수 있으며, 가산세 적용은 없다.

6 면세 계산서를 발행하여야 하나 세금계산서를 발행한 경우

부가가치세가 면제되는 재화나 용역을 공급하면서 착오로 계산서가 아닌 세금계산서로 발급한 경우 부가가치세법의 가산세는 없으나 법인세법 또는 소득세법의 규정에 의한 계산서 불성실가산세[공급가액의 2%, 지연발급(과세기간 말의 다음달 25일까지 발급)의 경우 공급가액의 1%]가 적용된다. 단, 영수증 발급대상사업자 등 계산서 발급의무가 없는 업종의 경우 계산서 관련 가산세 적용은 없다.

◆ 면세 계산서 발급대상 거래에 대하여 세금계산서를 발급한 경우 계산서 미발급 가산세가 적용되는지 여부 (법인세제과-1279, 2019.9.18.)
의료업을 영위하는 비영리내국법인이 부가가치세가 면제되는 용역을 공급하면서 계산서를 교부하는 대신 부가가치세가 과세되는 것으로 착오하거나 부지로 부가가치세법상 세금계산서를 교부한 경우에는 「법인세법」 제121조제6항에 따라 계산서를 작성·발급한 것으로 보아 같은 법 제76조제9항에 따른 계산서미발급가산세를 적용하지 않는 것임

7 과세표준 및 세율을 잘못하여 실제보다 과다하게 발급한 경우

① 처음에 발급한 세금계산서의 내용대로 세금계산서를 붉은색 글씨로 쓰거나 음(陰)의 표시를 하여 발급하고, 수정 발급하는 세금계산서는 양의 표시를 하여 발급한다.
② 공급가액 또는 세액을 착오로 과다 기재한 경우 공급가액을 정정하는 수정세금계산서를 발급할 수 있으며, 수정신고를 하는 경우 필요적 기재사항의 수정으로 공급자의 경우 가산세 적용은 없다. 단, 공급받는자의 경우 과세기간 이후에는 당초 매입세액을 과다하게 공제받은 금액에 대하여 신고불성실가산세 및 납부불성실가산세를 부담하여야 한다.(세금계산서 관련 가산세는 없음)

8 과세표준 및 세액을 잘못하여 실제보다 과소하게 발급한 경우

착오사실을 인지한 날 처음에 발급한 세금계산서의 내용대로 세금계산서를 붉은색 글씨로 쓰거나 음(陰)의 표시를 하여 발급하고, 수정 발급하는 세금계산서는 양의 표시를 하여 발급한다. 단, 예정신고기한 또는 확정신고기한 이후 수정하여 발급하는 경우 부가가치세를 과소신고 및 납부한 것이므로 신고불성실가산세 및 납부불성

실가산세를 추가로 부담하여야 한다.(세금계산서 관련 가산세는 없음) 한편, 매입자의 경우 수정세금계산서에 의해 매입세액 공제가 가능하다.

9 세금계산서를 발행하여야 하나 면세 계산서를 발행한 경우

부가가치세가 과세되는 재화 또는 용역을 공급하였으나 면세 계산서를 발급한 경우 공급시기가 속하는 다음달 10일까지 세금계산서를 발급하는 경우 가산세 적용은 없으나 세금계산서 발급이 다음달 11일 이후부터 동일 과세기간의 확정신고기한내 지연된 경우 매출자는 공급가액의 1%를 가산세로 부담하여야 하며, 매입자는 지연발급가산세 0.5%를 부담하여야 한다. 단, 동일 과세기간의 확정신고기한 이후 세금계산서를 발급하는 경우 세금계산서 미발급가산세(공급가액의 2%)를 부담하여야 하며, 신고불성실 가산세 및 납부불성실 가산세를 추가로 부담하여야 한다.

한편, 동일 과세기간의 확정신고기한 다음날부터 1년 이후에 세금계산서를 발급하는 경우 매입자는 매입세액을 공제받을 수 없다. 그러나 공급시기 이후 세금계산서를 발급받았으나, 실제 공급시기가 속하는 과세기간의 확정신고기한 다음날부터 1년 이내에 발급받은 것으로서 수정신고·경정청구하거나, 거래사실을 확인하여 결정·경정되는 경우에는 매입세액은 공제를 받을 수 있다.

❺ 내국신용장 또는 구매확인서가 거래시기 이후 발급된 경우

① 수출품생산업자가 수출물품을 수출업자에게 내국신용장 또는 구매확인서에 의하여 공급하는 경우 영세율이 적용되며, 이 경우 재화 또는 용역의 공급일을 작성일자로 하여 영세율 세금계산서를 발급하여야 한다.
② 재화 또는 용역의 공급시기 전 내국신용장 또는 구매확인서가 개설되지 않은 경우 재화 또는 용역의 공급일을 작성일자로 하여 세금계산서를 발급하여야 한다.
③ 당초 내국신용장 또는 구매확인서가 개설되지 아니하여 세금계산서를 발급하였으나 공급시기가 속하는 과세기간 종료 후 25일 이내에 내국신용장 또는 구매확인서가 개설된 경우 다음과 같이 수정 세금계산서를 발급한다.
1. 재화 또는 용역의 공급일을 작성일자로 하여 세금계산서를 발급한다.
2. 내국신용장 또는 구매확인서가 개설된 때에 처음 발급한 세금계산서(1의 세금계산서)는 발급한 세금계산서의 내용대로 음(陰)의 표시를 하여 발급한다.

3. 처음 세금계산서 작성일로 하여(비고란에 내국신용장 개설일 등을 덧붙여 적음) 영세율 세금계산서를 발급한다.

▶ 세금계산서를 발급하여야 하나 영세율 세금계산서를 발급한 경우

세금계산서를 발급하여야 하나 영세율 세금계산서를 발급하고, 예정신고기간 또는 확정신고기간이 지난 이후 수정세금계산서를 발급하는 경우 매출자는 부가가치세 과소납부에 따른 신고불성실가산세 및 납부불성실가산세를 추가로 부담하여야 한다. 다만, 매입자의 경우 과세표준 또는 세액을 경정할 것을 미리 알고 있는 경우(세무조사의 통지를 받은 경우, 세무서장으로부터 **과세자료 해명안내 통지**를 받은 경우 등)가 아니면, 경정청구를 하여 환급을 받을 수 있을 것이다.

[국세상담센터] 영세율 거래를 10% 세금계산서 발급시 적용할 가산세
[문] 내국신용장 영세율 거래를 10% 세금계산서 발급한 경우 가산세를 적용하나요?
[답] 가산세 부과대상에 해당되지 않습니다.
구매확인서 등에 의하여 공급하는 재화로 영세율이 적용되는 거래를 세액을 별도로 기재한 세금계산서를 발급하고 신고·납부까지 마친 경우 사실과 다른 세금계산서에 해당하지 않습니다

❻ 전자세금계산서 발급대상자가 종이세금계산서를 발급한 경우

전자세금계산서 발급의무대상 사업자가 종이세금계산서를 발행한 경우 매출자는 세금계산서 불성실가산세(공급가액의 1%)를 부담하여야 하나 매출자가 정당한 거래시기에 종이세금계산서를 발행한 경우 매입자는 매입세액을 공제받을 수 있다.

▶ 세금계산서를 과세기간내 발급하지 못한 경우 종이세금계산서 발급

전자세금계산서의 경우 해당 과세기간의 11일 이후 발급하면, 그 자료가 국세청 전산시스템에 남아 국세청이 알 수 있으므로 매입자의 경우 매입세액공제가 불가능하다. 단, 종이세금계산서를 발급하는 경우 예를 들어 11월 30일 거래분을 다음해 1월 20일에 작성일자를 11월 30일로 하여 발급하더라도 발급일자를 국세청이 확인할 수 없으므로 매출자는 전자세금계산서 미발행에 대한 불성실가산세(공급가액의 100분의1)는 부담하더라도 매입자는 매입세액을 공제받을 수 있을 것이다.

13 전자세금계산서 발급방법 등

❶ 발급방법

① 국세청 「홈택스」에서 전자세금계산서 발행

[1] 「홈택스」에서 전자세금계산서 발행

국세청 전자세금계산서 발행 홈페이지인 「홈택스」에서 공인인증서로 로그인하고, 세금계산서를 작성하여 발급하는 방법으로 별도 시스템 개발 없이 모든 사업자가 무료로 이용가능하다.

▶ 공인인증서

전자세금계산서를 발급하기 위해서는 전자세금계산서 발급용 공인인증서를 발급받아야 한다.

■ 이용가능한 공인인증서
1. 법인용 범용공인인증서
2. 전자세금계산서 발급용 공인인증서

[2] 거래처 e-mail

매출자는 전자세금계산서를 발급하기 위해 매입자가 수신할 수 있는 포털사이트의 e-mail 또는 사업용으로 보유한 e-mail을 확보하여야 한다.

거래처 e-mail 착오 기재, 기재하지 아니한 경우 수정 전자세금계산서 발급대상은 아니며, 이 경우 정정 기재하여 재발행하여야 하는 것임

② 세금계산서 발행시스템 임대사업자 등을 통한 발행방법

세금계산서 발행시스템 임대사업자들이 사업목적으로 구축한 시스템(ASP) 또는 대법인들이 구축한 ERP시스템을 이용하는 방법으로 전자세금계산서 발행시스템을 개발하여 그 시스템을 제공하는 것을 주업으로 하는 임대사업자(ASP)의 시스템에 접속하여 발행, 국세청에 전송하는 방법

❷ 전자세금계산서 활용 및 발급혜택

[1] 전자세금계산서 활용
① 매출자 및 매입자는 「홈택스」에서 국세청으로 전송된 세금계산서를 확인할 수 있으며 부가가치세 신고서 작성시에 합계액을 참고할 수 있다.
② 전자세금계산서 발행분은 부가가치세 신고시 개별명세표를 작성할 필요가 없다.

[2] 전자세금계산서 발급혜택

[세법 개정] 전자세금계산서 및 전자계산서 발급 세액공제 적용기한 연장
(부가법 §47①·63④, 소득법§56의3①)

현 행	개 정
□ 전자세금계산서·전자계산서 세액공제	□ 적용기한 연장
ㅇ (공제방식) 부가가치세(전자세금계산서), 종합소득세(전자계산서)에서 공제	
ㅇ (적용대상) 직전연도 공급가액 또는 사업장별 총수입금액 3억원 미만 개인사업자 또는 신규 사업자(개인)	ㅇ (좌 동)
ㅇ (공제금액) 건당 200원 (연간 100만원 한도)	
ㅇ (적용기한) '24.12.31.	ㅇ '27.12.31.

14 영수증 발급대상자 및 영수증 발급

❶ 영수증

① 영수증이라 함은 세금계산서와 달리 세금계산서의 필요적 기재사항 중 **공급받는 자를 별도로 기재하지 아니하고** 공급자의 사업자등록번호, 상호, 성명, 공급가액 및 세액, 작성연월일이 기재된 것으로 주로 사업자가 아닌 다수의 소비자를 상대로 하는 사업자와 간이과세자는 영수증을 발급하여야 한다.

② 사업자가 재화 또는 용역을 공급받고 영수증을 수취한 경우 그 매입세액을 공제받을 수 없으며, 건별 거래금액이 3만원을 초과하는 경우 정규영수증으로서의 효력도 인정되지 않으므로 영수증발행사업자로부터 재화 또는 용역을 공급받을 시 현금영수증을 수취하거나 신용카드로 결제하여야 한다.

❷ 영수증 발급대상사업자

부가가치세법상 사업자는 재화 또는 용역의 공급시 원칙적으로 세금계산서를 발급하여야 한다. 그러나 주로 사업자가 아닌 일반소비자에게 재화 또는 용역을 공급하는 사업자의 경우 공급받는 자 및 부가가치세를 별도로 기재하지 아니한 영수증(통상 간이영수증이라 함)을 발급할 수 있도록 하고 있다. (부가가치세법 제36조, 부가가치세법 시행령 제73조, 부가가치세법 시행규칙 제53조)

1. 소매업, 음식점업(다과점업 포함), 숙박업
2. 목욕·이발·미용업
3. 여객운송업
4. 입장권을 발행하여 영위하는 사업
5. 우정사업조직이 소포우편물을 방문접수하여 배달하는 용역을 공급하는 사업
6. 무도학원 및 자동차운전학원

7. 변호사업, 변리사업, 법무사업, 공인회계사업, 세무사업, 경영지도사업, 기술지도사업, 감정평가사업, 기술사업, 건축사업, 도선사업, 측량사업 기타 이와 유사한 사업서비스 및 행정사업(사업자에게 공급하는 것 제외)
8. 주로 사업자가 아닌 소비자에게 재화 또는 용역을 공급하는 사업인 도정업, 제분업중 떡방앗간, 양복점업·양장점업·양화점업, 주거용 건물공급업, 운수업 및 주차장운영업, 부동산중개업, 개인서비스업, 가사서비스업 등
9. 자동차제조업 및 자동차판매업

▶ **영수증 발급의무자 중 세금계산서를 발급하여야 하는 경우**

일반과세자가 영수증 발급의무자로부터 재화 또는 용역을 공급받고, 공급자에게 세금계산서 발급을 요구하는 때에는 영수증 발급의무자는 세금계산서를 발급하여야 한다. 한편, **목욕·이발·미용업, 여객운수업(전세버스 운송사업은 제외함), 입장권을 발행하여 영위하는 사업**의 경우에는 공급받는 자가 세금계산서의 발행을 요구하여도 공급자는 세금계산서를 발행할 수 없으나 감가상각자산을 공급하는 경우에 공급받는 사업자가 세금계산서 발급을 요구할 때에는 세금계산서를 발급하여야 한다.

❸ 영수증 발급의무 면제 대상

1. 택시운송 사업자, 노점 또는 행상을 하는 자가 공급하는 재화 또는 용역
2. 무인자동판매기를 이용하여 재화 또는 용역을 공급하는 자
3. 개인적 공급, 사업상 증여 및 폐업시의 잔존재화 등과 간주공급에 해당하는 재화
4. 부동산임대용역중 전세금·임대보증금에 대한 간주임대료
5. 영세율 적용이 되는 재화 또는 용역의 공급으로 직접 수출하는 재화
6. 국외에서 제공하는 용역, 「항공법」에 의한 상업서류 송달용역 등

15 현금영수증, 현금영수증 의무발행 사업자

❶ 개요

① 현금영수증이란 현금영수증 발급장치에 의하여 발급하는 영수증으로 사업자가 현금영수증을 발급한 경우 국세청 전산시스템과 연결되어 국세청은 현금영수증을 발급한 사업자의 매출내용을 알 수 있으므로 주로 소비자를 대상하는 업종에 대하여 현금영수증을 발급하도록 하고 있으며, 특정한 업종(현금영수증 의무발급업종)의 경우 10만원 이상 거래에 대하여 현금영수증을 발급하지 아니한 경우 법인세법 또는 소득세법에 의한 가산세[현금영수증 미발급금액의 20%(착오나 누락으로 인하여 거래대금을 받은 날부터 7일 이내에 관할 세무서에 자진 신고하거나 현금영수증을 자진 발급한 경우에는 100분의 10)]

[개정 세법] 2019년 이후 조세범처벌법의 과태료를 소득세법 및 법인세법으로 이관
거래대금 × 20% (착오나 누락으로 인하여 거래대금을 받은 날부터 7일 이내에 관할 세무서에 자진 신고하거나 현금영수증을 자진 발급한 경우 100분의 10)

② 과세사업자가 물품 등을 구입하고 현금영수증을 수취하고, 일정한 요건을 충족하는 경우 매입세액을 공제하여 주고 있으며, 사업자가 정규영수증을 수취한 경우 사업과 관련한 정당한 비용으로 인정을 하여 준다.

③ 현금영수증은 사업자가 물품 등의 판매에 대하여 매출을 누락할 수 없도록 만든 제도적 장치로서 신용카드와 더불어 주로 일반 소비자에게 물품 등을 판매하는 사업자(음식점, 소매점 등)의 매출 누락을 원천적으로 방지하여 사업자가 세금신고를 성실하게 할 수밖에 없도록 하는데 막대한 기여를 하였다.

❷ 현금영수증가맹점 가입 의무대상 사업자

주로 사업자가 아닌 소비자[별표 3의2]에게 재화 또는 용역을 공급하는 사업자로서 직전연도의 수입금액 합계액이 2,400만원 이상인 사업자

■ 현금영수증 가맹점 가입대상 업종 (소령 [별표 3의2])

소비자상대업종(제210조의2제1항 및 제210조의3제1항 관련)

구분	업종
1. 소매업	복권소매업 등 기획재정부령으로 정하는 업종을 제외한 소매업 전체 업종
2. 숙박 및 음식점업	숙박 및 음식점업 전체 업종
3. 제조업	양복점업 등 기획재정부령으로 정하는 업종
4. 건설업	실내건축 및 건축마무리 공사업
5. 도매업	자동차중개업
6. 부동산업 및 임대업	가. 부동산 중개 및 대리업 나. 부동산 투자 자문업 다. 부동산 감정평가업(감정평가사업을 포함한다) 라. 의류 임대업
7. 운수업	가. 전세버스 운송업 나. 「화물자동차 운수사업법」에 따른 화물자동차 운송주선사업(이사화물을 포장하는 서비스를 제공하는 사업으로 한정한다) 다. 특수여객자동차 운송업(장의차량 운영업) 라. 주차장 운영업 마. 여행사업 바. 삭제 <2018. 2. 13.> 사. 기타 여행보조 및 예약 서비스업 아. 여객 자동차 터미널 운영업 자. 소화물 전문 운송업
8. 전문·과학 및 기술서비스업	가. 변호사업 나. 변리사업 다. 공증인업 라. 법무사업 마. 행정사업 바. 공인노무사업 사. 공인회계사업(기장대리를 포함한다) 아. 세무사업(기장대리를 포함한다) 자. 건축설계 및 관련 서비스업 차. 기술사업 카. 심판변론인업 타. 경영지도사업 파. 기술지도사업 하. 손해사정인업 거. 통관업 너. 삭제 <2014.2.21> 더. 측량사업 러. 인물 사진 및 행사용 영상 촬영업 머. 사진처리업
9. 교육서비스업	가. 컴퓨터학원 나. 속기학원 등 그 외 기타 분류안된 교육기관 다. 운전학원 라. 자동차정비학원 등 기타 기술 및 직업훈련학원 마. 일반 교과 학원 바. 외국어학원 사. 방문 교육 학원 아. 온라인 교육 학원

10. 보건업 및 사회복지서비스업	자. 기타 교습학원 차. 예술 학원 카. 태권도 및 무술 교육기관 타. 기타 스포츠 교육기관 파. 청소년 수련시설 운영업(교육목적용으로 한정한다) 하. 기타 교육지원 서비스업 가. 종합병원 나. 일반병원 다. 치과병원 라. 한방병원 마. 요양병원 바. 일반의원(일반과, 내과, 소아청소년과, 일반외과, 정형외과, 신경과, 정신건강의학과, 피부과, 비뇨의학과, 안과, 이비인후과, 산부인과, 방사선과 및 성형외과) 사. 기타의원(마취통증의학과, 결핵과, 가정의학과, 재활의학과 등 달리 분류되지 아니한 병과) 아. 치과의원 자. 한의원 차. 수의업
11. 예술, 스포츠 및 여가 관련 서비스업	가. 영화관 운영업 나. 비디오물 감상실 운영업 다. 독서실 운영업 라. 박물관 운영업 마. 식물원 및 동물원 운영업 바. 실내 경기장 운영업 사. 실외 경기장 운영업 아. 경주장 운영업(경마장 운영업을 포함한다) 자. 골프장 운영업 차. 스키장 운영업 카. 체력단련시설 운영업 타. 수영장 운영업 파. 볼링장 운영업 하. 당구장 운영업 거. 종합 스포츠시설 운영업 너. 골프연습장 운영업 더. 스쿼시장 등 그외 기타 스포츠시설 운영업 러. 컴퓨터 게임방 운영업 머. 노래연습장 운영업 버. 오락사격장 등 기타 오락장 운영업 서. 해수욕장 운영 등 기타 수상오락 서비스업 어. 낚시장 운영업 저. 무도장 운영업 처. 유원지 및 테마파크 운영업 커. 기원 운영업

[개정 세법] 소비자 상대업종 추가(소득령 별표 3의2)

현 행	개 정
□ 소비자 상대업종 　소매업, 숙박 및 음식점업 등 197개 <추 가>	□ 대상 업종 추가 　ㅇ (좌 동) 　ㅇ 앰뷸런스 서비스업, 　　낚시어선업, 스터디카페 추가

<적용시기> '24.1.1. 이후 재화·용역을 공급하는 분부터 적용

[개정 세법] 현금영수증가맹점 범위 및 가입기한(소득법 §162의3①, 소득령 §210의3)

○ 의무가입기한 단축 및 예외

해당일로부터 60일 이내 (3개월 → 60일) 단, 수입금액이 연 2,400만원 이상으로 의무가입대상이 된 경우 → 해당일 다음달부터 3개월 이내

○ 의무가입대상 해당일 명확화

- 해당업종의 사업개시일
- 수입금액 기준은 해당 과세기간 말일

<적용시기> 2020.1.1. 이후 현금영수증가맹점 가입요건에 해당하는 분부터 적용

▶ 현금영수증 가맹점 가입의무가 있는 사업자가 가입하지 않는 경우

현금영수증 가맹점으로 미가입한 기간의 수입금액의 1%를 가산세로 부담하여야 하며, 창업중소기업감면, 중소기업특별세액감면 등을 받을 수 없다.

<소득세법 제81조의9 ②> <조세특례제한법 제128조 ④>

[개정 세법] 현금영수증 사업자에 대한 부가가치세 과세특례 적용기한 연장 (조특법 §126의3)

현 행	개 정
□ 현금영수증사업자*에 대한 부가가치세액 공제 * 현금영수증가맹점으로부터 현금결제내역을 수집하여 국세청으로 전송 ○ (공제대상) 현금영수증가맹점의 현금영수증 발급건수 ○ (공제금액) 종이발급 : 9.4원, 온라인발급 : 8.4원 ○ (적용기한) '22.12.31.	□ 적용기한 연장 ○ (좌 동) ○ '25.12.31.

■ 현금영수증 가맹점 세액공제 적용기한 신설(조특법 §126의3)

현 행	개 정
□ 현금영수증 발급 시 세액공제 ㅇ (대상) 현금영수증 가맹점 ㅇ (요건) 5천원 미만 거래 이면서 전화망을 통한 발급인 경우 ㅇ (세액공제) 발급 건 × 20원 <신 설>	□ 적용기한 신설 (좌 동) ㅇ(적용기한) 25.12.31.

❸ 현금영수증 의무발행 사업자 및 미발행시 가산세 등

① 현금영수증 의무발행 사업자는 현금영수증가맹점으로 가입을 하여야 하며, 건당 거래금액(부가가치세액 포함)이 **10만원** 이상인 재화 또는 용역을 공급하고 그 대금을 현금으로 받은 경우에는 거래상대방이 현금영수증 발급을 요청하지 아니하더라도 현금영수증을 발급하여야 한다.

② 거래상대방이 현금영수증 발급을 요청하지 아니하거나 현금영수증가맹점이 신분을 인식하지 못하더라도 **국세청이 지정한 코드(010-000-1234)**로 현금영수증을 자진해서 발급하여야 한다. 만약, 재화나 용역을 공급하고 그 대금을 계좌이체 또는 현금으로 받은 즉시 현금영수증을 발급하지 못한 경우에도 받은 날부터 **5일 이내**에 무기명으로 발급할 수 있다.

③ 현금영수증 의무발행사업자가 현금영수증을 발급하지 아니하거나 사실과 다르게 발급하여 관할세무서장으로부터 통보받은 경우 해당 과세기간의 거래에 대하여 통보받은 건별 미발급금액 또는 건별로 사실과 다르게 발급한 금액(건별로 발급하여야 할 금액과의 차액)의 각각 100분의 20에 해당하는 금액을 현금영수증미발급가산세로 부담하게 된다. (소득세법 제81조의9 ②, 법인세법 제75조의6 ②)

■ 현금영수증 의무발행사업자 [소득세법시행령 별표 3의3]

소득세법 시행령 [별표 3의3]

현금영수증 의무발행업종(제210조의3제1항제4호 및 같은 조 제11항 관련)	
구분	업종
1. 사업서비스업	변호사업, 공인회계사업, 세무사업, 변리사업, 건축사업, 법무사업, 심판변론인업, 경영지도사업, 기술지도사 감정평가사업, 손해사정인업, 통관업, 기술사업, 측량사업, 공인노무사업
2. 보건업	종합병원, 일반병원, 치과병원, 한방병원, 요양병원 바. 일반의원(일반과, 내과, 소아청소년과, 일반외과, 정형외과, 신경과, 정신건강의학과, 피부과, 비뇨의학과, 안과, 이비인후과, 산부인과, 방사선과 및 성형외과) 기타의원, 치과의원, 한의원, 수의업
3. 숙박 및 음식점업	일반유흥 주점업(「식품위생법 시행령」 제21조제8호다목에 따른 단란주점영업을 포함한다) 무도유흥 주점업, 일반 및 생활 숙박시설운영업 출장 음식 서비스업 기숙사 및 고시원 운영업(고시원 운영업으로 한정한다)
4. 교육 서비스업	일반 교습 학원, 예술 학원, 외국어학원 및 기타 교습학원 운전학원, 태권도 및 무술 교육기관 기타 스포츠 교육기관, 기타 교육지원 서비스업 청소년 수련시설 운영업(교육목적용으로 한정한다) 기타 기술 및 직업훈련학원, 컴퓨터 학원 그 외 기타 분류 안 된 교육기관
5. 그 밖의 업종	골프장 운영업, 골프 연습장 운영업 장례식장 및 장의관련 서비스업, 예식장업 부동산 중개 및 대리업, 부동산 투자 자문업 산후 조리원, 시계 및 귀금속 소매업 피부 미용업, 손·발톱 관리 미용업 등 기타 미용업 비만 관리 센터 등 기타 신체 관리 서비스업 마사지업(발 마사지업 및 스포츠 마사지업으로 한정한다) 실내건축 및 건축마무리 공사업(도배업만 영위하는 경우는 제외한다), 인물 사진 및 행사용 영상 촬영업 결혼 상담 및 준비 서비스업, 의류 임대업 「화물자동차 운수사업법」 제2조제4호에 따른 화물자동차 운송주선사업(이사화물을 포장하는 서비스를 제공하는 사업)

	자동차 부품 및 내장품 판매업
	자동차 종합 수리업, 자동차 전문 수리업
	전세버스 운송업, 가구 소매업
	전기용품 및 조명장치 소매업, 의료용 기구 소매업
	페인트, 창호 및 기타 건설자재 소매업
	주방용품 및 가정용 유리, 요업 제품 소매업[거울 및 액자(내용물이 없는 것으로 한정한다) 소매업, 주방용 유리제품 소매업, 관상용 어항 소매업으로 한정한다]
	안경 및 렌즈 소매업, 운동 및 경기용품 소매업
	예술품 및 골동품 소매업, 중고자동차 소매업 및 중개업
	악기 소매업, 자전거 및 기타 운송장비 소매업
	체력단련시설 운영업, 화장터 운영, 묘지 분양 및 관리업
	특수여객자동차 운송업
	가전제품 소매업, 의약품 및 의료용품 소매업
	독서실 운영업, 두발 미용업, 철물 및 난방용구 소매업
	신발 소매업, 애완용 동물 및 관련용품 소매업
	의복 소매업, 컴퓨터 및 주변장치, 소프트웨어 소매업
	통신기기 소매업,
	<2022.1.1. 이후>
	건강보조식품 소매업, 모터사이클 수리업
	자동차 세차업, 벽지, 마루덮개 및 장판류 소매업
	공구 소매업, 가방 및 기타 가죽제품 소매업
	중고가구 소매업, 사진기 및 사진용품 소매업
6. 통신판매업	전자상거래 소매업(제1호부터 제5호에 따른 업종에서 사업자가 공급하는 재화 또는 용역을 온라인 통신망을 통하여 소매하는 경우로 한정한다)

비고: 업종의 구분은 한국표준산업분류를 기준으로 한다. 다만, 위 표에서 특별히 규정하는 업종의 경우에는 그렇지 않다.

■ 현금영수증 의무발행대상 업종 확대(소득령 별표3의3)
○ 백화점, 대형마트, 체인화편의점, 기타 대형 종합소매업, 서적, 신문 및 잡지류 소매업, 곡물, 곡분 및 가축사료 소매업, 육류 소매업,
자동차 중개업
○ 이사화물운송주선사업(포장이사 이외), 주차장 운영업, 여객 자동차 터미널 운영업
○ 통신장비 수리업, 보일러수리 등 기타 가정용품 수리업
■ 전체 125개 업종(13개 업종 추가)
<적용시기> '24.1.1. 이후 재화 또는 용역을 공급하는 분부터 적용

[개정 세법] 현금영수증 의무발행업종 확대(소득령 별표3의3)

현 행	개 정
□ 현금영수증 의무발행업종* * 건당 10만원 이상 현금거래시 소비자 요구가 없더라도 현금영수증 발급의무 ※ 총 138개 업종 ❶ (사업서비스업) 변호사·공인회계사·세무사·변리사업 등 ❷ (보건업) 병·의원, 약사업, 한의원, 수의업 등 ❸ (숙박·음식점업) 출장 음식 서비스업, 숙박시설운영업 등 ❹ (교육서비스업) 일반교습학원, 외국어학원, 운전학원 등 ❺ (그 밖의 업종) 골프장운영업, 예식장업 등 ❻ (통신판매업*) 전자상거래 소매업·소매중개업, 기타 통신판매업 * ❶~❺ 업종의 재화·용역을 공급하는 경우로 한정	□ 의무발급업종 확대 ※ 총 142개 업종 ㅇ (좌 동) ㅇ 4개 업종* 추가 * ①기념품, 관광 민예품 및 장식용품 소매업, ②사진 처리업, ③낚시장 운영업, ④기타 수상오락 서비스업 ㅇ (좌 동)

<적용시기> '26.1.1. 이후 재화·용역을 공급하는 분부터 적용

[개정 세법] 현금영수증 의무발행 업종 확대(소득령 별표3의3)

현 행	개 정

□ 현금영수증 의무발행*대상
 	
  * 건당 거래금액 10만원 이상 현금거래 시 소비자 요구 없더라도 현금영수증을 의무적으로 발급
 	
❶ 변호사 등 전문직
❷ 병·의원, 약사업, 수의사업 등
❸ 일반교습학원, 외국어학원 등
❹ 가구소매업, 전기용품·조명장치 소매업, 의료용기구 소매업 등 일부 소매업
❺ 골프장운영업, 예식장업 등 기타업종
 	
  * 전체 125개 업종
 	
<추 가>
	□ 의무발행대상 확대
	
	ㅇ (좌 동)
	
	ㅇ 13개 업종* 추가 및 1개 업종 정정**
	
	  * ①여행사업, ②기타 여행보조 및 예약 서비스업, ③수영장운영업, ④스쿼시장 등 그 외 기타 스포츠시설 운영업, ⑤실외경기장 운영업, ⑥실내경기장 운영업, ⑦종합스포츠시설 운영업, ⑧볼링장운영업, ⑨스키장운영업, ⑩의복 액세서리 및 모조장신구 소매업, ⑪컴퓨터 및 주변기기 수리업, ⑫앰뷸런스 서비스업, ⑬애완동물 장묘 및 보호서비스업
	
	  ** 독서실운영업에 스터디카페 포함

<적용시기> '25.1.1. 이후 재화나 용역을 공급하는 분부터 적용

❹ 부가가치세 신고시 현금매출명세서 제출의무

다음의 현금매출명세서 제출대상 사업자는 부가가치세 예정신고 또는 확정신고를 할 때 현금매출명세서를 함께 제출하여야 하며, 현금매출명세서를 제출하지 아니하거나 제출한 수입금액(현금매출명세서의 경우 현금매출)이 사실과 다르게 적혀 있으면 제출하지 아니한 부분의 수입금액 또는 제출한 수입금액과 실제 수입금액과의 차액에 1%를 곱한 금액을 납부세액에 더하거나 환급세액에서 뺀다.

▶ 현금매출명세서 제출대상 사업자
① 부동산업, 전문서비스업, 과학서비스업 및 기술서비스업, 보건업, 그 밖의 개인 서비스업 [부가가치세법 제55조]
② 예식장업, 부동산중개업, 보건업(병원과 의원), 변호사업, 심판변론인업, 변리사업, 법무사업, 공인회계사업, 세무사업, 경영지도사업, 기술지도사업, 감정평가사업, 손해사정인업, 통관업, 기술사업, 건축사업, 도선사업, 측량사업, 공인노무사업, 의사업, 한의사업, 약사업, 한약사업, 수의사업과 그 밖에 이와 유사한 사업서비스업으로서 기획재정부령으로 정하는 것 [부령 제100조 및 제109조 제2항제7호]
③ 과자점업, 도정업, 제분업 및 떡류 제조업 중 떡방앗간, 양복점업, 양장점업, 양화점업, 그 밖에 자기가 공급하는 재화의 50퍼센트 이상을 최종소비자에게 공급하는 사업으로서 국세청장이 정하는 것 [부가가치세법 시행규칙 제71조]

■ 현금매출명세서 작성
10만원 이상의 현금매출에 대하여 현금영수증을 발급하지 아니한 경우 현금매출명세시 ⑩ 의뢰인란에 공급받는지의 인적사항 등을 기재하여 제출하여야 한다.

16 신용카드 매출 및 부가가치세 신고

❶ 개요

사업자가 재화 또는 용역을 제공하고, 신용카드로 결제받은 경우 세금계산서를 발급할 의무는 없으며, 이 경우 신용카드매출에 대하여 부가가치세 신고를 하여야 한다. 단, 세금계산서를 발급하고 그 대금을 신용카드로 결제받은 경우 신용카드로 결제받은 것은 대금 결제를 받은 것으로 세금계산서 발행에 관한 내용만 부가가치세 신고를 하여야 하며, 신용카드 매출과 관련하여 부가가치세 신고시 유의할 사항 및 그 회계처리에 관한 내용은 다음과 같다.

▶ **신용카드로 결제받은 경우 세금계산서 발급의무는 없음**
세금계산서를 의무적으로 발급하여야 하는 업종인 제조업, 건설업, 도매업의 경우에도 재화 또는 용역을 공급하고 신용카드로 결제받은 경우 세금계산서를 발급하지 않아도 되며, 이 경우 세금계산서 미발급가산세는 적용되지 아니한다.

❷ 신용카드 매출 부가가치세 신고

① 세금계산서를 발급하고 그 대금을 카드로 결제받은 경우 부가세 신고는 세금계산서발행분에 대하여만 신고를 하여야 하는 것이며, 물품 등을 매출하고 세금계산서를 발급하지 아니하고 그 대금을 신용카드로 결제받은 경우에는 신용카드발행분에 대하여 '기타매출'로 부가가치세 신고를 하여야 한다.
② 신용카드매출이 있는 경우 '신용카드매출전표등발행집계표'를 작성하여 제출하여야 하며, 집계표 작성시 공급대가(결제금액 : 공급가액 + 세액)를 기준으로 작성하되, 세금계산서를 발행하고 그 대금을 신용카드로 결제받은 것이 있는 경우 '신용카드매출전표등발행집계표'의 3. 신용카드매출전표 등 발행금액(⑤합계) 중 '세금계산서(계산서) 발급내역'에 구분 기재하여 매출금액에서 제외하여야 한다.
③ 신용카드 등 발행금액은 신용카드매출전표 발행일(재화 또는 용역의 공급시기)을 기준으로 신고금액을 계산하여야 하며, 은행결제일을 기준으로 해서는 안되며, 특히 과세기간 말 월(6월, 12월)거래 분에 주의를 하여야 한다.

④ 세금계산서를 발행한 다음 그 대금을 신용카드로 결제받은 경우 신용카드 결제는 입금에 해당하는 것으로 이 경우 신용카드매출전표에서는 반드시 '세금계산서발행분'이라고 기재하여야 한다.(이중 매출 방지)
⑤ 매출대금을 신용카드로 결제받았으나 이후 취소된 경우 취소한 날이 속하는 과세기간의 매출금액에서 차감하여야 한다. 예를 들어 6월달에 신용카드매출이 있었고, 부가가치세 신고를 완료한 후 7월에 매출취소가 되면, 제2기 신고시 매출에서 감액하여 신고를 하면 된다.

❸ [개인] 신용카드 매출전표등 발행세액공제

영수증발행사업자(법인 제외)가 신용카드매출전표로 그 대금을 결제받은 경우 및 현금영수증 등을 발행한 경우 발행금액 또는 결제금액의 100분의 1.3을 납부세액에서 공제한다.(연간 1000만원 한도) **이 경우 공제받은 금액이 당해 금액을 차감하기 전의 납부할 세액을 초과하는 때에는 그 초과하는 부분은 없는 것으로 한다.** 단, 직전연도 매출액이 10억원을 초과하는 사업장(사업장별 기준)은 신용카드매출전표등 발행세액공제를 받을 수 없다.

▶ 신규개업, 폐업자의 경우 한도내에서 공제를 받을 수 있음
신규개업 및 폐업자의 경우 공제액에 대한 환산규정이 없으므로 1000만원 한도내의 공제대상금액에 대하여 공제를 받을 수 있다.

■ 신용카드발행세액공제는 영수증발행사업자의 경우에만 공제가 가능한 것으로 영수증발행사업자가 아닌 제조업 등은 공제를 받을 수 없음
개인사업자이나 제조업, 건설업, 도매업 등 세금계산서 의무발급대상 사업자가 재화 또는 용역을 공급하고 신용카드로 결제받은 경우 세금계산서 발급의무는 없는 것이나 신용카드발행세액공제는 받을 수 없다.

[개정 세법] '24년 이후 신용카드 등 사용 세액공제 결제수단 확대 (부가령 § 88④(4) 신설)
판매 대행·중개자가 제출하는 월별 거래 명세
1. 전기통신사업법에 따른 통신판매업자의 판매 대행·중개자
2. 외국환거래법에 따른 전문 외국환업무취급업자

17 신용카드 매출 회계처리

❶ 매출과 동시에 신용카드로 결제받은 경우 회계처리

① 《매출대금을 신용카드로 결제받음》 물품을 판매하고 그 대금 130,000원(부가세 포함금액)을 6. 10 신용카드로 결제받다.

| 미수금(신용카드사) | 130,000 | / | 매출 | 118,182 |
| | | | 부가세예수금 | 11,818 |

② 《신용카드매출대금 입금》 카드사로부터 6.13. 수수료 5,200원을 (수수료 4% 가정) 공제한 124,800원이 보통예금에 입금되다.

| 보통예금 | 124,800 | / | 미수금(신용카드사) | 130,000 |
| 지급수수료 | 5,200 | | | |

❷ 외상매출 후 그 대금을 신용카드로 결제받은 경우

① 《외상매출》 (주)동국상사에 6. 10 상품 2,000,000원(부가세 별도)을 판매하고 그 대금은 외상으로 하다.

| 외상매출금 | 2,200,000 | / | 매출 | 2,000,000 |
| | | | 부가세예수금 | 200,000 |

② 《외상매출금을 신용카드로 결제받음》 6. 30. (주)동국상사에 대한 외상매출금 2,200,000원을 신용카드로 결제받다.

| 미수금 | 2,200,000 | / | 외상매출금 | 2,200,000 |

③ 《신용카드 대금 입금》 카드사로부터 7. 2. 수수료 88,000원(수수료 4% 가정)을 공제한 2,112,000원이 보통예금에 입금되다.

| 보통예금 | 2,112,000 | / | 미수금 | 2,200,000 |
| 지급수수료 | 88,000 | | | |

18　영세율 및 영세율 부가가치세 신고

❶ 개요

① 부가가치세가 과세되는 재화 또는 용역을 공급하는 사업자는 재화 또는 용역의 공급시 공급받는 자로부터 공급가액의 10%를 부가가치세로 징수하여 부가가치세 신고기한 내 납부하여야 한다.

반면, 영세율이란 재화 또는 용역의 공급에 대하여 **영의 세율**을 적용하여 부가가치세를 징수하지 않는 것을 말한다. 영세율 적용대상은 부가가치세법 및 조세특례제한법에서 규정하고 있으나 실무에서 접하는 영세율은 대부분 **수출업자** 및 **수출업자에게 수출물품을 납품하는 수출품생산업자**의 경우이다.

② 영세율 적용대상 사업자는 부가가치세 신고 및 납부의무가 있고, 물품 등을 구입할 시 발급받은 세금계산서의 매입세액을 공제받을 수 있다. 따라서 영세율 적용 대상 사업자(수출 등)의 경우 매출세액은 없으나 물품 등의 매입시 부담한 매입세액은 있으며, 매입세액은 관할세무서로부터 환급을 받을 수 있다. 예를 들어 매출세액 '0' 매입세액 5,000만원인 경우 매입세액 5,000만원은 관할세무서로부터 환급을 받을 수 있는 것이다.

❷ 영세율과 면세 차이점

① 부가가치세 신고·납부의무

영세율 및 면세에 해당하는 경우 이를 공급하는 사업자는 거래상대방으로부터 부가가치세를 거래징수하지 않는 점은 같으나 면세사업자는 부가가치세 납세의무 자체가 완전히 면제되는 것으로 면세에 해당하는 재화 또는 용역을 공급하는 사업자는 부가가치세 신고납세의무가 없다. 이에 반하여 영세율사업자는 부가가치세법에 의한 사업자등록을 하여야 하며, 부가가치세신고를 하여야 한다.

2 세금계산서 발급의무

면세에 해당하는 재화 또는 용역을 공급하는 경우에는 세금계산서 양식 중 세액이 없는 **계산서**를 발행하여야 하며, 수출의 경우 직수출은 세금계산서를 발급하지 아니하나

국내에서 내국신용장, 구매확인서 또는 임가공계약서에 의하여 수출물품을 공급하는 수출품생산업자의 경우에는 세금계산서 양식에 세액란을 영(0)으로 하는 영세율 세금계산서를 발급하여야 한다.

3 부가가치세 매입세액 공제대상 여부

면세사업자는 물품 등의 매입시 부담한 매입세액은 공제받을 수 없으므로 매입세액을 취득가액에 포함하여야 한다.

반면, 영세율은 일반과세사업자로서 부가가치세신고납부의무가 있을 뿐만 아니라 국내에서 영세율 적용대상이 되는 재화 또는 용역을 공급하는 경우 부가가치세가 영(0)인 세금계산서를 발행하여야 하며, 재화 또는 용역을 공급받을 시 부담한 매입세액은 공제를 받을 수 있으므로 매입세액이 매출세액(영세율 적용대상 매출이 아닌 경우의 매출세액)보다 많은 경우 관할세무서로부터 환급을 받을 수 있다.

❸ 영세율이 적용되는 재화 또는 용역

1 수출하는 재화

수출이라 함은 내국물품을 외국으로 반출하는 것을 말하며, 영세율이 적용되는 수출에는 직수출뿐만 아니라 대행수출, 내국신용장 또는 구매확인서에 의하여 공급하는 재화도 해당된다.

① 공급시기 ~ 수출하는 재화를 선박 또는 항공기에 선적한 날

② 과세표준 ~ 수출물품에 대한 대가를 외국통화 기타 외국환으로 받은 경우 다음에 규정하는 금액을 그 대가로 한다.
1. 공급시기 도래 전에 원화로 환가한 경우에는 그 환가한 금액
2. 공급시기 이후 외국통화 기타 외국환의 상태로 보유하거나 지급받는 경우에는 공급시기의 기준환율 또는 재정환율에 의하여 계산한 금액

③ 세금계산서 발급 ~ 직수출의 경우 재화를 공급받는 자(외국의 수입업자)는 국내 세법의 규정을 적용받지 않으므로 세금계산서 발급이 면제된다.

■ 영세율 첨부서류
수출실적명세서 다만, 소포우편(EMS 등)에 의하여 수출한 경우에는 당해 우체국장이 발행하는 소포수령증으로 한다.

▶ 영세율 첨부서류 및 영세율매출명세서 작성·제출
부가가치세 신고시 영세율 첨부서류외 영세율 매출명세서를 작성하여 제출하여야 하며, 영세율 첨부서류를 제출하지 않은 경우에는 가산세(공급가액의 0.5%)가 적용되나 영세율매출명세서를 제출하지 않은 경우 가산세 적용은 없다.

□ 부가가치세기본통칙 21-31-4【재화의 무상수출】
사업자가 재화를 국외로 무상으로 반출하는 경우에는 영의 세율을 적용한다. 다만, 자기 사업을 위하여 대가를 받지 아니하고 국외의 사업자에게 견본품을 반출하는 경우에는 재화의 공급으로 보지 아니한다. (1998. 8. 1. 개정)

■ 해외에서 개최되는 전시회에 무상으로 출품하는 재화는 수출에 해당함
전시 후 현지에서 매각 또는 폐기처분 여부에 관계없이 수출하는 재화에 해당하는 것으로 선적일을 공급시기로 하여 영의 세율을 적용하여야 한다.

□ 부가가치세법 집행기준 60-0-13 [과다 기재한 영세율과세표준에 대한 가산세]
영세율이 적용되는 사업자가 영세율 붙임서류를 정상적으로 제출하였으나 그 신고한 과세표준이 신고하여야 할 과세표준보다 과다하게 신고한 경우에는 영세율과세표준신고불성실가산세를 적용하지 아니한

■ 영세율과세표준 과소신고 가산세
사업자가 부가가치세 신고를 한 경우로서 영세율과세표준을 과소신고하거나 신고하지 아니한 경우 그 과소신고되거나 무신고된 영세율과세표준의 1천분의 5에 상당하는 금액을 가산세로 부담하여야 한다. [국세기본법 제47조의3 ② 2]

② 국제우편 등을 이용한 수출매출

사업자가 자기의 책임과 계산하에 국제우편 또는 인편에 의하여 내국물품을 외국으로 반출하는 경우에는 영의 세율이 적용되고, 세금계산서의 발급의무가 면제되는 것이며, 그 공급시기는 당해 소포수령증 발급일을 공급시기로 한다. DHL, EMS 등 소포우편에 의한 수출의 경우 영세율 첨부서류는 당해 우체국장이 발행하는 소포수령증으로 한다. 다만, 사업자가 당해 법령 또는 훈령에 정하는 서류를 제출할 수 없는 경우에는 외화획득명세서에 당해 외화획득내역을 입증할 수 있는 증빙서류를 첨부하여 제출할 수 있다.

③ 대행수출

대행수출이란 수출품생산업자가 자기가 생산 또는 취득한 재화를 수출함에 있어 자기명의로 수출할 수 없는 경우 다른 수출업자와 수출대행계약을 체결하고 수출하는 것을 말한다. 이 경우 수출업자는 수출대행용역의 제공에 대하여는 영세율이 적용되지 아니하며, 수출의 주체가 되는 수출품생산업자의 수출에 대하여 영세율을 적용한다.

■ 영세율 첨부서류
수출대행계약서사본 및 수출실적명세서

④ 수출품생산업자가 수출업자에게 공급하는 재화 또는 용역

[1] 내국신용장에 의한 공급
내국신용장이라 함은 사업자(수출업자 등)가 수출용원자재, 수출용완제품을 국내에서 구입할 때 원자재 또는 완제품 생산업자에게 그 대금지불을 보증하기 위하여 수출업자가 수출신용장을 근거로 국내은행(수입업자의 거래은행으로부터 신용장개설 통지를 받은 은행)에 신용장 개설을 요구할 수 있다. 이를 내국신용장이라 하며, 1차 내국신용장이 완제품 내국신용장인 경우 2차 부분품생산업자뿐만 아니라 3차 원자재 생산업자에게까지 내국신용장을 개설할 수 있다.

내국신용장은 당해사업자의 신청에 의하여 외국환은행이 장이 재화 또는 용역이 공급시기가 속하는 **과세기간 종료 후 25일 이내에 개설하는 신용장**을 말한다.

① 공급시기 ~ 일반적인 공급시기 기준 적용(재화를 인도하는 때)

② 과세표준 ~ 공급일의 공급가액을 기준환율 또는 재정환율에 의하여 계산한 금액

③ 세금계산서 ~ 내국신용장에 의하여 수출용 원자재 등을 국내의 수출업자에게 공급하는 경우 재화를 인도하는 때에 인도일의 기준환율 또는 재정환율로 계산한 금액을 공급가액으로 하여 세금계산서를 발급하여야 한다.

■ 영세율 첨부서류
내국신용장(전자문서 포함) 또는 수출대금입금증명서

[2] 구매확인서에 의한 공급

구매확인서는 수출을 하고자 하는 자가 자신의 거래은행을 통하여 발급신청을 하여 발급받아 공급자에게 발급하는 것으로 수출용 재화 또는 용역에 관한 수출신용장 등 근거서류 및 그 번호, 유효기일, 선적기일 등이 기재된 것을 말한다.

■ 영세율 첨부서류
구매확인서사본 또는 수출대금입금증명서 사본

▶ **내국신용장 또는 구매확인서에 의한 영세율 세금계산서 발급 방법**
사업자가 내국신용장이 개설되기 전에 재화를 공급하는 경우 재화의 공급시기에 일반세율(10%)을 적용한 세금계산서를 발급하여야 한다. 단, 당해 재화의 공급시기가 속하는 과세기간 **종료후 25일 이내**(부법 시행규칙 제21)에 내국신용장이 개설되

는 경우 당초 세금계산서 발행일을 작성일자로 하는 수정세금계산서 및 영세율 세금계산서(당초 세금계산서는 감액처리하고 영세율 세금계산서를 발급)를 발급한다.

▶ **내국신용장 또는 구매확인서에 의한 재화의 공급가액**
1) 구매승인서 또는 내국신용장에 의하여 수출용 원자재 등을 공급하는 사업자가 당해 재화를 공급하기 전에 공급받는 사업자와 사전약정에 의하여 당해 재화의 공급가액을 원화가액으로 확정하여 당해 확정된 원화금액으로 대가를 지급받는 경우 당해 재화의 공급에 대한 과세표준은 사전약정에 의하여 확정된 원화가액이 되는 것임.
(부가46015-2616, 1999.08.31.)

2) 사업자가 내국신용장 등에 당해 내국신용장 등의 개설 당시의 환율을 부기하였으나 당해 공급시기 이후에 외국통화 또는 외국통화 상태로 보유하거나 지급받는 경우에는 당해 외화대금을 당해 재화의 공급시기의 외국환거래법에 의한 기준환율 또는 재정환율에 의하여 계산한 금액을 부가가치세 과세표준으로 하는 것임.

▶ **내국신용장 및 구매확인서 차이점**
내국신용장과 구매확인서의 효력은 유사하지만, 가장 중요한 차이점은 내국신용장은 수출금융을 받을 수 있는 반면, 구매확인서는 수출금융을 받을 수 없는 점이다.

[3] 수출재화 임가공용역
수출업자와 **직접 도급계약**에 의하여 수출재화를 임가공하는 수출재화임가공용역(수출재화염색임가공을 포함한다.)에 대하여 영의 세율을 적용한다.

■ 영세율 첨부서류
1) 수출업자와 직접도급계약을 한 경우
임가공계약서 사본 및 당해 수출업자가 발급한 납품사실증명서 또는 수출대금입금증명서

2) 내국신용장 또는 구매확인서에 의하여 공급하는 수출재화임가공용역
내국신용장이나 구매확인서 사본 또는 수출대금입금증명서

5 국외에서 제공하는 용역 및 선박, 항공기의 외국항행용역

국외에서 제공하는 용역도 영의 세율이 적용되며, 국외에서 제공하는 용역의 수출은 거래상대방, 대금의 지불방법 등에 관계없이 영의 세율이 적용된다.

- 영세율 첨부서류 → 외회입금증명서 또는 용역공급 계약서

6 기타 외화획득사업

① 외국항행 선박 및 항공기 등에 공급하는 재화 또는 용역(선박 또는 항공기에 의하여 여객이나 화물을 국내에서 국외로, 국외에서 국내로 또는 국외에서 국외로 수송하는 것) [부법 제23조]
② 우리나라에 상주하는 외교공관, 영사기관, 국제연합과 이에 준하는 국제기구 등(외교공관 등)에 재화 또는 용역을 공급하는 경우 [부법 제24조 ① 1]
③ 외교공관등의 소속 직원으로서 해당 국가로부터 공무원 신분을 부여받은 자 또는 외교부장관으로부터 이에 준하는 신분임을 확인받은 자 중 내국인이 아닌 자에게 재화 또는 용역을 공급하는 경우 [부법 제24조 ① 2]
④ 국내에서 국내사업장이 없는 비거주자 또는 외국법인에 공급되는 **특정** 재화 또는 용역으로서 그 대금을 외국환은행에서 원화로 받는 것 등 [부령 제33조 ② 1]
⑤ 외국을 항행하는 선박 및 항공기 또는 원양어선에 공급하는 재화 또는 용역 [부령 제33조 ② 5]
⑥ 우리나라에 상주(常住)하는 국제연합군 또는 미합중국군대에 공급하는 재화 또는 용역 [부령 제33조 ① 6]
⑦ 일반여행업자가 외국인 관광객에게 공급하는 **관광알선용역**. 다만, 그 대가를 다음 각 호의 어느 하나의 방법으로 받는 경우로 한정한다. [부령 제33조 ① 7]
1. 외국환은행에서 원화로 받는 것
2. 외화 현금으로 받은 것 중 국세청장이 정하는 관광알선수수료명세표와 외화매입증명서에 의하여 외국인 관광객과의 거래임이 확인되는 것
⑧ 외국인전용판매장 등의 사업자가 국내에서 공급하는 재화 또는 용역으로서 그 대가를 외화로 받고 그 외화를 외국환은행에서 원화로 환전하는 경우 [부령 제33조 ① 9]

7 조세특례제한법 규정에 의한 영세율 적용 [조특법 제105조]

① 「방위사업법」에 따라 지정을 받은 방산업체가 공급하는 같은 법에 따른 방산물자와 「비상대비자원 관리법」에 따라 중점 관리대상으로 지정된 자가 생산공급하는 시제품(試製品) 및 자원 동원으로 공급하는 용역
② 「국군조직법」에 따라 설치된 부대 또는 기관에 공급하는 석유류
③ 장애인용 보장구, 장애인용 특수 정보통신기기 및 장애인의 정보통신기기 이용에 필요한 특수 소프트웨어로서 대통령령으로 정하는 것
④ 농민 또는 임업에 종사하는 자에게 공급(국가 및 지방자치단체와 「농업협동조합법」, 「엽연초생산협동조합법」 또는 「산림조합법」에 따라 설립된 각 조합 및 이들의 중앙회를 통하여 공급하는 것을 포함한다)하는 농업용·축산업용 또는 임업용 기자재로서 다음의 어느 하나에 해당하는 것
1. 「비료관리법」에 따른 비료로서 대통령령으로 정하는 것
2. 「농약관리법」에 따른 농약으로서 대통령령으로 정하는 것
3. 농촌 인력의 부족을 보완하고 농업의 생산성 향상에 기여할 수 있는 농업용 기계로서 대통령령으로 정하는 것
4. 축산 인력의 부족을 보완하고 축산업의 생산성 향상에 기여할 수 있는 축산업용 기자재로서 대통령령으로 정하는 것
5. 「사료관리법」에 따른 사료
6. 산림의 보호와 개발 촉진에 기여할 수 있는 임업용 기자재로서 대통령령으로 정하는 것
⑤ 연근해 및 내수면어업용으로 사용할 목적으로 대통령령으로 정하는 어민에게 공급하는 어업용 기자재로서 다음의 어느 하나에 해당하는 것
1. 「사료관리법」에 따른 사료(부가가치세가 면제되는 것은 제외)
2. 그 밖에 대통령령으로 정하는 것

8 조세특례제한법 규정에 의한 부가가치세 사후 환급

[1] 외국인관광객 면세판매장에서 외국인에게 판매하는 재화
외국인관광객 면세판매장을 경영하는 사후면세점에서 외국인관광객 등에게 판매하는 재화 중 국외로 반출하는 경우 부가가치세 영세율을 적용하거나 부가가치세액을 환급할 수 있다. [조특법 제107조]

[2] 외국인관광객 미용성형 의료용역에 대한 부가가치세환급 특례

외국인관광객이 의료기관에서 2025년 12월 31일까지 공급받은 환급대상 의료용역에 대해서는 해당 환급대상 의료용역에 대한 부가가치세액을 환급할 수 있다.
[조특법 제107조의3]

▶ **영세율 적용대상이 아님에도 영세율 세금계산서를 발급한 경우 추징 사례**

내용	방위산업물자 임가공용역을 제공하는 업체 D는 방위산업체로부터 방산물자에 대한 임가공용역을 의뢰받아 해당 용역을 공급하고 영세율 세금계산서를 발행함
조치 결과	과세관청에서 현장정보 수집 및 기획분석을 실시하여 과세분을 영세율로 부당 적용하여 신고 누락한 사실을 확인하여 부가가치세 35억원을 추징함

[해설] 영세율 적용대상 수출재화의 임가공용역은 영세율 적용 가능하므로 방위산업체의 경우에도 이에 해당하는 것으로 오인하여 영세율 세금계산서를 발행하였으나 방위사업법에 의하여 지정을 받은 방위산업체가 공급하는 방산물자의 경우 영(0)의 세율 적용이 가능하나, 하도급을 받아 공급하는 방산물자에 대한 임가공용역은 영세율 적용 대상이 아님으로 인하여 부가가치세 및 가산세가 추징된 것임

▶ **임가공업자가 수출품생산업자에게 영세율 세금계산서를 발급한 경우 추징 사례**

임가공업자가 수출업자에게 임가공계약서 등에 의하여 직접 납품하는 경우 영세율이 적용되나 수출품생산업자에게 납품하는 경우에는 영세율이 적용되지 아니함에도 영세율을 적용한 내용에 대하여 부가가치세 및 가산세를 추징함

❹ 기타 영세율 부가가치세 신고 첨부서류

「부가가치세법 시행령」 제101조제1항의 위임에 따라 영세율 적용사업자가 제출할 영세율적용 첨부서류

♣ 국세청 홈페이지 → 알림소식 → 고시
영세율적용사업자가 제출할 영세율적용 첨부서류 지정 고시

19 면세제도 및 면세대상

❶ 개요

① 사업자가 물품 또는 서비스 등을 공급할 시 일반적인 경우 물품 공급가액의 10% (부가가치세)를 거래상대방으로부터 징수하여 세무서에 납부하여야하나, 세법에서 면세로 정한 사업의 경우 사업자가 물품 또는 서비스를 공급하더라도 거래상대방으로부터 부가가치세 징수를 면제하는 경우가 있다.

② 부가가치세 징수를 면제하는 면세사업자는 영세율 적용 대상 사업자와는 달리 부가가치세 신고 및 납부의무가 없고, 물품 등의 구입시 부가가치세를 부담하고 발급받은 매입세금계산서의 매입세액은 공제되지 아니한다.

③ 면세계산서의 경우 부가가치세법의 규정이 아닌 법인세법 및 소득세법의 규정을 적용받으며, 면세로 발급한 계산서 및 면세 계산서 수취내용에 대하여 반드시 **다음 해 2월 10일까지** 계산서합계표를 제출하여야 하며, 계산서합계표 제출을 누락한 경우 그 공급가액의 100분의 0.5%를 가산세로 부담하여야 한다.

▶ **과세사업자의 경우에도 면세 재화 또는 용역을 공급할 수 있음**

과세사업자가 면세되는 재화 또는 용역을 공급하는 경우 별도의 사업자등록정정신고 없이 면세 재화 또는 용역을 공급할 수 있으며, 계산서 의무발급대상사업자(제조업, 도매업, 건설업 등)는 반드시 계산서를 발급하여야 하며, 계산서를 발급하지 않은 경우 공급가액의 100분의2를 가산세로 부담하여야 한다.

❷ 면세 대상

면세제도는 소비자가 물품 또는 서비스를 매입할 시 부담하여야 하는 부가가치세를 면제함으로써 결과적으로 소비자의 조세부담을 덜어주게 되는 것으로 조세정책에 따라 부가가치세법 및 조세특례제한법에서 면세대상을 규정하고 있다.

1 부가가치세법에 의한 재화·용역의 면세

[1] 기초생활필수품 등
① 가공되지 아니한 식료품(식용에 공하는 농산물·축산물·수산물과 임산물 포함) 및 우리나라에서 생산된 식용에 공하지 아니하는 농산물·축산물·수산물과 임산물
② 수돗물, 연탄과 무연탄, 여성용 생리처리 위생용품
③ 주택과 그 부수토지의 임대용역 ~ 상시주거용(사업을 위한 주거용 제외)으로 사용하는 주거용 건물과 이에 부수되는 토지로서 토지의 면적이 건물에 정착된 면적의 5배(도시지역 밖 토지의 경우에는 10배) 또는 건물의 연면적 중 넓은 면적을 초과하지 아니하는 것을 말하며, 이를 초과하는 토지의 면적은 토지의 임대로 본다.
④ 여객운송용역 ~ 여객운송용역 중 시내버스, 시외버스, 일반고속버스(우등고속은 과세), 지하철, 연안여객선 등 대중교통수단의 운송용역은 면제한다. 다만, 항공기·고속버스·전세버스·택시·특수자동차·특종선박 또는 고속철도에 의한 여객운송용역 등은 제외한다.

[2] 국민후생용역
① 의료보건용역과 혈액
○ 의사등이 제공하는 의료용역 단, 미용목적의 성형수술은 과세된다.
○ 약사가 제공하는 의약품의 조제용역
○ 장의용역, 묘지 및 화장업 관련 용역
○ 응급환자이송업자가 제공하는 응급환자이송용역
○ 분뇨 등의 수집·운반·처리 및 정화조청소용역
○ 소독용역
○ 생활폐기물의 재활용용역
○ 지정측정기관이 공급하는 작업환경측정용역
② 교육관련용역
정부의 허가 또는 인가를 받은 학교·학원·강습소·훈련원·교습소 기타 비영리단체 등 단, 정부의 허가 또는 인가를 받지 아니하고 교육용역을 제공하는 경우 및 운전학원, 무도학원의 교육용역은 부가가치세가 과세된다.
③ 우표(**수집용 우표 제외**)·인지·증지·복권과 공중전화
④ 문화관련용역

○ 도서·신문·잡지·관보·뉴스통신 및 방송(광고는 과세됨)
○ 예술창작품·예술행사·문화행사와 비직업운동경기
○ 도서관·과학관·박물관·미술관·동물원 또는 식물원에의 입장

[3] 부가가치세 구성요소인 재화(토지) 및 용역

① 토지의 공급 (토지에서 채취한 자연석 또는 마사토의 공급은 과세됨)
② 인적용역
○ 직업운동가·역사·기수·운동지도가(심판을 포함한다)와 이와 유사한 용역
○ 보험모집수당 또는 이와 유사한 성질의 대가를 받는 용역
○ 저작자가 저작권에 의하여 사용료를 받는 용역
○ 고용관계 없는 자가 다수인에게 강연을 하고, 강연료의 대가를 받는 용역
○ 개인이 일의 성과에 따라 수당 또는 이와 유사한 성질의 대가를 받는 용역
③ 금융·보험용역

▶ 주택과 이에 부수되는 토지 임대 용역은 면세되나 토지 임대는 과세됨

주택과 이에 부수되는 토지(토지 정착면적의 5배, 도시지역이 아닌 경우 10배)의 임대 용역은 면세되나 토지의 임대(부수되는 토지를 초과하는 면적 포함)는 부가가치세가 과세된다.

[4] 기타 면세

① 국가·지방자치단체 또는 지방자치단체조합이 공급하는 재화 또는 용역
② 수입재화 중 면세재화에 준하는 것으로 부가가치세법 제27조 규정에 의한 것
○ 가공되지 아니한 식료품, 도서 등
○ 거주자가 받는 소액물품으로서 관세가 면제되는 재화
○ 수입하는 상품의 견본과 광고용 물품으로서 관세가 면제되는 재화
○ 수출된 후 다시 수입하는 재화로서 관세가 감면되는 것

■ 면세사업자가 차량을 매각하는 경우 면세 계산서를 발급하여야 함

면세사업자가 면세사업에 사용하던 차량을 일시적으로 매각하는 경우에는 세금계산서를 발급할 수 없는 것이며, 면세 계산서를 발급하여야 한다.

2 조세특례제한법의 규정에 의한 면세 [조특법 제106조]

① 국민주택(전용면적 85㎡ 이하) 및 당해 주택의 건설용역
② 건설산업기본법·전기공사업법·소방법·정보통신공사업법·주택법 및 오수·분뇨 및 축산폐수의 처리에 관한 법률에 의하여 등록을 한 사업자가 국민주택 건설용역 및 국민주택에 부수되는 부대시설에 대한 건설용역을 하도급 또는 재하도급을 받아 공급하는 경우와 당해 국민주택의 건설용역에 부수하여 모델하우스의 건설용역을 제공하는 경우
③ 공장·광산·건설사업현장, 학교의 구내식당등에서 제공하는 음식용역
④ 경비업의 허가를 받은 법인이 공동주택에 공급하는 경비용역
⑤ 농·임·어업용 및 연안여객선박용 석유류 등

◈ 국민주택 건설용역 및 국민주택에 부수되는 부대시설에 대한 건설용역을 하도급 또는 재하도급을 받아 공급하는 경우 [서면3팀-574, 2007.02.20]
건설산업기본법·전기공사업법·소방법·정보통신공사업법·주택법 및 오수·분뇨및축산폐수의처리에관한법률에 의하여 등록을 한 사업자가 국민주택 건설용역 및 국민주택에 부수되는 부대시설에 대한 건설용역을 하도급 또는 재하도급을 받아 공급하는 때에는 조세특례제한법 제106조 제1항 제4호 및 동법시행령 제106조 제4항 규정에 의하여 부가가치세가 면제되어 계산서교부대상 거래에 해당하는 것이나,
위의 법률에 의하여 등록을 하지 아니한 사업자가 동 용역을 하도급 또는 재하도급을 받아 공급하는 경우에는 부가가치세법 제7조 제1항 규정에 의하여 부가가치세가 과세되어 세금계산서 교부대상 거래에 해당하는 것임.

■ 오피스텔의 공급
오피스텔의 공급은 국민주택의 공급에 해당하지 않는 것으로 부가가치세 과세대상에 해당한다.

◈ 오피스텔을 분양받아 본인이 직접 주거용으로 사용하는 경우 부가세 면세여부
(서삼46015-10927, 2003.06.10)
주거용으로 사용이 가능한 오피스텔을 신축하여 분양하는 경우에 있어 1호당 전용면적이 85㎡이하인 경우에도 당해 건물의 공급에 대하여는 조세특례제한법 제106조 제1항 제4호의 규정에 의하여 부가가치세가 면제되는 국민주택의 공급에 해당되지 아니하는 것임

20 부가가치세 과세표준

❶ 개요

과세표준이란 부가가치세 부과기준이 되는 금액을 말하며, 재화 또는 용역의 공급에 대한 부가가치세의 과세표준은 다음 가액의 합계액으로 한다. 단, 사업자가 재화 또는 용역을 공급하고 그 대가로 받은 금액에 공급가액과 세액이 별도 표시되어 있지 아니한 경우와 부가가치세가 포함되어 있는지 불분명한 경우에는 거래금액 또는 영수할 금액의 110분의 100에 해당하는 금액이 과세표준이 된다.

❷ 과세표준 계산 방법

1 금전으로 대가를 받는 경우에는 그 대가

① 과세표준에는 거래상대자로부터 받은 대금·요금·수수료 기타 명목 여하에 불구하고 대가관계에 있는 모든 금전적 가치있는 것을 포함한다.
② 외상판매 및 할부판매의 경우 공급한 재화의 총가액을 과세표준으로 한다.
③ 장기할부판매는 계약에 따라 받기로 한 대가의 각 부분을 과세표준으로 한다.
④ 완성도기준지급 및 중간지급조건부로 재화 또는 용역을 공급하거나 계속적으로 재화 또는 용역을 공급하는 경우에는 계약에 따라 받기로 한 대가의 각 부분을 과세표준으로 한다.

2 대가를 받지 아니한 경우에는 사용·소비된 재화의 시가

자가공급, 개인적공급, 사업상 증여 등 대가를 받지 아니하고 공급으로 보는 재화(간주공급)는 사용, 소비된 재화의 시가를 과세표준으로 한다. **단, 직매장 공급의 경우에는 취득가액을 과세표준으로 한다.**

③ 부당하게 낮은 대가를 받은 경우 과세표준

재화 공급에 대하여 부당하게 낮은 대가를 받거나 대가를 받지 아니하는 경우에는 자기가 공급한 재화의 시가로 한다. 부당하게 낮은 대가라 함은 사업자가 그와 특수관계에 있는 자와의 거래에 있어서 재화와 용역의 공급가액에 대한 조세의 부담을 부당하게 감소시킬 것으로 인정되는 시가보다 낮은 대가를 말한다.

④ 기타 과세표준 적용 사례

[1] 재화의 공급과 관련한 마일리지는 과세표준에 포함하지 아니함

당초 재화 또는 용역을 공급하고 마일리지등을 적립(다른 사업자를 통하여 적립하여 준 경우를 포함한다)하여 준 사업자에게 사용한 마일리지등 [부령 제61조 ② 9]

여러 사업자가 적립하여 줄 수 있거나 여러 사업자를 대상으로 사용할 수 있는 마일리지등의 경우에는 다음의 요건을 모두 충족한 경우로 한정한다.
1) 고객별·사업자별로 마일리지등의 적립 및 사용 실적을 구분하여 관리하는 등의 방법으로 당초 공급자와 이후 공급자가 같다는 사실이 확인될 것
2) 사업자가 마일리지등으로 결제받은 부분에 대하여 재화 또는 용역을 공급받는 자 외의 자로부터 보전받지 아니할 것

[2] 용역의 공급과 관련한 마일리지는 과세표준에 포함하지 않는 것임

음식용역 등 용역의 공급에 대해 그 대가를 별도로 받지 아니하고 적립된 포인트에 의하여 당해 용역을 제공하는 경우에는 부가가치세가 과세되지 아니하는 것임 (부가-947, 2012.09.14)

[3] 국고보조금을 받아 수행하는 사업의 과세표준 포함 여부

재화 또는 용역의 공급과 직접 관련되지 아니하는 국고보조금·공공보조금은 과세표준에 포함하지 아니하는 것이나, 국고보조금을 지급받은 자가 재화 또는 용역을 공급받고 그 국고보조금을 재원으로 그 대가를 지급하는 경우에는 부가가치세 과세표준에 포함하는 것임 (부가-21, 2014.01.13)

[4] 재화의 수입에 대한 과세표준

관세의 과세가격 + 관세 + 개별소비세, 교통·에너지·환경세, 주세 + 교육세·농어촌특별세

▶ 보세구역에서의 부가가치세법 적용(통칙9-18-7)

거래 형태별	부가가치세법 적용
① 외국에서 보세구역으로 재화반입	과세되지 아니함(수입에 해당 안됨)
② 동일한 보세구역 내에서 재화 또는 용역 공급	과세됨(재화 또는 용역의 공급에 해당)
③ 보세구역 외의 우리나라 → 보세구역	과세됨(재화 또는 용역의 공급에 해당)
④ 보세구역 내에서 생산·취득 재화 → 1) 보세구역 외의 국내에 있는 자기의 다른 사업장에서 생산되는 원료로 사용·소비하기 위해 반출하는 경우 2) 재화의 수입에 해당하는 경우	1) 재화의 공급에 해당 안됨 2) 세관장이 부가가치세 징수
⑤ 사업자가 보세구역 내에서 보세구역 외의 장소로 공급하는 경우	세관장이 수입세금계산서 발급하고 공급가액 중 수입세금계산서상의 공급가액을 뺀 잔액에 대하여 공급하는 사업자가 세금계산서 발급함(내국신용장에 의하여 공급하는 경우 영세율 세금계산서를 교부함) 다만, 영61①5단서에 해당하여 세관장이 부가가치세를 징수하기 전에 같은 재화에 대한 선하증권이 양도되는 경우에는 선하증권의 공급가액 전체에 대하여 부가가치세를 거래징수하고 세금계산서를 발급할 수 있다.

① 외국으로부터 우리나라에 도착한 물품이 보세구역을 경유하는 때에는 **보세구역으로부터 반입 하는 것**을 재화의 수입으로 본다.
② 외국에서 보세구역으로 재화를 반입하는 것은 재화의 수입에 해당하지 아니한다.
③ 수출신고가 수리된 물품으로서 선적된 것을 보세구역으로부터 반입하는 것은 재화의 수입으로 본다.

21   과세표준에서 차감하여야 하는 것

❶ 에누리액

에누리액이란 재화 또는 용역의 공급에 있어서 그 품질·수량 및 인도·공급대가의 결제 기타 공급조건이 계약내용과 상이한 경우 그 재화 또는 용역의 공급당시 공급가액에서 일정액을 직접 공제하는 금액을 말하여, 에누리액은 매출금액에서 차감하여야 하므로 감액수정세금계산서를 발행하여야 한다.

❷ 환입된 재화의 가액

환입된 재화는 반드시 당초 공급한 재화이어야 하며, 공급한 과세기간이 경과한 후 환입된 경우에는 그 사유가 발생한 때에 당초 공급가액을 기준으로 수정세금계산서를 발급하여 환입재화의 과세표준에서 차감한다.

❸ 매출할인액

매출할인액은 외상판매에 대한 공급대가의 미수금을 결제하거나 공급대가의 미수금을 약정기일전에 영수하는 경우 할인하는 금액으로 할인액은 과세표준에서 공제한다.

❹ 매입자에게 도달하기 전 파손·훼손 또는 멸실된 재화의 가액

재화를 공급하고, 세금계산서를 발급하였으나 공급받는 자에게 도달하기 전에 해당 재화가 파손·훼손 또는 멸실된 경우 과세표준에 포함하지 않으므로 감액 수정세금계산서를 발급하여야 한다.

□ 부가가치세법 제29조(과세표준) -요약-

⑤ 다음 각 호의 금액은 공급가액에 포함하지 아니한다.

1. 재화나 용역을 공급할 때 그 품질이나 수량, 인도조건 또는 공급대가의 결제방법이나 그 밖의 공급조건에 따라 통상의 대가에서 일정액을 직접 깎아 주는 금액
2. 환입된 재화의 가액
3. 공급받는 자에게 도달하기 전에 파손되거나 훼손되거나 멸실한 재화의 가액
4. 재화 또는 용역의 공급과 직접 관련되지 아니하는 국고보조금과 공공보조금
5. 공급에 대한 대가의 지급이 지체되었음을 이유로 받는 연체이자
6. 공급에 대한 대가를 약정기일 전에 받았다는 이유로 사업자가 당초의 공급가액에서 할인해 준 금액

[개정 세법] 매출에누리와 판매장려금간 착오로 인한 세금계산서 발급오류에 대해서도 매입세액공제 허용(부가령 §75)

종 전	개 정
□ 거래형태 착오로 인한 세금계산서 발급 오류시 공제되는 매입세액	□ 매출에누리와 판매장려금간 착오에 의한 세금계산서 발급오류도 매입세액공제 허용
○ (대상) 착오가 빈번한 사례	○ (좌 동)
- 위탁매매와 직접매매간 착오, 주선거래와 중개거래간 착오, 위탁사업비 착오	- (좌 동)
<추 가>	- 매출에누리와 판매장려금간 착오
○ (요건) 거래당사자가 인식한 거래형태에 따라 정상적으로 세금계산서를 발급하고, 부가가치세를 납부	○ (좌 동)
- 위탁매매와 직접매매간 착오, 주선거래와 중개거래간 착오, 위탁사업비 착오	- (좌 동)
<추 가>	- 매출에누리와 판매장려금간 착오는 수정세금계산서를 발행하지 않는 경우로 한정

<적용시기> 2023.2.28. 이후 재화 또는 용역을 공급하는 분부터 적용

22. 세금계산서 발급대상이 아닌 것

❶ 개요

연체이자, 금전으로 지급받는 판매장려금, 손해배상금 등은 재화 또는 용역을 공급한 것이 아니므로 세금계산서 발급대상이 아니며, 그 내용은 다음과 같다.

❷ 연체이자

대가의 지급지연으로 인하여 지급받는 연체이자는 과세표준에 포함하지 아니한다. 즉, 물품 등을 공급한 후 거래상대방이 확정된 대가를 약정일보다 늦게 지급함에 따라 추가로 지급받는 연체이자에 대하여는 세금계산서를 발급하지 아니한다.

◆ 연체이자는 과세표준에 포함하지 아니함 (서면3팀-699, 2008.04.02.)
사업자가 재화나 용역을 공급하고 계약 등에 의하여 확정된 대가의 지급지연으로 인하여 연체이자를 받는 경우 당해 연체이자는 부가가치세 과세표준에 포함하지 아니하는 것임.

❸ 판매장려금

사업자가 판매촉진을 위하여 거래상대방이 판매실적에 따라 일정률이 장려금품을 지급 또는 공급하는 경우로서 금전으로 지급하는 장려금은 과세표준에서 공제하지 아니한다. 단, 현물로 공급하는 것은 사업상증여에 해당하므로 현물을 받은 사업자는 현물을 공급한 자에게 세금계산서를 발급하여야 한다.

□ 부가가치세법 기본통칙 10-0-5 【판매장려금의 과세】 사업자가 자기재화의 판매촉진을 위하여 거래상대자의 판매실적에 따라 일정률의 장려금품을 지급 또는 공급하는 경우 금전으로 지급하는 장려금은 과세표준에서 공제하지 아니하며 재화로 공급하는 것은 사업상 증여에 해당하므로 과세한다. 다만, 해당 재화가 법 제10조제1항에 따른 자기생산·취득재화에 해당하지 아니하는 것은 과세하지 아니한다. (2019. 12. 23. 개정)

❹ 손해배상금

사업자가 타인으로부터 입은 손해에 대하여 손해배상금을 지급받는 경우에는 재화 또는 용역의 공급이 아니므로 세금계산서 발급대상이 아니다.

■ 손해배상금 등으로 지급한 금액은 세금계산서 수취대상이 아님
사업자가 공급받은 재화의 불량으로 인하여 당해 재화의 공급자로부터 받는 손해배상금은 재화나 용역의 공급에 대한 대가가 아니므로 부가가치세 과세대상에 해당하지 않는 것임 (부가46015-1377, 2000.06.15)

□ 부가가치세법 기본통칙 4-0-1 【손해배상금 등】 -요약-
① 각종 원인에 의하여 사업자가 받는 다음 각 호에 예시하는 손해배상금 등은 과세대상이 되지 아니한다. (2011. 2. 1. 항번개정)
1. 소유재화의 파손·훼손·도난 등으로 인하여 가해자로부터 받는 손해배상금
2. 도급공사 및 납품계약서상 그 기일의 지연으로 인하여 발주자가 받는 지체상금
3. 공급받을 자의 해약으로 인하여 공급할 자가 재화 또는 용역의 공급없이 받는 위약금 또는 이와 유사한 손해배상금

■ 타인의 재산에 입힌 피해재산을 직접 수리하여 주고 발급받은 매입세금계산서의 매입세액은 공제를 받을 수 있음
사업자가 자기사업과 관련하여 타인의 재산에 손해를 입혀 당해 피해재산의 수리에 관련된 매입세액은 매출세액에서 공제되는 것임.(부가46015-1991, 1995.10.28)

❺ 채무를 면제받은 경우

사업자가 다른 사업자로부터 채무를 면제받은 경우 재화 또는 용역의 공급이 아니므로 세금계산서를 발급하지 아니한다.

■ 합의에 의하여 면제받은 공사대금은 세금계산서 발급대상이 아님
공급받는 자와 합의에 의하여 확정된 공사비를 받지 않기로 한 경우에는 당해 규정에 의한 수정세금계산서를 교부할 수 없는 것임. (서면3팀-2242, 2004.11.04.)

23 간주공급시 과세표준 계산

❶ 개요

① 재화의 공급으로 간주하는 자가공급, 개인적 공급, 사업상증여, 폐업시 재고재화는 그 **시가**를 기준으로 과세표준을 계상하여 부가가치세를 납부하여야 한다. 예를들어 사업자가 매입세액을 공제받은 재화를 직원에게 무상제공하는 경우에는 개인적공급에 해당하여 부가가치세가 과세되는 것이며, 이 경우 무상공급하는 재화의 시가를 과세표준으로 하여 부가가치세를 신고(부가가치세 신고서의 과세 기타매출란에 그 금액 기재) 및 납부하여야 한다. 다만, 세금계산서 발급의무는 면제된다.

② 간주공급에 해당하는 재화가 감가상각자산인 경우 시장가치를 산정하기가 곤란할 것이다. 왜냐하면, 감가상각자산은 사업자가 사업목적에 사용하기 위하여 취득한 자산으로 통상의 거래유통 대상이 아니기 때문이다. 따라서 감가상각자산의 시가는 다음과 같은 방법에 의하여 계산한다.

❷ 과세표준 계산

[1] 건물 및 구축물
과세표준 = 취득가액 × (1 - 5/100 × 경과된 과세기간 수)

[2] 건물·구축물을 제외한 기타 감가상각자산
과세표준 = 취득가액 × (1 - 25/100 × 경과된 과세기간 수)

■ 폐업시 재고재화 간주공급시 당초 매입세액이 불공제된 재화(비영업용 승용자동차 등)는 제외한다.
폐업시 재고재화의 간주공급시 당초 매입세액이 불공제된 재화(비영업용 승용자동차 등)는 제외한다. 따라서 종업원 선물을 구입하고 그 매입세액을 공제받는 경우 선물 증정시 개인적공급으로 부가가치세를 다시 신고 및 납부하여야 하므로 실무에서는 통상 불공제처리 하여 간주공급으로 계상하지 아니한다.

❸ 취득가액 [부령 제66조 ④]

재화의 취득가액은 매입세액을 공제받은 해당 재화의 가액으로 한다.

❹ 경과된 과세기간 수 계산

① 경과된 과세기간의 수는 과세기간 단위로 계산하되, 건물 또는 구축물의 경과된 과세기간의 수가 20(2001. 12. 31 이전 취득분은 10)을 초과하는 때에는 20으로, 기타의 감가상각자산의 경과된 과세기간의 수가 4를 초과하는 때에는 4로 한다. 이 경우에 과세기간의 개시일 후에 감가상각자산을 취득하거나 당해 재화가 공급된 것으로 보게 되는 경우에는 그 과세기간의 개시일에 당해 재화를 취득하거나 당해 재화가 공급된 것으로 본다.

② 경과된 과세기간의 수를 계산함에 있어서 과세기간의 개시일후에 감가상각자산을 취득하거나 당해 재화가 공급된 것으로 보게 되는 경우에는 그 과세기간의 개시일에 당해 재화를 취득하거나 당해 재화가 공급된 것으로 보아 과세기간의 수를 계산하며, 간주공급한 날이 속하는 과세기간은 경과된 과세기간의 수에 계산하지 아니한다.

■ **폐업 등 간주공급시 감가상각대상 자산의 경과된 과세기간 수 계산 사례**
예를 들어 20×8. 10. 21. 폐업하는 경우 20×7. 3. 20. 취득한 기계장치의 경과된 과세기간 수는 '3' (20×7년 1기, 20×7년 2기, 20×8년 1기)이다.

24 토지와 건물 일괄 공급시 과세표준 안분계산

❶ 개요

사업에 사용하던 건축물을 매각하는 경우 토지는 면세되나 건물은 과세된다. 이 경우 토지와 그 토지에 정착된 건물 및 그 밖의 구축물 등을 함께 공급하는 경우에 그 건물 등의 공급가액은 실지거래가액에 의한다. 단, 건물가액과 토지가액의 구분이 분명하지 않은 경우 다음의 방법으로 토지 및 건물가액을 계산하여 건물분에 대하여 부가가치세를 거래징수 하여야 한다.

❷ 과세표준 안분계산

[1] 실지 거래가액이 있는 경우
실지 거래가액에 의한다. 실지거래가액이 있는 경우라 함은 일반적으로 매매계약서 상의 매매금액이 실지거래가액으로 확인되고 계약서상에 토지의 가액과 건물의 가액이 구분 표시되어 있으며, 구분 표시된 토지와 건물가액 등이 정상적인 거래에 비추어 합당하다고 인정되는 경우를 말한다.

[2] 감정평가액이 있는 경우
감정평가금액에 의하여 토지와 건물공급가액을 안분 계산한다.

[3] 실지 거래가액 또는 감정평가액이 없으나 기준시가가 있는 경우
기준시가에 의하여 안분 계산한다. 기준시가라 함은 **토지는 개별공시지가**, 건물 등은 **국세청 기준시가**에 의한다.

[개정 세법] 〈2019년 이후〉 기준시가로 안분하여야 하는 경우 [부법 제29조 ⑨]
납세자가 실지거래가액으로 구분한 가액이 기준시가에 따른 안분가액과 30% 이상 차이가 나는 경우

| 보 충 | 기준시가 산정 소득세법 제99조(기준시가의 산정)

1. 토지 또는 건물

가. 토지 :「부동산 가격공시 및 감정평가에 관한 법률」에 따른 개별공시지가(이하 "개별공시지가"라 한다). 다만, 개별공시지가가 없는 토지의 가액은 납세지 관할 세무서장이 인근 유사토지의 개별공시지가를 고려하여 대통령령으로 정하는 방법에 따라 평가한 금액으로 하고, 지가(地價)가 급등하는 지역으로서 대통령령으로 정하는 지역의 경우에는 배율방법에 따라 평가한 가액으로 한다.

나. 건물 : 건물(다목 및 라목에 해당하는 건물은 제외한다)의 신축가격, 구조, 용도, 위치, 신축연도 등을 고려하여 매년 1회 이상 국세청장이 산정·고시하는 가액

다. 오피스텔 및 상업용 건물 : 건물에 딸린 토지를 공유로 하고 건물을 구분소유하는 것으로서 건물의 용도·면적 및 구분소유하는 건물의 수(數) 등을 고려하여 대통령령으로 정하는 오피스텔 및 상업용 건물(이에 딸린 토지를 포함한다)에 대해서는 건물의 종류, 규모, 거래상황, 위치 등을 고려하여 매년 1회 이상 국세청장이 토지와 건물에 대하여 일괄하여 산정·고시하는 가액

[기준시가] 국세청홈페이지 → 알림소식 → 고시공고 → 고시 (검색) 기준시가

[4] 실지 거래가액, 감정평가액, 기준시가가 없는 경우
실지 거래가액, 감정평가액, 기준시가가 없는 경우에는 **장부가액**(장부가액이 없는 경우에는 취득가액)에 비례하여 안분계산한다. 장부가액이란 세무상의 장부가액을 말하며, 취득가액이란 세금계산서나 기타 취득가액을 증명할 수 있는 서류를 말한다. 따라서 신축중인 건물의 경우 장부가액은 없는 것으로 본다.

❸ 과세되는 건물 등의 과세표준 (기준시가에 의하는 경우)

[1] 거래가액에 부가가치세가 포함되어 있는 경우

$$\text{건물의 과세표준} = \frac{\text{실지공급가액}}{\text{(부가세 포함)}} \times \frac{\text{건물의 기준시가}}{\text{토지의 기준시가} + \text{건물의 기준시가} \times 110/100}$$

[2] 거래가액에 부가가치세가 포함되지 않은 경우

$$\text{건물의 과세표준} = \text{실지공급가액(부가세 불포함)} \times \frac{\text{건물 기준시가}}{(\text{토지의 기준시가} + \text{건물의 기준시가}) \times 100/100}$$

❹ 과세 및 면세사업에 사용하던 재화 공급시 과세표준

① 과세되는 재화 또는 용역을 공급하는 사업(과세사업)과 면세되는 재화 또는 용역을 공급하는 사업(면세사업)에 공통으로 사용되는 재화를 공급하는 경우에 그 과세표준은 다음 산식에 의하여 계산한다. [부가가치세법 시행령 제63조]

$$\text{과세표준} = \text{해당 재화의 공급가액} \times \frac{\text{재화를 공급한 날이 속하는 과세기간의 직전 과세기간의 과세되는 공급가액}}{\text{재화를 공급한 날이 속하는 과세기간의 직전 과세기간의 총공급가액}}$$

② 다음 각 호의 어느 하나에 해당하는 경우에는 제1항에도 불구하고 해당 재화의 공급가액을 과세표준으로 한다.
1. 재화를 공급하는 날이 속하는 과세기간의 직전과세기간의 총공급가액중 면세공급가액이 100분의 5미만인 경우. **다만, 해당 재화의 공급가액이 5천만원 이상인 경우는 제외한다.**
2. 재화의 공급가액이 50만원 미만인 경우
3. 재화를 공급하는 날이 속하는 과세기간에 신규로 사업을 개시하여 직전 과세기간이 없는 경우

❺ 건물 및 토지 매각의 경우 계산서 발급의무 면제

법인(개인사업자 포함)이 건물 및 토지를 매각하는 경우 계산서 발급을 하지 아니할 수 있다. 다만, 과세사업자가 사업자에게 건물을 매각하는 경우 부가가치세법의 규정에 의하여 세금계산서를 발급하여야 하며, 토지의 경우에도 거래상대방이 계산서발급을 요구하는 경우 계산서를 발급하여야 한다.
[법인세법 제121조 ④, 소득세법 제211조(계산서의 작성·발급) ②]

25 매입세액공제, 매입자발행세금계산서

❶ 개요

매입세액이란 과세되는 재화 또는 용역을 공급받으면서 그 공급가액의 10%를 부가가치세로 부담한 세액을 말한다. 과세사업자의 경우 자기의 사업과 관련하여 재화 또는 용역을 공급받고 부담한 부가가치세 매입세액은 부가가치세법에서 매입세액불공제로 특정한 경우를 제외하고는 매출세액에서 공제받을 수 있다.

과세사업자인 경우로서 매출세액에서 공제받을 수 있는 매입세액은 자기의 사업을 위하여 사용되었거나 사용될 재화 또는 용역의 공급에 대한 세액 및 자기의 사업을 위하여 사용되었거나 사용될 재화의 수입에 대한 세액으로 한다. 과세사업자가 매출세액에서 매입세액을 공제받기 위해서는 원칙적으로 세금계산서를 발급받아야 한다. 다만, 신용카드매출전표, 현금영수증, 청구서, 지로영수증 중 일정한 요건에 해당하는 경우 예외적으로 그 매입세액을 매출세액에서 공제받을 수 있다.

또한 과세사업자가 자기의 과세사업을 위하여 재화 또는 용역을 공급받으면서 부담한 공제대상 부가가치세 매입세액이 매출세액보다 많은 경우 환급을 받을 수 있다.

■ 일반과세자인 소매업, 음식·숙박업은 세금계산서를 발급할 수 있음
주로 최종소비자를 대상하는 사업을 하는 소매업 및 음식·숙박업의 경우에도 거래상대방이 세금계산서 발급을 요구하는 경우 세금계산서를 발급하여야 한다. 따라서 소매업, 음식·숙박업은 세금계산서 발급을 할 수 있는 사업자에 해당한다.

❷ 세금계산서에 의한 매입세액공제

자기의 과세사업을 위하여 재화 또는 용역을 공급받고, 발급받은 전자세금계산서 또는 종이세금계산서에 의하여 매입세액을 공제받고자 하는 경우 부가가치세 신고시 매입처별세금계산서합계표를 작성하여 신고서와 같이 제출하여야 한다.

❸ 매입자발행세금계산서

일반과세사업자로서 5만원 이상의 재화 또는 용역을 공급하고 세금계산서 발급시기에 세금계산서를 발급하지 아니한 경우 그 재화 또는 용역을 공급받은 자는 관할세무서장의 확인을 받아 세금계산서 발급시기로부터 1년 이내에 세금계산서를 발행할 수 있으며, 매입자발행세금계산서에 기재된 그 부가가치세액은 공제할 수 있는 매입세액으로 본다.

[개정 세법] 매입자발행세금계산서 발급사유 추가 및 발행 신청기한 확대
(부가가치세법 시행령 제71조의2 제2항·제3항)

종 전	개 정
☐ 매입자발행 수정세금계산서 발급사유 ○ 사업자의 부도·폐업 ○ 공급 계약의 해제·변경 ○ 그 밖에 시행령으로 정하는 경우 <추 가>	☐ 발급사유 규정 추가 ○ (좌 동) - 재화 또는 용역을 공급한 후 소재불명 또는 연락두절 상태 - 휴업이나 그 밖의 부득이한 사유로 세금계산서를 발급받는 것이 곤란하다고 국세청장이 인정하는 경우
☐ 재화 또는 용역의 공급시기가 속하는 과세기간의 종료일부터 6개월 이내	☐ 신청기한 확대 ○ 6개월 이내 → 1년 이내

<적용시기> 2024.2.29. 이후 발급 및 신청하는 분부터 적용

❹ 전기 이전 신고누락한 매입세금계산서의 매입세액공제

부가가치세 해당 신고기간내에 매입처별세금계산서합계표를 제출하지 못하여 매입세액을 공제받지 못한 경우 경정청구 기한내에 경정청구를 하여 매입세액을 환급받을 수 있으며, 이 경우 가산세 적용은 없다.

▣ 경정청구

경정청구란 당초 과세표준신고서를 법정신고기한내에 제출한 자가 다음의 하나에 해당하여 환급받아야 할 세액이 있는 경우 **법정신고기한 경과 후 5년 이내**에 국세의 과세표준 및 세액의 결정 또는 경정(환급)을 관할세무서장에게 청구하는 것을 말한다. 다만, 결정 또는 경정으로 인하여 증가된 과세표준 및 세액에 대하여는 해당 처분이 있음을 안 날(처분의 통지를 받은 때에는 그 받은 날)부터 90일 이내(법정신고기한이 지난 후 3년 이내에 한한다)에 경정을 청구할 수 있다.
[국세기본법 제45조의2]

① 과세표준신고서에 기재된 과세표준 및 세액이 세법에 의하여 신고하여야 할 과세표준 및 세액을 초과하는 때
② 과세표준신고서에 기재된 결손금액 또는 환급세액이 세법에 의하여 신고하여야 할 결손금액 또는 환급세액에 미달하는 때

▶ 경정청구시 제출할 서류
① 과세표준 및 세액의 경정청구서
② 최초의 과세표준 및 세액신고서사본
③ 결정(경정)청구사유 입증자료

□ 매입세금계산서 누락분 경정청구
(부가46015-3304, 2000.09.23)
사업자가 자기의 사업과 관련하여 발급받은 세금계산서를 부가가치세 신고시 신고누락하였을 경우 신고누락한 세금계산서의 매입세액은 국세기본법 제45조의 2 제1항의 규정에 의한 경정청구하여 공제받을 수 있으며 이 경우 가산세는 적용되지 아니하는 것임.

경정의 청구를 받은 세무서장은 그 청구를 받은 날부터 2개월 이내에 과세표준 및 세액을 결정 또는 경정하거나 결정 또는 경정하여야 할 이유가 없다는 뜻을 그 청구를 한 자에게 통지하여야 한다. 다만, 청구를 한 자가 2개월 이내에 아무런 통지를 받지 못한 경우에는 통지를 받기 전이라도 그 2개월이 되는 날의 다음 날부터 이의신청, 심사청구, 심판청구 또는 「감사원법」에 따른 심사청구를 할 수 있다.

26 신용카드매출전표·현금영수증 매입세액공제

> 일반과세자가 다음의 요건을 모두 충족하는 신용카드매출전표 또는 현금영수증을 수취한 경우 그 매입세액은 매출세액에서 공제할 수 있다.

❶ 사업자명의 신용카드 또는 사업자명의로 발급받은 현금영수증

신용카드매출전표상 별도로 기재된 매입세액 또는 현금영수증의 매입세액을 공제받기 위해서는 원칙적으로 법인의 경우 법인명의 신용카드(법인명의 현금영수증 포함)이어야 하며, 개인사업자의 경우 회사명의 또는 사업주 본인명의의 신용카드(현금영수증 포함)를 사용하여야 한다.

단, 사업과 관련한 재화 또는 용역을 공급받고 종업원명의의 신용카드를 사용하거나 현금영수증을 발급받은 경우에 있어 재화 또는 용역을 공급한 일반과세자가 그 전표 또는 현금영수증에 세액을 별도로 기재하고 확인한 때에는 그 매입세액을 공제받을 수 있다. 이 경우 종업원 개인은 연말정산시 '신용카드등소득공제'를 받을 수 없다.

■ 개인사업자의 경우 가족명의 신용카드의 경우에도 일정한 요건을 충족하는 경우 매입세액공제를 받을 수 있음
사업자가 일반과세자로부터 부가가치세가 과세되는 재화 또는 용역을 공급받고 불가피한 사유로 가족명의의 신용카드매출전표를 발행받는 경우에 있어 당해 일반과세자가 그 전표에 세액을 별도로 기재하고 확인한 때에는 그 부가가치세액이 당해 사업자의 사업을 위하여 사용되었거나 사용될 재화 또는 용역의 공급에 대한 세액임이 객관적으로 확인되는 경우 매입세액은 공제받을 수 있는 것임. (서삼46015-12066 2002.12.2)

■ 임직원개인명의 신용카드의 경우에도 매입세액을 공제받을 수 있음
신용카드에 구분 표시된 매입세액공제는 사용자가 법인인 경우에는 원칙적으로 법인카드에 대하여 적용되며, 당해 법인의 소속임원 및 종업원 명의의 카드 사용분은 공급받

은 재화 또는 용역이 자기의 과세사업과 관련되는지 여부는 구체적인 거래사실에 따라 판단하여 매입세액공제를 받을 수 있다. (부가 46015 - 1719, 1999.6.22.)

❷ 신용카드매출전표등에 공급가액과 세액이 구분되어 있을 것

사업자가 재화 또는 용역을 공급받는 경우 그 거래상대방이 일반과세자로서 신용카드매출전표등에 공급받는 자와 부가가치세액을 별도로 기재하고 확인한 때에는 그 부가가치세액은 매출세액에서 공제할 수 있는 매입세액으로 본다.

■ 신용카드매출전표에 공급가액과 세액이 구분되어 있어야 매입세액을 공제받을 수 있으며, 공급자가 수기로 구분한 경우에도 공제가능함
신용카드매출전표등에 세액을 별도로 기재하고 확인한 때라 함은 신용카드매출전표등에 세액을 별도로 기재하는 것을 말하고 신용카드매출전표등에 부가가치세액이 별도로 인쇄된 경우뿐만 아니라 공급자가 수기로 기재한 경우도 포함되며, 공급자의 서명 또는 날인이 반드시 필요하지는 아니하는 것임.
(부가 46015 - 2096, 2000.8.26.)

❸ 신용카드가맹사업자가 일반과세자로서 다음 요건에 해당할 것

신용카드가맹사업자가 간이과세자 및 일반과세자 중 세금계산서를 발급할 수 없는 목욕·이발·미용업 및 여객운송업(전세버스운송사업자 제외), 입장권을 발행하는 사업자가 아닌 경우 신용카드매출전표의 매입세액을 공제받을 수 있다. 예를 들어 제조업, 도매업 등을 영위하는 사업자로부터 물품 등을 공급받고, 거래시기에 신용카드로 결제한 경우 또는 소매업, 서비스업 등을 영위하는 사업자로부터 물품 등을 공급받고 신용카드로 결제한 경우 그 매입세액을 공제받을 수 있으나 업무와 관련하여 항공기 또는 고속철도를 이용하고 신용카드매출전표를 받은 경우 거래상대방이 세금계산서를 발급할 수 없는 사업자이므로 매입세액을 공제받을 수 없다.

■ 항공료 및 고속철도요금 카드결제시 매입세액공제를 받을 수 없음
1. 여객운송사업자가 발급하는 항공권은 영수증 발급의무자의 범위에 해당하는 것이므

로 부가가치세법 제16조의 세금계산서 발급대상에서 제외되는 것이며, 부가가치세법 제32조의 2에서 규정하는 신용카드사용 매입세액공제 대상에 제외되는 것임.
2. 부가가치세 과세사업자가 자기의 과세사업과 관련하여 출장시 고속철도건설촉진법에 규정된 고속철도에 의한 여객운송용역을 공급하는 자로부터 용역을 공급받는 경우 공급자는 부가가치세법 제32조의 규정에 의하여 영수증만을 발급하는 것으로서 영수증을 발급받은 사업자는 당해 영수증에 이하여는 거래징수당한 부가가치세를 공제할 수 없는 것임. (부가46015-1217,1995.07.05.)

◆ 결제대행업체를 통한 신용카드매출전표를 발급받은 경우 매입세액 공제 가능 여부
(부가가치세과-24, 2014.01.13.)
신용카드매출전표는 부가가치세법 시행령 제88조 제2항 제1호 나목에 따라 여신전문금융업법에 따른 결제대행업체를 통한 신용카드매출전표를 포함하는 것임

○ 기획재정부 부가가치세제과-0143, 2008.05.21.
전자금융거래법에 따라 전자지급결제대행업을 등록한 사업자로서 신용카드업자와 결제대행업체계약을 체결하지 않은 사업자를 통하여 발행된 신용카드매출전표는 부가가치세법 제32조 제1항 및 같은법 시행령 제80조 제2항에서 규정하는 여신전문금융업법에 의한 결제대행업체를 통하여 발급된 신용카드매출전표로 볼 수 없음.

■ 결제대행업체 조회
금융민원센터 → 등록신고 → 전자금융업등록현황

□ 부가가치세법 기본통칙 46 88…1 【 신용카드 등 사용에 따른 세액공제 등 】
온라인 중개플랫폼을 운영하는 사업자(수탁자)가 실제 판매자(위탁자)의 재화를 판매 대행하는 형태로 수탁자가 재화를 인도하고 위탁자가 아닌 수탁자 명의로 부가가치세액이 별도로 구분 가능한 신용카드매출전표등을 발급하는 경우, 해당 신용카드매출전표등을 발급받은 사업자는 법 제46조제3항에 따른 매입세액으로 공제 받을 수 없다.
(2024. 3. 15. 신설)

❹ 매입세액이 불공제되는 접대비 등 지출금액이 아닐 것

접대비 또는 비영업용소형승용차의 취득 및 유지비용과 관련한 매입세액은 당초매입세액을 공제받을 수 없는 것이므로 그 매입세액을 공제받을 수 없다. (매입세액 공제에 해당하는 경우에 한하여 세액을 공제받을 수 있음) 예를 들어 화물자동차의 유류구입, 비품, 문구류 등을 구입하거나 직원의 복리후생적 지출과 관련하여 신용카드로 결제한 경우로서 그 매입세액을 공제받을 수 있는 요건을 모두 충족하는 경우 매입세액을 공제받을 수 있으나 접대비 또는 비영업용승용자동차의 취득 및 유지와 관련한 것은 매입세액을 공제받을 수 없는 것이다.

■ 개업식 또는 준공식 행사 관련 매입세액 공제대상 여부
접대비 및 이와 유사한 비용에 관련된 매입세액은 매출세액에서 공제되지 아니하나 설립 후 개업식 또는 준공식 행사를 진행하는데 들어간 비용이 판매부대비용 및 광고선전비에 해당하는 경우 매입세액 공제가 가능함

■ 종업원 선물구입과 관련한 매입세액 공제대상 여부
사업자가 복리후생목적으로 선물을 구입하여 종업원에게 증정하는 경우에는 그 매입세액은 공제가 가능하다. 그러나 직원에게 주는 선물은 부가가치세법의 규정에 의하여 재화의 공급(개인적 공급)에 해당되는 것이므로 부가가치세가 과세된다. 즉, 종업원선물용으로 물품 등을 구입할 시 부가가치세매입세액을 공제받는 경우에는 그 선물을 종업원에게 지급할 시 다시 부가가치세 매출세액을 계산하여 납부하여야 한다. 단, 매입세액을 공제받지 않는 경우 그 선물을 종업원에게 지급할 시에 부가가치세를 납부하지 않아도 되므로 실무에서는 통상 불공제 처리한다.

[세법 개정] 재화의 공급으로 보지 않는 경조사 관련 재화 범위 확대
□ 부가가치세법 시행령 제19조의2(실비변상적이거나 복리후생적인 목적으로 제공해 재화의 공급으로 보지 않는 경우)
법 제10조제4항 후단에서 "대통령령으로 정하는 경우"란 다음 각 호의 어느 하나에 해당하는 경우를 말한다. 이 경우 시가보다 낮은 대가를 받고 제공하는 것은 시가와 받은 대가의 차액에 한정한다. <개정 2020. 10. 7.>
1. 사업을 위해 착용하는 작업복, 작업모 및 작업화를 제공하는 경우

2. 직장 연예 및 직장 문화와 관련된 재화를 제공하는 경우
3. 다음 각 목의 어느 하나에 해당하는 재화를 제공하는 경우. 이 경우 각 목별로 각각 사용인 1명당 연간 10만원을 한도로 하며, 10만원을 초과하는 경우 해당 초과액에 대해서는 재화의 공급으로 본다.
  가. 경조사와 관련된 재화
  나. 설날·추석, 창립기념일 및 생일 등과 관련된 재화

■ 소형승용차의 구입 및 유지 관련 매입세액은 공제를 받을 수 있음
영업용소형승용차라 함은 운수사업자(택시운수업, 렌트카업체 등)가 소형승용차를 이용하여 직접 사업에 사용하는 경우를 말한다. 따라서 운수사업자 등이 아닌 기타 사업자가 사업을 위하여 구입하는 승용차는 모두 비영업용소형승용차에 해당한다. 매입세액을 공제받을 수 없는 소형승용차라 함은 개별소비세법 제1조 제1항 제3호 및 시행령 [별표1]에 규정하는 것으로 정원 8인승 이하 승용자동차(배기량 1,000cc 이하인 경승용차는 공제됨), 지프형자동차, 캠핑용 자동차 등이다.

■ 차량의 유류 매입세액공제는 유류의 종류가 아니라 매입세액공제대상 차종에 의하여 공제를 받을 수 있음
예를 들어 경차인 마티즈에 휘발유를 주유하고, 신용카드로 결제한 경우 매입세액공제를 받을 수 있는 것이나 경차가 아닌 비영업용승용차에 경유를 주유하고, 신용카드로 결제한 경우 매입세액공제를 받을 수 없는 것임

■ 난방용 유류는 매입세액공제를 받을 수 있음
난방용으로 경유 등을 매입하고, 세금계산서를 받거나 신용카드로 결제한 경우 그 매입세액은 공제를 받을 수 있음

■ 접대비를 신용카드로 결제한 경우 매입세액공제를 받을 수 없음
접대비는 매입세액불공제대상으로 접대비를 지출하고, 세금계산서를 받거나 신용카드로 결제한 경우에도 그 매입세액은 공제를 받을 수 없다.

▶ 신용카드매출전표 및 현금영수증으로 매입세액을 공제받을 수 없는 지출
1. 거래처 접대비

2. 여객운송사업자(항공사, 고속철도, 고속버스 등)에게 결제한 것
3. 상품권 또는 입장권 결제금액
4. 승용차(배기량 1,000cc 초과)의 유류대 및 수선비, 기타 유지비용
5. 면세물품(쌀, 화환, 도서구입비) 구입비용
6. 개인 사업주의 본인 식대
7. 사업과 관련없는 사업주 개인용도 지출
8. 과세사업자가 세금계산서를 발급할 수 없는 간이과세자로부터 세금계산서를 발급받은 경우 및 신용카드매출전표를 수취한 경우
9. **폐업자가 폐업일 이후 발행한 현금영수증 또는 신용카드매출전표**

> Q&A 간이과세자로부터 물품 등을 매입하고, 세금계산서 또는 현금영수증을 발급받은 경우 매입세액을 공제받을 수 있나요?

직전연도 매출액이 4800만원 미만인 간이과세자로부터 현금영수증을 수취하거나 신용카드로 결제한 경우 매입세액을 공제받을 수 없습니다만,

세금계산서 발급이 가능한 간이과세자(직전연도 매출액이 4800만원 이상 1억 4백만원 미만인 간이과세자)로부터 세금계산서, 현금영수증을 발급받거나 신용카드매출전표를 수취한 경우 매입세액을 공제를 받을 수 있으며, 간이과세자로서 세금계산서 발급이 가능한 간이과세자인지 여부는 홈택스에서 조회할 수 있습니다.

홈택스 → 조회발급 → 사업자상태 → 사업자등록번호로 조회

◆ 세금계산서 발급이 가능한 간이과세자인 경우 홈택스 표시
○ 부가가치세 간이과세자(세금계산서 발급사업자)로 표시

❺ 부가가치세 신고시 신용카드매출전표등수령금액합계표 제출

위 요건을 모두 충족하는 신용카드매출전표는 그 매입세액을 공제받을 수 있으며, '신용카드매출전표등 수령금액합계표'를 부가가치세신고서에 첨부하여 제출하거나 전자신고하는 경우 전자적으로 제출하여야 한다. 단, 현금영수증의 경우 별도의 명세서 작성없이 공제대상 건수 및 공급가액, 세액합계액만을 작성하여 제출한다.

■ 개인명의 신용카드 또는 현금영수증의 비용 처리

1 비용 처리

신용카드의 명의와 관련하여 법인사업자의 법인명의나 개인사업자의 대표자 명의의 신용카드를 사용하여야 하나 종업원 개인명의의 신용카드를 사용하고 매출전표를 수취한 경우에도 정규증빙으로 인정된다. 단, 법인 접대비의 경우로서 1만원을 초과하는 접대비는 법인카드로 사용한 경우에만 인정된다.

◆ 개인명의 신용카드 (법인 46012 - 4178)
신용카드의 명의와 관련하여 법인사업자의 법인명의나 개인사업자의 대표자 명의의 신용카드를 사용하여야 하나 종업원 개인명의의 신용카드를 사용하고 매출전표를 수취한 경우에도 정규증빙으로 인정된다. 단, 법인 접대비의 경우로서 1만원(현행 3만원)을 초과하는 접대비는 법인카드로 사용한 경우에만 인정된다. 이 때 법인개별카드(개인형 법인카드)는 법인카드로 간주한다.

♣ 임직원 개인명의의 신용카드를 법인의 비용 지출에 대한 결제수단으로 사용한 경우 임직원 개인은 신용카드사용금액에 대하여 연말정산시 신용카드소득공제를 받을 수 없다.

2 업무추진비(접대비)

내국법인이 한 차례의 접대에 지출한 접대비로써 1만원(경조사비 20만원)을 초과하는 경우에는 반드시 법인명의 신용카드 등을 사용하여야 하는 것이며 직원 명의 신용카드를 사용하였을 경우에는 전액 손금불산입하여야 한다. 단, 접대비로써 1만원을 초과하지 아니한 경우에는 법인의 업무와 관련하여 지출되었음이 입증되는 때에는 직원 명의 신용카드 등의 증거자료에 의하여 접대비로 인정이 가능하다.

[개정 세법] 적격증빙 없는 소액접대비 기준금액 인상(법인령 §41, 소득령 §83)
(경조금) 20만원 → 현행유지
(그 외) 1만원 → 3만원
<적용시기> '21.1.1. 이후 지출하는 분부터 적용

27 면세재화 매입에 대한 의제매입세액공제

❶ 개요

과세사업자가 면세로 농산물 등을 구입하여 과세재화 또는 용역을 창출하는 경우 면세로 구입한 농산물 등의 매입가액에 소정의 율을 곱한 금액을 매입세액으로 의제하여 매출세액에서 공제를 받을 수 있으며, 이를 의제매입세액공제라 한다.

❷ 의제매입세액공제대상 사업자

과세사업을 영위하는 사업자(영세율 적용대상 사업자 포함)만이 의제매입세액공제를 받을 수 있다. (면세사업자는 의제매입세액공제를 받을 수 없음)

과세사업자의 경우 모든 업종에 대하여 의제매입세액공제를 받을 수 있으나 간이과세자의 경우 음식점 및 제조업을 영위하는 사업자만이 의제매입세액공제를 받을 수 있다.

❸ 의제매입세액공제를 받을 수 있는 면세물품

① 부가가치세의 면제를 받아 공급받은 농산물·축산물·수산물 또는 임산물의 가액으로 가공되지 아니한 식료품(미가공식료품) 및 탈곡·정미·정맥·제분·정육·건조·냉동·염장·포장 기타 원생산물의 본래의 성질이 변하지 아니하는 정도의 1차 가공을 거쳐 식용에 공하는 것들

② 제1항 이외의 농산물·축산물·수산물, 임산물로서 다음 각호에 규정하는 것
1. 원생산물
2. 원생산물의 본래의 성상이 변하지 아니하는 정도의 원시가공을 거친 것
3. 제2호의 규정에 의한 원시가공 과정에서 필수적으로 발생하는 부산물

❹ 원재료 가액

의제매입세액 공제대상이 되는 원재료의 매입가액은 운임 등의 부대비용을 제외한 매입원가로 한다.

□ 부가가치세법 기본통칙 42-84-1【의제매입세액 공제대상이 되는 원재료】
법 제42조제1항에서 원재료란 다음에 게기하는 것을 말한다. (2014. 12. 30. 개정)
1. 재화를 형성하는 원료와 재료 (1998. 8. 1. 개정)
2. 재화를 형성하지는 아니하나 해당 재화의 제조·가공에 직접적으로 사용되는 것으로서 화학반응을 하는 물품 (2011. 2. 1. 개정)
3. 재화의 제조·가공과정에서 해당 물품이 직접적으로 사용되는 단용원자재
4. 용역을 창출하는 데 직접적으로 사용되는 원료와 재료 (1998. 8. 1. 개정)

❺ 의제매입세액공제율 및 공제한도 [부령 제84조]

① 사업자가 부가가치세를 면제받아 공급받거나 수입한 농산물·축산물·수산물 또는 임산물을 원재료로 하여 제조·가공한 재화 또는 창출한 용역의 공급에 대하여 부가가치세가 과세되는 경우 다음의 금액을 매입세액으로 공제할 수 있다.

[개정 세법] 면세농산물 의제매입세액공제 한도 10% 상향 [부령 제84조]

	종 전				개 정		
구분	공급가액 (6개월)	공제한도		구분	공급가액 (6개월)	공제한도	
		음식점업	기타			음식점업	기타
개인	1억원 이하	65%	55%	개인	1억원 이하	75%	65%
	1억원~2억원	60%			1억원~2억원	70%	
	2억원 초과	50%	45%		2억원 초과	60%	55%
법인		40%		법인		50%	

<적용시기> 2022년 7월 1일 이후 부가가치세 과세표준 및 세액을 신고하는 분부터

▶ 의제매입세액 공제율

구분		율
1 음식점업	가. 「개별소비세법」제1조제4항에 따른 과세유흥장소의 경영자	102분의 2
	나. 가목 외의 음식점을 경영하는 사업자 중 개인사업자	108분의 8 (과세표준 2억원 이하인 경우에는 2023년 12월 31일까지 109분의 9)
	다. 가목 및 나목 외의 사업자	106분의 6
2 제조업	가. 과자점업, 도정업, 제분업 및 떡류 제조업 중 떡방앗간을 경영하는 개인사업자	106분의 6
	나. 가목 외의 제조업을 경영하는 사업자 중 「조세특례제한법」제5조제1항에 따른 중소기업 및 개인사업자	104분의 4
	다. 가목 및 나목 외의 사업자	102분의 2
3 제1호 및 제2호 외의 사업		102분의 2

② 위의 규정에도 불구하고 제2기 과세기간에 대한 납부세액을 확정신고하는 경우 다음 각 호의 요건을 모두 충족하는 제조업을 영위하는 사업자의 매입세액으로 공제할 수 있는 금액은 1역년(歷年)에 공급받은 면세농산물 등의 가액에 공제율을 곱한 금액에서 제1기 과세기간에 제1항에 따라 매입세액으로 공제받은 금액을 차감한 금액으로 할 수 있다. [부령 제84조 ③ 신설]
1. 1역년에 공급받은 면세농산물 등의 가액 대비 제1기 과세기간에 공급받은 면세농산물 등의 가액의 비중이 75퍼센트 이상이거나 25퍼센트 미만일 것
2. 해당 과세기간이 속하는 1역년 동안 계속하여 제조업을 영위하였을 것

[개정 세법] 면세농산물 등의 의제매입세액 공제 적용기한 연장 등(부법 제42조제1항)
과세표준 2억원 이하의 음식점을 경영하는 개인사업자가 부가가치세를 면제받아 공급받거나 수입한 농산물 등을 원재료로 하여 제조, 가공한 재화 등의 공급에 대하여 부가가치세가 과세되는 경우 그 농산물 등을 공급받거나 수입할 때 매입세액이 있는 것으로 간주하여 공제하도록 하는 의제매입세액 공제특례 기한을 2023년 12월 31일까지에서 2026년 12월 31일까지로 3년 연장함.

■ 신규사업자로서 매출이 없는 경우 의제매입세액공제를 받을 수 없음

과세기간별 매출액 대비 한도율의 범위내에서 공제를 받을 수 있으므로 해당 과세기간에 매출액이 없는 경우 의제매입세액공제를 받을 수 없다.

❻ 의제매입세액 공제 시기 및 공제요건

면세농산물 등을 구입한 날이 속하는 예정 또는 확정신고기간에 공제한다. 즉, 면세농산물 등을 구입하여 과세재화를 제조.가공하거나 과세용역을 위하여 소비한 시점이 아니라 구입한 날이 속하는 과세기간에 공제를 받을 수 있다.

▶ 의제매입세액 공제 요건

의제매입세액을 공제받으려는 사업자는 의제매입세액공제신고서와 매입처별계산서합계표(간이과세자로부터 수취한 계산서 포함), <u>매입자발행 계산서합계표(2023.7.1. 이후)</u> 또는 신용카드매출전표등 수령명세서를 제출하여야 한다. 다만, 제조업을 영위하는 사업자가 농·어민으로부터 면세농산물 등을 직접 공급받는 경우에는 의제매입세액공제신고서만을 제출한다.

[개정 세법] 의제매입세액공제 신청시 제출서류에 매입자발행계산서합계표 추가
(부가가치세법 시행령 제84조제5항)

종 전	개 정
□ 의제매입세액 공제에 필요한 제출서류 ① 소득세법·법인세법에 따른 매입처별 계산서합계표 ② 신용카드매출전표등 수령명세서 <추가>	□ 제출서류 추가 ○ (좌 동) ③ 소득세법·법인세법에 따른 매입자발행 계산서합계표

〈적용시기〉 2023.7.1. 이후 거래에 대한 계산서 발급분부터 적용

28. 재활용폐자원 등에 대한 매입세액공제 특례

❶ 개요

폐자원 또는 중고자동차를 매입하여 판매하는 경우 부가가치세를 납부하여야 한다. 한편, 폐자원 등의 물품을 과세사업자가 아닌 자로부터 매입하는 경우 세금계산서를 수취할 수 없고, 매입세액을 부담하지 않으므로 매출세액에서 공제할 매입세액은 없는 것이나 폐자원의 재활용을 통한 자원절약과 환경오염을 방지하기 위한 국가정책목적에 의하여 조세특례제한법에서 폐자원 또는 중고자동차 매입금액의 일정률을 곱한 금액을 매입세액으로 하여 매출세액에서 공제하여 주는 제도이다.

□ 조세특례제한법 제108조

❷ 공제대상 사업자

① 폐기물재활용신고를 한 자
② 중고자동차매매업등록을 한 자
③ 중고자동차를 수출하는 자
④ 기타 재생자료수집 및 판매를 주된 사업으로 하는 자

❸ 공제대상 거래

재활용폐자원 및 중고품을 수집하여 판매하는 사업자가 국가, 지방자치단체, 부가가치세 과세사업을 영위하지 아니하는 면세사업자, 사업자가 아닌 개인, 간이과세자 등 세금계산서를 발행할 수 없는 자로부터 재활용폐자원 및 중고품을 취득하여 제조 또는 가공하거나 이를 공급하는 경우

❹ 매입세액공제를 받을 수 있는 재활용폐자원등의 범위

① 재활용폐자원 ~ 고철, 폐지, 폐유리, 폐합성수지, 폐합성고무, 폐금속캔, 폐건전지, 폐비철금속류, 폐타이어, 폐섬유, 폐유 등
② 중고품 ~「자동차관리법」에 따른 자동차(중고자동차에 한한다)

▶ 제외되는 중고자동차

1. 수출되는 중고자동차로서「자동차등록령」제8조에 따른 자동차등록원부에 기재된 제작연월일부터 같은 영 제32조에 따른 수출이행여부신고서에 기재된 수출신고 수리일까지의 기간이 1년 미만인 자동차
2. 해당 자동차 구입과 관련하여「부가가치세법」제38조에 따라 매입세액공제를 받은 후 중고자동차를 수집하는 사업자에게 매각한 자동차 다만, 간이과세자가 매입세액을 공제받은 경우는 제외한다.

❺ 매입세액공제 특례

재활용폐자원에 대하여는 **2025년 12월 31일까지 취득가액에 103분의 3**을 곱하여 계산한 금액을, 중고자동차에 대하여는 취득가액에 **110분의 10**를 곱하여 계산한 금액을 매출세액에서 매입세액으로 공제할 수 있다.

[개정 세법] 중고차 의제매입세액공제 확대(조세특례제한법제108조)
2018년 1월 1일 이후 취득분부터 공제율 109의 9 ▸ 110분의 10

▶ 매입세액공제 한도

재활용폐자원을 수집하는 사업자가 재활용폐자원에 대한 부가가치세 매입세액 공제특례를 적용받는 때에는 부가가치세 확정신고시 해당 과세기간에 해당사업자가 공급한 재활용폐자원과 관련한 부가가치세 과세표준에 **100분의 80**을 곱하여 계산한 금액에서 세금계산서를 발급받고 매입한 재활용폐자원 매입가액(해당 사업자의 사업용 고정자산 매입가액을 제외한다)을 차감한 금액을 한도로 하여 계산한 매입세액을 매출세액에서 공제할 수 있다.

29 대손세액공제 및 대손세액공제 사례

❶ 개요

대손세액공제란 매출 등과 관련하여 발생한 부가세예수금을 매출채권에 포함하여 처리한 금액 중 기 납부한 부가세예수금을 거래처의 부도·폐업 등의 사유로 사실상 회수할 수 없는 경우 세법에서 정하는 기한 이내에 납부할 세액에서 차감하는 세액을 말하며, 대손세액공제 사유는 다음과 같다.

❷ 대손세액공제 사유 [법령 제19조의2]

대손세액공제는 공급받는 자가 다음에 게재하는 어느 하나의 사유에 해당되어 공급자가 외상매출금 및 매출채권을 회수할 수 없는 경우에 적용받을 수 있다.

1. 「상법」에 의한 소멸시효(5년 → 민법 단기소멸시효 3년)가 완성된 외상매출금 및 미수금
2. 「어음법」에 의한 소멸시효(3년)가 완성된 어음
3. 「수표법」에 의한 소멸시효(6개월)가 완성된 수표
4. 「민법」에 의한 소멸시효(10년)가 완성된 대여금 및 선급금
5. 「채무자 회생 및 파산에 관한 법률」에 따른 회생계획인가의 결정 또는 법원의 면책결정에 따라 회수불능으로 확정된 채권
6. 「민사집행법」에 의하여 채무자의 재산에 대한 경매가 취소된 압류채권
7. 물품의 수출 또는 외국에서의 용역제공으로 인하여 발생한 채권으로서 외국환거래에 관한 법령에 의하여 한국은행총재 또는 외국환은행의 장으로부터 채권회수의무를 면제받은 것
8. 채무자의 파산, 강제집행, 형의 집행, 사업의 폐지, 사망, 실종, 행방불명으로 인하여 회수할 수 없는 채권
9. 부도발생일부터 6월 이상 경과한 수표 또는 어음상의 채권 및 외상매출금(중소기업의 외상매출금으로서 부도발생일 이전의 것에 한한다). 다만, 당해 법인이 채무자의 재산에 대하여 저당권을 설정하고 있는 경우를 제외한다.

10. 회수기일을 6월 이상 경과한 채권중 회수비용이 당해 채권가액을 초과하여 회수실익이 없다고 인정되는 20만원 이하(채무자별 채권가액의 합계액을 기준으로 한다)의 채권
11 중소기업의 외상매출금 및 미수금으로서 회수기일이 2년 이상 지난 외상매출금등. 다만, 특수관계인과의 거래로 인하여 발생한 외상매출금등은 제외한다.

□ 부가가치세법 시행령 제87조(대손세액 공제의 범위) -요약-
① 법 제45조제1항 본문에서 "파산·강제집행이나 그 밖에 대통령령으로 정하는 사유"란 다음 각 호의 어느 하나에 해당하는 경우를 말한다. <개정 2019. 2. 12.>
1. 「소득세법 시행령」 제55조제2항 및 「법인세법 시행령」 제19조의2제1항에 따라 대손금(貸損金)으로 인정되는 경우
2. 법원의 회생계획인가 결정에 따라 채무를 출자전환하는 경우. 이 경우 대손되어 회수할 수 없는 금액은 출자전환하는 시점의 출자전환된 매출채권 장부가액과 출자전환으로 취득한 주식 또는 출자지분의 시가와의 차액으로 한다.

❸ 대손세액공제 사례

1 회수기일이 2년 이상 지난 중소기업 외상매출금 대손세액공제

중소기업의 외상매출금등에 대하여 대손금 계상 여부와 무관하게 그 회수기일이 '20.1.1. 이후 2년을 경과하는 경우 그 확정된 날이 속하는 과세기간에 부가가치세 대손세액을 공제받을 수 있다.

◆ 회수기일이 2년 이상 지난 외상매출금을 대손금으로 계상한 경우 대손세액공제 시기
[사전-2021-법령해석부가-0749 2021.05.31]
[요 지]
중소기업의 외상매출금등에 대하여 대손금 계상 여부와 무관하게 그 회수기일이 '20.1.1. 이후 2년을 경과하는 경우 그 확정된 날이 속하는 과세기간에 부가가치세 대손세액을 공제받을 수 있는 것임

◆ 중소기업의 매출채권의 대손 여부 (법인, 서면-2021-법인-0073, 2021.02.08)
중소기업인 내국법인의 외상매출금(특수관계인과의 거래로 인하여 발생한 것은 제외)으로서 회수기일이 2년 이상 지난 외상매출금은 채무자가 사업을 계속 영위하는지 여부에 상관 없이 「법인세법 시행령」 제19조의2 제3항에 따라 대손금으로 비용 계상한 날이 속하는 사업연도에 손금으로 산입할 수 있는 것임.

[제목] 부가가치세 대손세액공제 가능한 회수기일 2년 이상의 기준일 문의
<홈택스> 질문일 2024-01-12, 답변일 2024-01-15
회수기일이란 대금을 회수하기로 약정한 날을 의미하는 것으로, 회수기일을 언제로 볼 것 인지는 거래당사자간의 계약서(약정서, 합의서 등) 및 거래실질에 따라 사실판단할 사안인 것입니다. 다만, 상담관의 개인적인 견해로는 외상매출금 회수에 대한 별도의 약정이 없는 경우에는 세금계산서 발급일을 회수기일로 볼 수 있을 것으로 사료되나, 이는 상담관의 개인적인 견해임을 참고하시기 바랍니다.

2 폐업한 거래처의 매출채권에 대한 대손세액공제

채무자가 단순히 사업을 폐업하였다고 하여 대손상각 및 대손세액공제를 할 수는 없으며, 당해 채권의 회수를 위하여 강제집행 등의 법적 제반 절차를 취하여 채무자의 무재산임을 객관적으로 입증하여야 소멸시효가 완성되기 전에 거래처의 폐업을 사유로 대손상각 및 대손세액공제를 받을 수 있다.

3 부도어음 대손세액공제

사업자가 부가가치세가 과세되는 재화 또는 용역을 공급하고 그 대가로 어음을 받았으나 공급받는 자(어음발행인)가 부도발생한 경우 **어음을 수취한분 및 부도 이전 외상매출금(중소기업의 경우에만 해당함)**에 대하여 금융기관이 당해 어음에 대하여 부도확인을 한 날부터 6월이 경과한 날이 속하는 부가가치세 **확정신고기간**에 채무자의 폐업 여부 및 재산유무와 관계없이 매출세액에서 차감할 수 있다. 단, **부도발생일 이후의 외상매출금**은 상법상 소멸시효가 완성된 경우의 사유로 그 대손이 확정이 된 날이 속하는 과세기간의 매출세액에서 차감할 수 있다.

4 소멸시효 완성에 의한 매출채권의 대손세액공제

사업자가 부가가치세가 과세되는 재화 또는 용역을 공급한 후 그 공급일부터 5년이 지난 날이 속하는 과세기간에 대한 확정신고기한까지 소멸시효완성을 사유로 매출채권의 대손이 확정된 경우에는 대손이 확정된 날(소멸시효가 완성된 날)이 속하는 과세기간에 대한 확정신고시 대손세액공제를 받을 수 있는 것이며, 대손이 확정된 날이 속하는 과세기간에 대한 확정신고시 대손세액공제를 받지 못한 경우에는 경정청구에 의하여 대손세액공제 신청을 할 수 있다. 단, 재화 또는 용역을 공급한 후 그 **공급일부터 5년[2020년 이후 10년]이 지난 날이 속하는 과세기간에 대한 확정신고기한**까지 대손이 확정되지 않은 경우에는 대손세액공제를 받을 수 없다.

▶ **소멸시효가 완성된 채권의 대손세액공제 및 대손상각**

소멸시효가 완성된 채권의 경우 대손상각은 거래처의 무재산임을 입증하여야 대손상각을 할 수 있으나 대손세액공제는 거래처의 무재산임을 반드시 입증하여야 하는 것은 아니다.

5 기타 사례

■ **채무자의 회생계획인가 결정시 대손세액공제**
(부가 2012-253, 2012.06.28.)
재화 또는 용역을 공급하고 회수하지 못한 매출채권을 채무자의 회생계획인가 결정에 따라 채무자(회생법인)의 주식으로 변제받는 경우 해당 매출채권의 장부가액이 교부받은 회생법인 주식 시가를 초과하는 부분은 대손세액 공제대상에 해당하지 아니하는 것이며, 출자 전환한 매출채권 외에 회수불능으로 확정된 채권이 있는 경우로서 회수불능으로 확정된 날이 속하는 과세기간의 확정신고 시 대손세액공제 받지 못한 경우 해당 과세기간에 대한 경정청구를 통하여 공제할 수 있는 것임.

▶ **장기 미회수채권의 경우 접대비로 처리하여 장부에서 제거할 수 있음**

대손상각 및 대손세액공제 요건을 충족하지 못하는 장기 미회수채권을 장부에서 제거하고자 하는 경우 접대비로 처리할 수 있으며, 정규영수증 수취대상에는 해당하지 않는다.

30. 대손세액공제 신청 및 회계처리 사례

❶ 대손세액공제금액

사업자가 물품 등을 판매하고 세금계산서를 발행한 다음 매출대금으로 수취한 어음이 부도가 난 경우에도 세금계산서 발행일이 속하는 과세기간에 부가가치세를 납부하여야 한다.

한편, 부도가 발생한 경우 부도발생일로부터 6개월이 경과한 날(12. 31. 부도발생한 경우 다음해 7. 1.이 6개월이 경과한 날임)이 속하는 과세기간의 부가가치세 확정신고시 대손세액 [대손금액(부도어음금액) × 10/110]을 납부할 세액에서 차감할 수 있다.

❷ 대손세액공제신청

대손세액을 공제받을 수 있는 시점의 부가세 확정신고시 대손세액공제신고서에 그 사실을 증명할 수 있는 서류를 첨부하여 매입세액을 공제받을 수 있다.

- 첨부서류 : 매출세금계산서 사본, 부도어음 사본, 법원 확정판결문 사본 등

❸ 대손세액공제 경정청구

사업자가 부가가치세가 과세되는 재화 또는 용역을 공급한 후 그 공급일부터 5년이 지난 날이 속하는 과세기간에 대한 확정신고 기한까지 소멸시효완성을 사유로 매출채권의 대손이 확정된 경우에는 대손이 확정된 날(소멸시효가완성된 날)이 속하는 과세기간에 대한 확정신고시 대손세액공제를 받을 수 있는 것이며, 대손이 확정된 날이 속하는 과세기간에 대한 확정신고시 대손세액공제를 받지 못한 경우에는 **5년**이내에 경정청구를 하여 대손세액공제금액을 환급받을 수 있다.

보 충 대손세액공제 신청시 첨부서류

1. 어음의 부도발생일부터 6월 이상 경과사유에 해당하는 경우 매출세금계산서 (사본) 등 증빙서류와 부도어음 사본
2. 소멸시효의 경우 매출세금계산서(사본)와 관련장부 등 증빙서류, 소멸시효가 완성된 사실을 증명하는 서류
3. 파산의 경우는 매출세금계산서(사본)와 채권배분계산녕세서
4. 강제집행의 경우는 매출세금계산서(사본)와 채권배분계산서
5. 사망·실종선고의 경우 매출세금계산서(사본)와 가정법원판결문 사본, 채권배분계산서
6. 회사정리계획인가 결정의 경우 매출세금계산서(사본)와 법원이 인가한 회사정리인가안

❹ 대손세액공제 회계처리 사례

① 《대손충당금 설정》 기말 매출채권 500,000,000원에 대하여 1%를 대손충당금으로 설정히다.

| 대손충당금전입액 | 5,000,000 | / | 대손충당금 | 5,000,000 |

② 《받을어음 부도발생》 받을어음 110,000,000원이 만기일에 부도발생하다.

| 부도어음 | 110,000,000 | / | 받을어음 | 110,000,000 |

③ 《대손세액공제신청》 부도발생일이 속하는 날로부터 6개월이 경과한 부가가치세 확정신고시 대손세액공제를 신청하다.

| 부가세예수금 | 10,000,000 | / | 부도어음 | 10,000,000 |

④ 《대손상각》 결산시점에 부도어음을 대손상각처리하다.

| 대손충당금 | 5,000,000 | / | 부도어음 | 99,999,000 |
| 대손상각비 | 94,999,000 | | | |

• 수표, 어음 한 매당 1,000원을 차감한 금액을 대손금으로 한다. 부도어음에서 차감한 1,000원은 추후 대손요건을 충족하는 사업연도(부도발생일보부터 3년이 지난 사업연도)에 손금산입한다.

31 매입세액 불공제

❶ 개요

매입세액불공제란 매입세액 중 매출세액에서 공제하지 아니하는 것을 말하며, 조세정책목적에 의하여 그 매입세액을 공제하지 아니하는 것으로 다음의 매입세액을 말한다.

① 비영업용승용자동차의 구입 및 유지비용
② 접대비 관련 매입세액
③ 과세 및 면세 겸업사업자의 면세사업과 관련한 매입세액
④ 면세사업자가 과세되는 재화 또는 용역을 공급받고 부담한 매입세액
⑤ 토지의 취득과 관련한 매입세액
⑥ 사업자등록전의 매입세액
⑦ 부가가치세법의 의무불이행에 대한 매입세액
⑧ 폐업자로부터 폐업일 이후 발급받은 세금계산서 등의 매입세액
⑨ 간이과세자의 경우 세금계산서를 발급할 수 없음에도 간이과세자가 잘못 발행한 세금계산서의 매입세액
⑩ 간이과세자로부터 수취한 신용카드매출전표 및 현금영수증의 매입세액
⑪ 업무와 무관한 매입세액

❷ 매입세액을 공제받을 수 없는 것

① 비영업용소형승용차의 구입 및 유지와 관련한 매입세액

영업용소형승용차라 함은 운수사업자(택시운수업, 렌트카업체 등)가 소형승용차를 이용하여 직접 사업에 사용하는 경우를 말한다. 따라서 운수사업자 등이 아닌 사업자가 사업을 위하여 구입하는 소형승용차는 비영업용소형승용차에 해당하며, 그 취득

및 유지(유류대, 수리비 등)와 관련한 매입세액은 공제받을 수 없다. 또한 **비영업용 소형승용차의 임차(렌트비용) 및 주차관련 비용도 그 매입세액을 공제받을 수 없다.**

[1] 매입세액을 공제받을 수 없는 승용자동차
① 정원 8인승 이하 승용자동차
② 지프형자동차
③ 캠핑용 자동차(캠핑용 트레일러를 포함한다)
④ 2륜자동차. 단, 내연기관을 원동기로 하는 것은 그 총배기량이 125씨씨를 초과하는 것 및 내연기관외의 것은 정격출력이 1킬로와트를 초과하는 것

[2] 매입세액을 공제받을 수 있는 승용자동차
① 밴차량(운전석 앞자리에만 사람의 탑승이 가능하고, 뒷부분은 화물을 적재할 수 있는 구조의 차량)
② 배기량이 1,000cc 이하의 것으로서 길이가 3.6미터 이하이고 폭이 1.6미터 이하인 것(모닝, 마티즈, 아토스 등)
③ 2륜자동차 중 내연기관을 원동기로 하는 것은 그 총배기량이 125cc 이하인 것 및 내연기관외의 것은 그 정격출력이 1킬로와트 이하인 것
④ 9인승 이상 자동차 및 승합차

2 업무추진비(접대비) 및 이와 유사한 비용과 관련한 매입세액

접대비 및 이와 유사한 비용의 지출로서 교제비,기밀비,사례금 기타 명목여하에 불구하고, 접대비와 유사한 성질의 비용과 관련된 매입세액은 공제할 수 없다.
예를 들어 거래처 접대와 관련한 식대, 주대 등을 신용카드로 결제한 경우 그 매입세액은 공제받을 수 없다.

- ■ 골프회원권 매입세액 및 매각시 부가가치세 과세 여부

골프회원권이 과세사업과 관련이 있는 경우 그 매입세액은 매출세액에서 공제할 수 있는 것이나 당해 골프회원권의 과세사업과의 관련 여부는 구입목적과 실제 이용 상태에 따라 판단할 사항이며, 골프회원권을 양도하는 경우에는 부가가치세가 과세된다.
한편, 업무와 관련하여 매입한 경우에도 접대를 목적으로 매입한 골프회원권은 그 매입세

액을 공제받을 수 없는 것이며, 사업자가 자기의 과세사업과 관련하여 취득한 재화에 대하여 매입세액을 공제받지 못한 경우에도 당해 재화의 매각시에 부가가치세가 과세됨에 유의하여야 한다.

③ 면세사업 및 토지 관련 매입세액

[1] 면세사업과 관련한 매입세액
부가가치세가 면제되는 재화 또는 용역을 공급하는 사업과 관련된 매입세액은 공제를 받을 수 없다. 따라서 과세 및 면세 겸업 사업자의 경우 면세 사업과 관련한 매입세액은 공제받을 수 없다.

[2] 토지의 취득과 관련한 매입세액
토지는 부가가치세가 면세된다. 따라서 토지의 취득과 관련한 다음의 매입세액은 공제받을 수 없으며, 공제받지 못한 매입세액은 토지의 취득원가로 한다.

① 토지의 취득 및 형질변경, 공장부지 및 택지의 조성 등에 관련된 매입세액
② 건축물이 있는 토지를 취득하여 그 건축물을 철거하고 토지만을 사용하는 경우에는 철거한 건축물의 취득 및 철거비용에 관련된 매입세액
③ 토지의 가치를 증가시켜 토지의 취득원가를 구성하는 비용에 관련된 매입세액

◆ 토지의 조성, 정지 등과 관련한 매입세액을 공제받을 수 없음
(부가-437, 2013.05.16.)
공장부지 조성과 관련하여 공장용 토지의 가치를 현실적으로 증가시키는 부지정지공사·옹벽공사·석축공사·포장공사·조경공사 등의 건설공사에 대한 부가가치세 매입세액은 토지에 대한 자본적 지출에 관련된 매입세액으로서 매출세액에서 공제하지 아니하는 것임.

□ 부가가치세 집행기준 39-80-1 [토지 관련 매입세액의 범위]
① 자기의 매출세액에서 공제되지 아니하는 토지 관련 매입세액을 예시하면 다음과 같다.
1. 건축물이 있는 토지를 취득하여 그 건축물을 철거하고 토지만을 사용하는 경우에는 철거한 건축물의 취득 및 철거비용에 관련된 매입세액

2. 토지의 취득을 위한 직접적인 비용으로 발생한 매출주선 수수료 등 토지의 취득에 소요된 것이 명백한 대출금 관련 매입세액
3. 사업자가 금융자문용역을 공급받고 발급받은 세금계산서상의 매입세액 중 토지의 취득과 관련된 매입세액
4. 공장건물 신축을 위하여 임야에 대지조성공사를 하는 경우 해당 공사비용 관련 매입세액
5. 토지의 조성과 건물·구축물 등의 건설공사에 공통으로 관련되어 그 실지귀속을 구분할 수 없는 매입세액 중 총공사비(공통비용 제외)에 대한 토지의 조성 관련 공사비용의 비율에 따라 계산한 매입세액
6. 토지의 취득을 위하여 지급한 중개수수료, 감정평가비, 컨설팅비, 명의이전비용에 관련된 매입세액
7. 과세사업을 하기 위한 사업계획 승인 또는 인·허가 조건으로 사업장 인근에 진입도로를 건설하여 지방자치단체에 무상으로 귀속시킨 경우 진입도로 건설비용 관련 매입세액

② 토지 관련 매입세액으로 보지 않는 매입세액은 다음과 같다.
1. 공장 또는 건물을 신축하면서 건축물 주변에 조경공사를 하여 정원을 만든 경우 해당 공사 관련 매입세액
2. 과세사업에 사용하기 위한 지하건물을 신축하기 위하여 지하실 터파기에 사용된 중기 사용료, 버팀목 및 버팀 철근 등에 관련된 매입세액
3. 토지와 구분되는 감가상각자산인 구축물(옹벽, 석축, 하수도, 맨홀 등) 공사 관련 매입세액
4. 공장 구내의 토지 위에 콘크리트 포장공사를 하는 경우 해당 공사 관련 매입세액
5. 과세사업에 사용하여 오던 자기 소유의 노후 건물을 철거하고 신축하는 경우 해당 철거비용과 관련된 매입세액

4 사업자등록을 하기 전의 매입세액

사업자등록을 신청하기 전의 매입세액은 공제받을 수 없다. 다만, **공급시기가 속하는 과세기간이 끝난 후 20일 이내에 사업자등록을 신청한 경우 그 공급시기 내 매입세액은 공제받을 수 있으며,** 이 경우 사업자등록을 신청한 사업자가 당해 사업자 또는 대표자의 주민등록번호를 기재하여 발급받은 세금계산서 및 신용카드매출전표의 매입세액 등에 의하여 공제받을 수 있다.

5 의무불이행으로 인하여 매입세액이 공제되지 아니하는 것

① 세금계산서 미수취, 필요적 기재사항 부실기재 또는 허위기재한 세금계산서
② 사업과 직접 관련이 없는 지출에 대한 매입세액

[개정 세법] 공급시기가 지난 후 발급된 세금계산서의 매입세액공제 인정범위 확대(부가령 § 75)

종 전	개 정
□ 공급시기가 지난 후 발급된 세금계산서에 대한 매입세액 공제 인정 요건	□ 세금계산서 발급기한 확대
○ 확정신고기한 다음날부터 6개월 이내에 세금계산서를 발급받고	○ 6개월 이내 → 1년 이내
❶ 납세자가 경정청구, 수정신고 하거나, ❷ 관할 세무서장이 거래사실 확인 후 결정·경정하는 경우	(좌 동)

〈적용시기〉 2022.2.15. 이후 재화 또는 용역을 공급하는 분부터 적용

6 기부물품의 매입세액

기부를 목적으로 구입한 재화 등의 매입세액은 매출세액에서 공제를 받을 수 없다. 다만, **자기의 사업과 관련하여 생산하거나 취득한 재화**를 국가·지방자치단체, 공익단체(상속세 및 증여세법 시행령 제12조 각 호 규정하는 사업을 하는 단체) 등에 무상으로 공급하는 경우에는 당초 공제받은 매입세액은 불공제하지 아니한다.

32 　공통매입세액 중 면세사업분 불공제

❶ 공통매입세액 및 공통매입세액 안분계산

과세사업과 관련한 세금계산서 등의 매입세액은 매출세액에서 공제를 받을 수 있으나 면세사업에 사용한 경우 매입세액을 공제를 받을 수 없다. 따라서 면세사업에 관련한 매입세액은 불공제하여야 하나 매입세액 중 과세사업과 면세사업에 사용한 것이 불분명한 경우 과세사업과 면세사업에 공통으로 매입한 세액을 세법에서 정한 일정한 기준에 의하여 면세사업에 사용한 것으로 보는 매입세액은 불공제처리 하여야 하며, 이를 공통매입세액 안분계산이라 한다.

□ 부가가치세법 시행령 제81조(공통매입세액 안분 계산)

❷ 공통매입세액 안분계산방법

[1] 원칙적인 안분계산
① 과세 또는 면세사업에 사용한 실지 귀속이 분명한 경우 실지 귀속에 의한다.

② 과세사업과 면세사업에 공통으로 사용되어 실지 귀속을 구분할 수 없는 매입세액(공통매입세액)은 다음 산식에 의하여 계산하여 불공제처리 한다.

$$\text{면세사업에 관련된 매입세액} = \text{공통매입세액} \times \frac{\text{면세공급가액}}{\text{총공급가액}}$$

1. 총공급가액이라 함은 공통매입세액에 관련된 당해과세기간의 과세사업에 대한 공급가액과 면세사업에 대한 수입금액의 합계액을 말하며, 면세공급가액이라 함은 공통매입세액에 관련된 당해과세기간의 면세사업에 대한 수입금액을 말한다.
2. 고정자산의 매각에 따른 공급가액은 총공급가액 및 면세공급가액에 포함되지 아니하는 것임(서삼46015-11127, 2002.07.05)
3. 공통매입세액에는 카드매입분을 포함한다.

③ 예정신고를 하는 때에는 예정신고기간에 있어서 총공급가액에 대한 면세공급가액의 비율에 의하여 안분계산하고, 확정신고를 하는 때에 정산한다.

[2] 예외적인 안분계산방법
① 안분계산방법을 적용함에 있어서 당해 과세기간 중 과세사업과 면세사업의 공급가액이 없거나 그 어느 한 사업의 공급가액이 없는 경우에 당해 과세기간의 안분계산은 다음 각호의 순에 의한다. 다만, 건물을 신축 또는 취득하여 과세사업과 면세사업에 제공할 예정면적을 구분할 수 있는 경우에는 제3호를 제1호 및 제2호에 우선하여 적용한다.
1. 총매입가액(공통매입가액 제외)에 대한 면세사업에 관련된 매입가액의 비율
2. **총예정공급가액에 대한 면세사업에 관련된 예정공급가액의 비율**
3. 총예정사용면적에 대한 면세사업에 관련된 예정사용면적의 비율

② 과세사업과 면세사업에 공통으로 사용되는 재화를 공급받은 과세기간 중에 당해 재화를 공급하는 경우에는 다음과 같이 재화를 공급한 날이 속하는 직전 과세기간의 공급가액을 기준으로 한다.

$$\text{면세사업에 관련된 매입세액} = \text{공통매입세액} \times \frac{\text{직전 과세기간의 면세공급가액}}{\text{직전 과세기간의 총공급가액}}$$

◆ 여러 개의 사업장이 있는 경우 공통매입세액 안분계산
(상담3팀-3250, 2006.12.26.) 사업지 단위(예: 건설업에 있어서 건설현장 단위)로 하되, 각 사업장에 공통으로 사용되는 (예: 본사 임대료 등) 매입세액의 안분계산은 전체 사업장의 공급가액의 합계액으로 안분계산 하는 것임.

❸ 공통매입세액 정산

[1] 공급가액에 의하여 안분한 경우
공통매입세액의 안분계산은 각 과세기간 단위로 계산하므로 예정신고를 하는 때에는 예정신고기간에 있어서 총공급가액에 대한 면세공급가액의 비율에 의하여 안분계산하고, 확정신고를 하는 때에 정산한다. [부가가치세법 시행령 제82조]

| 사 례 | 공급가액에 의한 공통매입세액 안분계산 및 매입세액불공제분 원재료 대체 |

❶ 20×5년 10월 25일 예정신고 매입세액(전액 공통매입세액) : 10,000,000원

매출세액	매입세액	총공급가액	과세공급가액	면세공급가액
20,000,000원	10,000,000	500,000,000	200,000,000	300,000,000

■ 예정신고시 공통매입 면세사업분 계산내역
- 불공제매입세액(6,000,000)

　매입세액(10,000,000) × 면세공급가액(300,000,000) ÷ 총공급가액(500,000,000)
- 공제가능매입세액(4,000,000) = 매입세액(10,0000,000) - 불공제매입세액(6,000,000)
- 납부세액(16,000,000) = 매출세액(20,000,000) - 공제가능매입세액(4,000,000)

[예 제] 예정과세기간 원재료 매입 분개

| 원재료 | 100,000,000 | / | 외상매입금 | 110,000,000 |
| 부가세대급금 | 10,000,000 | | | |

[예 제] 예정과세기간 종료일(3월 31일) 분개

| 원재료 | 6,000,000 | / | 부가세대급금 | 10,000,000 |
| 부가세예수금 | 20,000,000 | | 미지급금 | 16,000,000 |

❷ 20×6년 1월 25일 확정신고

구 분	매출세액	매입세액	총공급가액	과세공급가액	면세공급가액
예 정	20,000,000	10,000,000	500,000,000	200,000,000	300,000,000
확 정	10,000,000	30,000,000	1,000,000,000	100,000,000	900,000,000
합 계	30,000,000	40,000,000	1,500,000,000	300,000,000	1,200,000,000

■ 확정신고시 공제매입세액 및 납부세액 계상 (1기 전체 금액으로 재계상)
- 불공제매입세액(32,000,000) : 예정 6,000,000원 + 확정 26,000,000원
- 총매입세액(40,000,000) × 면세공급가액(1,200,000,000) ÷ 총공급가액(1,500,000,000)
- 공제가능매입세액(8,000,000) = 총매입세액(40,000,000) - 불공제매입세액(32,000,000)
- 예정 : 4,000,000원 + 확정 4,000,000원
- 확정시 납부할 세액(6,000,000) = 확정 매출세액(10,000,000) - [공제가능 총매입세액(8,000,000) - 1기 예정 기공제세액(4,000,000)]

[예 제] 확정과세기간 종료일(6월 30일) 분개

| 원재료 | 26,000,000 | / | 부가세대급금 | 30,000,000 |
| 부가세예수금 | 10,000,000 | | 미지급금 | 6,000,000 |

◘ 공제받지 못할 매입세액명세서

3. 공통매입세액 안분계산 내역					
일련 번호	과세·면세사업 공통매입		⑫ 총공급가액 등	⑬ 면세공급가액 등	⑭불공제 매입세액 [⑪× (⑬÷ ⑫)]
	⑩공급가액	⑪ 세 액			
1	400,000,000	40,000,000	1,500,000,000	1,200,000,000	32,000,000
2					
합계	400,000,000	40,000,000	1,500,000,000	1,200,000,000	32,000,000
4. 공통매입세액의 정산 내역					
일련 번호	⑮총공통 매입세액	⑯면세사업 확정비율	⑰불공제 매입 세액 총액(⑮×⑯)	⑱기 불공제 매입세액	⑲가산 또는 공제되는 매입세액(⑰-⑱)
1	40,000,000	80%	32,000,000	6,000,000	26,000,000
2					
3					
합계	40,000,000	80%	32,000,000	6,000,000	26,000,000

[2] 공급가액의 전부 또는 일부가 없는 경우

사업자가 당해 과세기간 공급가액의 전부 또는 일부가 없는 매입세액을 안분계산한 경우에는 당해 재화의 취득으로 과세사업과 면세사업의 공급가액(또는 과세사업과 면세사업의 사용면적)이 확정되는 과세기간에 대한 납부세액을 확정신고하는 때에 다음의 산식에 의하여 정산한다.

① 면세사업에 관련한 매입세액의 비율을 적용한 다음 예정공급가액의 비율을 적용하여 안분 계산한 경우

$$\text{가산 또는 공제되는 세액} = \text{총공통매입세액} \times \left(1 - \frac{\text{과세사업과 면세사업의 공급가액이 확정되는 과세기간의 면세공급가액}}{\text{과세사업과 면세사업의 공급가액이 확정되는 과세기간의 총공급가액}}\right) - \text{기공제세액}$$

② 예정사용면적에 의하여 매입세액을 안분계산한 경우

$$\text{가산 또는 공제되는 세액} = \text{총공통매입세액} \times \left(1 - \frac{\text{과세사업과 면세사업의 공급가액이 확정되는 과세기간의 면세사용면적}}{\text{과세사업과 면세사업의 공급가액이 확정되는 과세기간의 총사용면적}}\right) - \text{기공제세액}$$

❹ 공통매입세액 안분계산 생략

다음의 하나에 해당하는 경우에는 안분계산을 생략하고 당해 재화의 매입세액은 전부 공제되는 매입세액으로 한다.

① 해당 과세기간의 총공급가액중 면세공급가액이 **100분의 5미만인** 경우의 공통매입세액. 다만, 공통매입세액이 5백만원 이상인 경우는 제외한다.
② 해당 과세기간중의 공통매입세액이 5만원 미만인 경우의 매입세액
③ 재화를 공급하는 날이 속하는 과세기간에 신규로 사업을 개시하여 직전과세기간이 없는 경우

☐ 부가가치세법 시행령 제81조, 제83조

❺ 공통매입세액의 납부세액 또는 환급세액 재계산

① 과세 및 면세 겸업사업자가 공통매입세액에 대하여 안분계산하여 불공제처리를 하였으나 감가상각자산의 경우 그 사용기간이 당해 과세기간 이후에도 과세 및 면세사업에 계속 사용될 것이므로 건물 및 구축물에 대하여는 향후 10년간 기타의 감가상각자산은 향후 2년간 총공급가액에 대한 면세공급가액의 비율 또는 총사용면적에 대한 면세사용면적의 비율 증감에 대하여 납부세액 또는 환급세액을 재계산하여야 한다. 다만, 해당 감가상각자산의 취득일이 속하는 과세기간(**그 후의 과세기간에 재계산한 때에는 그 재계산한 기간**)에 적용하였던 비율간의 차이가 100분의 5 이상인 경우에 한하여 적용한다.

② 제1항의 규정에 의한 납부세액 또는 환급세액의 재계산에 의하여 납부세액에 가산 또는 공제하거나 환급세액에 가산 또는 공제하는 세액은 다음 각호의 산식에 의하여 계산한 금액으로 한다.

③ 제2항의 규정에 의한 경과된 과세기간의 수를 계산함에 있어서 과세기간의 개시일후에 감가상각자산을 취득하거나 당해 재화가 제1항의 규정에 해당하게 된 경우에는 그 과세기간의 개시일에 당해 재화를 취득하거나 당해 재화가 제1항의 규정에 해당하게 된 것으로 본다.

(1) 건물 또는 건축물

가산 또는 공제되는 세액 = 당해 재화의 매입세액 × (1 − 5/100 × 경과된 과세기간의 수) × 증가되거나 감소된 면세공급가액의 비율 또는 증가되거나 감소된 면세사용면적의 비율

(2) 기타의 감가상각자산

가산 또는 공제되는 세액 = 당해 재화의 매입세액 × (1 − 25/100 × 경과된 과세기간의 수) × 증가되거나 감소된 면세공급가액의 비율 또는 증가되거나 감소된 면세사용면적의 비율

| 사 례 | 납부세액재계산 및 공제받지못할매입세액명세서 작성 |

[예 제] 20×5년 2기 납부세액재계산
• 과세사업과 면세사업에 공통으로 사용되는 자산의 구입내역

계정과목	취득일자	공급가액	매입세액	비 고
토 지	20×4.11.25.	100,000,000원	-	
건 물	20×4.12.05.	150,000,000원	15,000,000원	
기계장치	20×5.01.12.	50,000,000원	5,000,000원	

• 20×4년 및 20×5년의 공급가액 내역

구 분	20×4년 제2기	20×5년 제1기	20×5년 제2기	비 고
과세사업	200,000,000원	-	400,000,000원	
면세사업	300,000,000원	350,000,000원	600,000,000원	

[풀이] 건물(체감률 : 5% × 2) 15,000,000 × 0.90 × (−0.4) = −5,400,000원
기계장치(체감률 : 25% × 1) 5,000,000 × 0.75 × (−0.4) = −1,500,000원
전기 과세기간 대비 증감율 : −0.4 (당기 과세분 40% − 전기 과세분 0)

▣ 공제받지 못할 매입세액명세서

5. 납부세액 또는 환급세액 재계산 내역				
일련번호	⑳해당 재화의 매입세액	㉑경감률[1−(5/100 또는 25/100×경과된 과세기간의 수)]	㉒증가 또는 감소된 면세공급가액 (사용면적) 비율	㉓가산 또는 공제되는 매입세액 (⑳ × ㉑ × ㉒)
1	15,000,000	90	−40	−5,400,000
2	5,000,000	75	−40	−1,500,000
합계				−6,900,000

33 부가가치세 신고 및 납부기한

❶ 예정신고·납부 및 확정신고·납부 대상자

아래에 해당하는 사업자는 예정신고기한 및 확정신고기한 종료일로부터 25일이내에 관할세무서에 부가가치세를 신고 및 납부하여야 한다.
① 법인사업자 중 과세사업자
② 개인사업자 중 과세사업자로서 아래에 정하는 사업자
1. 휴업 또는 사업부진 등으로 인하여 각 예정신고기간의 공급가액 또는 납부세액이 직전과세기간의 공급가액 또는 납부세액의 3분의 1에 미달하는 자
2. 각 예정신고기간분에 대하여 조기환급을 받고자 하는 자

■ 부가가치세 신고 및 납부기한

구 분	제 1 기		제 2 기	
	신고할 사항	신고기간	신고할 사항	신고기간
예정신고	1. 1 ~ 3. 31 기간 사업실적	4. 1 ~ 4. 25	7. 1 ~ 9. 30 기간 사업실적	10. 1 ~ 10. 25
확정신고	4. 1 ~ 6. 30 기간 사업실적	7. 1 ~ 7. 25	10.1 ~ 12. 31 기간 사업실적	다음해 1. 1 ~ 1. 25

[개정 세법] 2021년 이후 고지대상에 영세 법인사업자 추가(부가법 §48)
예정고지 대상에 직전 과세기간 과세표준 1.5억원 미만 법인사업자 추가

❷ [개인] 예정고지세액 납부 및 확정신고·납부

[1] 계속 사업자
① 개인사업자로서 전기 사업실적에 대하여 납부한 부가가치세가 있는 경우 예정 신고기간에 대하여 관할세무서가 직전과세기간에 대한 납부세액의 2분의 1에 상당하는 금액을 결정, 고지함으로써 예정신고를 따로 하지 아니한다.

② 확정 신고시 6개월 동안의 사업실적에 대하여 부가가치세 신고서를 작성하여 관할 세무서에 신고하고, 6개월 동안의 사업실적에 대한 부가가치세에서 각종 공제금액 및 예정고지금액을 공제하고 납부기한내 납부서에 기재하여 납부한다.

■ 부가가치세 신고 및 납부기한

구 분	제 1 기		제 2 기	
예 정	납부할 금액	신고·납부기한	납부할 금액	신고·납부기한
	전년도 제2기 납부 세액의 1/2 고지	4. 1 ~ 4. 25	제1기 납부세액의 1/2 고지	10. 1 ~ 10. 25
확 정	신고할 사항	신고·납부기한	신고할 사항	신고·납부기한
	1. 1 ~ 6. 30 기간의 사업실적	7. 1 ~ 7. 25	7. 1 ~ 12. 31 기간의 사업실적	다음해 1. 1 ~ 1. 25

[개정 세법] 부가가치세 예정고지 제도 개선(부가법 §48③·§66①)
개인사업자와 직전 과세기간 공급가액의 합계액이 1억5천만원 미만인 법인사업자에 대하여는 직전 과세기간에 대한 납부세액의 50퍼센트로 정하여 해당 예정신고기간이 끝난 후 25일까지 징수한다. 다만, 다음 각 호의 어느 하나에 해당하는 경우에는 징수하지 아니한다.
1. 징수하여야 할 금액이 50만원 미만인 경우
2. 간이과세자에서 해당 과세기간 개시일 현재 일반과세자로 변경된 경우
<적용시기> '22.1.1 이후 결정하는 분부터 적용

[2] 신규사업자 및 폐업자의 과세기간
① 신규사업자(법인) : 사업개시일부터 예정 또는 확정 과세기간의 종료일
② 신규사업자(개인) : 사업개시일부터 확정 과세기간의 종료일
③ 폐업자 : 폐업일이 속하는 해당 과세기간의 개시일부터 폐업일

[3] 사업장이 2개 이상인 경우 부가가치세 신고 및 납부
① 부가가치세는 각 사업장별로 신고 및 납부를 하여야 한다.
② 사업장이 둘 이상인 사업자가 주된 사업장의 관할 세무서장에게 주사업장 총괄 납부를 신청한 경우에는 납부할 세액을 주된 사업장에서 총괄하여 **납부**할 수 있다.
③ 사업자 단위로 등록한 사업자(사업자단위과세사업자)는 그 사업자의 본점 또는 주사무소(主事務所)에서 총괄하여 **신고 및 납부**할 수 있다.

34   부가가치세 신고 및 실무 유의사항

❶ [면세] 계산서합계표 제출

① 계산서란 부가가치세가 과세되지 아니하는 면세 재화 또는 면세 용역을 제공하는 면세사업자가 발행하는 거래 증빙으로 세금계산서 양식에서 세액란만 없는 계산서를 말한다. 사업자가 면세사업자로부터 면세 재화 또는 면세 용역을 제공받는 경우(영수증 발행사업자 제외) 증빙수취 특례규정을 적용받지 아니하는 한 반드시 계산서를 발급받거나 신용카드로 결제하여야 한다.
② 복식부기기장의무자가 매출 및 매입 계산서합계표를 부가세 신고기한까지 제출하지 못한 경우 **다음연도 2월 10일**까지 제출하여야 하며, 다음연도 2월 10일까지 제출하지 못한 경우 그 공급가액의 100분의 0.5 **[2018년 이후 1% → 0.5%]**에 상당하는 금액을 가산세로 부담하여야 한다. 단, 2월 10일 이후 1개월 이내 제출하는 경우 가산세는 공급가액의 0.3% **[2018년 이후 0.5% → 0.3%]**로 한다.

❷ 매입세금계산서 제출을 누락한 경우

매입세금계산서를 신고 누락한 경우 예정분은 확정신고시 예정신고누락분으로 제출하여 그 매입세액을 공제받을 수 있으며, 예정신고시 누락한 매입세금계산서를 확정신고시에도 공제하지 않은 경우 및 확정신고 누락분은 경정청구를 신청하여 환급을 받을 수 있으며, 매입세금계산서를 착오에 의하여 신고누락한 경우 가산세는 적용되지 아니한다.

❸ 거래처 폐업 및 간이과세자 여부 확인

① 거래처가 세무서에 폐업신고를 한 경우 폐업일 이후의 날짜를 작성일자로 하여 세금계산서를 발급받은 경우 매입세액이 불공제되므로 유의하여야 한다.
② 간이과세자로부터 발급받은 세금계산서의 매입세액은 공제받을 수 없으므로 신규거래처의 경우 사업자등록증 사본을 받아 사업자 유형을 확인하여야 한다.

❹ 부가가치율 검토 및 일반매입 및 고정자산 매입 구분

부가가치율은 부가가치세 분석 중 가장 중요한 분석사항으로 동종 사업자와 비교하여 부가가치율이 낮은 업체는 불성실신고사업자로 판단한다. 부가가치율이 낮다는 것은 동종 업종의 비슷한 매출과 비교하여 동종 업종 보다 매입자료가 많은 것으로 실물 거래 없는 가공매입세금계산서를 수취하였을 가능성이 높다고 판단하기 때문이다. 따라서 사업자는 통상 1년을 기준으로 부가율이 동종 업종 사업자의 평균 부가율보다 낮을 경우 그 원인을 분석하여 착오가 있는 것은 수정하고, 기타 사유가 있는 경우에는 세무조사를 받지 않도록 성실하게 신고하여야 할 것이다.

▶ **부가가치율 계산 (일반매입과 고정자산매입 구분)**
부가가치율은 다음과 같이 계산하며, 고정자산 매입분은 제외한다. 부가가치세 신고서에 **일반매입과 고정자산매입을 구분**하여 기재하도록 한 것은 일반매입의 부가가치율을 국세청이 분석하기 위한 것이다.

$$부가가치율 = \frac{매출 - 매입}{매출} \times 100$$

■ 고정자산 매입이 있는 경우 건물등감가상각자산취득명세서 제출
세금계산서 수취분에는 세금계산서 합계금액을 일반매입과 고정자산매입으로 구분하여 기재하고, 고정자산(건물, 차량운반구, 비품, 기계장치 등) 매입분은 '건물등감가상각자산취득명세서'를 제출하여야 한다.

❺ 부가가치세 신고서의 과세표준 명세 작성

① 과세표준 합계액을 업태, 종목별로 기재하되, 합계액은 과세표준 합계금액과 일치하여야 한다.
② 고정자산 매각금액의 경우에도 수입금액에 포함하여 기재를 한 후 법인세 신고시 조정후 수입금액명세서에서 조정한다.
1. 개인사업자 : 수입금액제외란에 기재한다. 단, 2018년 이후 복식부기기장의무자의 경우 수입금액에 포함하여야 한다.
2. 법인사업자 : 수입금액제외 대상이 아니므로 수입금액에 포함한다.

② 수입금액제외란은 직매장공급 등 수입금액에서 제외되는 금액을 기재한다.
③ 부가가치세 신고서의 과세표준 명세 기재 오류 등에 대한 가산세 적용은 없다.

❻ 사업자등록이 없는 개인에게 매출

① 영수증 발행사업자가 아닌 일반사업자(제조, 도매, 건설업 등)가 사업자등록증이 없는 개인에게 상품 등을 판매하는 경우 주민등록기재분으로 세금계산서를 발행하여야 한다. 주민등록기재분으로 세금계산서를 발행하는 경우 세금계산서 공급받는 자의 성명란에는 성명을, 비고란에는 주민등록번호를 기재하여야 하며, 작성연월일, 공급가액, 세액 등을 빠짐없이 기재한다.
② 매출처별세금계산서합계표(세금계산서 발급분과 주민등록기재분) 작성시 개인판매분에 대하여는 '주민등록번호발행분'으로 신고하여야 한다.

❼ 매입세액불공제 여부 확인

다음의 경우 매입세액을 공제받을 수 없으므로 공제대상이 아닌 매입세액을 공제받지 않도록 유의하여야 한다.

① 경승용차가 아닌 승용차의 취득 및 유지비용
② 승용차의 렌트비용
③ 다음 각호의 신용카드매출전표 매입세액
1. 거래처 접대비, 상품권 또는 입장권 결제금액, 종업원 선물구입비용
2. 여객운송사업자(항공사, 고속철도, 고속버스)에게 결제한 것
3. 간이과세자와의 거래 및 면세물품(쌀, 화환, 도서구입비) 구입비용

❽ 업종별 명세서 등 제출 의무

부가가치세 신고시 업종별로 추가로 제출하여야 하는 서류를 빠짐없이 제출하여야 하며, 제출을 누락하는 경우 가산세가 부과되거나 매입세액을 공제받을 수 없으므로 유의하여야 한다.

1 현금매출명세서 제출대상 사업자의 현금매출명세서 제출

[1] 현금명세서 제출대상 사업자
① 부동산업, 전문서비스업, 과학서비스업 및 기술서비스업, 보건업 그 밖의 개인서비스업 [부가가치세법 제55조]
② 예식장업, 부동산중개업, 보건업(병원과 의원으로 한정한다), 변호사업, 심판변론인업, 변리사업, 법무사업, 공인회계사업, 세무사업, 경영지도사업, 기술지도사업, 감정평가사업, 손해사정인업, 통관업, 기술사업, 건축사업, 도선사업, 측량사업, 공인노무사업, 의사업, 한의사업, 약사업, 한약사업, 수의사업과 그 밖에 이와 유사한 사업서비스업으로서 기획재정부령으로 정하는 것 [부령 제100조 및 제109조 제2항 제7호]
③ 부가가치세법 시행규칙 제71조에서 정하는 사업자
1. 과자점업
2. 도정업, 제분업 및 떡류 제조업 중 떡방앗간
3. 양복점업, 양장점업, 양화점업
4. 그 밖에 자기가 공급하는 재화의 50퍼센트 이상을 최종소비자에게 공급하는 사업으로서 국세청장이 정하는 것

[2] 현금매출명세서 미제출에 대한 가산세
현금매출명세서 제출대상 사업을 하는 사업자가 현금매출명세서를 제출하지 아니하거나 제출한 수입금액(현금매출명세서의 경우 현금매출)이 사실과 다르게 적혀 있으면 제출하지 아니한 부분의 수입금액 또는 제출한 수입금액과 실제 수입금액과의 차액에 1퍼센트를 곱한 금액을 납부세액에 더하거나 환급세액에서 뺀다.

■ **제출, 신고, 가입, 등록, 개설 제출의무 위반에 대한 가산세 감면**
세법에 따른 제출, 신고, 가입, 등록, 개설의 기한이 지난 후 1개월 이내에 해당 세법에 따른 제출등의 의무를 이행하는 경우(제출등의 의무위반에 대하여 세법에 따라 부과되는 가산세만 해당한다) 해당 가산세액의 100분의 50에 상당하는 금액을 감면한다. [국세기본법 제43조 제②항 제3호]

2 부동산임대업자의 부동산임대공급가액명세서 제출의무

[1] 부동산임대공급가액명세서 제출대상 사업자
부동산임대업자는 부동산임대공급가액명세서를 예정신고 또는 확정신고를 할 때 함께 제출하여야 한다.

[2] 부동산임대공급가액명세서 미제출에 대한 가산세
부동산임대업을 하는 사업자가 부동산임대공급가액명세서를 제출하지 아니하거나 제출한 수입금액이 사실과 다르게 적혀 있으면 제출하지 아니한 부분의 수입금액 또는 제출한 수입금액과 실제 수입금액과의 차액에 1퍼센트를 곱한 금액을 납부세액에 더하거나 환급세액에서 뺀다.

3 영세율 적용 사업자의 영세율 신고 및 첨부서류 제출 의무

[1] 영세율 첨부서류 제출대상 사업자
영세율이 적용되는 재화 또는 용역을 공급하는 사업자는 부가가치세 예정신고 및 확정신고를 할 때 예정신고서 및 확정신고서에 수출실적명세서 등 수출임을 증명하는 서류를 첨부하여 제출하여야 한다. [부가가치세법 제56조]

[2] 영세율 과소신고 및 첨부서류 미제출에 대한 가산세
① 사업자가 부가가치세 신고를 한 경우로서 영세율과세표준을 과소신고(신고하지 아니한 경우 포함)한 경우에는 과소신고분(신고하여야 할 금액에 미달한 금액) 영세율과세표준의 **1천분의 5**에 상당하는 금액을 합한 금액을 가산세로 한다.
② 사업자가 부가가치세 신고시 영세율 과세표준이 있는 경우에는 법령에 정한 영세율 첨부서류를 반드시 제출하여야 하며, 미제출시에는 영세율과세표준의 **1천분의 5**에 해당되는 가산세가 적용된다.
③ 법정신고기한 내에 영세율 과세표준을 기재하여 부가가치세 신고를 하였으나 영세율 첨부서류를 제출하지 않은 사업자가 영세율 첨부서류를 제출하여 수정신고하는 경우 국세기본법 제48조 제2항에 따라 가산세가 감면된다.

■ 업종별 부가가치세 신고시 제출하여야 하는 서식

신 고 서 식	도매	소매	음식	숙박	제조	건설	운수	임대
일반과세자 부가가치세 신고서	●	●	●	●	●	●	●	●
매출처별세금계산서합계표	●				●	●	●	●
매입처별세금계산서합계표	●	●	●	●	●	●	●	●
신용카드매출전표등수취금액 합계표	●	●	●	●	●	●	●	●
건물등 감가상각자산 취득명세서	○	○	○	○	○	○	○	○
공제받지 못할 매입세액 명세서	○	○	○	○	○	○	○	○
신용카드매출전표등 발행금액 집계표		●	●	●				
의제매입세액공제신고서			○		○	○		
부동산임대공급가액명세서								●
전자세금계산서 발급세액공제신고서	○				○	○	○	
매입처별계산서합계표	○	○	○	○	○	○	○	○
사업장현황명세서[확정신고시 제출] (음식숙박업, 미제출가산세 없음)			○	○				

신 고 서 식	제 출 대 상 사 업 자
부동산임대공급가액명세서	부동산을 임대하고 있는 사업자
대손세액공제(변제)신고서	부도등으로 매출세액을 공제받는 사업자
매출처별계산서합계표	면세물품을 공급한 사업자
현금매출명세서	변호사, 법무사, 세무사, 공인회계사 감정평가사 부동산중개업, 경영지도사, 기술사, 산후조리원 등
사업 양도양수 신고서	사업을 포괄양도하는 사업자
재활용폐자원 및 중고품 매입세액 공제신고서	중고자동차매매상사 및 재활용폐자원 및 중고품 수집사업자
면세유류 공급명세서	면세유를 공급하는 주유소
과세사업전환 감가상각자산신고서	면세사업 사용품을 과세사업에 사용하는 경우
사업자 단위 과세사업자	사업자단위적용신고자의 종된사업장명세서
일반(간이)과세전환시 재고품 및 감가상각자산 신고서	일반과세자에서 간이과세자로 전환한 자 간이과세자에서 일반과세자로 전환한 자
사업장별 부가가치세 과세표준 및 납부세액 (환급세액) 신고명세서	총괄납부 사업자

35 부가가치세 납부 또는 환급 회계처리

❶ 부가가치세 납부 회계처리

[예제] 제1기 확정 부가세예수금이 5,000,000원이고 부가세대급금이 3,000,000원으로 이를 상계하고 잔액 2,000,000원을 보통예금에서 인출하여 납부하다.

① 《부가세예수금 및 부가세대급금 상계》 과세기간 종료일(6. 30)에 부가세예수금을 부가세대급금과 상계처리하고 납부할 금액을 미지급금으로 계상하다.

부가세예수금	5,000,000 /	부가세대급금	3,000,000
		미지급금	2,000,000

② 《부가가치세 납부》 7. 25 부가세예수금 2,000,000원을 보통예금에서 인출하여 납부하다.

미지급금	2,000,000 /	보통예금	2,000,000

③ 《부가세예수금과 부가세대급금을 상계처리하지 아니하고 납부》 7. 25 부가세예수금 2,000,000원을 보통예금에서 인출하여 즉시 납부하다.

부가세예수금	5,000,000 /	부가세대급금	3,000,000
		보통예금	2,000,000

❷ 전자신고세액공제 회계처리

◎ 《전자신고세액공제》 납부할 세액(부가세예수금 잔액) 2,000,000원에서 전자납부세액공제 10,000원을 공제한 1,990,000원을 보통예금에서 인출하여 납부하다. (전자신고를 하는 경우 확정 신고에 한하여 1만원 공제함)

부가세예수금	2,000,000	/	잡이익	10,000
			보통예금	1,990,000

* 납부할 세액에서 감면받은 금액은 '잡이익'으로 처리한다.

❸ 공통매입세액 면세사업분 회계처리

[예제] 4/4분기 부가세신고시 부가세예수금 합계금액은 10,000,000원이고, 부가세대급금(전액 공통매입분임)은 6,000,000원이다.

① 《면세관련매입세액을 해당 계정으로 대체》 12. 31 공통매입세액 6,000,000원 중 면세관련분이 2,000,000원으로 면세관련 매입세액을 원재료로 대체처리하다.

원재료	2,000,000	/	부가세대급금	2,000,000

② 《부가세대급금 및 부가세예수금 상계》 12. 31 부가세예수금 10,000,000원 중 4,000,000원은 부가세대급금과 상계처리하고 잔액은 미지급금으로 계상하다.

부가세예수금	10,000,000	/	부가세대급금	4,000,000
			미지급금	6,000,000

③ 《부가가치세 납부》 다음해 1. 25 부가가치세 6,000,000원을 보통예금에서 인출하여 즉시 납부하다.

미지급금	6,000,000	/	보통예금	6,000,000

❹ [개인] 예정고지세액 납부, 확정신고 및 부가세 납부

① 《예정고지세액 납부》 2기 예정 부가가치세 고지세액 1,500,000원을 보통예금에서 인출하여 납부하다.

선납세금	1,500,000	/	보통예금	1,500,000

② 《부가세 확정신고 및 납부》 2기 부가가치세 신고시 납부할 세액 1,690,000원을 보통예금에서 인출하여 납부하다. (매출세액 5,000,000원, 매입세액 1,800,000원, 전자신고세액공제 10,000원, 예정고지세액 1,500,000원)

부가세예수금	5,000,000 /	부가세대급금	1,800,000
		선납세금	1,500,000
		잡이익	10,000
		보통예금	1,690,000

* 부가가치세 전자신고에 의한 세액공제는 부가가치세 확정신고시에만 공제받을 수 있다.

❺ 의제매입세액공제 회계처리

[예제] 식품가공업을 하는 (주)한서농산의 1기 확정 부가가치세 신고시 의제매입세액공제대상금액은 400,000원[농산물 매입가액(20,400,000) × 2/102]이다. 부가세예수금 9,000,000원에서 부가세대급금 5,000,000원 및 의제매입세액공제액 400,000원을 상계한 잔액 3,600,000원을 보통예금에서 인출하여 납부하다.

① 《의제매입세액공제액을 원재료에서 차감》 과세기간종료일(6.30)에 원재료에서 의제매입세액공제액 400,000원을 차감하다.

부가세대급금	400,000 /	원재료	400,000

② 《부가세예수금 및 부가세대급금 상계》 과세기간 종료일(6. 30)에 부가세예수금을 부가세대급금과 상계처리하고 납부할 금액을 미지급금으로 계상하다.

부가세예수금	9,000,000 /	부가세대급금	5,400,000
		미지급금	3,600,000

③ 《부가세 납부》 7. 25. 부가세 3,600,000원을 예금에서 인출하여 납부하다.

미지급금	3,600,000 /	보통예금	3,600,000

❻ 부가가치세 환급 관련 회계처리

[예제] 제2기 부가가치세 확정신고시 부가세예수금이 5,000,000원이고 부가세대급금이 25,000,000원으로 이를 상계하고 잔액 20,000,000원을 환급신청하다.

① 《부가세대급금 및 부가세예수금 상계처리》 2기 과세기간 종료일(12. 31)에 부가세대급금 25,000,000원 중 5,000,000원은 부가세예수금과 상계처리하고 잔액 20,000,000원은 세무서에 대한 미수금으로 대체하다.

| 부가세예수금 | 5,000,000 | / | 부가세대급금 | 25,000,000 |
| 미수금 | 20,000,000 | | | |

② 《부가세환급금 입금》 부가세환급금 20,000,000원이 보통예금에 입금되다.

| 보통예금 | 20,000,000 | / | 미수금 | 20,000,000 |

■ 세액공제액의 최저한세 적용 및 수입금액 산입 여부

구 분	공제대상	법령	공제금액 한도액	최저한세	수입금액	환급
전자신고세액공제 (부가세)	법인 개인	조특법 104조의8 ②	[확정] 10,000원 [합계] 20,000원	×	○	○
신용카드매출전표 등발행세액공제	개인	부법 제46조	100분의 1.3 [한도] 1천만원	×	○	×

36. 부동산 임대수익 부가가치세 신고 및 납부

❶ 개요

부동산임대용역을 제공하는 경우 월세는 그 대가를 받기로 한 금액이 과세표준이 되나 전세보증금의 경우 다음과 같은 방법으로 과세표준을 계산하여 부가가치세를 신고 및 납부하여야 한다.

❷ 간주임대료 및 간주임대료 계산

[1] 간주임대료

월세는 임대업자의 수입에 해당하는 것이 명확하나 보증금으로 받는 경우에도 일정한 기준을 정하여 임대사업자의 수입금액으로 계산하여야 월세를 받는 경우와 형평에 맞다. 따라서 과세당국은 보증금에 정기예금이자율을 곱한 금액을 임대사업자의 수익으로 계산하도록 규정하고 있으며, 이를 간주임대료라고 한다.

[2] 간주임대료 계산

간주임대료는 전세금이나 임대보증금에 정기예금이자율을 곱한 다음 해당 과세기간의 임대일수를 곱하여 계산한다.

당해 기간의 전세금 또는 임대보증금 × 과세대상기간의 임대일수 ÷ 365(윤년의 경우에는 366) × 계약기간 1년의 정기예금이자율(신고기간 종료일 현재)

○ 2024년 간주임대료 이자율 : 3.5% [소득세법 시행규칙 제23조]
○ 2025년 간주임대료 이자율 : 3.1%

부동산 임대용역중 간주임대료에 해당하는 부분에 대해서는 세금계산서를 발급하지 아니한다. 그리고 임대인이 간주임대료에 대한 부가가치세를 부담하는 경우임대인의 비용(세금과공과금)으로 인정을 받는다.

❸ 임대료 등에 대한 세금계산서 발급

[1] 세금계산서 발급시기
사업자가 부동산임대용역을 계속적으로 공급하고 그 대가를 매월, 매분기, 매반기에 기일을 정하여 받기로 한 경우에 있어서 당해 부동산임대용역의 공급시기는 그 대가의 각 부분을 받기로 한 때가 되는 것이며, 이 경우 사업자가 당해 공급시기가 도래하기 전에 임대료를 받고, 세금계산서 또는 영수증을 교부하는 경우에는 그 교부하는 때를 당해 용역의 공급시기로 본다.

■ 부동산임대용역의 세금계산서 발급시기는 그 대가를 받기로 한 날임
(서면3팀-3385, 2007.12.21.) 사업자가 2과세기간 이상에 걸쳐 부동산임대용역을 공급하고 그 대가를 선불로 받는 경우에는 예정신고기간 또는 과세기간의 종료일이 당해 용역의 공급시기가 되는 것이나, 사업자가 부동산임대용역을 계속적으로 공급하고 그 대가를 매월, 매분기, 매반기에 기일을 정하여 받기로 한 경우에 있어서 당해 부동산임대용역의 공급시기는 그 대가의 각 부분을 받기로 한 때가 되는 것임.

[2] 선불 또는 후불
사업자가 2과세기간 이상에 걸쳐 부동산임대용역을 공급하고 그 대가를 선불 또는 후불로 받는 경우에는 당해 금액을 계약기간의 월수로 나눈 금액의 각 과세대상기간의 합계액을 그 과세표준으로 한다. 이 경우 월수의 계산에 있어 당해계약기간의 개시일이 속하는 달이 1월 미만인 경우는 1월로 하고 당해계약기간의 종료일이 속하는 달이 1월 미만인 경우에는 이를 산입하지 아니한다.

[3] 월세 등과 함께 받는 공공요금
사업자가 부가가치세가 과세되는 부동산임대료와 해당 부동산을 관리해 주는 대가로 받는 관리비 등을 구분하지 아니하고 영수하는 때에는 전체 금액에 대하여 과세하는 것이나, 임차인이 부담하여야 할 보험료·수도료 및 공공요금 등을 별도로 구분징수하여 납입을 대행하는 경우 해당 금액은 부동산임대관리에 따른 대가에 포함하지 아니한다.

☐ 부가가치세법 기본통칙 29-61…3 [부동산임대 시 월세 등과 함께 받는 공공요금]

[4] 전기요금에 대한 세금계산서 발행

부동산임대사업자가 한국전력공사로부터 전기요금에 대한 세금계산서를 발급받고 전력을 실지로 소비하는 자인 임차인에게 세금계산서를 발급하는 경우 임차인에게 발급한 세금계산서상의 공급가액은 부동산임대사업자의 과세표준에 포함하는 것이며, 부동산임대사업자가 한국전력공사로부터 교부받은 세금계산서상의 매입세액을 공제받을 수 있다. 이 경우 임차인은 부동산임대사업자로 부터 발급받은 세금계산서상의 매입세액을 공제받을 수 있다. (부가46015-18, 2001.01.05)

■ 상가 등을 관리하는 사업자가 사업용 건물의 관리용역을 제공하고 사업자인 입주자로부터 징수하는 관리비는 부가가치세가 과세되는 것임

상가 등 집합건물을 관리하는 사업자가 사업용 건물의 관리용역을 제공하고 사업자인 입주자로부터 징수하는 관리비는 명목여하에 불구하고 부가가치세가 과세되는 것으로 부가가치세법 제16조 제1항의 규정에 의하여 세금계산서를 교부하여야 하는 것임. 다만, 관리비중 입주자가 부담하여야 할 수도료, 공공요금 등을 별도로 구분 징수하고 납입을 대행하는 경우에 당해 금액은 관리사업자의 부가가치세 과세표준에 포함되지 아니하는 것임. (부가46015-1886, 2000.08.05)

■ 월세를 받지 못한 경우에도 부가가치세는 신고 및 납부하여야 함

월세를 받지 못한 경우 또는 월세를 보증금에서 차감하기로 한 경우에도 월세를 받기로 한 날 세금계산서를 발급하여야 한다.

[5] 원상복구비 세금계산서 발행 여부

사업자가 부가가치세가 과세되는 부동산을 임차함에 있어 임차인이 자기의 부담으로 실내장식등을 하고 임차기간 만료시 원상복구 하여 주는 조건으로 임대차 계약을 하였을 경우에,

1) 임차기간 만료시 임차인의 부담으로 원상복구를 하는 때에는 임대인에 대한 재화의 공급으로 보지 아니하는 것이나,

2) 임차기간 만료시 임차인이 직접 원상복구를 하지 않고 원상복구에 필요한 대가를 임대인에게 별도로 지급하는 때에는 당해 대가에 대하여 부가가치세가 과세되는 것임. (부가46015-1779, 1994.09.01.)

❹ 간주임대료의 개인사업자 또는 법인의 수입금액 산입

보증금을 받는 경우 보증금에 대하여 정기예금이자율을 곱한 금액을 과세표준으로 하여 부가가치세를 신고 및 납부하여야 한다.

▶ 개인사업자의 종합소득세 신고시 간주임대료 수입금액 계산방법

개인이 부동산 등을(주택과 그에 부수되는 토지로서 일정규모에 해당하는 것 제외) 임대하고 보증금.전세금 또는 이와 유사한 성질의 보증금을 받은 경우 세법에서 정하는 바에 따라 간주임대료를 총수입금액에 산입하여야 한다. 이 경우 간주임대료는 장부에 계상하지 아니하고 세무조정에 의하여 총수입금액에 산입한다.

▶ 법인은 주업이 부동산임대업이 아닌 경우 수입금액에 산입하지 아니함

법인의 경우에는 부동산임대업을 **주업**으로 하는 법인으로 차입금이 자기자본의 2배를 초과하는 경우를 제외하고는 간주임대료를 수입금액에 산입하지 아니한다.

❺ 임대료 부가가치세 신고

① 부가가치세 간주임대료를 과세표준에 포함하는 경우 부가가치세 신고서상의 과세표준 및 매출세액 '기타'(②)란에 간주임대료 과세표준액과 세액을 기재한다.
② 부가가치세 신고시 **부동산임대공급가액명세서**를 제출하여야 하며, '부동산임대공급가액명세서'를 제출하지 않는 경우 제출하지 아니한 수입금액 또는 제출한 수입금액과 실제 수입금액과의 차액에 대하여 100분의 1에 해당하는 금액을 납부세액에 더하거나 환급세액에서 **뺀다**.
③ **임대차계약을 갱신한 경우** 임대차계약서 사본을 첨부하여 제출하여야 하되, 임대차계약서 사본은 제출하지 않더라도 가산세 적용은 없다.

▶ 주택 임대는 비과세, 토지 임대는 과세됨

주택의 임대는 부가가치세가 과세대상이 아니므로 부가가치세 신고대상이 아니다. 단, 토지의 임대는 과세대상에 해당하며, 주택에 정착된 토지의 면적이 도시지역의 경우 5배, 도시지역이 아닌 경우 10배를 초과하는 면적은 부가가치세가 과세된다.

37. 폐업자 및 휴업자와의 거래 세무 문제

❶ 폐업자에게 세금계산서를 발급한 경우

| 사 례 | 폐업자에게 세금계산서를 발급한 경우 세금계산서 수정 발급 |

재화 또는 용역을 공급받는 자가 사업자가 아닌 경우(폐업자 포함)에는 공급받는 자의 주소·성명 및 주민등록번호 기재하여 발급하여야 한다. 단, 매입자가 폐업자인줄 모르고 사업자번호로 세금계산서를 발행한 경우 재화 및 용역의 공급일이 속하는 과세기간에 대한 확정신고기한 다음 날부터 1년까지 수정세금계산서를 작성 발급할 수 있는 것으로 이 경우 당초분은 취소하고 공급받는 자의 주민등록번호를 기재한 수정세금계산서를 확정 신고기한 다음날부터 1년까지 발급할 수 있으며, 수정세금계산서를 발행하는 경우 가산세 적용은 없다.

[개정 세법] 수정세금계산서 발급기한 확대(부가령 §70①)
(종전) 재화·용역의 공급시기가 속하는 과세기간의 확정신고기한까지
(개정) 확정 신고기한 다음날부터 1년까지
<적용시기> 2022.2.15. 이후 재화 또는 용역을 공급하는 분부터 적용

□ 부가가치세법 시행령 제70조(수정세금계산서 또는 수정전자세금계산서의 발급사유 및 발급절차)
① 법 제32조제7항에 따른 수정세금계산서 또는 수정전자세금계산서는 다음 각 호의 구분에 따른 사유 및 절차에 따라 발급할 수 있다. <개정 2022. 2. 15., 2023. 2. 28.>
5. 필요적 기재사항 등이 착오로 잘못 적힌 경우(다음 각 목의 어느 하나에 해당하는 경우로서 과세표준 또는 세액을 경정할 것을 미리 알고 있는 경우는 제외한다): 처음에 발급한 세금계산서의 내용대로 세금계산서를 붉은색 글씨로 쓰거나 음(陰)의 표시를 하여 발급하고, 수정하여 발급하는 세금계산서는 검은색 글씨로 작성하여 발급
　가. 세무조사의 통지를 받은 경우

나. 세무공무원이 과세자료의 수집 또는 민원 등을 처리하기 위하여 현지출장이나 확인업무에 착수한 경우
　　　다. 세무서장으로부터 과세자료 해명안내 통지를 받은 경우
　　　라. 그 밖에 가목부터 다목까지의 규정에 따른 사항과 유사한 경우

6. 필요적 기재사항 등이 착오 외의 사유로 잘못 적힌 경우(제5호 각 목의 어느 하나에 해당하는 경우로서 과세표준 또는 세액을 경정할 것을 미리 알고 있는 경우는 제외한다) 재화나 용역의 공급일이 속하는 과세기간에 대한 확정신고기한 다음 날부터 1년 이내에 세금계산서를 작성하되, 처음에 발급한 세금계산서의 내용대로 세금계산서를 붉은색 글씨로 쓰거나 음(陰)의 표시를 하여 발급하고, 수정하여 발급하는 세금계산서는 검은색 글씨로 작성하여 발급

[개정 세법] 공급시기가 지난 후 발급된 세금계산서의 매입세액공제 인정범위 확대
(부가령 §75)
(개정) 6개월 → 1년
<적용시기> 2022.2.15. 이후 재화 또는 용역을 공급하는 분부터

◆ 폐업자로부터 반품받는 경우 수정세금계산서 교부 안됨
(부가1265.1-1634, 1983. 8.17)
폐업자로부터 부가가치세가 과세된 재화를 반품받는 경우에는 폐업자는 사업자가 아니므로 수정세금계산서를 교부할 수 없는 것이며, 사업자의 당초 매출과세표준은 감소되지 아니함

☐ 부가가치세 집행기준 32-70-1 [폐업한 자의 수정세금계산서 발급 방법]
재화 또는 용역의 공급에 대하여 세금계산서를 발급하였으나 수정세금계산서 발급사유가 발생한 때에 공급받는 자 또는 공급자가 폐업한 경우에는 수정세금계산서를 발급할 수 없다. 이 경우 이미 공제받은 매입세액 또는 납부한 매출세액은 납부세액에서 차가감하여야 한다.

❷ 폐업한 자로부터 세금계산서를 발급받은 경우

> **사 례** | 폐업한 자로부터 발급받은 세금계산서의 매입세액을 공제받을 수 있는 경우
>
> 폐업자가 발급한 세금계산서의 매입세액은 매출세액에서 공제할 수 없으나, 실제 거래사실이 확인되고, 공급받는 사가 세금계산서의 기재내용 중 명의상의 거래상대방이 실제로 폐업하였다는 사실을 알지 못한 때에는 알지 못하였음에 과실이 없는 경우에 한하여 매입세액으로 공제할 수 있는 것임

◆ 폐업신고 후 계속사업을 영위하는 경우 미등록사업자에 해당하는지
(서면인터넷방문상담3팀-2335, 2007.08.2.)
1. 사업자의 폐업일은 「부가가치세법 시행규칙」 제6조의 규정에 의하여 사업장별로 그 사업을 실질적으로 폐업한 날로 하는 것이며, 폐업한 때가 명백하지 아니한 경우에는 폐업신고서의 접수일을 폐업일로 보는 것임
2. 사업자가 「부가가치세법」 제5조 제4항 및 같은법 시행령 제10조 제1항의 규정에 의하여 폐업신고를 한 경우에도 관할세무서장은 폐업사유, 사업장 상태, 사업의 계속여부 등을 확인하여 실질적으로 사업을 계속 영위하는 때에는 폐업한 것으로 보지 아니하는 것임

◆ 등록말소가 해제된 경우 직권말소기간에 수수한 세금계산서 정당 여부
(부가46015-2093, 2000.08.26.)
사업자가 사업장 관할세무서장으로부터 부가가치세법 제5조 제5항의 규정에 의하여 사업자등록이 말소된 후 계속사업을 영위하고 있음이 확인되어 당해 말소가 해제된 경우 동 직권말소기간에 교부하거나 교부받은 세금계산서가 동법 제17조 제2항의 규정에 의한 사실과 다르게 기재되지 아니한 경우에 한하여 정당한 세금계산서로 볼 수 있는 것임.

◆ 선의의 거래당사자로 보아 매입세액을 공제할 수 있는지 여부
(심사 부가2002-105, 2002.7.8.)
사업자가 사업을 실질적으로 폐업하는 때에는 사업자등록을 말소하는 것이고, 사업자등록이 말소된 경우에는 세금계산서를 교부할 수 없는 것이므로 사실상 폐업자가 교부한

세금계산서의 매입세액은 매출세액에서 공제할 수 없으나, 실제 거래사실이 확인되고, 공급받는 자가 세금계산서의 기재내용 중 명의상의 거래상대방이 실제로 폐업하였다는 사실을 알지 못한 때에는 알지 못하였음에 과실이 없는 경우에 한하여 매입세액으로 공제할 수 있는 것임

◆ 폐업전 공급 계약이 체결되고 폐업일 이후 인도되는 재화의 공급시기

(서삼46015-11438, 2003.09.09)
재화의 공급과 관련한 계약체결이 폐업 전에 이루어지고 폐업일 이후에 당해 재화가 인도되는 경우 당해 재화의 공급시기는 폐업일로 보는 것임

◆ 폐업일 후에 교부받은 전기요금의 매입세액

(부가1265-782, 1983.04.26)
사업자가 폐업일 전에 공급받은 전력에 대하여 폐업일 이후에 교부받은 세금계산서의 매입세액으로서 폐업일 전에 공급받은 것이 확인되는 것은 매입세액공제를 받을 수 있는 것임

◆ 법인전환 후 폐업한 개인사업자등록번호로 세금계산서를 수취한 경우

(부가-367, 2013.04.30)
사업자가 전기사업자로부터 전력을 공급받고 세금계산서를 교부받음에 있어 당해 사업자가 법인설립이 완료되기까지 폐업한 개인사업자등록번호로 세금계산서를 발급받은 경우 전기사업자로부터 수정세금계산서를 교부받은 때에는 당해 수정세금계산서의 매입세액은 부가가치세법 제17조 제2항 제2호에 해당하지 아니하는 것임

❸ 폐업한 거래처의 매출채권에 대한 대손세액공제

사 례	폐업한 거래처의 매출채권에 대한 대손세액공제
	채무자가 단순히 사업을 폐업하였다고 하여 대손상각 및 대손세액공제를 할 수는 없으며, 당해 채권의 회수를 위하여 강제집행 등의 법적 제반 절차를 취하여 채무자의 무재산임을 객관적으로 입증하여야 소멸시효가 완성되기 전에 거래처의 폐업을 사유로 대손상각 및 대손세액공제를 받을 수 있다.

◆ **채권에 대한 소멸시효가 중단된 경우 대손세액공제**

(재소비46015-90, 2001.04.07)
대손세액공제는 재화 또는 용역을 공급한 후 공급일로부터 5년이 경과된 날이 속하는 과세기간에 대한 확정신고기한까지 채권의 소멸시효가 완성된 경우에 한하는 것으로, 공급일로부터 5년이 경과한 날이 속하는 과세기간까지 소멸시효 중단으로 대손이 확정되지 않는 경우에는 대손세액 공제를 할 수 없는 것임

♣ 폐업한 거래처의 미회수 매출채권에 대하여 대손세액공제를 받기 위해서는 무재산임을 입증하여야 함

[세법 개정] 대손세액공제 적용기한 확대(부가령 §87 ②)
(적용기한) 공급일로부터 5년 이내 대손확정 : 5년 이내 → 10년 이내
<적용시기> 영 시행일 이후 대손 확정되는 분부터 적용

❹ 폐업한 사업자 관련 유의할 사항

사업을 폐업한 자는 폐업일 이후에 세금계산서를 발급할 수 없다. 그럼에도 불구하고 세금계산서를 발급한 경우 매입자는 그 매입세액을 공제받을 수 없다.

실무에서 거래 상대방의 폐업 여부를 알 수 없는 상황에서 폐업자로부터 세금계산서를 발급받고, 그 매입세액을 공제받은 경우 차후 국세청 전산시스템에 의하여 확인되는 경우 과세사료 해명요구를 받고, 가산세를 부담하여 수정신고 및 납부를 하여야 하는 경우가 종종 있으므로 **[홈택스] → 조회발급 → 사업자상태**에서 정상 사업자여부를 조회하여 문제가 발생되지 않도록 유의하여야 한다.

▶ **거래처 폐업 및 간이과세자 여부 확인**
① 거래처가 세무서에 폐업신고를 한 경우 폐업일 이후의 날짜를 작성일자로 하여 세금계산서를 발급받은 경우 매입세액이 불공제되므로 유의하여야 한다.
② 간이과세자로부터 발급받은 세금계산서의 매입세액은 공제받을 수 없으므로 신규거래처의 경우 사업자등록증 사본을 받아 사업자 유형을 확인하여야 한다.

제2부

원천세제 실무

01 과세대상 근로소득 및 비과세소득

❶ 근로소득

근로소득이란 고용관계 기타 이와 유사한 계약에 의하여 근로를 제공하고 지급받는 봉급·상여·수당 등 그 명칭에 관계없이 지급받는 모든 대가를 말한다.

단, 근로소득 중 근로소득으로 보지 아니하는 것과 근로소득 중 비과세되는 것은 과세대상에서 제외된다. 따라서 세법상 비과세급여로 열거된 경우를 제외하고는 그 명칭여하에 관계없이 과세되는 급여로 처리하여야 한다.

▶ 과세대상 근로소득의 범위
○ **급여, 제 수당**, 기밀비(판공비 포함), 교제비 기타 이와 유사한 명목으로 받는 것으로서 업무를 위하여 사용된 것이 분명하지 아니한 급여
○ **종업원이 받는 공로금, 위로금, 개업축하금, 학자금, 장학금**(종업원의 자녀가 사용자로부터 받는 학자금, 장학금 포함) 기타 이와 유사한 성질의 급여
○ **근로수당, 가족수당, 물가수당, 출납수당, 직무수당 등**
○ 급식수당, 주택수당, 피복수당 기타 이와 유사한 성질의 급여
○ 주택을 제공받음으로써 얻는 이익
○ **종업원이 주택의 구입 또는 임차에 소요되는 자금을 저리 또는 무상으로 대여받음으로써 얻는 이익**
○ **기술수당, 보건수당, 연구수당** 기타 이와 유사한 성질의 급여
○ 시간외 근무, 통근·개근수당, 특별공로금 기타 이와 유사한 성질의 급여
○ 여비의 명목으로 받는 연액 또는 월액의 급여
○ 벽지수당, 해외근무수당 기타 이와 유사한 성질의 급여
○ **휴가비** 기타 이와 유사한 성질의 급여
○ 종업원이 계약자이거나 종업원 또는 그 배우자 기타의 가족을 수익자로 하는 보험·신탁 또는 공제와 관련하여 사용자가 부담하는 보험료·신탁부금 또는 공제부금. 다만, 비과세소득으로 정한 보험료등은 제외한다.

◆ 법인의 사외이사에게 지급하는 보수의 소득구분 (소득46011-21395, 2000.12.06)
거주자가 고용관계나 이와 유사한 계약에 의하여 그 직무를 수행하고 지급받는 보수는 소득세법 제20조 제1항 제1호의 규정에 의한 근로소득에 해당하는 것임. 따라서 사외이사가 법인으로부터 지급받는 월정액 급여 및 이사회 참석시 별도로 지급받는 수당 등은 근로소득에 포함되는 것임.

■ 정관 등에서 정하지 않은 임원 상여금은 손금산입할 수 없는 것임
임원에게 지급하는 상여금은 정관, 주주총회, 사원총회, 또는 이사회의 결의에 의하여 결정된 급여지급기준에 의한 금액을 초과하여 지급하는 금액은 손금에 산입하지 아니한다.

▶ 근로제공외 인적용역을 제공하는 경우 소득구분
근로자가 정상근무시간 외에 사내교육등을 하고 당해 회사로부터 지급받는 강사료는 근로소득에 해당하나 업무와 관련없이 독립된 자격에 의하여 일시적으로 원고를 게재하고 받는 대가는 기타소득에 해당한다.

◆ 근로자가 정상근무시간 외에 사내교육을 하고 받는 강사료의 소득구분
(소득, 서일46011-10654 , 2003.05.24)
근로자가 정상근무시간 외에 사내교육을 하고 당해 회사로부터 지급받는 강사료는 근로소득에 해당되는 것임.

❷ 비과세되는 근로소득

1 실비변상적인 성질의 급여

[1] 비과세 차량보조금(자가운전보조금)
종업원 소유차량을 종업원이 직접 운전하여 사용자의 업무수행에 이용하고 시내출장 등에 소요된 실제여비를 지급받는 대신에 그 소요경비를 당해 사업체의 규칙 등에 의하여 정하여진 지급기준에 따라 지급받는 금액 중 월 20만원 이내의 금액

■ 타인명의 차량을 소유한 임직원의 차량보조금은 비과세처리할 수 없음

타인(배우자 등)명의로 등록된 차량에 대하여는 자가운전보조금 비과세 규정을 적용할 수 없는 것임(법인46013-937, '96.3.25)

■ 부부 공동명의 차량의 차량보조금은 비과세됨

종업원이 부부 공동명의로 된 소유차량을 직접 운전하여 실제 사용자의 업무수행에 이용하는 경우로서 소요된 실제여비를 받는 대신에 그 소요경비를 당해 사업체의 규칙 등에 의하여 정하여진 지급기준에 따라 받는 금액에 대하여 비과세 규정이 적용되는 것임

◆ 자기차량으로 회사업무를 수행하고 받는 연료비의 실비변상적 급여 해당 여부

[소득, 법인46013-157, 2001.01.17]

종업원이 본인 소유차량을 직접 운전하여 회사의 업무수행에 사용하면서, 실제 소요된 연료비를 지급받는 경우에는, 당해 연료비는 과세대상 근로소득에 해당하지 아니함.

◆ 출장여비 등의 비과세 근로소득 해당여부

[서면1팀-52, 2006.01.16]

1. 자가운전보조금을 지급받는 종업원이 업무수행에 소요된 시내출장과 관련한 실제비용을 당해 회사로부터 별도로 지급받는 경우에는 자가운전보조금으로 지급받는 금액은 당해 종업원의 근로소득에 해당하는 것이며,

자가운전보조금을 지급받는 종업원 등이 본인이 소유하고 있는 차량을 이용하여 시외출장에 사용하고 동 출장과 관련하여 실제 소요된 경비를 사용주로부터 지급받는 금액으로서 실비변상정도의 금액은 소득세법 시행령 제12조제3호의 규정에 의하여 비과세근로소득에 해당하는 것으로,

2. 종업원 등이 본인의 소유차량을 이용하여 회사의 업무수행에 이용하고 이에 실제 소요된 출장비를 사규 등에 의한 지급기준에 의해 실비로 정산하여 지급받는 금액이나 회사의 사규 등에 의한 여비지급규정에 의해 지급받는 여비로서 출장목적·출장지·출장기간 등을 감안하여 실지 소요되는 비용을 충당할 정도의 범위 내의 금액은 비과세근로소득에 해당하는 것임.

◆ 종업원 차량유지비 중 월 20만원 초과금액의 근로소득 과세대상 여부
(제도46011-11668, 2001.06.23)
자가운전보조금으로 지급받은 금액과 종업원이 출퇴근의 편의를 위하여 지급받는 출퇴근보조비 및 주차비용은 종업원의 과세되는 근로소득에 해당하는 것임.

[2] 직장내에서 착용하는 피복(공장, 병원, 실험실, 금융기관, 광산 등)
병원.실험실.금융회사 등.공장.광산에서 근무하는 사람 또는 특수한 작업이나 역무에 종사하는 자가 받는 작업복이나 그 직장에서만 착용하는 피복

[3] 다음에 해당하는 근로자가 받는 연구보조비 중 월 20만원 이내의 금액
「기초연구진흥 및 기술개발지원에 관한 법률 시행령」제16조 제1항 제1호 또는 제3호에 따른 중소기업 또는 벤처기업의 기업부설연구소와 같은 조 제2항에 따라 설치하는 연구개발전담부서(중소기업 또는 벤처기업에 설치하는 것으로 한정)에서 연구활동에 직접 종사하는 자

② 비과세되는 식사대 등 [소령 제17조의2]

[1] 근로자가 제공받는 식사 또는 기타 음식물
현물식사 및 일률적으로 식사대를 지급하고 야간근무등 시간외근무를 하는 경우에 별도로 제공받는 식사.기타 음식물은 비과세됨

[2] 식사기타 음식물을 제공받지 않는 근로자의 월 20만원 이하 식사대
식사대를 매월 23만원을 지급받는 경우 20만원은 비과세 하고 3만원은 과세
회사에서 식사를 제공하면서 별도로 식대를 지급하는 경우 식대는 과세됨

[개정 세법] 식대 비과세 한도 확대(소득령 §17의2)
○월 10만원 이하 → 월 20만원 이하
<적용시기> '23.1.1. 이후 발생하는 소득 분부터 적용

③ 기타 비과세되는 소득

[1] 비과세 학자금

다음 요건을 모두 갖춘 근로자 본인의 학자금으로서 초·중등교육법 및 고등교육법에 의한 학교(외국에 있는 이와 유사한 교육기관 포함) 및 「근로자직업능력개발법」에 의한 직업능력개발훈련시설의 입학금·수업료·수강료 기타 공납금 중 당해 연도에 납입할 금액

① 근로자가 종사하는 사업체의 업무와 관련있는 교육·훈련을 위하여 지급받는 학자금으로서,
② 당해 업체의 규칙 등에 정해진 지급기준에 의하여 지급되고,
③ 교육·훈련기간이 6월 이상인 경우에는 교육·훈련후 교육기간을 초과하여 근무하지 않는 경우 반환하는 조건일 것.

▶ 과세대상이 되는 학자금

위의 요건을 충족하지 않는 학자금은 과세대상 근로소득에 해당하므로 학자금을 무상으로 지원하는 경우 근로소득에 합산하여야 한다. 단, 학자금(자녀 학자금 포함)의 무상대여액에 대한 인정이자상당액은 근로소득으로 보지 아니한다.

[2] 실업급여 · 육아휴직급여 · 산전후휴가급여 · 장해급여·유족급여

「고용보험법」에 따라 받는 실업급여, 육아휴직 급여, 육아기 근로시간 단축 급여, 출산전후휴가 급여 등

[3] 출산·보육수당

근로자 또는 그 배우자의 출산이나 6세 이하의 자녀의 보육과 관련하여 사용자로부터 지급받는 급여로서 월 20만원 이내의 금액

① 맞벌이부부가 6세 이하의 자녀 1인에 대하여 각 근무처로부터 보육수당을 수령하는 경우에는 각각 월20만원 이내의 금액을 비과세함
② 근로자가 6세 이하의 자녀 2인을 둔 경우에는 자녀수에 상관없이 월20만원 이내의 금액을 비과세함
③ 근로자에게 지원하는 보육수당의 비과세 기준을 적용함에 있어서 만 6세 이하 기준의 적용은 해당 과세기간 개시일을 기준으로 판단한다.

[세법 개정] 기업의 출산지원금 비과세(소득법 §12(3))

종 전	개 정
□ 근로소득에서 비과세되는 출산수당	□ 비과세 한도 폐지
○ (대상) 본인 또는 배우자의 출산과 관련하여 사용자로부터 지급받는 급여	○ ❶근로자 본인 또는 배우자의 출산 과 관련하여, ❷출생일 이후 2년 이내*에, ❸공통 지급규정에 따라 사용자로부터 지급(2회 이내)받는 급여 * '24년 수당 지급 시에는 '21.1.1. 이후 출생자에 대한 지급분 포함
<신 설>	- (제외) 친족인 특수관계자가 출산과 관련하여 지급받는 경우
○ (한도) 월 20만원 ※ 6세 이하 자녀에 대한 양육수당 비과세(월20만원)는 현행 유지	○ 전액 비과세(한도 없음)

<적용시기> '24.1.1. 이후 지급받는 분부터 적용

[세법 개정] 결혼세액공제 신설(조특법 §92 신설)

□ 결혼세액공제

(적용대상) 혼인신고를 한 거주자

(적용연도) 혼인신고를 한 해(생애 1회)

(공제금액) 50만원

(적용기간) '24~'26년 혼인신고 분

[세법 개정] 자녀세액공제 금액 확대(소득법 §59의2①)

종 전	개 정
□ 자녀세액공제 ㅇ (공제대상자녀) 기본공제 대상자인 8세 이상의 자녀 또는 손자녀 ㅇ (공제금액) - (첫째) 15만원 - (둘째) 20만원 - (셋째 이후) 30만원/인	□ 공제금액 확대 ㅇ (좌 동) - 25만원 - 30만원 - 40만원/인

<적용시기> '25.1.1. 이후 발생하는 소득 분부터 적용

[세법 개정] 혼인에 대한 1세대 1주택 특례 적용기간 확대
(소득령 §155⑤·§156의2⑨, 종부령 §1의2④)

종 전	개 정
□ 혼인·동거봉양 등으로 1세대 2주택이 된 경우 다음의 기간 동안 1세대 1주택자로 간주하여 양도소득세 및 종합부동산세 특례* 적용 　* (양도소득세) 12억원까지 비과세, 장기보유특별공제 최대 80% 적용 　　(종합부동산세) 기본공제 12억원, 고령·장기보유자 세액공제 최대 80% 적용 □ 1주택을 각각 보유한 남녀의 혼인: 5년	□ 혼인에 따른 1세대 1주택자 간주기간 확대 □ 5년 → 10년

<적용시기> (양도소득세) 영 시행일 이후 양도하는 분부터 적용

[4] 보장성보험료 중 연 70만원 이하의 금액

종업원의 사망·상해 또는 질병을 보험금 지급사유로 하고 종업원을 피보험자와 수익자로 하는 보험으로서 만기에 납입보험료를 환급하지 아니하는 보험(단체순수보장성보험)과 만기에 납입보험료를 초과하지 아니하는 범위안에서 환급하는 보험(단체환급부보장성보험)의 보험료중 **연 70만원 이하의 금액**

4 국외근로소득 중 일정금액 [소령 제16조]

① 국외 또는 북한지역에서 근로를 제공(「원양산업발전법」에 따라 허가를 받은 원양어업용 선박 또는 국외 등을 항행하는 선박이나 항공기에서 근로를 제공하는 것 포함)하고 받은 보수 중 월 100만원이내의 금액.
② 원양어업선박, 국외 등을 항행하는 선박 또는 국외 등의 건설현장에서 근로(감리업무 포함)를 제공하고 받는 보수의 경우 월 500만원

5 생산직근로자등의 야간근로수당 등 [소령 제17조]

생산직 및 그 관련직에 종사하는 근로자로서 급여수준 및 직종 등을 고려하여 월정액급여 210만원 이하로서 직전 과세기간의 총급여액이 3천만원 이하인 근로자(일용근로자 포함)가 연장근로.야간 또는 휴일근로를 하여 받는 급여 중 **연 240만원** (광산근로자 및 일용근로자는 해당 급여 총액) 이내의 금액

[1] 생산직 및 그 관련직에 종사하는 근로자

① 공장 또는 광산에서 근로를 제공하는 자로서 통계청장이 고시하는 한국표준직업분류에 의한 생산 및 관련 종사자 중 「소득세법 시행규칙」 별표 2에 규정된 직종에 종사하는 근로자

② 어업을 영위하는 자에게 고용되어 근로를 제공하는 자로서 어선에 승무하는 선원. 다만, 「선원법」 제3조 제2호의 규정에 의한 선장은 포함하지 아니한다.

③ 한국표준직업분류에 의한 운전원 및 관련 종사자와 배달 및 수화물 운반 종사자 중 「소득세법 시행규칙」 별표 2에 규정된 직종에 종사하는 근로자

■ 소득세법 시행규칙 [별표 2] <개정 2021. 3. 16.>

생산직 및 관련직의 범위(제9조제1항 관련)

연번	직종 대분류	중분류, 소분류 또는 세분류	한국표준 직업분류번호
1	서비스 종사자	돌봄 서비스직	4211
		미용 관련 서비스직	422
		여가 및 관광 서비스직	4321
		숙박시설 서비스직	4322
		조리 및 음식 서비스직	44
2	판매 종사자	매장 판매 및 상품 대여직	52
		통신 관련 판매직	531
3	기능원 및 관련 기능 종사자	식품가공 관련 기능직	71
		섬유·의복 및 가죽 관련 기능직	72
		목재·가구·악기 및 간판 관련 기능직	73
		금속 성형 관련 기능직	74
		운송 및 기계 관련 기능직	75
		전기 및 전자 관련 기능직	76
		정보 통신 및 방송장비 관련 기능직	77
		건설 및 채굴 관련 기능직	78
		기타 기능 관련직	79
4	장치·기계 조작 및 조립 종사자	식품가공 관련 기계 조작직	81
		섬유 및 신발 관련 기계 조작직	82
		화학 관련 기계 조작직	83
		금속 및 비금속 관련 기계 조작직	84
		기계 제조 및 관련 기계 조작직	85
		전기 및 전자 관련 기계 조작직	86
		운전 및 운송 관련직	87
		상하수도 및 재활용 처리 관련 기계 조작직	88
		목재·인쇄 및 기타 기계 조작직	89
5	단순노무 종사자	건설 및 광업 관련 단순 노무직	91
		운송 관련 단순 노무직	92
		제조 관련 단순 노무직	93
		청소 및 경비 관련 단순 노무직	94
		가사·음식 및 판매 관련 단순 노무직	95
		농림·어업 및 기타 서비스 단순 노무직	99

비고: 위 표의 한국표준직업분류번호는 통계청 고시 제2017-191호(2017. 7. 3.) 한국표준직업분류에 따른 분류번호로서 2단위 분류번호(44, 52, 71, 72, 73, 74, 75, 76, 77, 78, 79, 81, 82, 83, 84, 85, 86, 87, 88, 89, 91, 92, 93, 94, 95, 99)는 중분류 직종, 3단위 분류번호(422, 531)는 소분류 직종, 4단위 분류번호(4211, 4321, 4322)는 세분류 직종의 분류번호임.

사 례 공장근로자 중 야간근로수당등에 대하여 비과세되지 아니하는 직종

- 구내식당 등 취사 관련종사자
- 보안업무 관련종사자(경비, 수위, 소방, 청원경찰)
- 건물관리 및 청소 관련종사자(공장, 사택, 건물 등의 관리 또는 청소)
- 구내이발, 세탁공
- 소비조합 및 구내매점 등 판매 관련종사자
- 전화 및 전신기조작원 등 관련종사자
- 물품 및 창고관리 등 관련종사자
  물품, 비품, 저장품 또는 원재료의 입고, 출고, 재고의 기록유지, 검사,인도, 검수하는 자
- 자재수급 및 생산계획사무원
  생산계획, 작업계획수립업무, 생산실적 기록 및 정리업무를 하는 자 등
- 노사관계종사자(노동조합전임자)
- 수송운용관리자(차량배차담당, 수송영업관리)
 * 공장시설의 신설 및 증·개축공사에 종사하는 건설일용근로자는 공장에서 근로를 제공하는 자에 해당하지 아니함

[2] 야간 근로수당 등의 범위

① 근로기준법에 의한 연장시간·야간 또는 휴일근로로 인하여 통상 임금에 가산하여 지급받는 급여중 연간 240만원 한도내에서 비과세
② 광산근로자 및 일용근로자는 연240만원을 초과하더라도 전액 비과세

■ **건설업 일용근로자의 연장 · 야간 · 휴일근로수당은 과세대상 근로소득임**
공장 또는 광산에서 근로를 제공하는 자에 해당하지 아니하므로 동 건설업 일용근로자에게 지급되는 연장시간근로·야간근로 또는 휴일근로로 인하여 받는 급여는 과세대상 근로소득에 해당한다.

보 충 월정액급여의 범위 [소득세법시행령 제13조]

- 월정액급여 = 급여총액 - (상여등 부정기적인급여 + 실비변상적인급여)
- 급여총액 : 매월 지급받는 봉급·급료·보수·임금·수당 기타 이와 유사한 성질의 급여 합계
- 비과세되는 식사대는 실비변상적인 급여가 아니므로 월정액급여에 해당함
- 자가운전보조금은 실비변상적인 급여에 해당하므로 월정액급여에서 제외함
- 상여금을 매월 급여항목으로 지급받는 경우에는 월정액급여에 해당함
- 상여금지급규정에 의하여 2개월에 한번씩 지급받는 상여금은 부정기적인 급여에 해당
- 야간근로수당등 크기가 매월 변동되더라도 매월 계산되는 급여항목인 경우에는 월정액급여에 포함됨

■ 과세대상 근로소득으로 처리하지 않아도 되는 통신비 보조금

종업원의 휴대폰 사용료를 회사가 지급하는 경우에는 원칙적으로 근로소득에 해당한다. 다만, 업무용도로 사용한 부분이 있는 경우에는 회사가 정한 규정에 의하여 사회통념상 업무수행에 필요하다고 인정되는 부분은 근로소득으로 과세하지 아니한다. 따라서 통신비 보조금은 '통신비지급규정'에 의하여 지급하여야 하며, 통신비 보조금에 대한 해당 직원 핸드폰 납부영수증이나 자동이체영수증 등을 증빙으로 첨부하여 두어야 한다. 그러나 업무와 관련하여 발생한 휴대폰비 영수증을 제시하고 지급받는 대신 전직원에 대하여 월정액으로 지급하는 금액인 경우 개인별 근로소득으로 처분하며, 이 때 통신비는 실비변상비적 급여에 해당하지 않으므로 과세소득에 해당한다.

6 직무발명보상금

직무발명이란 종업원, 법인의 임원이 그 직무에 관하여 발명한 것이 성질상 사용자·법인의 업무 범위에 속하고 그 발명을 하게 된 행위가 종업원등의 현재 또는 과거의 직무에 속하는 발명을 말한다.

기업이 종업원 등의 직무발명에 대하여 그 보상금을 지급하는 경우 2016년 이전에는 기타소득으로 과세(발명진흥법에 의한 보상금은 비과세)를 하였으나 2017년 소

득세법 개정으로 근로소득으로 과세하도록 하였으며, 발명진흥법에 의한 보상금의 경우 700만원[2024년 이후 500만원 → 700만원]만 비과세 적용을 받을 수 있도록 하였다. 단, 퇴직자의 경우 기타소득으로 과세한다.

[1] 근로소득
「발명진흥법」 제2조제2호에 따른 직무발명으로 받는 다음의 보상금으로서 연 700만원 이하의 금액
1) 「발명진흥법」 제2조제2호에 따른 종업원등이 같은 호에 따른 사용자등으로부터 받는 보상금
2) 대학의 교직원이 소속 대학에 설치된 산학협력단으로부터 받는 보상금

[2] 기타소득
종업원등이 **퇴직한 후에 지급받는** 직무발명보상금으로서 연 700만원 이하의 금액

7 대학생 현장실습 지원비

◆ 「대학생 현장실습 운영규정」제7조에 따라 지급받는 현장실습지원비
소득, 서면-2020-법령해석소득-4237 [법령해석과-936], 2021.03.18
「대학생 현장실습 운영규정」제5조제4항에 따라 수업으로서의 요건을 갖춘 현장실습수업에 참여하는 학생이 같은 규정 제7조에 따라 지급받는 현장실습지원비는 근로소득 및 기타소득에 해당하지 아니함

○ 기획재정부 소득세제과-153, 2021.3.9.
「대학생 현장실습 운영규정」제5조제4항에 따라 수업으로서의 요건을 갖춘 현장실습수업에 참여하는 학생이 같은 규정 제7조에 따라 지급받는 현장실습지원비는 「소득세법」제20조에 따른 근로소득 및 같은 법 제21조제1항에 따른 기타소득에 해당하지 아니하는 것입니다.

02 종업원 선물, 포상금, 경조사비 등

❶ 종업원 선물

[1] 종업원 선물의 세무처리

사업자가 복리후생목적으로 선물을 구입하여 종업원에게 증정하는 경우 금액의 다과에 관계없이 급여로 처리를 하여야 한다.

◆ 임직원의 생일, 결혼기념일, 출산 시 지급하는 2~3만원 상당의 선물을 지급할 때 근로소득 과세여부 (원천-296, 2009.04.09)

임직원을 대상으로 생일, 결혼기념일, 출산시 복리후생계념으로 2~3만원 상당의 선물 지급 시 결혼기념일에 회사로부터 받는 선물은 과세대상 근로소득에 해당하는 것이며 생일, 출산시 지급하는 선물은 기 질의 회신문(법인46013-92, 1993.1.13. 및 서면1팀-829, 2004.6.18.)을 참고하기 바람

◆ 명절등 특정한 날에 지급받는 선물의 근로소득 포함여부
(소득, 법인46013-1378 , 1993.05.14)

근로자가 회사로부터 설날등 특정한 날에 지급받는 선물은 과세되는 근로소득의 범위에 포함되는 것임.

◆ 종업원 선물 구입에 대한 매입세액공제

매입세액은 공제가 가능하다. 그러나 직원에게 주는 선물은 재화의 공급(개인적 공급)에 해당되는 것이므로 부가가치세가 과세된다. 즉, 종업원 선물용으로 물품 등을 구입할 시 부가가치세 매입세액을 공제받는 경우에는 그 선물을 종업원에게 지급할 시 부가가치세 매출세액을 계산하여 납부하여야 한다.

[개정 세법] 2019년 이후 1인당 연간 10만원 이내의 경조사와 관련된 재화는 개인적 공급에서 제외하므로 매입세액을 공제받는 경우에도 과세하지 않는다.

[2] 취득 또는 생산한 재화를 직원에게 무상으로 증정하는 경우

개인적공급에 해당하므로 시가를 과세표준으로 하여 부가가치세를 신고하여야 하며, 과세표준은 재화를 무상으로 증정받은 직원의 근로소득에 합산하여 근로소득세를 원천징수하여 납부하여야 한다.

❷ 종업원 경조사비

사업자가 그 종업원에게 지급한 경조금중 사회통념상 타당하다고 인정되는 범위내의 금액은 이를 지급받은 자의 근로소득으로 보지 아니한다.

◆ 경조금이 비과세 근로소득에 해당하는 것인지 여부
(소득, 서이46013-11480 , 2002.08.02)
[요 지]
경조금 중 사회통념상 타당하다고 인정되는 범위안의 금액에서의 경조나 지급액의 범위는 구체적으로 사실 판단할 사안임.
[회 신]
귀 질의의 경우 붙임의 우리청 관련 질의회신(소득1264-1652(1984.05.15), 소득46011-2326(1998.08.18))을 참고하시기 바랍니다.

○ 소득1264-1652, 1984.05.15
소득세법 시행규칙 제4조 제1항 규정의 "경조금중 사회통념상 타당하다고 인정되는 범위안의 금액"에서의 경조나 지급액의 범위는 구체적으로 사실판단할 사안임.

○ 소득, 소득46011-2326 , 1998.08.18
근로자가 천재·지변 기타 재해로 인하여 받는 실비변상적인 성질에 해당하는 급여는 소득세법시행령 제12조제16호의 규정에 의하여 비과세되는 근로소득에 해당하는 것임

◆ 사내 상조회에 지급하는 금액의 손금 여부
(법인, 서면-2020-법인-1351 [법인세과-1076], 2020. 03. 30)
직원 경조사비 사용 목적으로 조직된 사내 단체인 상조회에 해당 목적으로 지급하는 금액 중 사회통념상 타당하다고 인정되는 금액에 대하여는 직원을 위하여 지출한 복리후생비로 보아 이를 당해 사업연도의 소득금액계산에 있어서 손금에 산입할 수 있음

❸ 종업원 공로금, 포상금, 상금 및 경품

공로금·위로금·개업축하금 기타 이와 유사한 성질의 사실상 급여에 속하는 상금은 근로소득에 해당하는 것이며, 종업원의 특별한 공로에 대하여 경진·경영 등에서 우수한 자에게 지급하는 상금은 기타소득에 해당한다.

◆ 체육대회에서 추첨을 통하여 임직원에게 경품을 지급하는 경우 소득구분 여부
(소득, 서일46011-11724 , 2002.12.20)
공로금·위로금·개업축하금 기타 이와 유사한 성질의 사실상 급여에 속하는 상금은 근로소득에 해당하는 것이며, 종업원의 특별한 공로에 대하여 경진·경영 등에서 우수한 자에게 지급하는 상금은 기타소득에 해당하는 것임.

○ 소득46011-10094,2001.02.05
종업원에게 지급하는 공로금·위로금·개업축하금 기타 이와 유사한 성질의 사실상 급여에 속하는 상금은 근로소득에 해당하는 것이며, 종업원의 특별한 공로에 대하여 경진·경영·경로대회·전람회 등에서 우수한 자에게 지급하는 상금은 기타소득에 해당하는 것으로, 귀 질의의 경우 회사의 포상계획·각종행사계획·지급사유 등 실질내용에 따라 사실판단할 사항임.

◆ 종업원이 우수 인재를 추천하고 지급받은 보상금의 소득구분
(소득, 소득세과-2057 , 2009.12.31)
[요 지]
법인의 종업원이 우수 인재를 추천하고 당해 법인으로부터 지급받은 보상금은 기타소득에 해당하는 것임.
[회 신]
귀 질의의 경우, 법인의 종업원이 직무와 관련없이 소속회사를 위하여 우수 인재를 추천하고 당해 법인으로부터 지급받은 보상금은 「소득세법」제21조 제1항 제17호에 따른 기타소득에 해당하는 것입니다.
[관련법령] 소득세법 제21조【기타소득】

❹ 근로제공외 인적용역을 제공하는 경우 소득구분

근로자가 정상근무시간 외에 사내교육등을 하고 당해 회사로부터 지급받는 강사료는 근로소득에 해당하나 업무와 관련없이 독립된 자격에 의하여 일시적으로 원고를 게재하고 받는 대가는 기타소득에 해당한다.

◆ 근로자가 정상근무시간 외에 사내교육을 하고 받는 강사료의 소득구분
(소득, 서일46011-10654 , 2003.05.24)
근로자가 정상근무시간 외에 사내교육을 하고 당해 회사로부터 지급받는 강사료는 근로소득에 해당되는 것임.

○ 소득1264-848, 1982.03.17
사원이 사내에서 발간하는 사보 등에 게재하는 원고를 업무의 일부에 속하는 것으로 제출한 경우, 그 대가는 업무의 연장으로 보아 소득세법 제21조에 규정하는 근로소득으로 보는 것이나 업무와 관련없이 독립된 자격에 의하여 일시적으로 원고를 게재하고 받는 대가는 동법 시행령 제49조의 2 제1항 제4호의 규정에 의한 기타소득입니다.

❺ 자사제품 등의 종업원에 대한 할인판매

내국법인이 사용인에 대한 자사제품을 할인판매할 경우 당해 판매가 「법인세법 기본통칙」 52-88…3에 해당되는 경우 부당행위계산 부인규정이 적용되지 아니한다.

□ 법인세법 기본통칙 52-88…3 【 조세의 부담을 부당하게 감소시킨 것으로 인정되지 아니하는 경우의 예시 】
다음 각 호의 어느 하나에 해당하는 것은 "조세의 부담을 부당하게 감소시킨 것으로 인정되는 경우"에 포함되지 아니하는 것으로 한다. <개정 2019.12.23.>
8. 사용인에게 자기의 제품이나 상품 등을 할인판매하는 경우로서 다음에 해당하는 때 <개정 2001.11.01>
가. 할인판매가격이 법인의 취득가액 이상이며 통상 일반 소비자에게 판매하는 가액에 비하여 현저하게 낮은 가액이 아닌 것

나. 할인판매를 하는 제품 등의 수량은 사용인이 통상 자기의 가사를 위하여 소비하는 것이라고 인정되는 정도의 것

[세법 개정] 종업원 할인금액에 대한 근로소득 비과세 기준 마련
(소득법 §12(3), §20①)

현 행	개 정
<신 설>	□ 종업원등에 대한 할인금액을 근로소득으로 규정 ○ (종업원등) 자사 및 계열사의 종업원 ○ (대상금액) 종업원등이 자사·계열사의 재화 또는 용역을 시가*보다 할인하여 공급받은 경우 할인받은 금액 　* 할인적용 전 판매가격 또는 쇼핑몰 등 고시가격을 기준으로 하되, 동일기간 일반소비자에게 판매한 가격이 있는 경우 시가로 인정 ○ (적용요건) 일반소비자와 차별하여 종업원등에게만 적용되는 할인금액일 것 □ 할인금액 중 비과세금액 ○ (비과세 금액) Max(시가의 20%, 연 240만원) ○ (비과세대상 요건) 　❶ 종업원등이 직접 소비목적으로 구매 　❷ 일정기간* 동안 재판매 금지 　　* 구체적인 기간은 대통령령으로 위임 　❸ 공통 지급기준에 따라 할인금액 적용

<적용시기> '25.1.1. 이후 발생하는 소득 분부터 적용

❻ 부서단위로 지급하는 성과상여금의 소득세 원천징수

업무실적 등이 우수한 부서단위로 지급하는 성과상여금의 경우로서 그 성과상여금이 근로자 개개인에게 귀속되는 경우에는 근로자 각자의 근로소득에 해당하여 이를 지급하는 때 소득세를 원천징수하여야 한다.

◆ 부서단위로 지급하는 성과상여금의 소득세 원천징수대상 여부
(소득, 서면인터넷방문상담1팀-118 , 2007.01.19)
[요 지]
업무실적 등이 우수한 부서단위로 지급하는 성과상여금의 경우로서 그 성과상여금이 근로자 개개인에게 귀속되는 경우에는 근로자 각자의 근로소득에 해당하여 이를 지급하는 때 소득세를 원천징수하여야 하는 것임
[회 신]
귀 질의의 경우 급여지급기준에 의하여 기본항목의 급여 외에 업무실적 등이 우수직원에게 추가로 지급하는 성과상여금은 소득세법 제20조의 근로소득에 해당하며, 부서단위로 지급받는 경우 그 성과상여금이 근로자 개개인에게 귀속되는 경우에는 근로자 각자의 근로소득에 해당하여 이를 지급하는 때 소득세를 원천징수하여야 하는 것으로서 이와 유사한 기질의회신문(소득46011-2332, 1994.08.18.외)을 참고하시기 바랍니다.

❼ 선택적복지제도 운영에 따른 소득세 과세여부

선택적복지제도 운영지침에 따라 복지후생제도를 시행함에 있어 종업원에게 개인별로 포인트를 부여하여 이를 사용하게 하는 경우 당해 포인트 사용액 근로소득으로 과세하여야 한다.

◆ 선택적복지제도 운영에 따른 소득세 과세여부
(법인, 서면인터넷방문상담1팀-1417 , 2005.11.23.)
선택적복지제도 운영지침에 따라 복지후생제도를 시행함에 있어 종업원에게 개인별로 포인트를 부여하여 이를 사용하게 하는 경우 당해 포인트 사용액 근로소득으로 과세함

03 이자소득세 원천징수

❶ 개요

금전대부업을 영위하지 아니하는 개인으로부터 금전 등을 차입하고 그 이자를 지급하는 자는 소득세법의 규정에 의하여 이자소득세 및 지방소득세를 징수하여 납부하여야 하며, 금전대부업을 영위하지 아니하는 법인으로부터 금전 등을 차입하고 그 이자를 지급하는 자는 법인세법의 규정에 의하여 법인세 및 지방소득세를 징수하여 납부하여야 한다. **단, 대부업을 영위하는 금융기관 등(개인 및 법인)으로부터 금전을 차입한 자가 금융기관 등에 이자를 지급하는 경우에는 이자소득세를 징수납부하지 아니한다.** 이는 거주자가 금융기관 등에 지급하는 이자는 대부업자의 사업소득에 해당하므로 이자를 지급하는 자는 이자소득세를 징수하지 않는 것이다.

❷ 금융기관 등이 예금이자를 지급하는 경우

이자로 지급하는 금액의 14%를 이자소득세로 이자소득세의 10%를 지방소득세로 징수하여 납부한다. 따라서 예금이자를 지급받는자는 이자수익에서 이자소득세 및 지방소득세를 공제한 후의 금액을 지급받게 된다. 법인의 경우 예금이자 수입에 대하여 원천징수당한 법인세(이자소득세)는 선납세금으로 처리한 다음 납부할 법인세에서 공제를 받을 수 있다. (2015.1.1. 이후 법인에게 이자를 지급하는 경우에도 지방소득세를 징수함)

▶ 이자소득에 대한 원천징수세율

지급자	지급받는자	원천징수	지방소득세
개인	개인	이자소득세 25%	이자소득세의 10%
	법인	법인세 25%	법인세의 10%
	금융기관 등에 이자 지급	징수하지 않음	징수하지 않음
법인	개인	이자소득세 25%	이자소득세의 10%
	법인	법인세 25%	법인세의 10%
	금융기관 등에 이자 지급	징수하지 않음	징수하지 않음

❸ 금융기관이 아닌 자에게 이자지급시 원천징수

1 개인사채(私債)에 대한 이자지급

기업이 개인으로부터 차입한 차입금에 대한 이자를 지급하여야 하는 경우 그 지급금액의 25%(금전대부업을 영위하지 아니하는 자가 개인 등에게 금전을 차입하고 이자를 지급하는 경우 이자소득세 원천징수세율) 및 지방소득세(이자소득세의 10%)를 원천징수하여 징수일의 다음달 10일까지 관할세무서에 납부하여야 한다.

법인에게 이자를 지급하는 경우 지방소득세는 징수하지 아니하였으나 지방세법 개정으로 2015.1.1. 이후에는 지방소득세도 같이 징수하여 신고·납부하여야 한다.

■ **금융기관이 아닌 법인에게 이자 지급시 법인세 원천징수 및 원천징수이행상황신고서 작성방법**
개인기업 또는 법인이 다른 법인으로부터 자금을 차입하고, 그 이자를 지급하는 경우 소득세법에 의한 이자소득세가 아닌 법인세에 의한 법인세를 원천징수하여 납부를 하여야 하며, 원천징수이행상황신고서 작성방법은 다음과 같다 그리고 다음해 2월 말일까지 지급명세서를 제출하여야 한다.

2 원천징수 대리신고 및 납부

개인이 법인에게 이자를 지급하는 경우 법인세(총지급액의 25%)를 원천징수하여 지급일의 다음 달 10일까지 관할세무서에 원천징수이행상황신고서를 제출하고 금융기관에 납부하여야 한다.

이 경우 원천징수이행상황신고서의 원천징수의무자란에는 사업자등록번호를 기재하되, 사업자등록번호가 없는 개인인 경우에는 주민등록번호를 기재하여 제출한다. 단, 법인이 개인으로부터 원천징수신고에 대한 사항을 위임받은 경우 해당 법인이 원천징수신고 및 납부를 대리할 수 있다.

○ 원천세과-599, 2009.07.13
원천징수하여야 할 자를 대리하거나 위임받은 경우 대리인 또는 위임받은 자가 수권 또는 위임의 범위 안에서 원천징수의무자가 되는 것이며 원천징수의무 불이행시 그 무납부, 미달납부세액과 가산세의 납세자는 그 대리인, 위임받은 자가 되는 것입니다.

▶ 법인이 대리하는 경우 원천징수이행상황신고서 작성방법
1. 법인이 해당 이자의 원천징수의무자로 원천세 신고 및 납부
원천징수이행상황신고서의 원천징수의무자란에는 법인의 인적사항 기재 후 이자소득을 기재하는 곳에 기재함
2. 법인이 지급명세서 제출
징수의무자란에는 법인의 인적사항을 기재하고 소득자란에도 법인의 인적사항을 기재

③ 비영업대금 이자의 지급시기 의제

비영업대금의 이익(비영업대여금의 이자)의 수입시기는 다음과 같으며, 수입시기에 이자를 미지급한 경우에는 이자를 지급한 것으로 보아 원천징수 후 다음달 10일까지 관할세무서에 원천징수이행상황신고 및 납부를 하여야 한다.

① 이자지급에 대한 약정이 있는 경우 이자 지급 약정일
② 이자지급에 대한 약정이 없거나 약정 이자 지급일 전에 지급한 경우 실제 이자 지급일

사례 법인에 대한 이자 지급

20×6. 2. 28 법인 거래처로부터 회사의 운영자금 2억원을 연리 6%로 차입하고, 1개월분 차입금 이자 1,000,000원을 지급하면서 법인세 250,000원 및 지방소득세 25,000원을 차감한 725,000원을 보통예금 계좌에서 이체하여 지급하다.

이자비용	1,000,000	/	보통예금	725,000
			예수금	275,000

[이자를 수취한 법인의 회계처리]

보통예금	725,000	/	이자수익	1,000,000
선납세금	275,000			

❹ 이자소득 원천징수영수증 교부 및 제출

이자소득을 지급하는 원천징수의무자는 이를 지급하는 때에 이자소득 및 기타 필요한 사항을 기재한 지급명세서(원천징수영수증)을 이자소득을 지급받는 자에게 교부하여야 하며, 그 지급일이 속하는 연도의 다음연도 2월 말일까지 관할세무서에 제출하여야 한다.

▶ **개인사업자 및 법인사업자의 이자수입 세무처리 차이**
(1) 개인사업자의 경우 이자소득은 이자소득으로 별도로 과세되므로 사업수입금액에 포함하지 아니한다. 따라서 이자수익은 사업소득과 관련한 장부에는 기장하지 아니한다. 한편, 이자소득 및 배당소득의 연간 합계액이 2천만원 이하인 경우 종합소득에 합산하지 아니하나 이자 및 배당소득금액이 연간 2천만원을 초과하는 경우에 종합소득에 별도로 합산하여 신고하여야 한다.
(2) 법인은 이자수익을 법인의 이자수익으로 계상하며, 원천징수된 법인세는 납부할 법인세에서 기납부세액으로 공제한다.

❺ 법인 지방소득세 특별징수명세서 제출의무

[1] 제출의무
법인지방소득세를 원천징수하여 납부한 경우 법인지방소득세 특별징수명세서(지방세법 시행규칙 별지 42호4)를 제출하여야 한다.
- 대상 : 법인지방소득세(이자 배당소득) 특별징수의무자
- 근거 : 지방세법 시행령 제100조의 19
- 제출자료 : 법인지방소득세 특별징수명세서(지방세법 시행규칙 별지 42호4)
- 제출기한 : 다음해 2월 말일까지 제출

□ 지방세법 시행령 제100조의19(특별징수의무)

[2] 특별징수명세서를 미제출한 경우
미제출에 대한 별도의 가산세 규정은 없으나 관할 지방자치단체에서 제출을 요구하게 되므로 제출기한내 제출을 하여야 한다.

04 기타소득 및 기타소득세 원천징수

❶ 개요

기타소득이란 이자소득·배당소득·사업소득·근로소득·연금소득·퇴직소득·양도소득 외의 소득으로 일시적이고, 우발적으로 발생하는 소득을 말한다.

▶ **근로소득, 기타소득, 사업소득 구분**

(1) 소득구분은 대가를 지급하는 지급자의 입장이 아닌 용역을 제공하고 그 대가를 받는 사람 기준으로 판단한다. 따라서 동일 회사에 여러 번 또는 여러 회사나 용역공급의뢰처에 인적용역을 제공하는 경우 계속 반복적인 용역제공으로 보아 사업소득으로 보아야 한다.

(2) 사업소득과 기타소득 여부는 그 일에 대해 상대방이 계속성이 있느냐, 없느냐에 따라 적용이 달라진다. 즉 그 지급을 받는 자가 일시적으로 용역을 제공하는 것이라면, 기타소득으로 보아 인적용역의 경우 그 지급금액의 60%를 필요경비로 공제한 금액에 대하여 20%(지방소득세 별도)의 세율을 적용하여 기타소득세를 원천징수하여야 하며, 지급받는 자가 계속적으로 용역을 제공한다면 사업소득으로 보아 지급받는 금액에 대하여 3%(지방소득세 별도 : 사업소득세의 10%)의 세율을 적용하여 사업소득세를 원천징수하여야 한다.

(3) 근로소득이란 고용관계에 의하여 근로를 제공하고 그 대가로서 지급받는 급여를 말하며, 근로자가 종속적인 지위에서 근로를 제공하고 받는 대가를 말한다.

◆ **토지매매에 따른 중개수수료의 소득구분**
(서면1팀-1495, 2004.11.05.)
고용관계가 없는 거주자가 토지매입을 알선하고 대가를 지급받는 경우, 당해 행위가 사업활동으로 볼 수 있을 정도의 계속성과 반복성이 있는 경우에는 소득세법 제19조의 사업소득에 해당하는 것이나, 일시적·우발적인 경우에는 같은법 제21조 제1항 제16호의 기타소득에 해당하는 것임. 이때, 계속성과 반복성이 있는지 등의 판단은 객관적인 사실에 근거하여야 하는 것임.

◆ 내근사원이 업무시간 외에 모집한 모집수당의 소득 구분
(서면1팀-1094, 2005.09.16.)
거주자가 고용관계나 이와 유사한 계약에 의하여 근로를 제공하고 지급받은 대가는 소득세법 제20조 제1항의 규정에 의한 근로소득에 해당하고, 고용관계 없이 독립된 자격으로 계속적이고 반복적으로 용역을 제공하고 일의 성과에 따라 지급받는 수당 또는 이와 유사한 성질의 금액은 같은법 제19조 제1항의 규정에 의한 사업소득에 해당하므로, 귀 질의의 경우 동 내근사원이 용역의 대가로 받는 금액이 실질적으로 회사와의 고용관계 없이 독립된 자격으로 용역을 제공하고 일의 성과에 따라 지급받는 것이라면 이는 사업소득으로 구분하는 것임.

❷ 원천징수대상 기타소득

[1] 인적용역 소득
① 문예·학술·미술·음악 또는 사진에 속하는 창작품에 대한 원작자로서 받는 소득
- 정기간행물에 게재하는 삽화 및 만화와 우리나라의 고전 등을 외국어로 번역하거나 국역하는 것 포함
- 원고료, 저작권사용료인 인세, 미술·음악 또는 사진에 속하는 창작품에 대하여 받는 대가
② 재산권에 관한 알선수수료
③ 인적용역을 일시적으로 제공하고 받는 대가
- 고용관계 없이 다수인에게 강연을 하고 강연료 등 대가를 받는 용역
- 라디오·텔레비전방송 등을 통하여 해설·계몽·연기의 심사 등을 하고 보수 등의 대가를 받는 용역
- 변호사·공인회계사·세무사·건축사·측량사·변리사, 그 밖의 전문적 지식이나 특별한 기능을 가진 자가 그 지식 등을 활용하여 보수 등 대가를 받고 제공하는 용역
- 그 밖에 고용관계 없이 수당 또는 이와 유사한 성질의 대가를 받고 제공하는 용역

[2] 보상금 등 우발적인 소득
계약의 위약이나 해약으로 인하여 받는 위약금과 배상금 등

[3] 자산 등의 양도·대여·사용의 대가
① 저작자 또는 실연자·음반제작자·방송사업자 외의 자가 저작권 또는 저작인접권의 양도·사용의 대가로 받는 금품
③ 광업권·어업권·산업재산권·산업정보, 산업상 비밀, 상표권·영업권·점포임차권 이와 유사한 자산이나 권리를 양도하거나 대여하고 그 대가로 받는 금품
④ 물품·장소를 일시적으로 대여하고 사용료로 받는 금품

[4] 서화, 골동품
서화·골동품의 양도로 발생하는 소득(2013.1.1.이후 거래분) : 개당·점당 또는 조당 양도가액이 6천만원 이상인 서화·골동품(양도일 현재 생존한 국내원작자의 작품 제외)

[5] 상금
① 상금·현상금·포상금·보로금 또는 이에 준하는 금품
② 복권·경품권 기타 추첨권에 의하여 받는 당첨금품

[6] 기타
① 사례금
② 소기업·소상공인 공제부금의 해지일시금
③ 법인세법 제67조에 따라 기타소득으로 처분된 소득
④ 세액공제받은 연금계좌 납입액 등을 연금외수령한 소득
⑤ 퇴직 전에 부여받은 주식매수선택권을 퇴직 후에 행사 하거나 고용관계 없이 주식매수선택권을 부여받아 이를 행사함으로써 얻는 이익

□ 소득세법 집행기준 21-41-2 [기타소득에 해당하는 위약금과 배상금의 범위]
④ 사망 또는 상해를 입은 자 또는 그 가족이 그 피해보상으로 받는 사망·상해보상이나 위자료 및 지급지연 손해배상금은 소득세 과세대상소득에 해당되지 않는다

◆ 부동산매매계약후 계약불이행으로 인하여 일방 당사자가 받은 해약금의 소득구분
(소득, 서일46011-10551 , 2003.05.01)
재산권에 관한 계약의 위약 또는 해약을 원인으로 법원의 판결에 의하여 지급받는 법정이자 및 지연손해금은 기타소득에 해당하는 것임.

◆ 정신적 고통에 대한 손해배상금 또는 위자료가 기타소득에 해당하는지 여부
(소득, 제도46011-11573 , 2001.06.18)
정신상의 고통에 대한 배상 또는 위자료로서 지급하는 보상금은 기타소득에 해당되지 아니함.

□ 소득세법 집행기준 21-41-2 [기타소득에 해당하는 위약금과 배상금의 범위]
④ 사망 또는 상해를 입은 자 또는 그 가족이 그 피해보상으로 받는 사망·상해보상이나 위자료 및 지급지연 손해배상금은 소득세 과세대상소득에 해당되지 않는다

▣ 비과세 기타소득

■ 직무발명 보상금
종업원등 또는 대학의 교직원이 퇴직한 후에 지급받는 직무발명보상금으로서 연 700만원 이하 금액

[세법 개정 직무발명보상금 비과세 한도 상향 등 (소득법 §12, 소득령 §17의3, §18)

종 전	개 정
□ 직무발명보상금에 대한 비과세 ㅇ (대상) 종업원, 교직원, 학생에게 지급하는 직무발명보상금으로서 연 500만원 이하의 금액 <신 설>	□ 비과세 한도 상향 및 적용범위 조정 ㅇ 연 700만원 - 아래에 해당하는 종업원은 제외 ① 사용자가 개인사업자인 경우: 해당 개인사업자 및 그와 친족관계에 있는 자 ② 사용자가 법인인 경우: 해당 법인의 지배주주등 및 그와 특수관계에 있는 자

<적용시기> '24.1.1. 이후 발생하는 소득 분부터 적용

❸ 기타소득세 원천징수

기타소득을 지급하는 때는 기타소득 총지급액에서 필요경비를 공제한 기타소득금액에 원천징수세율 20%(지방소득세 별도)를 적용하여 소득세를 원천징수하여 다음달 10일까지 기타소득세를 납부하여야 한다.

■ 기타소득금액이 5만원 이하인 경우 기타소득세를 원천징수하지 아니함
기타소득금액이 5만원 이하인 경우에는 기타소득 과세최저한 규정에 의하여 원천징수하지 아니한다. 또한 원천징수세액이 1천원 미만인 경우에는 징수하지 아니한다.

■ 법인에게 기타소득을 지급하는 경우
기타소득 원천징수는 소득세법의 규정에 의한 것으로서 법인에게 기타소득을 지급하는 경우 원천징수대상이 아니나 기타소득이 있는 법인은 해당 소득을 법인의 익금에 산입하여야 한다.

▶ 기타소득 과세최저한
다음의 어느 하나에 해당하는 경우에는 당해 소득에 대한 소득세를 과세하지 아니한다.
① 그 밖의 기타소득금액(연금계좌 세액공제를 받은 금액 등을 연금외 수령한 소득 제외)이 매 건마다 5만원 이하인 경우

□ 소득세법 집행기준 84-0-1 [기타소득 과세최저한의 건별 적용 범위]
① 기타소득금액(세액공제 받은 연금계좌 납입액과 연금계좌 운용실적에 따라 증가된 금액을 연금외수령한 소득 제외)이 건별로 5만원 이하인 경우 소득세를 과세하지 않는다.

② 과세최저한 기준의 건별은 기타소득의 발생근거, 지급사유 등을 고려하여 거래건별로 판단한다.

[사례]
• 형식적으로 2개 이상의 계약이 존재하는 경우라 하더라도 실질적으로 1개의 계약에 해당하는 경우 전체를 1건으로 보아 과세최저한 적용여부를 판단함
• 종업원 제안제도에 의한 상금의 경우 제안 1건을 매건으로 보아 과세최저한을 판단함

□ 소득세법 집행기준 84-0-2 [기타소득 과세최저한의 경우 원천징수이행상황신고 및 지급명세서 제출 여부]

① 과세최저한으로 소득세가 과세되지 않은 소득을 지급할 때는 원천징수를 하지 않는 것이나 원천징수이행상황신고서에는 원천징수하여 납부할 세액이 없는 자에 대한 것도 포함하여 신고해야 한다.

② 과세최저한으로 소득세가 과세되지 않은 기타소득은 지급명세서 제출의무가 면제되나, 「소득세법」제21조제1항제15호(일시적 문예창작소득) 및 제19호(일시적 인적용역소득)의 기타소득은 지급명세서 제출의무가 면제되지 않는다.

[사례] 2022. 4월 강연료 등 일시적인 인적용역의 제공 대가로 125,000을 지급하였다. 기타소득금액과 원천 징수세액은 얼마인가?
- 기타소득금액 : 50,000원
* 50,000원 = 125,000(기타소득 지급액) - 75,000원(필요경비 60%)
- 원천징수세액 : 0원(건별 기타소득금액이 5만원 이하로 과세최저한에 해당함)

■ 다음의 경우 과세최저한이 적용되더라도 지급명세서를 제출하여야 함
○ 문예·학술·미술·음악 또는 사진에 속하는 창작품 등의 원작자로서 받는 원고료, 저작권사용료인 인세(印稅) 및 미술·음악 또는 사진에 속하는 창작품에 대하여 받는 대가
○ 고용관계 없이 다수인에게 강연을 하고 강연료 등 대가를 받는 용역
○ 라디오·텔레비전 방송 등을 통하여 해설·계몽 또는 연기의 심사 등을 하고 보수 또는 이와 유사한 성질의 대가를 받는 용역
○ 변호사·공인회계사·세무사·건축사·측량사·변리사 그 밖에 전문적 지식 또는 특별한 기능을 가진 자가 그 지식 또는 기능을 활용하여 보수 또는 그 밖의 대가를 받고 제공하는 용역
○ 그 밖에 용역으로서 고용관계 없이 수당 또는 이와 유사한 성질의 대가를 받고 제공하는 용역

◆ 영업권 양도 후 대금이 확정되는 경우 기타소득의 수입시기
서면-2011-소득세과-369, 2011.04.29.
영업권 양도 후 대금이 확정되는 경우 기타소득의 수입시기는 그 대금을 청산한 날, 자산을 인도한 날 또는 사용·수익일 중 빠른날로 하는 것임

❹ 기타소득 필요경비

기타소득금액은 당해 연도의 총수입금액에서 이에 소요된 필요경비를 공제한 금액으로 한다. 단, 지급금액의 80% 또는 60%를 필요경비로 공제받을 수 있는 기타소득의 경우 별도의 증빙없이 기타소득 지급금액의 80% 또는 60%를 필요경비로 하여 기타소득금액을 계산한다.

□ 소득세법 제37조(기타소득의 필요경비 계산)
□ 소득세법 시행령 제87조(기타소득의 필요경비계산)]

[1] 지급금액의 80%를 필요경비로 공제받을 수 있는 기타소득
① 공익법인이 주무관청의 승인을 얻어 시상하는 상금과 부상
② **다수가 순위 경쟁하는 대회에서 입상자가 받는 상금 및 부상**
③ 계약의 위약 또는 해약으로 인하여 받는 위약금과 배상금 중 주택입주 지체상금

[2] 지급금액의 60%를 필요경비로 공제받을 수 있는 기타소득
① 다음에 해당하는 인적용역을 일시적으로 제공하고 지급받는 대가
1. 고용관계없이 다수인에게 강연을 하고 강연료 등의 대가를 받는 용역
2. 라디오·텔레비전방송 등을 통하여 해설·계몽 또는 연기의 심사 등을 하고 보수 또는 이와 유사한 성질의 대가를 받는 용역
3. 변호사·공인회계사·세무사·건축사·측량사·변리사기타 전문적 지식 또는 특별한 기능을 가진 자가 당해 지식 또는 기능을 활용하여 보수 또는 기타 대가를 받고 제공하는 용역
4. **기타의 용역으로서 고용관계없이 수당 또는 이와 유사한 성질의 대가를 받고 제공하는 용역**

② 문예·학술·미술·음악 또는 사진에 속하는 창작품에 대한 원작자로서 받는 소득으로서 다음의 하나에 해당하는 것
1. 원고료
2. 저작권사용료인 인세
3. 미술·음악 또는 사진에 속하는 창작품에 대하여 받는 대가

③ 광업권·어업권·산업재산권 및 산업정보, 산업상 비밀, 상표권·영업권(점포임차권 포함), 토사석의 채취허가에 따른 권리, 지하수의 개발·이용권 그 밖에 이와 유사한 자산이나 권리를 양도하거나 대여하고 그 대가로 받는 금품으로서 필요경비가 확인되지 아니하거나 수입금액의 100분의 60에 미달하는 것

[3] 증빙서류로 확인되는 금액만 필요경비가 인정되는 기타소득
지급금액의 80% 또는 60%를 필요경비로 공제받을 수 있는 기타소득외의 기타소득은 증빙서류에 의하여 확인되는 실제 필요경비만을 공제받을 수 있다.

◆ 위약금 지급시 원천징수 및 세액의 납부
(소득, 서면인터넷방문상담1팀-542 , 2004.04.12)
재산권에 관한 계약의 위약 또는 해약으로 인하여 받는 위약금과 배상금은 기타소득에 해당하는 것이며, 기타소득 등의 필요경비계산의 규정을 적용하지 아니하는 것임

❺ 원천징수할 세액(지급받는 자가 개인인 경우에만 징수)

○ 기타소득 원천징수세액 = 기타소득금액 (총지급액 - 필요경비)× 20%
○ 지방소득세 10% 별도 징수 및 납부

□ 소득세법 제129조(원천징수세율) ① 원천징수의무자가 제127조제1항 각 호에 따른 소득을 지급하여 소득세를 원천징수할 때 적용하는 세율(이하 "원천징수세율"이라 한다)은 다음 각 호의 구분에 따른다. <개정 2019. 12. 31., 2020. 12. 29.>

6. 기타소득에 대해서는 다음에 규정하는 세율. 다만, 제8호를 적용받는 경우는 제외한다.
나. 제21조제1항제18호 및 제21호에 따른 기타소득에 대해서는 100분의 15
[제21조제1항제18호 및 제21호]
18. 대통령령으로 정하는 소기업·소상공인 공제부금의 해지일시금
21. 제20조의3제1항제2호나목 및 다목의 금액을 그 소득의 성격에도 불구하고 연금외 수령한 소득
라. 그 밖의 기타소득에 대해서는 100분의 20

❻ 기타소득의 수입시기 및 원천징수

그 대가를 지급한 날을 수입시기로 하여 기타소득세 및 지방소득세를 원천징수한 후 지급일의 다음달 10일까지 신고 및 납부하여야 한다. 다만, 세법에 규정된 예외적인 수입시기는 다음과 같다.

▶ 예외적 수입시기 [소득세법 시행령 제50조(기타소득 등의 수입시기)]
○ 광업권·어업권·산업재산권·상표권·영업권, 토사석 채취허가에 따른 권리, 지하수의 개발·이용권, 그 밖에 이와 유사한 자산이나 권리를 양도하고 그 대가로 받는 금품
- 그 대금을 청산한 날, 자산을 인도한 날 또는 사용·수익일 중 빠른 날. 다만, 대금을 청산하기 전에 자산을 인도 또는 사용·수익하였으나 대금이 확정되지 아니한 경우 그 대금 지급일
○ 계약금이 위약금·배상금으로 대체되는 경우의 기타소득
- 계약의 위반 또는 해약이 확정된 날
○ 연금보험료 소득공제를 받은 금액 및 연금계좌의 운용실적에 따라 증가된 금액을 그 소득의 성격에도 불구하고 연금외수령한 소득
- 연금외수령한 날

❼ 기타소득 원천징수영수증 교부 및 제출

① 원천징수의무자가 기타소득을 지급하는 때에는 그 기타소득금액에 원천징수세율을 적용하여 계산한 기타소득세를 원천징수하여야 한다.

② 원천징수의무자는 원천징수세액을 그 징수일이 속하는 달의 다음 달 10일까지 납부하여야 하며, 원천징수이행상황신고서를 관할세무서장에게 제출하여야 한다.

③ 기타소득을 지급하는 원천징수의무자는 이를 지급하는 때에 그 소득금액 기타 필요한 사항을 기재한 원천징수영수증을 그 받는 자에게 교부하고 다음 해 2월 말일까지 관할 세무서에 기타소득 원천징수영수증을 제출하여야 한다.

▶ 지급명세서 제출의 면제 [소득세법 시행령 제214조]
다음 각 호의 어느 하나에 해당하는 소득에 대하여는 지급명세서 제출의무가 없다.
1. 비과세되는 기타소득 [소득세법 제12조제5호]
2. 기타소득으로서 1건당 당첨금품의 가액이 10만원 이하인 경우
[소득세법 시행령 제214조 제1항 제2호]

❽ 기타소득자의 종합소득세 신고

기타소득금액(기타소득 - 필요경비)이 연간 300만원을 초과하는 경우에는 종합소득세 확정신고를 하여야 하며, 300만원 이하인 경우에는 분리과세와 종합과세 중 선택할 수 있다. 예를 들어 대학교수가 외부강의 등 일시적인 인적용역을 제공하고 지급받는 연간 강의료 등이 750만원 이하인 경우 근로소득외 다른 소득이 없는 경우 기타소득금액(750만원 - 450만원)이 300만원 이하이므로 종합소득세 신고의무가 없다.

[1] 종합과세와 분리과세
① 원천징수된 경우 : 무조건 분리과세, 선택적 분리과세, 종합과세
② 원천징수되지 아니한 경우 : 종합소득 과세표준에 합산

[2] 무조건 분리과세(완납적 원천징수)
연금외수령한 기타소득은 원천징수에 의해 납세의무 종결되므로 기타소득금액이 300만원을 초과하는 경우에도 종합소득에 합산하지 아니한다.

[3] 선택적 분리과세
○ 무조건 분리과세·종합과세 대상을 제외한 기타소득금액의 합계액이 300만원 이하이면서 원천징수된 경우 종합소득 과세표준에 합산할 것인지 분리과세로 납세의무를 종결할 것인지 선택 가능
○ 무조건 분리과세를 제외한 기타소득금액 합계액이 300만원을 초과하는 경우 종합소득 과세표준을 계산할 때 합산하여야 한다.

❾ 인적용역 관련 기타소득 간이지급명세서 제출의무

소득세 납세의무가 있는 개인에게 다음 각 호의 어느 하나에 해당하는 소득을 국내에서 지급하는 자는 **간이지급명세서를 그 소득 지급일이 속하는 달의 다음 달 말일**(휴업, 폐업 또는 해산한 경우에는 휴업일, 폐업일 또는 해산일이 속하는 달의 다음 달 말일)까지 원천징수 관할 세무서장에게 제출하여야 한다.

1. 기타소득 중 다음의 인적용역소득
가. 고용관계 없이 다수인에게 강연을 하고 강연료 등 대가를 받는 용역
나. 라디오·텔레비전방송 등을 통하여 해설·계몽 또는 연기의 심사 등을 하고 보수 또는 이와 유사한 성질의 대가를 받는 용역
다. 변호사, 공인회계사, 세무사, 건축사, 측량사, 변리사, 그 밖에 전문적 지식 또는 특별한 기능을 가진 자가 그 지식 또는 기능을 활용하여 보수 또는 그 밖의 대가를 받고 제공하는 용역
라. 그 밖에 고용관계 없이 수당 또는 이와 유사한 성질의 대가를 받고 제공하는 용역
2. 원천징수대상 사업소득

[개정 세법] 간이지급명세서 제출시 지급명세서 제출 면제(소득법 §164)

종 전	개 정
<신 설>	□ 간이지급명세서 제출 사업자에 대한 지급명세서 제출 특례 ○ (적용대상) 원천징수대상 사업소득, 인적용역 관련 기타소득 ○ (적용방법) 간이지급명세서(매월)를 모두 제출 시 지급명세서(연 1회) 제출 면제 ※ 다만, 연말정산 사업소득은 간이지급명세서와 지급명세서를 모두 제출하여야 함

<적용시기> (원천징수대상 사업소득) '23.1.1. 이후 지급하는 소득분부터 적용
(인적용역 관련 기타소득) '24.1.1. 이후 지급하는 소득분부터 적용

05 경품 지급과 기타소득세 원천징수 실무

❶ 경품

경품이란 판매촉진을 위하여 자사의 물품 등을 구입하는 고객에게 추첨권 등을 발급한 다음 추첨에서 당첨된 자에게 지급하는 것으로 광고선전비에 해당한다.

[1] 경품 지급과 기타소득세 징수 및 납부

경품은 소득세법 제21조 제1항 제2호의 기타소득에 해당하는 것이며, 경품을 지급하는 때는 지급금액(상품의 경우 시가)에 원천징수세율 20%(지방소득세 별도)를 적용하여 소득세를 원천징수하여 다음 달 10일까지 기타소득세를 납부하여야 한다. 단, 구매실적에 따라 지급하는 사은품은 과세대상소득에 해당하지 아니한다.

한편, 기타소득금액[기타소득 - 필요경비(경품의 경우 80% 필요경비에 해당하지 않음)]이 5만원 이하인 경우에는 기타소득 과세최저한 규정에 의하여 원천징수하지 아니하는 것이며, 또한 원천징수세액이 1천원 미만인 경우에는 소득세법 제86조의 규정에 의하여 징수하지 아니한다.

[2] 경품 지급과 지급명세서 제출

경품을 지급하는 경우 그 지급액에 대하여 기타소득지급명세서를 작성하여 해당 소득자에게 교부하고, 지급명세서는 소득세법 제164조에 따라 원천징수관할세무서에 제출하여야 한다. 다만, 당첨금품의 가액이 10만원 이하인 경우 기타소득세는 원천징수하여 납부하어야 하나 지급명세서 제출의무는 면제된다. 따라서 당첨금품의 가액이 5만원 초과 10만원 이하인 경우 기타소득세는 징수 및 납부하여야 하나 지급명세서 제출은 하지 않아도 된다.

[3] 경품 지급과 부가가치세

경품을 금전이나 상품권 또는 농·축·수·임산물 등으로 지급하는 경우에는 부가가치세 과세대상이 아니나 과세물품인 경우 사업상증여로 보아 부가가치세를 징수하여 납부하여야 한다. 사업상 증여시 부가가치세 과세표준은 시가로 하는 것이며, 세금계산서는 발급하지 아니한다. 다만, 매입세액이 공제되지 아니하는 것은 과세되는 재화의 공급으로 보지 아니한다.

한편, 경품에 대한 부가가치세를 경품을 받는 자가 부담하지 아니하고 경품을 제공한 사업자가 부담하는 경우 부가가치세액은 경품의 가액에 포함하여 처리한다.

◆ 경품 증여시 부가가치세 과세 여부
(부가46015-2148,1998.09.22)
사업자가 자기의 사업과 관련하여 취득한 재화를 자기의 고객이나 불특정 다수인에게 증여하는 경우(경품을 포함)에는 부가가치세법 제6조 제3항(사업상 증여를 말함)의 규정에 의하여 부가가치세가 과세되는 것이며, 이와 관련된 매입세액은 공제되는 것임. 다만, 구입시 관련 매입세액이 불공제된 것은 사업상증여로 보지 아니한다.

◆ 경품을 제공하는 자가 부가가치세를 부담하는 경우
(소득46011-21019,2000.07.22)
1. 거주자가 경품으로 받는 자산의 가액은 소득세법 제21조 제1항 제2호의 규정에 의하여 기타소득에 해당하는 것이며
2. 그 경품에 대한 부가가치세를 경품을 받는 자가 부담하지 아니하고 경품을 제공한 사업자가 부담하는 경우에는 그 부가가치세액을 경품의 가액에 포함하는 것임

◆ 사업자가 추첨을 통해 경품지급시 부가가치세 과세 여부
(부가46015-2223, 999.07.30.)
사업자가 자기의 고객 중 추첨을 통하여 당첨된 자에게 경품을 지급하는 경우에는 부가가치세가 과세되는 것이지만, 당해 경품 구입에 대한 매입세액이 공제되지 아니하는 것은 부가가치세가 과세되지 아니하는 것임.

□ 부가가치세 집행기준 10-20-1 [사업상 증여 유형]
② 경품의 과세
사업자가 자기의 고객 중 추첨을 통하여 당첨된 자에게 재화를 경품으로 제공하는 경우에는 사업상 증여에 해당된다.

❷ 경품 지급과 관련한 회계처리 사례

1 경품용 상품권 구입 및 상품권을 경품으로 지급

① 《경품용 주유권 매입》 9월 20일 경품용 주유권 1백만원을 현금 구매하다.

상품권	1,000,000	/	현금	1,000,000

◆ 상품권 부가세 과세대상여부
(부가46015-764, 2000.04.04)
상품권을 발행하거나 구입하여 고객에게 판매하는 경우에 있어서 당해 상품권의 판매에 대해서는 부가가치세가 과세되지 아니하는 것으로 부가가치세법 제16조의 규정에 의한 세금계산서를 발급할 수 없는 것임

■ 상품권 지출증빙
상품권 구입은 정규영수증 수취대상은 아니지만, 객관적인 증빙이 있어야 손금으로 인정 받을 수 있다. 단, 접대 목적의 상품권을 구입시에는 법인의 경우 법인카드로 구입한 경우에만 접대비로 인정받을 수 있다.

② 《경품으로 상품권 지급》 9월 30일 주유권 100,000원을 경품으로 지급하고 기타소득세 20,000원 및 동 지방소득세 2,000원을 경품을 지급받는 자로부터 현금으로 영수하다.

광고선전비	100,000	/	상품권	100,000
현금	22,000		예수금	22,000

③ 《기타소득세 및 지방소득세 납부》 10월 10일 기타소득세 및 지방소득세를 현금으로 납부하다.

예수금	22,000	/	현금	22,000

② 경품 구입(매입세액 불공제) 및 경품 지급

① 《경품용 상품 매입》 8. 30 경품용 상품 1,000,000원(공급가액 909,091, 세액 90,909)을 구입하고, 그 대금은 보통예금에서 인출하여 즉시 지급하다.

| 소모품 | 1,000,000 | / | 보통예금 | 1,000,000 |

• 소모품 : 경품용 상품을 구입할 시 자산계정인 소모품으로 처리한 다음 경품지급시 광고선전비로 대체처리한다.
- 매입세액 : 경품구입과 관련하여 매입세액을 공제받을 시 경품지급시 부가가치세를 납부하여야 하므로 실무에서는 통상 불공제처리한다.

② 《경품 지급시 기타소득 원천징수》 9. 30 경품용 상품 200,000원 상당액을 증정하다. 단, 원천징수할 기타소득세 및 동 지방소득세를 회사가 부담하기로 하다.

| 광고선전비 | 200,000 | / | 소모품 | 200,000 |

③ 《기타소득세 및 지방소득세 납부》 경품지급에 따른 기타소득세 51,280원 및 지방소득세 5,120원을 보통예금에서 인출하여 납부하다.

| 광고선전비 | 56,400 | / | 보통예금 | 56,400 |

사 례 경품 지급시 기타소득세를 회사가 부담하는 경우 기타소득세 계산

[예 제] 경품금액이 200,000원 경우 과세표준 및 세액계산

제세공과금을 수령자가 아닌 경품을 지급하는 회사에서 부담하는 경우 제세공과금을 포함한 금액을 기타소득으로 보아 원천징수하여야 하므로 회사에서 원천징수시 적용하게 되는 과세표준은 다음과 같이 계산하여 적용한다.

- 과세표준 = 경품가액(상품인 경우 시가) ÷ (1-원천징수세율)
- 과세표준 = 200,000 ÷ (1-0.22) = 256,410원 (기타소득세 20%, 지방소득세 2%)
  경품금액이 200,000원인 경우 세무서에 납부하여야 할 기타소득세액은 지급되는 경품가액(200,000원)의 20%가 아니라, 제세공과금을 경품가액에 포함하여 계산한 금액을 기타소득으로 본다. 따라서 이 경우 기타소득세는 51,282원(256,410원 × 20%)이며, 지방소득세는 5,128원이 된다.

06 원천징수대상 사업소득 및 사업소득세 원천징수

1 원천징수대상 사업소득

❶ 개요

일반적인 사업소득이란 재화 또는 용역을 반복적으로 공급하는 자가 그 사업과 관련하여 얻는 이익을 말하며, 사업자로부터 재화 또는 용역을 제공받고 그 대금을 지급하는 경우 세금계산서(면세의 경우 계산서)를 수취하여야 한다. 다만, 다음의 원천징수대상 사업소득을 지급하는 경우에는 사업소득세를 징수하여 신고 및 납부하여야 한다.

❷ 원천징수대상 사업소득

원천징수대상 사업소득이란 개인이 물적 시설 없이 근로자를 고용하지 아니하고 독립적으로 일의 성과에 따라 수당 또는 이와 유사한 성질의 대가를 받는 용역으로 용역을 제공하는 자가 독립된 자격으로 인적용역 또는 의료보건용역을 계속·반복적으로 제공하고 지급받는 대가를 말한다. 원천징수대상 사업소득은 아래에 열거하는 사업소득을 지급하는 경우에 한하는 것으로 소득세법에서 통칭하는 사업소득과 구분되며, 법인에게 아래에 열거하는 사업소득을 지급하는 경우에는 계산서 등 정규영수증을 수취하여야 한다.

① 개인이 물적 시설 없이 근로자를 고용하지 아니하고 독립된 자격으로 용역을 공급하고 대가를 받는 다음에 규정하는 인적용역
1. 저술.서화.도안.조각.작곡.음악.무용.만화.배우.성우.가수 이와 유사한 용역
2. 연예에 관한 감독.각색.연출.촬영.녹음.장치.조명과 이와 유사한 용역
3. 건축감독.학술용역.기술용역과 이와 유사한 용역
4. 음악.재단.무용(사교무용을 포함한다).요리.바둑 교수와 이와 유사한 용역

5. 직업운동가.역사.기수.운동지도가(심판을 포함한다)와 이와 유사한 용역
6. 보험가입자의 모집, 저축의 장려 또는 집금 등을 하고 실적에 따라 보험회사 또는 금융기관으로부터 모집수당.장려수당.집금수당
7. 저작자가 저작권에 의하여 사용료를 받는 용역
8. 교정.번역.고증.속기.필경.타자.음반취입과 이와 유사한 용역
9. 고용관계 없는 자가 다수인에게 강연을 하고 강연료.강사료 등의 대가를 받는 용역
10. 라디오.텔레비전방송 등을 통하여 해설.계몽 또는 연기를 하거나 심사를 하고 사례금 또는 이와 유사한 성질의 대가를 받는 용역
11. 개인이 일의 성과에 따라 수당 또는 이와 유사한 성질의 대가를 받는 용역

② 의료보건용역

◆ 원천징수대상 사업소득자에게 교통비를 지급하는 경우
(법인46013-732, 1997.03.12)
특정기사 취재를 의뢰받은 작가 등이 동 취재업무수행을 위하여 사진료·원고료 외에 여비교통비·숙박비 등의 명목으로 지급받는 금액은 당해 취재용역의 대가에 산입하여 사업소득으로 원천징수하는 것이며, 취재업무에 실질적으로 지출된 금액은 취재용역의 필요경비에 산입하는 것임.

■ 사업소득과 기타소득 구분
사업소득과 기타소득 여부는 그 일에 대해 상대방이 계속성이 여부에 따라 판단한다. 다만, 계속성이란 것이 어느 정도 기간 또는 회수를 말하는 것인지 여부에 대하여 구체적인 해석사례가 없으므로 실무적으로 판단하기 어려운 점이 있다.

◆ 사업소득 또는 기타소득 해당 여부
(소득, 서면인터넷방문상담1팀-1099 , 2006.08.08)
고용관계 없이 독립된 자격으로 계속적·반복적으로 용역을 제공하고 지급받는 대가는 사업소득에 해당하는 것이고 일시적으로 용역을 제공하고 지급받는 대가는 기타소득에 해당하는 것임

❸ 원천징수대상 사업소득자 사업자등록 및 종합소득세 신고

부가가치세가 면세되는 인적용역을 제공하는 자유직업소득자의 경우 사업자등록은 필요하지 않으나 소득세법에 의한 면세사업자등록은 할 수 있는 것이며, 면세사업자등록을 하지 않은 경우에도 사업소득을 지급하는 자가 원천징수하게 되므로 특별한 불이익은 없다. 단, 사업소득자는 자신의 수입에 대하여 종합소득세 신고를 하여야 한다.

▶ **근로자에 해당함에도 원천징수대상 사업소득자로 하여 사업소득세를 징수하는 경우 문제점**

1) 프리랜서가 계약 기간 종료 후 퇴직금을 지급하지 아니하였음을 이유로 고용노동부에 진정을 하는 경우 퇴직금을 지급하여야 한다.
2) 4대보험 관련 공단에서 현지 확인을 하는 경우 근로자로 보아 4대보험료를 징수할 수 있다.
3) 과세당국에서 세무조사를 하는 과정에서 사업소득자가 아닌 근로자로 보는 경우 근로소득세를 징수할 수 있다. 다만, 종합소득세로 납부한 금액이 근로소득세로 계산한 금액보다 많은 경우라면, 세무상 중대한 문제는 발생하지 않는다.
4) 위와 같은 문제점이 있더라도 근로자가 이의를 제기하지 않은 경우 특별한 문제가 없을 수도 있으나 적법하게 처리를 하시는 것이 바람직하다.

▶ **근로자 해당 여부**

① 근로자라 함은 근로기준법 제14조에 규정된 근로자로서 당해 사업장에 계속 근무하는 근로자 뿐만 아니라 일용근로자를 포함한다(대판 1987. 7. 21, 87다카831).
② 임시고용원으로 사실상 계속 1년 이상 근무하였다면 근로기준법상의 퇴직금을 지급하여야 한다(대판 1978. 3. 23, 78다195).
③ 도급계약의 형식을 빌렸다 하더라도 그 계약 내용이 사용자와의 사이에 사용종속관계를 유지하면서 도급인의 사업 또는 사업장에 특정한 노무제공만을 그 목적으로 하고 있고 그 노무제공에 대하여 능률급 내지 성과급을 지급받기로 하는 것이라면 이에 따라 노무를 제공한자는 근로기준법제14조 소정의 근로자에 해당된다(대판 1987. 5. 26, 87도604).

2 사업소득세 원천징수 및 지급명세서 제출

❶ 사업소득세 원천징수

원천징수대상 사업소득을 지급하는 경우 사업소득세를 원천징수하여 그 징수일의 다음달 10일까지 납부하여야 한다.

사업소득은 기타소득과는 달리 그 지급을 받는 자가 소득세법에 열거되어 있는 용역을 독립된 자격으로 계속적으로 제공하는 개인이며, 원천징수대상 사업소득을 지급하는 자는 사업소득세를 원천징수하여야 하는 것이다.

❷ 사업소득에 대한 원천징수세율

① 사업소득 수입금액의 100분의 3 및 지방소득세(사업소득세의 10%)
② 봉사료의 경우 100분의 5 및 지방소득세(사업소득세의 10%)

▶ **프리랜스에게 용역 대가를 지급하는 경우 사업소득세 원천징수**
1. 프리랜스에게 용역을 제공받고, 그 대가를 지급하는 경우 제공받는 용역이 부가가치세 과세대상인 경우에는 세금계산서를 발급받아야 한다.
2. 면세용역으로 사업소득세 원천징수대상소득에 해당하는 경우는 사업소득세(지급금액의 3%) 및 지방소득세를 징수하여 다음달 10일까지 신고·납부하여야 한다.

▶ **원천세 소액부징수**
1. 원천징수세액(이자소득세 제외)이 **1천원 미만**인 경우 납부할 의무는 없다. 단, 원천징수세액외의 세금은 금액에 관계없이 납부를 하여야 한다.
2. 반면, 원천징수세액에 대한 지방소득세는 특별징수분(원천세분)에 대한 소액부징수제도가 없으므로 금액에 관계없이 납부를 하여야 하나 법인지방소득세 등의 소득분 지방세는 그 세액이 **2천원 미만**인 경우 납부의무를 면제하고 있다.

❸ 사업소득세 원천징수납부 및 원천징수영수증 제출

① 원천징수대상 인적용역을 제공받고 그 대가를 지급하는 자는 사업소득세를 원천징수하여 징수일의 다음달 10일까지 세무서에 신고·납부하여야 한다.
② 사업소득을 원천징수하는 자는 사업소득을 지급받는 자에게 원천징수영수증을 교부하여야 하며, 그 지급일(지급의제일에 대한 규정은 없음)이 속하는 연도의 다음연도 3월 10일까지 원천징수영수증을 관할세무서에 제출하여야 한다.

■ 원천징수대상 사업소득 간이지급명세서 제출기한(소득법 §164①)
매월 지급일이 속하는 달의 다음 달 말일 (연말정산대상 사업소득의 경우 해당 소득에 대한 과세기간 종료일이 속하는 반기의 마지막 달의 다음 달 말일)

[개정 세법] 간이지급명세서 제출시 지급명세서 제출 면제(소득법 §164)
(적용대상) 원천징수대상 사업소득, 인적용역 관련 기타소득
(적용방법) 간이지급명세서(매월)를 모두 제출 시 지급명세서(연 1회) 제출 면제
다만, 연말정산 사업소득은 간이지급명세서와 지급명세서를 모두 제출하여야 함
<적용시기> (원천징수대상 사업소득) '23.1.1. 이후 지급하는 소득분부터 적용

❹ 사업소득을 지급받는 자의 종합소득세 신고

당해 연도의 사업소득이 있는 거주자는 당해 연도의 다음연도 5월 1일부터 5월 31일까지 납세지 관할세무서장에게 신고하여야 한다. 사업소득을 지급받는 자는 종합소득세 확정신고를 하여야 하며, 신고시 납부할 세액에서 사업소득을 지급하는 자로부터 원천징수당한 사업소득세는 기납부세액으로 공제한다.

▣ 연말정산 사업소득의 원천징수

① 사업소득 연말정산이란 **간편장부대상자**가 받는 일부 원천징수대상 사업소득에 대하여 이를 지급하는 원천징수의무자가 해당소득에 대한 연말정산을 함으로써 납세의무를 종결하는 것을 말한다.

▣ **간편장부대상자 [직전연도 수입금액이 아래 금액 미만인 사업자]**
▶ 직전연도 수입금액은 연간으로 환산하지 않음

업 종 별	기준금액
가. 농업·임업 및 어업, 광업, 도매 및 소매업(상품중개업 제외), 부동산 매매업, 그 밖에 나목 및 다목에 해당되지 아니하는 사업	3억원
나. 제조업, 숙박 및 음식점업, 전기·가스·증기 및 공기조절 공급업, 수도·하수·폐기물처리·원료재생업, 건설업(비주거용 건물 건설업은 제외), 부동산 개발 및 공급업(주거용 건물 개발 및 공급업에 한정), 운수업 및 창고업, 정보통신업, 금융 및 보험업, 상품중개업	1억5천만원
다. 부동산임대업, 부동산업(부동산매매업은 제외), 전문·과학 및 기술서비스업, 사업시설관리·사업지원 및 임대서비스업, 교육서비스업, 보건업 및 사회복지서비스업, 예술·스포츠 및 여가 관련 서비스업, 협회 및 단체, 수리 및 기타 개인서비스업, 가구내 고용활동	7천500만원

② 다음 각 호의 어느 하나에 해당하는 소득을 연말정산 사업소득이라고 하며, 연말정산 사업소득의 경우 소득세법 제144조의2(과세표준확정신고 예외 사업소득세액의 연말정산)의 규정에 의하여 별도의 종합소득세 신고·납부절차 없이 해당 소득에 대하여 연말정산을 할 수 있다.

1. 독립된 자격으로 보험가입자의 모집 및 이에 부수되는 용역을 제공하고 그 실적에 따라 모집수당 등을 받는 자
2. 「방문판매 등에 관한 법률」에 의하여 방문판매업자를 대신하여 방문판매업무를 수행하고 그 실적에 따라 판매수당 등을 받거나 후원방문판매조직에 판매원으로 가입하여 후원방문판매업을 수행하고 후원수당 등을 받는 자
3. 독립된 자격으로 일반 소비자를 대상으로 사업장을 개설하지 않고 음료품을 배달하는 계약배달 판매 용역을 제공하고 판매실적에 따라 판매수당 등을 받는 자

③ 해당 사업소득을 지급하는 원천징수의무자는 해당 과세기간의 다음 연도 2월분의 사업소득을 지급할 때(2월분의 사업소득을 2월 말일까지 지급하지 아니하거나 2월분의 사업소득이 없는 경우에는 2월 말일로 한다.) 또는 해당 사업자와의 거래계약을 해지하는 달의 사업소득을 지급할 때에 해당 과세기간에 연말정산사업소득의 **소득률(1-단순경비율)을 곱하여 계산한 금액**에 그 사업자가 종합소득공제를 적용한 금액을 종합소득과세표준으로 하여 종합소득산출세액을 계산하고, 그 산출세액에서 세액공제를 적용한 후 해당 과세기간에 이미 원천징수하여 납부한 소득세를 공제하고 남은 금액을 원천징수한다.

07 간이지급명세서 및 지급명세서 제출, 가산세

❶ 간이지급명세서 제출

[1] 근로소득 간이지급명세서 제출기한

반기 마지막 달의 다음 달 말일. 단, 20×4년 12월분 근로소득을 20×5년 1월에 지급한 경우에 20×4년 12월 지급분 간이지급명세서에 포함하여 제출하고, 20×5년 1월 지급분 간이지급명세서 제출시에는 제외한다

[세법 개정] 근로소득 간이지급명세서 제출대상 소득 범위 조정
(제출대상 소득 범위 조정) 반기 근무분 소득 → 반기 동안 지급한 소득
<적용시기> 2020.1.1. 이후 제출하는 분부터 적용

[세법 개정] 근로소득 간이지급명세서 제출기한
(현행) 지급일이 속하는 반기의 마지막 달의 다음달 말일
(개정) 매월 지급일의 다음달 말일
〈시행시기〉 2022.12.31. 세법 개정시 2024년 이후 매월 제출하도록 규정하였으나 2026년 이후로 시행시기를 유보함으로서 지급일이 속하는 반기의 마지막 달의 다음달 말일 제출

[2] 원천징수대상 사업소득 및 기타소득 간이지급명세서 제출기한

소득세 납세의무가 있는 개인에게 다음 각 호의 어느 하나에 해당하는 소득을 국내에서 지급하는 자는 간이지급명세서를 그 소득 지급일이 속하는 달의 다음 달 말일(휴업, 폐업 또는 해산한 경우에는 휴업일, 폐업일 또는 해산일이 속하는 달의 다음 달 말일)까지 원천징수 관할 세무서장, 지방국세청장 또는 국세청장에게 제출하여야 한다. [소득세법 제164조 ①]

1. 원천징수대상 사업소득
2. 인적용역 기타소득

▶ 원천징수대상 사업소득 간이지급명세서 제출기한(소득법 §164①)
매월 지급일이 속하는 달의 다음 달 말일 (연말정산대상 사업소득의 경우 해당 소득에 대한 과세기간 종료일이 속하는 반기의 마지막 달의 다음 달 말일)

[개정 세법] 원천징수대상 사업소득에 대한 간이지급명세서소득법 §164①)
(종전) 지급일이 속하는 반기의 마지막 달의 다음 달 말일
(개정) 매월 지급일이 속하는 달의 다음 달 말일
<적용시기> '21.7.1. 이후 지급하는 소득분부터 적용

▶ 인적용역 관련 기타소득 간이지급명세서 제출의무 신설
2024년 1월 1일 이후 인적용역 관련 기타소득을 지급하는 경우 그 소득 지급일이 속하는 달의 다음 달 말일까지 간이지급명세서를 관할 세무서장에게 제출하여야 한다.

☐ 제164조의3(간이지급명세서의 제출)

■ **간이지급명세서 미제출 및 지연제출가산세**

[1] 간이지급명세서 미제출 등에 대한 가산세[소득세법 제81조의11]
간이지급명세서를 제출하지 아니한 분의 지급금액의 1만분의 25

[2] 간이지급명세서 지연제출 가산세[소득세법 제81조의11]]
제출기한이 지난 후 **1개월이내**에 제출하는 경우 지급금액의 10만분의 125

★ 지급명세서 또는 간이지급명세서에 대한 가산세는 각각 적용한다.

❷ 지급명세서 제출

소득세 납세의무가 있는 개인에게 다음 각 호의 어느 하나에 해당하는 소득을 국내에서 지급하는 자는 지급명세서를 그 지급일이 속하는 과세기간의 다음 연도 2월 말일(제3호에 따른 사업소득과 제4호에 따른 근로소득 또는 퇴직소득, 제6호에

따른 기타소득 중 종교인소득 및 제7호에 따른 봉사료의 경우에는 다음 연도 3월 10일, 휴업, 폐업 또는 해산한 경우에는 휴업일, 폐업일 또는 해산일이 속하는 달의 다음다음 달 말일)까지 원천징수 관할 세무서장에게 제출하여야 한다. 다만, 제4호의 근로소득 중 일용근로자의 근로소득의 경우에는 그 지급일이 속하는 달의 다음 달 말일(휴업, 폐업 또는 해산한 경우에는 휴업일, 폐업일 또는 해산일이 속하는 달의 다음 달 말일)까지 지급명세서를 제출하여야 한다.

1. 이자소득
2. 배당소득
3. 원천징수대상 사업소득
4. 근로소득 또는 퇴직소득
5. 연금소득
6. 기타소득
7. 봉사료

[1] 근로소득 지급명세서 제출기한
해당 소득에 대한 과세기간 종료일이 속하는 과세기간의 다음 연도 3월 10일

[2] 일용직 지급명세서 제출기한
지급일이 속하는 달의 다음달 말일. 단, 12월 31일까지 해당 귀속년도분의 일용근로소득을 지급하지 않은 경우 12월 말일을 지급일로 보아 다음해 1월 말일까지 제출하여야 한다.

[개정 세법] 일용근로자 지급명세서 제출기한 단축(소득법 §164 ①)
(현행) 지급일이 속하는 분기 다음달 말일 → (개정) 지급일의 다음달 말일
<적용시기> 2021.7.1. 이후 제출분부터

[3] 원천징수대상 사업소득 지급명세서 제출기한
그 **지급일**이 속하는 연도의 다음 연도 3월 10일 단, 보험모집인, 방문판매원, 배달판매 용역을 제공하고 판매실적에 따라 판매수당 등을 받는 자는 **과세기간 종료일**이 속하는 과세기간의 다음연도 3월 10일

[4] 퇴직소득 지급명세서 제출기한
해당 소득에 대한 과세기간 종료일이 속하는 과세기간의 다음 연도 3월 10일

[5] 기타소득 지급명세서 제출기한
그 지급일이 속하는 연도의 다음 연도 2월 말일

[6] 이자소득, 배당소득 지급명세서 제출기한
그 지급일이 속하는 연도의 다음 연도 2월 말일 단. 배당소득 원천징수시기에 대한 특례(소득세법 131조)가 작용되는 경우 과세기간 종료일의 다음연도 2월말일까지 지급명세서를 제출하여야 한다.

■ 지급명세서 미제출 및 지연제출가산세

[1] 원천징수대상 소득에 대한 지급명세서 미제출가산세
원천징수대상 소득을 지급한 자가 지급명세서를 그 지급일(근로소득, 퇴직소득, 보험모집인 등 연말정산 사업소득의 경우 해당 소득에 대한 과세기간 종료일)이 속하는 연도의 다음해 2월 말일(기타소득, 이자소득, 배당소득, 연금소득) 또는 3월 10일(근로소득, 퇴직소득, 원천징수대상 사업소득)까지 관할세무서에 제출하지 아니한 경우 지급금액의 1%를 가산세로 부담하여야 한다. 단, 제출기한일로부터 **3개월 이내**에 제출하는 경우 가산세의 50%를 감면받을 수 있다. [소득세법 제81조의11]

[2] 일용근로자 지급명세서 미제출등에 대한 가산세
일용근로자의 근로소득에 대한 지급명세서의 경우에는 제출하지 아니한 분의 지급금액의 1만분의 25(제출기한이 지난 후 1개월 이내에 제출하는 경우에는 지급금액의 10만분의 125)로 한다.

□ 일용근로소득 지급명세서 제출 불성실 가산세율

구 분	가산세율	비 고
① 제출기한까지 미제출	0.25%	
② 제출기한 경과 후 1개월 내 지연제출	0.125%	
③ 지급사실 불분명 등	0.25%	

❸ 원천세 가산세

[1] 납부지연가산세 : 1과 2를 합한 금액 (한도액 : 미납부금액의 10%)
1. 미납부금액의 3%
2. 미납기간 1일 1만분의 2.2 (미납부금액 × 미납일수 × 2.2/10,000)

[개정 세법] 납부지연가산세 [국세기본법 시행령 제27조의4]
2019년 2월 11일 이전의 미납기간 : 1일 0.03%
2019년 2월 12일 이후의 미납기간 : 1일 0.025%
2022년 2월 15일 이후의 미납기간 : 1일 0.022%

[2] 지급명세서 미제출에 대한 가산세
지급명세서를 그 지급일이 속하는 연도의 다음 연도 2월 말일(이자소득, 배당소득, 기타소득) 또는 3월 10일(근로소득, 퇴직소득, 원천징수대상사업소득)까지 관할세무서에 제출하지 아니한 경우 및 불분명한 경우 지급금액의 1%를 가산세로 부담하여야 한다. 단, 제출기한경과 후 **3개월 이내**에 제출하는 경우 지급금액의 0.5%로 한다.

[3] 신고불성실가산세
신고불성실가산세는 적용되지 않는다.

[4] 원천세 지방소득세 가산세
1과 2를 합한 금액 (한도액 : 미납부금액의 10%)
1. 미납부금액의 3%
2. 미납기간 1일 1만분의 2.2(미납부금액 × 미납일수 × 3/10,000)

[개정 세법] 2022. 6. 7. 이후 납부지연가산세 이자율 인하
2018년 2월 31일 이전의 미납기간 : 1일 0.03%
2019년 1월 01일 이후의 미납기간 : 1일 0.025%
2022년 6월 07일 이후의 미납기간 : 1일 0.022%

08 주민세 종업원분 신고 및 납부

❶ 주민세 종업원분

[1] 납세의무자 및 면세점

주민세 종업원분은 종업원을 고용하여 사업소를 운영하는 경우 부과되는 지방세를 말한다.

당해 월을 포함한 12개월간의 급여총액의 월평균금액이 1억8천만원을 초과하는 사업소의 사업주로 하며, 12개월간의 급여총액의 월평균금액이 1억8천만 이하인 사업소의 사업주는 신고 및 납부의무가 없다.

해당 급여지급월을 포함하여 최근 12개월간의 급여총액의 월 평균금액을 산정하여야 하므로 매월 계산하여 신고 및 납부 여부를 판단하여야 한다.

□ 지방세법 제84조의4(면세점) -요약-
① 납세의무 성립일이 속하는 달부터 최근 1년간 해당 사업소 종업원 급여액의 월평균금액이 대통령령으로 정하는 금액에 50을 곱한 금액 이하인 경우에는 종업원분을 부과하지 아니한다. <개정 2015. 12. 29.>

[개정 세법] 주민세 종업원분 부과제외 기준이 되는 해당 사업소 종업원의 월평균 급여액을 300만원에서 360민원으로 인상 (지방세법 시행령 제85조의2)

지방세법 시행령 [대통령령 제34881호, 2024. 9. 10., 타법개정]	지방세법 시행령 [대통령령 제35177호, 2024. 12. 31., 일부개정]
제85조의2(종업원 급여총액의 월평균금액 산정기준 등) ① (생 략)	제85조의2(종업원 급여총액의 월평균금액 산정기준 등) ① (현행과 같음)
② 법 제84조의4제1항에서 "대통령령으로 정하는 금액"이란 300만원을 말한다.	② 법 제84조의4제1항에서 "대통령령으로 정하는 금액"이란 360만원을 말한다.

<시행 시기> 2025년 1월 1일부터 시행

[사례] 20×9년 3월 급여의 주민세 종업원분
<예제1>

20×8년 급여 (단위 : 억원)

1월	2월	3월	4월	5월	6월	7월	8월	9월	10월	11월	12월	합계
1.2	1.2	1.2	1.2	1.2	1.2	1.3	1.3	1.3	1.3	1.4	1.4	15.2

20×9년 급여 (단위 : 억원)

1월	2월	3월	4월	5월	6월	7월	8월	9월	10월	11월	12월	합계
1.6	1.8	1.8	1.2									

20×8년 4월부터 20×9년 3월 급여의 합계액을 12로 나눈 금액(월 평균급여액 1.4억원)이 1억35백만원을 초과하므로 주민세 종업원분을 신고 및 납부하여야 한다.
- 20×8년 4월부터 20×8년 3월 급여의 합계액 16.8억원
- 월 평균급여액 1.4억원
- 주민세 종업원분 900,000원(180,000,000원 × 5/1000)

[2] 납세지

종업원분은 매월 말일 현재의 사업소 소재를 관할하는 지방자치단체에 신고 및 납부를 하여야 한다.

[3] 과세표준 및 세율

종업원분의 과세표준은 종업원에게 지급한 그 달의 급여 총액으로 하며, 세율은 해당 월 종업원 급여총액의 1천분의 5로 한다.

[4] 신설 사업장의 주민세 종업원분

신설 사업장의 급여액이 1억8천만원을 초과하는 경우에 한하여 주민세 종업원분을 신고 및 납부할 의무가 있다.

[5] 신고 및 납부

종업원분의 납세의무자는 매월 납부할 세액을 다음 달 10일까지 납세지를 관할하는 지방자치단체의 장에게 신고 및 납부하여야 한다.

❷ 중소기업의 주민세 종업원분 과세특례

[1] 개요
「중소기업기본법」 제2조에 따른 중소기업의 사업주가 종업원을 추가로 고용한 경우(해당 월의 종업원 수가 50명을 초과하는 경우만 해당)에는 다음의 계산식에 따라 산출한 금액을 종업원분의 과세표준에서 공제한다. 이 경우 직전 연도의 월평균 종업원 수가 50명 이하인 경우에는 50명으로 간주하여 산출한다.
(지방세법 제84조의5)

■ 공제액 = (신고한 달의 종업원 수 - 직전 연도의 월평균 종업원 수) × 월 적용급여액

[2] 신설사업장 및 추가고용사업장의 과세표준 공제
① 다음 각 호의 어느 하나에 해당하는 중소기업에 대해서는 해당 각 호에서 정하는 달부터 1년 동안 월평균 종업원 수 50명에 해당하는 월 적용급여액을 종업원분의 과세표준에서 공제한다.
1. 사업소를 신설하면서 50명을 초과하여 종업원을 고용하는 경우 : 종업원분을 최초로 신고하여야 하는 달
2. 해당 월의 1년 전부터 계속하여 매월 종업원 수가 50명 이하인 사업소가 추가고용으로 그 종업원 수가 50명을 초과하는 경우(해당 월부터 과거 5년 내에 종업원 수가 1회 이상 50명을 초과한 사실이 있는 사업소의 경우는 제외) : 해당 월의 종업원분을 신고하여야 하는 달
② 제1항을 적용할 때 월 적용급여액은 해당 월의 종업원 급여 총액을 해당 월의 종업원 수로 나눈 금액으로 한다.

제3부

핵심 사례별 세무회계 실무

01 퇴직연금 세무실무 및 회계처리

1 퇴직연금제도

❶ 퇴직연금 가입

퇴직연금제도는 회사가 근로자의 퇴직급여를 금융기관에 위탁하여 운용한 뒤 근로자가 퇴직할 때, 연금이나 일시금으로 주는 제도로서 기존의 퇴직금제도와 병행하여 실시할 수 있다. 다만, 2012년 7월 26일 이후부터 신설사업장은 퇴직연금을 도입하여야 하나 기존의 퇴직금제도를 실시하더라도 법적으로 문제될 점은 없다.

▶ **근로자 수에 따른 퇴직연금 의무가입 연도**

2016년 근로자 300인 이상 사업장
2017년 근로자 300~100인 사업장
2018년 근로자 100~30인 사업장
2019년 근로자 30~10인 사업장
2022년 근로자 10인 미만 사업장

▷ **퇴직금과 퇴직연금 비교**

구 분	퇴직금	확정급여형	확정기여형
비용부담주체	사용자	사용자	사용자
운용주체	사용자	사용자	근로자
퇴직급여 형태와 수준	일시금	연금 또는 일시금 (퇴직금과 같음)	연금 또는 일시금 (운용실적에 달라짐)
비용부담수준	근속기간 1년당 30일분 평균임금	퇴직금과 같음	매년 임금 총액의 8.3%(1/12)
적립방식과 수급권보장	사내적립, 불안정	부분사외적립(100분의 60), 부분보장	전액사외적립, 보장

❷ 퇴직연금제도 종류

퇴직연금제도에는 「확정급여형 퇴직연금제도」와 「확정기여형 퇴직연금제도」「개인형 퇴직연금제도」가 있으며, 사용자가 퇴직급여제도를 설정하거나 설정된 퇴직급여제도를 다른 종류의 퇴직급여제도로 변경하려는 경우에는 근로자의 과반수가 가입한 노동조합이 있는 경우에는 그 노동조합, 근로자의 과반수가 가입한 노동조합이 없는 경우에는 근로자 과반수의 동의를 받아야 한다.

▶ 확정급여형퇴직연금과 확정기여형퇴직연금 비교

구 분	확정기여형(Defined Contribution)	확정급여형(Defined Benefit)
개 념	• 노사가 사전에 부담할 기여금을 확정 • 근로자가 일정한 연령에 달한 때에 그 운용 결과에 기초하여 급여를 지급	• 노사가 사전에 급여 수준·내용을 약정 • 근로자가 일정한 연령에 달한 때에 약정에 따른 급여를 지급
기여금	확정(연간 임금총액 8.3% 이상)	산출기초 변경시 변동
급 부	운영실적에 따라, 사용자가 근로자의 근로기간에 대하여 퇴직연금에 불입함으로써 퇴직금 지급의무가 종결됨	근로자 퇴사시 사용자가 퇴직연금으로 불입하여 둔 퇴직연금운용자산으로 퇴직금에 해당하는 금액(근속기간 1년당 30일분의 평균임금 이상)을 퇴사한 근로자의 개인형퇴직연금계좌로 이전함
적립금 운용	적립금 운용에 대한 권한과 책임이 근로자에게 있음(제시된 운용방법에 대하여 선택, 지시권이 근로자에게 있음)	적립금 운용에 대한 권한과 책임이 사용자에게 있음(제시된 운용방법에 대하여 선택, 지시권이 사용자에게 있음)
위험부담	물가, 이자율변동 근로자 부담	물가, 이자율변동 등 회사 부담
지급보장	운용방법에 원금보장상품 포함 및 동 제도 시행 초기에는 안정적 운영지도[주식직접투자금지, 간접투자상품(수익증권)의 주식 등 위험자산 편입비율 40%로 제한]	책임준비금제도 건전성 감독 지급보장장치 마련
기업부담	축소 불가	축소 가능(수익률이 높을 경우)
통산제도	용 이	어려움(대안 : IRP)
연금수리	용 이	어려움(대안 : IRP)
선호계층	단기근속자 및 젊은 층	장기근속자
주요대상 (예 상)	연봉제, 중소기업	중견기업, 대기업, 기존 사외적립기업

2 확정기여형 퇴직연금

❶ 확정기여형 퇴직연금 회계처리

확정기여형 퇴직연금제도를 설정한 경우에는 당해 회계기간에 대하여 회사가 납부하여야 할 부담금(기여금)을 퇴직급여(비용)로 인식하고, 퇴직연금운용자산, 퇴직급여충당금 및 퇴직연금미지급금은 인식하지 아니한다.
즉, 확정기여형퇴직연금은 법인 외부에 퇴직급여재원을 100% 적립하기 위하여 지출하고 비용으로 계상한 것이므로 전액 손금으로 인정된다.

퇴직급여	***** / 현금및현금성자산	*****

▶ **퇴직금제도에서 퇴직연금제도로 변경시 회계처리**

1. 퇴직급여제도를 변경하면서 기존 퇴직급여충당금을 정산하는 경우 기존 퇴직급여충당금의 감소로 회계처리한다.
2. 확정기여형퇴직연금제도가 장래근무기간에 대하여 설정되어 과거근무기간에 대하여는 기존 퇴직금제도가 유지되는 경우 임금수준의 변동에 따른 퇴직급여충당금의 증감은 퇴직급여(비용)로 인식한다.

사 례 퇴직금제도에서 확정기여형퇴직연금제도로 변경

B회사는 2007년 12월 31일까지 퇴직금제도를 유지해왔으나 2008년 1월 1일부터 확정기여형퇴직연금제도를 도입하기로 결정하였다. 2008년 1월 1일 이후에는 연간 임금총액의 1/12에 해당하는 금액을 확정기여형퇴직연금제도의 부담금으로 납부한다.

① 퇴직금제도와 관련된 퇴직급여충당금 상당액 전액을 2008년 1월 1일에 확정기여형퇴직연금제도에 출연하기로 하였다. 기존 퇴직급여충당금 상당액과 2008년에 발생한 퇴직급여(비용) 전액을 부담금으로 납부한 경우의 회계처리

퇴직급여충당부채	***** / 현금및현금성자산	*****
퇴직급여	*****	

② 퇴직금제도와 관련된 퇴직급여충당금상당액은 확정기여형퇴직연금제도에 출연하지 않기로 결정하였다. 기존 퇴직금제도와 관련하여 임금 상승에 따른 효과를 반영하는 회계처리

| 퇴직급여 | ***** / 퇴직급여충당부채 | ***** |

❷ 확정기여형 퇴직연금의 손금산입

임원 또는 사용인의 퇴직을 보험금·신탁금 또는 연금의 지급사유로 하고 임원 또는 사용인을 피보험자·수익자 또는 수급자로 하는 보험·신탁 또는 연금으로서 보험료 등으로서 지출하는 금액은 당해 사업연도의 소득금액계산에 있어서 이를 손금에 산입한다. 단, 퇴직연금으로 전환됨에 따라 전환 전 근무기간에 대해 퇴직연금분담금을 지급하는 경우 이미 손금산입한 부분(퇴직급여충당금 또는 퇴직보험료)은 제외한다.

◆ 확정기여형퇴직연금 부담금 미불입액의 손금시기
(법인, 법인세과-980 , 2011.12.05.)
확정기여형퇴직연금제도를 설정한 내국법인이 퇴직 연금규약에 따라 매년 지급하여야 할 부담금 중 일부를 납입기일에 미불입한 경우, 해당 미불입액은 실제로 불입한 날이 속한 사업연도의 손금으로 산입하는 것임

◆ 임원의 확정기여형 퇴직연금을 퇴직급여 추계액보다 더 많이 불입한 경우, 불입한 퇴직연금 전액의 손금산입 가능 여부
(법인, 서면-2020-법령해석법인-5074 [법령해석과-4183] , 2020.12.18.)
내국법인이 임원의 퇴직을 퇴직급여의 지급사유로 하고 확정기여형 퇴직연금의 부담금을 당해 사업연도 종료일 현재 정관상 산정되는 퇴직급여를 초과하여 선불입하는 경우 미리 불입한 부담금은 납입한 사업연도의 손금에 산입한 후 퇴직시점에 퇴직급여 한도 초과액을 손금불산입함

❸ 확정기여형 퇴직연금의 퇴직소득세 징수

거주자가 퇴직으로 인하여 지급받는 퇴직급여액(명예퇴직수당과 단체퇴직보험금을 포함한다.) 전액을 퇴직한 날부터 60일 이내에 확정기여형퇴직연금 또는 개인퇴직계좌(과세이연계좌라 한다)로 이체 또는 입금하는 경우 당해 퇴직급여액은 실제로 지급받기 전까지 퇴직소득으로 보지 아니한다. [소령 42소의2 ⑤]

▶ 퇴직연금외 퇴직금 추가 지급시 퇴직소득세 원천징수

① 확정기여형 퇴직연금을 설정한 경우로서 사용자가 별도로 추가 지급하는 퇴직금이 있는 경우 그 **지급분**에 대하여는 회사가 퇴직소득세를 원천징수하고 '퇴직소득지급명세서'를 DC형 퇴직연금사업자에게 통보하고, 다음연도 3월 10일까지 관할세무서에 해당 '퇴직소득지급명세서'를 제출하여야 한다. 이 경우 DC형 퇴직연금사업자는 퇴직연금으로 지급하는 퇴직금과 사용자가 지급한 퇴직금을 합산하여 퇴직소득세를 원천징수한다.

② 추가 지급하는 금액을 개인형퇴직연금계좌로 이체하여 과세이연되는 경우에는 확정기여형 연금사업자가 퇴직소득원천징수의무를 지는 것으로서 퇴직금을 추가 지급하는 사용자는 '퇴직소득지급명세서'를 작성하여 과세이연계좌를 취급하는 퇴직연금사업자에게 즉시 통보하여야 한다. 이 경우 퇴직소득원천징수영수증상 과세이연한 내용을 과세이연계란에 기재한다.

③ 근로자가 퇴사하는 때에 퇴직연금일시금을 지급한 후 추가로 퇴직금을 지급하는 경우에는 퇴직연금사업자로부터 퇴직소득원천징수영수증을 통보받아 퇴직연금일시금과 추가 지급되는 퇴직금을 합산하여 퇴직소득세를 재계산하여야 한다.
원천징수이행상황신고서의 지급액란에는 추가 지급 퇴직금을 기재하고, 세액란에는 퇴직소득세 재계산액을 기재하는 것이며, 퇴직소득원천징수영수증 작성시 퇴직연금사업자가 지급한 분은 종(전)근무지란에 기재하고 회사의 지급분은 주(현)근무지란에 기재한다.

▣ 퇴직연금으로 퇴직금을 지급하는 경우 원천징수의무자

[1] 확정기여형 퇴직연금(DC)
확정기여형퇴직연금제도에서 퇴직소득세원천징수의무자는 퇴직연금을 관리하는 자이다.(중소기업에서 주로 운영함)

[2] 확정급여형 퇴직연금(DB)
확정급여형퇴직연금은 사용자가 퇴직연금운용기관에 불입하여 관리 및 운용하는 제도로서 근로자가 퇴사하는 경우 사용자는 퇴직금상당액 전액을 개인형퇴직연금(IRP)으로 이전하여야 하며, 이 경우 퇴직소득세는 과세이연된다. 단, 사용자는 퇴직연금사업자에게 퇴직소득지급명세서를 작성하여 즉시 통보하여야 하며, 또한 다음 연도 3월 10일까지 관할 세무서에 퇴직소득지급명세서를 제출하여야 한다.

3 확정급여형 퇴직연금제도

❶ 기존의 퇴직금제도에서 퇴직연금제도로 변경시 회계처리

기존의 퇴직금제도에서 과거근무기간을 포함하여 확정급여형퇴직연금제도로 변경하는 경우, 기존 퇴직급여충당금에 대해 부담금 납부의무가 생기더라도 이는 사내적립액을 사외적립액으로 대체할 의무에 지나지 않으므로 별도의 추가적인 부채로 인식하지 아니하고 납부하는 시점에 퇴직연금운용자산으로 인식한다.

| 퇴직연금운용자산 | ***** / 현금및현금성자산 | ***** |

❷ 확정급여형퇴직연금의 세무 및 회계처리

사용자가 퇴직금상당액을 확정급여형퇴직연금으로 불입하는 경우에는 퇴직연금운용자산으로 처리한 다음 결산조정으로 퇴직연금충당부채를 설정하고, 비용처리할 수 있으며, 결산조정을 하지 않는 경우 세무조정으로도 손금에 산입할 수 있다.

1 결산조정에 의한 손금산입 방법

[예제1] 20×3년 확정급여형퇴직연금제도를 도입하고, 퇴직급여추계액에 상당하는 1억원을 보통예금에서 인출하여 퇴직연금으로 불입하다.

| 퇴직연금운용자산 | 100,000,000 | / | 보통예금 | 100,000,000 |

[예제2] 20×3년 회계기말에 퇴직연금불입액 1억원에 대하여 충당부채를 설정하고, 퇴직급여로 계상하다. 단, 세무상 한도초과액은 없다.

| 퇴직급여 | 100,000,000 | / | 퇴직연금충당부채 | 100,000,000 |

[예제3] 20×4년 직원이 퇴사하여 퇴직연금에서 2천만원을 지급하고 퇴직소득세는 과세이연되다.

| 퇴직연금충당부채 | 20,000,000 | / | 퇴직연금운용자산 | 20,000,000 |

▶ 퇴직연금 과세이연

임직원의 퇴사로 확정급여형퇴직연금을 퇴사자의 개인형퇴직연금계좌로 이전하는 경우 퇴직소득세는 징수하지 않는다. 단, 근로자가 연금 지급 개시 전 인출할 시에는 퇴직연금사업자가 퇴직소득세를 징수하여 신고 및 납부하며, 연금을 지급하는 경우에는 퇴직연금운용사업자가 연금소득세 및 지방소득세를 징수하여 신고 및 납부한다.

2 세무조정에 의한 손금산입

[예제1] 20×3년 확정급여형퇴직연금제도를 도입하고, 퇴직급여추계액에 상당하는 1억원을 보통예금에서 인출하여 퇴직연금으로 불입하다.

| 퇴직연금운용자산 | 100,000,000 | / | 보통예금 | 100,000,000 |

[예제2] 20×3년 회계기말에 퇴직연금불입액 1억원에 대하여 별도의 충당부채를 설정하지 아니하고, 신고조정으로 손금산입하다.

<세무조정>
손금산입
퇴직금　　　　　100,000,000 (△유보)

[예제3] 20×4년 직원이 퇴사하여 퇴직연금에서 2천만원을 지급하고 퇴직소득세는 과세이연되다.

| 퇴직급여 | 20,000,000 | / | 퇴직연금운용자산 | 20,000,000 |

<세무조정>
손금불산입
퇴직급여　　　　20,000,000 (유보)

▶ 퇴직급 지급시 퇴직급여로 처리한 금액은 전년도 회계기말에 이미 손금산입하였으므로 세무조정으로 손금불산입하여야 한다.

③ 퇴직연금 불입, 운용수익 발생, 운용수수료 지급에 대한 회계처리

[예제1] 퇴직연금으로 30,000,000원을 보통예금에서 이체하여 불입하다.

| 퇴직연금운용자산 | 30,000,000 | / | 보통예금 | 30,000,000 |

[예제2] 퇴직연금에 대한 투자수익 3,000,000원이 발생하다.

| 퇴직연금운용자산 | 3,000,000 | / | 퇴직연금운용수익 | 3,000,000 |

[예제3] 퇴직연금에 대한 수수료 1,000,000원이 퇴직연금에서 퇴직연금사업자로 인출되다.

| 지급수수료 | 1,000,000 | / | 퇴직연금운용자산 | 1,000,000 |

[예제4] 20×4년 회계기말에 당해연도 확정급여형퇴직연금으로 불입한 금액 및 운용수익에서 운용수수료를 차감한 32,000,000원을 퇴직급여로 비용계상하다.

| 퇴직급여 | 32,000,000 | / | 퇴직연금충당부채 | 32,000,000 |

▶ 신고조정에 의한 손금산입

20×4년 회계기말에 퇴직연금불입액 3천만원 및 운용수익 3백만원에서 운용수수료 1백만원을 차감한 금액 3천2백만원에 대하여 별도의 충당부채를 설정하지 아니하고, 신고조정으로 손금산입하다.

<세무조정>
손금산입
퇴직금   32,000,000 (△유보)

■ 확정급여형퇴직연금을 확정기여형퇴직연금으로 전환하는 경우 세무회계

1. 당초 확정급여형에 대하여 결산조정으로 비용처리한 경우
퇴직연금운용자산 / 보통예금
퇴직급여   / 퇴직연금충당부채

확정기여형 전환
퇴직연금충당부채 / 퇴직연금운용자산

2. 당초 확정급여형에 대하여 신고조정으로 비용처리한 경우
퇴직연금운용자산 / 보통예금

세무조정
손금산입
퇴직급여 (△유보)

확정기여형 전환
퇴직급여   / 퇴직연금운용자산

세무조정
손금불산입
퇴직급여   (유보)

02　업무용 승용차 과세 특례

❶ 개요

기업이 승용차를 구입하여 업무용으로 사용하는 경우 그와 관련한 모든 비용을 특별한 제한없이 기업의 비용으로 인정을 받을 수 있음으로 인하여 그동안 고급승용차를 취득하여 개인적으로 이용하는 경우에도 과세관청이 개인적 용도 사용에 대한 사실 관계를 확인하기가 현실적으로 어려워 납세자는 승용차 관련 비용을 손금(법인) 또는 필요경비(개인사업자)로 산입하여 세금을 줄일 수가 있었다. 이러한 문제점으로 과세당국은 2016년 이후 기업의 승용차 관련 비용에 대하여 일정한 기준을 마련하여 업무 관련성을 입증하지 못하는 경우 손금불산입하고, 사적비용인 경우 대표이사 등에 대한 상여 처분을 하도록 하는 법령을 신설하였다.

❷ 적용대상 차량과 임직원보험 및 관련비용

1　적용대상 차량 및 제외차량

[1] 적용대상 차량

「개별소비세법」제1조제2항제3호에 해당하는 승용자동차(부가가치세법 제39조에 따른 부가가치세 매입세액공제가 적용되지 않는 승용자동차)

☐ 개별소비세법 제1조제2항제3호
3. 다음 각 목의 자동차에 대해서는 그 물품가격에 해당 세율을 적용한다.
가. 배기량이 2천㏄를 초과하는 승용자동차와 캠핑용자동차: 100분의 5
나. 배기량이 2천㏄ 이하인 승용자동차(배기량이 1천㏄ 이하인 것으로서 **대통령령으로 정하는 규격의 것은 제외한다**)와 이륜자동차 : 100분의 5
다. 전기승용자동차(「자동차관리법」제3조제2항에 따른 세부기준을 고려하여 대통령령으로 정하는 규격의 것은 제외한다): 100분의 5

[2] 적용대상에서 제외되는 차량
1. 경차 (정원 8명 이하의 자동차로 한정하되, 배기량이 1,000씨씨 이하의 것으로서 길이가 3.6미터 이하이고 폭이 1.6미터 이하인 것)
2. 화물차, 승합차
3. 운수업, 자동차판매업 등에서 사업에 직접 사용하는 승용자동차
4. 장례식상 및 상의관련업을 영위하는 법인이 소유하거나 임차한 운구용 승용차

[개정 세법] 업무용승용차 손금산입 시 전용번호판 부착요건 구체화
(법인칙 §27의2)

종 전	개 정
<신 설>	□ 업무용승용차 관련비용의 손금 불인정 요건 ○ 국토교통부장관이 정하는 기준*에 따른 법인업무용 자동차번호판을 부착하지 않은 경우 * 자동차 등록번호판 등의 기준에 관한 고시(국토부) - (대상) 취득가액 8,000만원 이상 - (요건) 연녹색 전용번호판 미부착 - (시행시기) '24.1.1. 이후 등록 및 대여한 자동차부터 적용

2 임직원 전용자동차 보험 가입과 비용 인정

[1] 임직원 전용 자동차보험 가입하는 경우
① 운행기록을 통해 입증된 업무사용 비율만큼 비용 인정
② 운행기록을 작성하지 않은 경우 승용차 관련비용(감가상각비 등 차량 관련 모든 비용을 포함한 금액)은 대당 1500만원까지 인정

▶ 임직원 전용 보험가입 대상
법인의 경우 업무용 승용차로 인정받기 위해서는 임직원만 운전 가능한 자동차보험에 가입하여 가족들이 사적으로 사용하지 않도록 일차적으로 제한

[2] 임직원 전용 자동차보험에 가입하지 않은 경우

법인의 경우 전액 손금불산입하여야 하며, 손금불산입된 금액은 귀속자에게 소득처분(귀속자가 불분명한 경우 대표자에게 소득 처분)하여야 한다.

◆ **사업연도 중 일부기간만 업무전용자동차보험에 가입한 경우(법령 제50조의2 제9항)**
해당 사업연도 중 일부기간만 업무전용자동차보험에 가입한 경우 : 가입일수 비율에 의하여 손금인정

[개정 세법] 개인사업자의 업무전용 자동차보험 가입의무 강화(소득령 § 78의3)

현 행	개 정
□ 개인사업자의 업무전용 자동차보험 가입의무	□ 가입대상 확대 및 미가입시 관리 강화
○ (대상자) 성실신고확인대상자 전문직 업종* 사업자 *의료업, 약국업, 변호사업, 세무사업 등	○ 전체 복식부기의무자
○ (대상차량) 보유 업무용승용차 중 1대를 제외한 나머지 차량	○ (좌 동)
○ (전용특약) 사업자, 직원 등이 운전한 경우만 보장	○ (좌 동)
○ (미가입시 필요경비 불산입 비율) 업무용승용차 관련비용의 50%	○ 100% 불산입 * 다만, 성실신고확인대상자 또는 전문직 업종 사업자가 아닌 경우 '24 · '25년은 50% 불산입

〈적용시기〉
① (가입대상 확대) '24.1.1. 이후 발생하는 소득분부터 적용
② (미가입시 필요경비 불산입 비율 상향) '24.1.1. 이후 발생하는 소득분부터 적용
– 성실신고확인대상자 · 전문직이 아닌 경우 '26.1.1. 이후 발생하는 소득분부터 적용

[3] 리스 또는 렌트차량의 보험가입

법인이 리스 또는 차량을 렌트하는 경우 계약서 작성시 보험 관련하여 특약 사항 (임직원에 대해서만 보험 적용)으로 기재하는 경우 임직원 전용보험에 별도로 가입을 하지 않아도 되는 것으로 기획재정부에 유선으로 확인을 하였으며, 차후 과세당국의 별도 해석이 필요한 것으로 판단된다.

③ 업무용 승용차 관련 비용의 범위

업무용승용차 관련 비용이란 업무용승용차에 대한 감가상각비, 임차료, 유류비, 보험료, 수선비, 자동차세, 통행료 및 금융리스부채에 대한 이자비용 등 업무용승용차의 취득·유지를 위하여 지출한 비용을 말한다.

④ 업무용 승용차 운행기록 작성 및 차량관련 비용 손금산입

[1] 개요

업무용 승용차와 관련하여 연간 비용으로 처리할 금액이 1500만원을 초과하는 경우로서 1500만원(법인 부동산임대업 500만원)을 초과하는 금액을 손금산입하고자 하는 경우에는 업무용승용차별로 운행기록 등을 작성·비치하여야 하며, 납세지 관할 세무서장이 요구할 경우 이를 즉시 제출하여야 한다. (법인세법 시행령 제50조의2)

[세법 개정] 업무용승용차 운행기록부 작성의무 기준금액 완화
(법인령 §50의2⑦, 소득령 §78의3⑥)
(개정) 1,000만원 → 1,500만원
<적용시기> 2020.1.1. 이후 개시하는 사업연도(과세기간) 분부터 적용

[2] 업무용 사용금액 한도내 손금산입

① 업무용 승용차에 대하여 임직원보험에 가입한 경우라도 업무용 사용금액에 해당하지 아니하는 금액은 소득금액을 계산할 때 손금에 산입하지 아니한다.
② 업무용 사용금액이란 다음의 요건 중 하나를 충족하는 경우로서 업무용승용차 관련비용에 업무사용비율을 곱한 금액으로 한다.

1. 해당 사업연도 전체 기간(임차한 승용차의 경우 해당 사업연도 중에 임차한 기간을 말한다) 동안 해당 법인의 임원 또는 사용인이 직접 운전한 경우
2. 계약에 따라 타인이 해당 법인의 업무를 위하여 운전하는 경우만 보상하는 자동차보험(업무전용자동차보험)에 가입한 경우

▶ **업무용 사용금액**
업무용 승용차 관련 비용 × 업무사용비율(업무용 사용거리/총 주행거리)

▶ **업무용 사용거리 [법인세법 시행규칙 제27조의2 제5항]**
업무용 사용거리란 제조.판매시설 등 해당 법인의 사업장 방문, 거래처.대리점 방문, 회의 참석, 판촉 활동, **출.퇴근** 등 업무수행에 따라 주행한 거리를 말한다.

[4] 업무용승용차 관련비용 등에 관한 명세서 제출의무
업무용승용차 관련비용 등을 손금에 산입한 법인은 업무용승용차 관련비용 등에 관한 명세서를 납세지 관할 세무서장에게 제출하여야 한다.

[개정 세법] 업무용 승용차 관련 비용 명세서 미제출 가산세 등 신설
(소득법 §81의14, 법인법 §74의2 신설)
(대상) 업무용 승용차 관련 비용을 손금산입하여 신고한 사업자가 해당 명세서 미제출·불성실 제출
(가산세액) 미제출·불성실 제출로 구분 규정
- 미제출 : 업무용 승용차 관련 비용 손금산입액 : 신고액 전체 × 1%
- 불성실 제출 : 업무용 승용차 관련 비용 손금산입액(신고액) 중 명세서 상 사실과 다르게 제출한 금액 × 1%

<적용시기> '22.1.1. 이후 개시하는 과세연도 분부터 적용

♣ 업무용승용차 운행기록부 : 국세청 홈페이지 → 국세청뉴스 → 고시
♣ 업무용승용차 관련비용 명세서 : 국세법령정보시스템 → 법령서식

5 운행기록을 작성하지 않은 경우 차량관련 비용의 손금산입

임직원만 운전 가능한 자동차보험에 가입한 경우 차량 관련 비용을 1500만원까지

손금에 산입할 수 있다. 단, 1500만원 중 감가상각비는 최대 800만원만 손금에 산입할 수 있다.

▶ 운행기록을 작성하지 않은 경우 업무 사용비율

1. 해당 사업연도의 업무용승용차 관련비용이 1500만원(해당 사업연도가 1년 미만인 경우에는 1천만원에 해당 사업연도의 개월수를 곱하고 이를 12로 나누어 산출한 금액을 말한다.) 이하인 경우: 100분의 100
2. 해당 사업연도 업무용승용차 관련비용이 1500만원을 초과하는 경우: 1500만원을 업무용승용차 관련비용으로 나눈 비율

▶ 운행기록을 작성하지 않은 경우 감가상각비

운행기록을 작성하지 않는 경우로서 차량 관련 비용이 1500만원을 초과하는 경우 차량 감가상각비가 800만원을 초과하더라도 800만원을 감가상각비로 손금산입할 수 있는 것은 아니다. 예를 들어 차량 감가상각비가 2000만원이고, 감가상각비를 제외한 차량관련 비용이 2000만원인 경우 업무사용비율은 25%[1500만원 ÷ 4000만원(차량 전체비용)]로서 감가상각비는 500만원만 손금산입할 수 있는 것이다.

6 임직원 명의 차량의 유지비용

법인이 업무용승용차를 취득하거나 임차한 경우에 적용되는 것이므로 직원 개인명의의 차량을 이용하는 경우 종전의 규정에 따라 법인의 업무에 실제 사용하는 경우 법인의 손금에 산입할 수 있을 것으로 판단된다.

❸ 업무용승용차 감가상각비

1 감가상각비 계산 방법

[1] 감가상각 방법
2016년 1월 1일 이후 취득한 차량의 경우 5년간 정액법으로 의무화

[2] 감가상각비 계상

감가상각비 × 업무사용비율(업무사용비율이란 총 사용거리 중 업무용 사용거리가 차지하는 비율을 말한다.) 단, 800만원(법인 부동산임대업 400만원)을 한도로 한다.

[3] 리스 또는 렌트 차량의 감가상각비 계상

1) 시설대여업자로부터 임차한 승용차 : 임차료에서 해당 임차료에 포함되어 있는 보험료, 자동차세, 수선유지비를 차감한 금액. 다만, 수선유지비를 별도로 구분하기 어려운 경우 임차료(보험료와 자동차세를 차감한 금액을 말한다)의 100분의 7을 수선유지비로 계산할 수 있다.
2) 자동차대여사업자로부터 임차한 승용차 : 임차료의 100분의 70에 해당하는 금액

② 감가상각비 한도액 및 이월공제

[1] 법인 소유 차량

감가상각비에 업무사용 비율을 곱한 금액으로 하되, 감가상각비는 매년 800만원까지만 인정하며, 초과금액은 이월하여야 한다.

▶ **사업연도 중 취득한 업무용 승용차**

800만원 × 보유 월수 ÷ 12

▶ **한도초과액**

해당 사업연도 감가상각비 한도액인 대당 800만원 초과하는 감가상각비는 다음연도 이후 800만원에 미달하는 경우 미달하는 금액을 손금추인 할 수 있으며, 처분시까지 손금산입하지 못한 금액은 처분시에 손금추인할 수 있을 것으로 판단이 되나 향후 과세당국의 유권해석이 필요한 사안이다.

[2] 리스 또는 렌트 차량 감가상각비 한도초과액 소득처분

리스 또는 렌트 차량의 경우 임차료(보험료, 자동차세 등을 제외한 금액) 중 감가상각비 상당액에 대해서만 적용하되, 매 년 800만원까지만 손금으로 인정이 되므로 감가상각비 상당액에 업무사용비율을 곱한 금액이 800만원을 초과하는 경우 해

당 금액은 손금불산입하고, 유보로 처분한 후 다음 사업연도부터 해당 업무용승용차의 업무사용금액 중 감가상각비 상당액이 800만원에 미달하는 경우 그 미달하는 금액을 한도로 손금에 산입한다. 단, 업무사용이 아닌 금액은 손금불산입하고, 상여로 처분하여야 한다.

[사례] 렌트 차량 감가상각비 상당액 1500만원 업무사용비율 80%
당해 연도 손금산입한도액 : 800만원
세무조정 손금불산입 : 700만원
감가상각비 : 400만원(유보) → 다음연도 이후 유보 추인하여 손금산입
감가상각비 : 300만원(상여)

▣ 리스 중 승계하여 매입한 차량의 감가상각비는 1대의 차량으로 보고 감가상각비를 계상하여야 하는 것임

리스 중 소유권을 이전한 경우 동일한 차량으로 보아 손금산입 한도를 적용하는 것으로 판단됨

▣ 리스차량 감가상각비 상당액

임차료 - 해당 임차료에 포함되어 있는 보험료, 자동차세, 수선유지비
단, 수선유지비를 별도로 구분하기 어려운 경우 임차료(보험료와 자동차세를 차감한 금액을 말한다)의 100분의 7을 수선유지비로 계산할 수 있다.

▣ 렌트차량 감가상각비 상당액

임차료의 100분의 70에 해당하는 금액

▣ 사업연도 중 임차하거나 사업연도 중 임차가 종료된 경우 감가상각비 계상

해당 사업연도 중에 임차한 기간으로 계산을 하여야 할 것으로 판단이 되며, 월수의 계산은 월수는 역에 따라 계산하되, 1월 미만의 일수는 1월로 한다.

◈ 리스차량을 리스기간 만료로 취득한 경우
(서면-2017-법령해석법인-0554 [법령해석과-3700] , 2017.12.26.)
업무전용자동차보험에 가입하였으나, 운행기록 등을 작성·비치하지 아니한 업무용승용차를 임차하여 사용하다가 임차기간의 만료로 사업연도 중에 취득하여 계속 사용하는 경

우 업무용승용차 관련비용의 손금산입 한도액은 임차 또는 취득 구분 없이 하나의 업무용승용차로 계산하는 것임

③ 감가상각비 한도초과액 소득처분

[1] 감가상각비 한도초과액

감가상각비 한도초과액은 손금불산입(유보) 처분한 이후 감가상각비가 800만원에 미달하는 경우 그 미달하는 금액을 한도로 손금추인(△유보)한다. 단, 임차료에 대한 감가상각비 한도초과액은 기타사외유출로 처분한다.

[2] 기타 차량유지관련 비용 중 업무관련임을 입증하지 못하는 경우

업무에 사용하였으나 운행일지 등에 의하여 입증을 하지 못함으로서 손금불산입된 금액은 기타사외유출로 처리할 수 있으나 사적으로 사용한 승용차 관련 비용은 손금불산입하고 해당 사용자에게 상여처분을 하여야 한다.

❹ 업무용승용차 과세 특례 적용시기

○ 법인 : 2016.1.1. 이후 지출하는 분부터 적용.
○ 개인(성실신고확인대상자) : 2016.1.1. 이후 적용
○ 개인(복식부기의무자) : 2017.1.1. 이후 적용

[개인사업자 업무용승용차 상세내용] 경영정보사 종합소득세 편 참조

❺ 업무용 승용차 매각

업무용승용차를 처분하여 발생하는 세무상 손실로서 승용차별로 800만원을 초과하는 금액은 이월하여 매 년 800만원을 한도로 손금에 산입한다. (월할 상각은 하지 않음)

한편, 매각연도 이전 감가상각비한도초과액이 있는 경우 처분연도에 전액 손금추인 하며, **처분손실은 세무상 금액으로 하되, 800만원을 초과하는 금액은 다음연도 이후 매년 800만원을 한도로 손금추인한다.**

[사례] 업무용 승용차 처분손실 및 한도초과금액 손금불산입액 계산 (단위 천원)

회계		세무	
취득가액	80,000	취득가액	80,000
감가상각비 누계액	70,000	감가상각비 누계액	70,000
		(세무상) 감가상각 누계액	40,000
		[세무조정] 한도초과액 이월	30,000
장부가액	10,000	(세무상) 장부가액	40,000
처분가액	30,000	처분가액	30,000
처분이익(손실)	20,000	(세무상) 처분손실	(10,000)
당기손금산입액		[세무조정] 당기손금산입액	30,000
한도초과금액손금 불산입		[세무조정] 처분연도 손금	8,000
		한도초과 이월 손금산입	2,000

<세무조정>
(손금산입) 전기이전 한도초과액 30,000 (△유보)
(손금산입) 처분연도 처분손실 한도액 8,000 (△유보)
(손금불산입) 처분손실 한도초과액 2,000 (유보 또는 기타사외유출)

03   차량과 관련한 세무회계

❶ 차량 취득과 취득세 납부 및 공채 매입

1 차량 취득세

차량을 취득한 자는 그 취득한 날부터 60일 이내에 과세표준(차량가액에 개별소비세 및 교육세를 포함한 가액으로 한다.)에 해당 세율을 적용하여 산출한 세액을 신고 및 납부하여야 하며 차량의 취득세는 다음과 같다.

구 분		세 율	비 고
승용차	비영업용 승용자동차	차량가격의 1천분의 70	
	경자동차	차량가격의 1천분의 40	
그 밖의 자동차	비영업용	차량가격의 1천분의 50	
	영업용	차량가격의 1천분의 40	
기타		차량가격의 1천분의 20	

* 비영업용 승용자동차란 운수회사 등이 영업에 사용하지 않는 자동차를 말한다.
* 경형 자동차란 배기량이 1000cc 미만으로서 길이 3.6미터, 너비 1.6미터, 높이 2.0미터 이하인 자동차를 말한다(「자동차관리법 시행규칙」 별표 1).

▶ **차량에 부과되는 세금**
1. 개별소비세 : 차량가격의 5% (경형자동차는 개별소비세 면제)
2. 교육세 : 개별소비세의 30%
3. 부가가치세 : 공급가액 + 개별소비세 + 교육세의 10%

2 공채

차량의 취득시 지방자치단체에서 발행한 공채인 지방채를 매입하여야 하며, 지방자치단체별로 그 매입비율이 각각 다르다. 예를 들어 서울시의 경우 차종 및 배기량에 따라 차량가격의 5~ 20%에 상당하는 금액의 도시철도공채를 매입하여야 한다. 국공채는 상환기간이 길고 이자율이 낮아 통상 증권회사등에 할인하며, 할인료만을 차량 취득가액에 포함하여 처리할 수 있다.

③ 차량운반구 취득가액 및 매입세액 공제

차량운반구 취득 및 구입시에 지출되는 매입 부대비용, 차량운반구의 취득과 관련한 세금과공과금(취득세 등) 및 제비용(등록대행수수료, 인지세, 번호판대 등)은 차량운반구 취득가액에 포함한다.

[1] 매입세액 처리

화물차, 9인승이상 승합차등의 매입세액은 매출세액에서 공제를 받을 수 있으나 비영업용승용차의 구입 및 유지와 관련한 매입세액은 매출세액에서 공제를 받을 수 없다. 영업용승용차라 함은 운수사업자(택시운수업, 렌트카업체 등)가 승용차를 이용하여 직접 사업에 사용하는 경우를 말한다.

따라서 운수사업자 등이 아닌 사업자가 사업을 위하여 구입하는 승용차는 모두 비영업용승용차에 해당하며, 그 취득 및 유지(유류대, 수리비 등)와 관련한 매입세액은 공제받을 수 없다. 또한 **비영업용소형승용차의 임차(렌트비용) 및 주차관련 비용도 그 매입세액을 공제받을 수 없다.**

▶ 매입세액을 공제받을 수 없는 승용자동차
① 정원 8인승 이하 승용자동차
② 지프형자동차, 캠핑용 자동차(캠핑용 트레일러를 포함한다)
③ 2륜자동차. 단, 내연기관을 원동기로 하는 것은 그 총배기량이 125씨씨를 초과하는 것 및 내연기관외의 것은 정격출력이 1킬로와트를 초과하는 것

▶ 매입세액을 공제받을 수 있는 승용자동차
① 9인승 이상 자동차 및 승합차
② 밴차량(운전석 앞자리는 사람의 탑승이 가능하고, 뒷부분은 화물 적재 차량)

③ 배기량이 1,000cc 이하의 것으로서 길이가 3.6미터 이하이고 폭이 1.6미터 이하인 것(모닝, 마티즈, 아토스 등)
④ 2륜자동차 중 내연기관을 원동기로 하는 것은 그 총배기량이 125cc 이하인 것 및 내연기관외의 것은 그 정격출력이 1킬로와트 이하인 것

[2] 기타 비용
차량의 취득과 관련한 모든 비용은 차량운반구로 처리를 하여야 하므로 차량번호판대, 탁송료, 책임보험료 등은 모두 차량운반구 가액에 포함한다.

[3] 장기할부매입의 경우 이자비용처리
자산을 법인세법 시행령 제68조 제3항의 규정에 의한 장기할부 조건 등으로 구매하는 경우 발생한 채무를 기업회계기준에 의한 현재가치로 평가하여 현재가치할인차금으로 계상하는 경우 해당 현재가치할인차금을 자산의 가액에 가산하지 않는 것이며, 현재가치할인차금 상각액은 지급이자 손금불산입 대상이 되지 않는다.

한편, 할부구입과 관련하여 현재가치할인차금을 계상하지 않는 경우 해당 이자는 자산(차량)의 가액에 포함하여야 한다. 그러나 자산(차량)의 판매회사가 아닌 캐피탈 등으로부터 할부대금을 차입하고, 그 이자비용을 지급하는 경우 당해 이자는 그 지급시 이자비용으로 처리하여야 할 것으로 판단된다.

▣ 차량 매입 회계처리

① 《화물차 매입》 업무용 화물차를 구입하기 위하여 현대자동차판매(주)와 계약하고, 차량대금 중 일부인 2,500,000원 및 탁송료154,000원을 제외한 잔액은 현대캐피탈(주)에 36개월 할부로 지급하기로 하고, 기타 비용은 보통예금에서 결제하다.
1. 세금계산서 수취내용
차량대금   35,000,000원   부가가치세   3,500,000원
탁송료   140,000원   부가가치세   14,000원
2. 기타 차량취득비용 합계 1,827,000원
취득세 1,757,000원, 단기의무보험료 4,000원. 번호판대 35,000원
증지대(수입인지) 2,000원, 공채매입 및 할인료 29,000원

| 차량운반구 | 35,140,000 | / | 보통예금 | 2,654,000 |
| 부가세대급금 | 3,514,000 | | 미지급금 | 36,000,000 |

▷ 비영업용승용자동차를 취득하는 경우에는 그 매입세액은 공제받을 수 없으므로 부가세대급금은 차량운반구의 취득가액에 포함하여 처리한다.

| 차량운반구 | 1,827,000 | / | 보통예금 | 1,827,000 |

▷ 공채매입 및 할인료 : 유형자산의 취득과 관련하여 국·공채 등을 불가피하게 매입하는 경우 당해 채권의 매입가액과 현재가치와의 차액은 취득가액으로 할 수 있다.

② 《차량할부대출 수수료 지급》 현대캐피탈(주)에 차량할부 수수료 300,000원을 보통예금에서 인출하여 결제하다.

| 지급수수료 | 300,000 | / | 보통예금 | 300,000 |

③ 《차량할부원리금 지급》 차량할부원금 890,000원 및 할부이자 230,000원이 국민은행 보통예금에서 자동이체 되다.

| 미지급금 | 890,000 | / | 보통예금 | 1,120,000 |
| 이자비용 | 230,000 | | | |

❷ 차량운반구 매각

법인의 경우 유형자산처분시 당기 감가상각비는 계상하지 않아도 된다. 왜냐하면, 감가상각비로 계상하지 않은 금액은 유형자산처분손실에 더하여지거나 유형자산처분이익이 줄어들게 되어 법인의 손익에는 영향이 없기 때문이다. 다만, 업무용승용차의 경우 의무적으로 감가상각을 하여야 하므로 처분연도 감가상각비를 계상하여야 한다.

한편 개인사업자의 경우 유형자산처분손실은 필요경비에 산입할 수 없으므로 업무용승용차 및 업무용승용차가 아닌 유형자산의 경우에도 매각월까지의 감가상각비를 계상하여야 처분연도의 감가상각비를 필요경비에 산입할 수 있다.

◆ 매입 시에 매입세액을 공제받지 못한 비영업용 소형승용차를 매각 시 과세여부
(부가46015-1146, 1994.06.07)
매입 시에 매입세액을 공제받지 못한 비영업용 소형승용차를 매각하는 경우에는 과세되는 것임.
[회신]
1. 우리청 부가46015-1128(1994.06.02) 회신문중 "3항"의 내용을 아래와 같이 정정하여 다시 회신함.
- 정정내용 : "매입시에 매입세액을 공제받지 못한 비영업용 소형승용차를 매각하는 경우에는 부가가치세법 제6조 제1항의 규정에 의하여 과세되는 것임.

□ 부가가치세법 집행기준 10-0-1 [매입세액의 공제와 간주공급 과세 여부]
② 취득 시 제1항에 따라 매입세액이 공제되지 아니한 재화가 간주공급에 해당하는 경우 부가가치세의 과세 여부는 다음과 같다.

간주공급 유형	과세 여부	비고
• 폐업할 때 남아 있는 재화	과세 안함	2007. 1. 1. 이후부터 적용

▣ 차량운반구 매각 회계처리

[예제] 《매각 월까지의 감가상각비 계상》 차량 매각 연도에 처분일(9월 10일 처분)까지의 감가상각비를 계상하다.
취득가액(14,000,000원) - 감가상각누계액(6,000,000원) × 상각률(45.1%) × 9개월(1개월 이하의 일수는 1개월로 한다.)/12개월

감가상각비	2,706,000	/	감가상각누계액	2,706,000

[예제] 《차량 매각》 차량운반구를 매각하고 세금계산서를 발행하다. 차량매각대금 5,500,000원(공급가액 5,000,000원, 세액 500,000원)은 현금으로 영수하다.
취득가액 14,000,000원, 감가상각누계액 8,706,000원

현금	5,500,000	/	차량운반구	14,000,000
감가상각누계액	8,706,000		부가세예수금	500,000
유형자산처분손실	294,000			

❸ 개인사업자의 고정자산(유형자산) 처분손익 세무처리

복식부기의무자가 승용차 등 고정자산을 매각하는 경우 그 매각가액을 매각일이 속하는 과세기간의 사업소득금액을 계산할 때에 총수입금액에 산입하고, 장부가액은 필요경비에 산입하여야 한다. 한편, 사업용으로 사용하던 토지, 건물 등 양도소득세 과세대상 물건을 처분하는 경우 발생하는 이익은 사업소득과는 별도로 양도소득세를 신고.납부하여야 한다.

▶ **업무용 승용차 처분손실 중 8백만원을 초과하는 금액의 이월 필요경비산입**
해당 과세기간의 다음 과세기간부터 800만원을 균등하게 필요경비에 산입하되, 남은 금액이 800만원 미만인 과세기간 또는 해당 업무용승용차를 처분한 날부터 10년이 경과한 날이 속하는 과세기간에는 해당 잔액을 모두 필요경비에 산입하는 방법으로 한다.

▶ **승용차 매각시 업무용 승용차 감가상각비 한도초과액 손금 추인**
해당 사업연도의 감가상각비 한도액인 대당 800만원 초과하는 감가상각비는 다음 연도 이후 800만원에 미달하는 경우 대당 기준으로 손금(필요경비)추인을 하여야 할 것으로 판단이 되며, 처분시까지 손금산입하지 아니한 금액은 처분 시점에 전액 손금(필요경비)추인하여야 할 것이나 법령 등에 구체적인 내용이 없어 향후 과세당국의 권한있는 해석이 있어야 할 것이다.

[예제] 기계장치 취득가액 4000 감가상각누계액 2000 처분가액 1000(부가세 별도)
보통예금　　　　　　1100　　/　부가세예수금　　100
감가상각누계액　　　2000　　　 기계장치　　　　4000
유형자산처분손실　　1000

<세무조정>
총수입금액 산입
기계장치 매각금액 1000
필요경비 산입
기계장치 장부가액 2000 (취득가액 4000 - 감가상각누계액 2000)

필요경비불산입
유형자산처분손실   1000

[재정 세법] 개인사업자의 사업용 유형고정자산 처분손익 과세 신설(소득세법 제19조 제1항·제25조 제3항, 같은 법 시행령 제37조의2·제55조 제1항·제144조 제3항)

종 전	개 정
□ 사업소득의 범위	□ 사업소득의 범위 확대
<추 가> ※ 유형 고정자산 처분손익 중 복식부기의무자의 업무용 승용차 처분손익에 한정하여 과세	○ 복식부기의무자의 사업용 유형 고정자산(부동산 제외) 처분소득
<신 설>	□ 과세대상 유형고정자산의 범위 ○ 영 제62조제2항제1호에 따른 감가상각자산* * 차량 및 운반구, 공구, 기구 및 비품, 선박 및 항공기, 기계 및 장치 등
<신 설>	□ 필요경비 ○ 유형고정자산의 양도 당시 장부가액
□ 수입금액 추계결정·경정 시 수입금액 가산 항목	□ 유형고정자산 양도가액 가산
<추 가>	○ 복식부기의무자의 유형고정자산 양도가액

<적용시기 및 적용례> ○ 2018.1.1. 이후 개시하는 과세기간 분부터 적용
※ 건설기계 처분손익 2018.1.1. 이후 취득하여 2020.1.1. 이후 양도하는 분부터 적용

[개정 세법] 사업자의 기장 및 신고의무 관련 수입금액 산정기준 합리화
(소득세법 시행령 제131조의2 제1항, 제133조 제1항, 제208조 제5항)
수입금액에 사업용 유형자산 처분에 따른 수입금액 제외

❹ 차량 무상 양도

[1] 급여로 처리
사업자가 과세사업으로 사용하던 재화를 사용인(종업원)에게 무상으로 증여하는 경우 시가상당액을 급여로 처리를 하여야 한다.

[2] 부가가치세 과세 여부
과세사업에 사용하던 재화를 사용인(종업원)에게 무상으로 증여하는 경우에는 당초 매입세액 공제 여부에 관계없이 개인적 공급으로 보아 부가가치세가 과세된다.

[예제] 《차량 무상 양도》 차량운반구(비영업용, 소나타)를 종업원에게 무상 양도하다.
장부가액 25,000,000원, 감가상각누계액 22,000,000원, 시가 4,000,000원

급여	4,400,000	/	차량운반구	25,000,000
감가상각누계액	22,000,000		유형자산처분이익	1,000,000
			부가세예수금	400,000

❺ 차량사고 발생시 보험료 처리

차량사고시 보험회사로부터 보험금을 지급받는 차량정비사업자는 차량정비용역에 대한 세금계산서를 통상 실제 자기 책임하에 자동차수리용역을 제공받는 자(차량사고업체)에게 발행하며, 부가가치세를 부담하는 자가 일반과세사업자인 경우 그 매입세액은 납부할 세액에서 공제를 받을 수 있다. 다시 말하면, **차량정비사업사는 차량수리용역**에 대한 수리대금은 보험회사로부터 수령하는 것이나 세금계산서는 실제 자기 책임하에 자동차수리용역을 제공받는 자(통상 차량사고업체)에게 발행하므로 차량사고업체는 매입세액만 부담하는 것으로서 동 매입세액에 대한 회계처리만 한다.

▶ 차량사고 관련 회계처리 사례

① 《차량사고 및 세금계산서 수취》 회사 화물자동차의 교통사고로 인해 당해 차량을 자기 책임하에 수리하고 보험처리를 하였다. 차량수리비 1,500,000원 중 면책금

300,000원은 회사가 부담하여야 하므로 보험회사는 면책금을 제외한 1,200,000원을 차량정비사업자에게 지급하였으며, 차량정비사업자는 차량정비용역에 대하여 당 사 앞으로 세금계산서(공급가액 1,500,000원, 세액 150,000원)를 발행한 바 매입세액 120,000원 및 면책금 330,000원을 보통예금에서 인출하여 지급하다.

부가세대급금	150,000 / 보통예금		450,000
수선비	300,000		

- 부가세대급금 : 차량수리비는 보험회사가 부담하고 차량사고업체는 매입세액만 부담하는 것으로서 동 매입세액에 대한 회계처리만 한다.
- 수선비 : 면책금 지급금액은 수선비로 처리한다.

◆ **차량사고에 대한 세금계산서 발행 (제도46015-10277, 2001.03.27)**
차량정비사업자가 사고자동차에 대한 보험수리용역을 제공함에 있어서 세금계산서를 발급하는 경우 당해 용역대가의 지급자 또는 차량소유자 여부를 불문하고 실제 자기책임하에 자동차수리용역을 제공받는 자에게 세금계산서를 발급하여야 하는 것으로, 과세사업을 영위하는 사업자가 차량의 교통사고로 인해 당해 차량을 자기책임하에 수리하는 경우 수리용역에 대한 세금계산서는 용역의 대가의 지급자와 관계없이 실제 자동차수리용역을 받은 당해 사업자 명의로 발급받는 것이며 동 매입세액은 매출세액에서 공제받을 수 있는 것임.

▶ **면책금**
면책금이란 자동차 종합보험가입시 자기차량손해에서 일정금액(5만원, 10만원 등 가입자가 보험계약시 선택함)을 차주가 부담하도록 하는 제도를 말하는 것이며, 이 제도는 가입자가 부담가능한 정도의 소액 손해를 보험처리 대상에서 제외함으로써, 보험회사는 사무처리의 효율을 높이고 가입자에게는 보험료 부담을 낮추게 하기 위한 제도이다. 면책금 지급금액은 차량수리비로 간주하여 차량유지비 또는 잡손실로 처리한다.

② 《차량사고 및 세금계산서 수취》 승용자동차(소나타)의 교통사고로 인해 당해 차량을 자동차정비업소에 수리를 맡기고 보험처리하였다.
자동차정비업소는 보험회사로부터 수리비 1,000,000원은 지급받고, 수리비에 대하여 당 사에 세금계산서를 발급하였으며, 부가가치세는 당 사가 부담하여야 하므로 100,000원을 보통예금에서 이체하여 지급하다.

수선비	100,000 / 보통예금	100,000

04   수익적 지출, 자본적 지출

기계장치, 건물 등 유형자산 수선의 경우 비용 항목인 수선비로 처리하는 것 및 소액 자산(건별 100만원 이하)의 취득금액을 즉시 비용으로 처리하는 것을 수익적 지출이라고 하며, 수선비를 해당 자산으로 처리한 다음 감가상각을 통하여 비용화하는 것을 자본적 지출이라고 한다.

❶ 수익적 지출

수익적 지출이란 고정자산의 원상을 회복시키거나 능률유지를 위하여 지출한 비용 및 소액 자산(100만원 이하)을 취득하는 경우 즉시 비용화 하는 것을 말하며, 다음과 같은 지출은 수익적 지출에 해당한다. 수익적 지출에 해당하는 경우 수선비 또는 소모품비 등 비용 처리한다.

① 거래 단위별로 그 취득가액이 **100만원 이하인 것**
다음 각호의 것을 제외하고 그 취득가액이 거래단위별로 100만원 이하인 감가상각자산에 대하여는 이를 그 사업에 사용한 날이 속하는 사업연도의 손금으로 계상한 것에 한하여 이를 손금에 산입한다. 거래단위라 함은 이를 취득한 법인이 그 취득한 자산을 독립적으로 사업에 직접 사용할 수 있는 것을 말한다.
1. 그 고유업무의 성질상 대량으로 보유하는 자산
2. 그 사업의 개시 또는 확장을 위하여 취득한 자산

② 다음의 자산 취득
1. 어업에 사용되는 어구(어선용구를 포함한다)
2. 영화필름, 공구, 가구, 전기기구, 가스기기, 가정용 기구·비품, 시계, 시험기기, 측정기기 및 간판

3. 대여사업용 비디오테이프 및 음악용 콤팩트디스크로서 개별자산의 취득가액이 30만원 미만인 것
4. 전화기(휴대용 전화기를 포함한다) 및 개인용 컴퓨터(그 주변기기를 포함한다)

[개정 세법] 즉시상각 적용자산에서 금형 제외(법인령 §31⑥, 소득령 §67⑦)
□ 즉시상각 대상자산
○ 취득가액과 무관하게 포함하는 자산
 - 어구(어선용구 포함), 영화필름, 가구, 전기기구, 가스, 시험기기, 측정기기 등
 - 공구
(개정) 금형을 즉시상각 적용자산에서 제외
<적용시기> 2020.1.1. 이후 개시하는 사업연도(과세기간) 분부터 적용

③ 법인이 각 사업연도에 지출한 수선비가 다음의 하나에 해당하는 경우로서 그 수선비를 당해 사업연도의 손금으로 계상한 경우에는 이를 수익적 지출로 한다.
1. 개별자산별로 수선비로 지출한 금액이 **600만원 미만**인 경우
2. 개별자산별로 수선비로 지출한 금액이 직전 사업연도종료일 현재재무상태표 상의 자산가액(취득가액에서 감가상각누계액상당액을 차감한 금액)의 100분의5에 미달하는 경우
3. 3년 미만의 기간마다 주기적인 수선을 위하여 지출하는 경우

[세법 개정] 소액수선비에 대한 감가상각비 부담 완화(소득령 §67, 법인령 §31)
개별자산별로 수선비로 지출한 금액이 300만원 미만인 경우 → 600만원 미만
<적용시기> 2020.1.1. 이후 개시하는 사업연도·과세기간 분부터 적용

④ 다음의 지출
1. 건물 또는 벽의 도장
2. 파손된 유리나 기와의 대체
3. 기계의 소모된 부속품 또는 벨트의 대체
4. 자동차 타이어의 대체
5. 재해를 입은 자산에 대한 외장의 복구·도장 및 유리의 삽입
6. 기타 조업가능한 상태의 유지등 위와 유사한 것

□ 고정자산에 대한 수익적지출의 범위 【법인세법 기본통칙 23-31…2】

규칙 제17조 제6호에 규정하는 수익적지출에는 다음 각호의 예에 따라 처리하는 것을 포함한다.(2001.11.01 개정)

1. 제조업을 영위하던 자가 새로운 공장을 취득하여 전에 사용하던 기계시설·집기비품·재고자산 등을 이전하기 위하여 지출한 운반비와 기계의 해체, 조립 및 상하차에 소요되는 인건비는 수익적 지출로 한다.(2001.11.01 개정)
2. 임대차계약을 해지한 경우 임차자산에 대하여 지출한 자본적 지출 해당액의 미상각잔액은 수익적 지출로 한다.
5. 23-31…1 제1호 이외의 사유로서 기존 건축물을 철거하는 경우 기존 건축물의 장부가액과 철거비용은 수익적 지출로 한다.(2001.11.01 개정)

◆ 기존 건축물 철거비용 (서면2팀-2685, 2006.12.28)

법인이 「법인세법 기본통칙」 23-31…1의 제1호 이외의 사유로서 새로운 건물을 신축하기 위하여 기존건축물을 철거하는 경우 기존건축물의 장부가액과 철거비용 전액을 철거시점에 수익적지출로 보아 손금에 산입하여야 하는 것임.

▶ 세무리스크(수익적 지출과 자본적 지출 구분)

수선비 등의 지출이 자본적 지출에 해당함에도 수익적 지출로 보아 법인이 손금산입한 내용에 대하여 세무조사 등의 과정에서 손금부인당하는 사례가 종종 발생하므로 특히 유의를 하여야 한다.

❷ 자본적 지출

① 법인이 소유하는 감가상각자산의 내용연수를 연장시키거나 당해 자산의 가치를 현실적으로 증가시키기 위하여 지출한 수선비를 말하며, 다음의 하나에 해당하는 것으로 고정자산의 취득가액에 가산한다.

1. 본래의 용도를 변경하기 위한 개조
2. 엘리베이터 또는 냉난방장치의 설치, 빌딩 등에 있어서 피난시설 등의 설치
3. 재해 등으로 인하여 멸실 또는 훼손되어 본래의 용도에 이용할 가치가 없는 건축물·기계·설비 등의 복구
4. 기타 개량·확장·증설 등 위와 유사한 성질의 것

② 사업용 고정자산의 매입·제작·건설에 소요된 것이 분명한 차입금에 대한 지급이자 또는 이에 유사한 성질의 지출금은 건설이 준공된 날까지 당해 사업용 고정자산에 대한 자본적 지출(매입부대비용)로 하여 원본에 가산한다. 따라서 명목 여하에 불구하고 사업용 고정자산의 매입·제작·건설에 소요되는 차입금(건설등에 사용한 것이 불분명한 차입금 제외)에 대한 지급이자 또는 이와 유사한 성질의 지출금은 당해 사업용 고정자산의 자본적지출로 하여 취득원가에 산입한다.

☐ 개축하는 건축물 등에 대한 감가상각 [법인세법 기본통칙23-26…7]
기존 건축물에 대한 개량, 확장, 증설 등에 해당하는 자본적 지출액은 기존 건축물의 내용연수를 적용하여 감가상각한다. 다만, 기존 건축물의 수선이 「건축법 시행령」 제2조에서 규정하는 신축, 개축, 재축에 해당하는 경우에는 기존 건축물의 장부가액과 철거비용은 당기비용으로 처리하고 그외 새로이 지출한 금액은 신규 취득자산의 장부가액으로 보아 새로이 내용연수를 적용하여 감가상각한다.

☐ 감가상각이 완료된 자산에 대한 자본적 지출액 처리 [법법 기본통칙 23-28…2]
감가상각이 완료된 고정자산에 대하여 자본적 지출이 발생한 경우에는 당초 신고한 내용연수에 의한 상각률에 따라 이를 상각한다. (2001. 11. 1. 개정)

■ 자본적 지출시 감가상각자산의 내용연수 적용 방법

자본적 지출이 발생한 경우 해당 자산의 취득가액 및 미상각잔액에 가산한 후 당초 신고한 내용연수기간의 상각률에 따라 감가상각을 하여 비용화하여야 한다. 또한, 고정자산에 대한 감가상각은 강제상각이 아닌 임의상각이므로 법정내용연수가 경과했다 하더라도 상각범위액 내에서 감가상각을 할 수 있다.

☐ 고정자산에 대한 자본적 지출의 범위 【법인세법 기본통칙 23-31…1】
1. 토지만을 사용할 목적으로 건축물이 있는 토지를 취득하여 그 건축물을 철거하거나, 자기소유의 토지상에 있는 임차인의 건축물을 취득하여 철거한 경우 철거한 건축물의 취득가액과 철거비용은 당해 토지에 대한 자본적 지출로 한다.(2001.11.01 개정)
5. 설치중인 기계장치의 시운전을 위하여 지출된 비용에서 시운전 기간 중 생산된 시제품을 처분하여 회수된 금액을 공제한 잔액은 기계장치의 자본적 지출로 한다.

6. 수입기계장치를 설치하기 위하여 지출한 외국인 기술자에 대한 식비 등 체재비는 기계장치에 대한 자본적 지출로 한다.

7. 영 제68조 제3항의 규정에 의한 장기할부조건으로 자산을 취득함에 있어서 이자상당액을 가산하여 매입가액을 확정하고 그 지불을 연불방법으로 한 경우의 이자상당액은 당해 자산에 대한 자본적 지출로 한다. 이 경우 당초 계약시 이자상당액을 당해 자산의 가액과 구분하여 지급하기로 한 때에도 또한 같다. 다만, 영 제72조 제3항 제1호의 규정에 의하여 계상한 현재가치할인차금과 매입가액 확정후 연불대금 지급시에 이자상당액을 변동이자율로 재계산함에 따라 증가된 이자상당액은 그러하지 아니한다.

11. 토지, 건물만을 사용할 목적으로 첨가 취득한 기계장치 등을 처분함에 따라 발생한 손실은 토지, 건물의 취득가액에 의하여 안분계산한 금액을 각각 당해 자산에 대한 자본적 지출로 한다.(2001.11.01 개정)

▣ 자본적 지출에 대한 취득세 신고 및 납부

자본적 지출에 해당하고, 건물을 개수하는 등 지방세법에 의한 취득세 과세대상에 해당하는 경우 그 취득한 날부터 60일 이내에 취득세의 세율을 적용하여 산출한 세액을 신고 및 납부하여야 한다.

▶ 개수
개수란 「건축법」 제2조제1항제9호에 따른 대수선과 건축물에 딸린 시설물 중 다음에 정하는 시설물을 한 종류 이상 설치하거나 수선하는 것을 말한다.
1. 승강기(엘리베이터, 에스컬레이터, 그 밖의 승강시설)
2. 시간당 20킬로와트 이상의 발전시설
3. 난방용·욕탕용 보일러
4. 시간당 7천560킬로칼로리급 이상의 에어컨(중앙조절식만 해당한다)
5. 부착된 금고
6. 교환시설
7. 건물의 냉난방, 급수·배수, 방화, 방범 등의 자동관리를 위하여 설치하는 인텔리전트 빌딩시스템 시설
8. 구내의 변전·배전시설

05 기숙사 또는 사택 관련 세무회계

❶ 기숙사(사택) 관련 비용

1 기숙사(사택) 임차료

① 주택을 제공받음으로써 얻는 이익은 근로소득의 범위에 포함되는 것이나 주주 또는 출자자가 아닌 임원과 임원이 아닌 종업원이 사택(사용자가 소유하고 있는 주택을 종업원 및 비출자임원에게 무상 또는 저가로 제공하거나, 사용자가 직접 임차하여 종업원 등에게 무상으로 제공하는 주택)을 제공받는 경우에는 근로소득에 포함하지 아니한다.

② 대표이사에게 사택을 제공하는 경우 당해 대표이사가 주주가 아니거나, 소액주주에 해당하는 경우로서 제공받는 사택이 근로소득에서 제외되는 사택의 범위에 해당하는 경우에는 세법상 문제가 없으나, 출자임원에 해당하는 경우에는 부당행위계산의 부인규정에 의하여 사택제공에 따른 이익 등을 계산하여 세무조정시 익금산입하고 상여로 처분하여야 한다.

③ 주주 또는 출자자가 아닌 임원과 임원이 아닌 종업원이 사택을 제공받는 경우 근로소득에서 제외하도록 되어 있고, 사택이라 함은 사용자가 소유하고 있는 주택을 무상 또는 저가로 제공하거나, 사용자가 직접 임차하여 종업원에게 무상으로 제공하는 주택을 말한다.

④ 출자자나 출연자인 임원이 아닌 자가 사택을 제공받은 경우 그 제공받는 이익이 근로소득에서 제외되는 사택의 범위는 다음과 같다.
1. 근무지로부터 통상 출·퇴근 가능지역 내에 자기 소유의 주택이 없는 자 전원을 사택입주대상자로 할 것
2. 사택을 제공받는다는 이유로 사택을 제공받지 아니한 종업원과 급여지급액에 차등을 두지 아니할 것

3. 사택제공에 따른 비용이 통상 임금지급액에 포함되지 아니하고 기업의 추가 부담적인 것일 것

④ 임원이 아닌 종업원이 자기의 주된 생활근거지가 아닌 지역에 소재하는 공장 등에 근무하게 됨으로 부득이 사택을 제공받는 때에는 특정 종업원에 대한 차별적인 우대가 아닌 경우에 한하여 임원이 아닌 종업원이 복리후생적으로 제공받는 경우에 해당한다.

⑤ 종업원이 회사에서 월세지급조건으로 임차한 사택을 제공받는 경우에도 당해 임차사택이 ③항의 요건에 해당하는 경우에는 근로소득에 해당하지 아니하는 것이나 임차사택을 제공받지 못한 종업원에게 하숙비 등을 사용자가 부담하는 경우에는 당해 하숙비 등은 해당 근로자의 근로소득에 해당한다.

② 기숙사 관리 및 유지비용의 손금 산입 여부

회사 직원용 기숙사(주택, 아파트 등)의 임차료(월세)는 복리후생비로 처리한다.
또한 사택을 운영하면서 소요되는 관리비, 소모품 등의 교체 비용 중 회사가 부담하여야 하는 부분은 복리후생비로 처리한다. 단, 사택 또는 합숙소의 관리비, 유지비, 사용료 중에서 사택의 사용자가 부담하여야 할 경비인 냉난방비, 전기수도요금, 전화요금, 가스대금 등을 법인이 부담하는 경우 법인의 업무와 관련 있는 비용이 아니므로 해당 직원에 대하여 급여 등으로 처리를 하여야 한다.

◆ **근로소득자의 생활과 관련된 사적비용으로 지출되는 금액은 근로소득에 해당되는 것임**
(법인46012-3960, 1995.10.24)
출자자 또는 출연자가 아닌 임원(상장법인의 소액주주 포함)과 종업원이 사용하는 사택 또는 합숙소의 유지비, 관리비, 사용료와 이에 관련되는 지출금은 법인세법시행령 제30조 제3호의 업무무관지출에 해당되지 아니하는 것이며, 출자자 또는 출연자가 아닌 임원(상장법인의 소액주주 포함)과 종업원이 자기의 주된 생활근거지가 아닌 지역에 소재하는 공장 등에 근무하게 되어 사택 또는 합숙소를 제공받음으로써 얻는 이익은 소득세법시행령 제43조 제5호의 2 단서의 규정에 의하여 근로소득에서 제외되는 것이나, 당해 근로소득자의 생활과 관련된사적비용(냉난방비, 전기·수도·가스·전화요금 등)으로 지출되는 금액은 근로소득에 해당되는 것임

❷ 기숙사 및 사원 주거용 주택 세무실무

[1] 기숙사와 사원용 주택의 구분 등

기숙사라 함은 건축법 시행령에 의한 건축물의 용도분류 중 기숙사를 말하는 것으로 건축법 시행령 제3조의5 [별표1]에 의하면, 기숙사는 학교 또는 공장 등의 학생 또는 종업원 등을 위하여 사용되는 것으로서 공동취사 등을 할 수 있는 구조이되, 독립된 주거의 형태를 갖추지 아니한 것으로 규정되어 있다.

□ 건축법 시행령 제3조의5(용도별 건축물의 종류) 법 제2조제2항 각 호의 용도에 속하는 건축물의 종류는 별표 1과 같다.
[별표 1] 용도별 건축물의 종류(제3조의5 관련)
라. 기숙사: 학교 또는 공장 등의 학생 또는 종업원 등을 위하여 쓰는 것으로서 1개 동의 공동취사시설 이용 세대 수가 전체의 50퍼센트 이상인 것(「교육기본법」 제27조제2항에 따른 학생복지주택을 포함한다)

◆ 사택에 해당하는지 여부
(소득46011-758, 2000.07.14.)
종업원과 사용자가 **임차보증금을 공동으로 부담한 후 사용자가 임차하여 종업원 등에게 제공하는 주택**은 소득세법시행령 제38조 제1항 제6호에 규정하는 사택에 포함되지 아니하는 것임.

◆ 오피스텔을 기숙사로 사용하는 경우 과세 여부
(서면인터넷방문상담3팀-2292, 2004.11.10.)
종업원의 복리 및 근로의 편의를 위한 기숙사로 사용하는 경우에는 사업을 위한 주거용의 경우에 해당되어 오피스텔의 임대용역에 대하여는 과세되는 것임

◆ 사업자가 주택임대업자로부터 주택을 임대하여 임원 주거용으로 제공시 과세여부
(부가46015-1185, 1999.04.22.)
주택임대업을 영위하는 자가 상시 주거용으로 사용하는 건물(주택)을 법인사업자에게 임대하고 임차인인 당해 법인은 임원의 주거용으로 사용하는 경우에 당해 주택의 임대용역은 부가가치세법 제12조 제1항 제11호의 규정에 의하여 부가가치세가 면제되는 것임

[2] 사택매입 등과 관련한 매입세액공제

① 건축법 시행령 제3조의5 [별표1]에 의한 기숙사의 공급은 과세대상으로 과세사업자가 기숙사를 매입 또는 신축하는 경우 그 매입세액은 공제를 받을 수 있다.

② 국민주택 규모 이하인 사원용 주택을 매입하는 경우 면세되므로 매입세액공제와는 무관하나 과세사업자가 국민주택 규모를 초과하는 주택을 매입하고, 세금계산서를 발급받은 경우 그 매입세액과 그와 부수되는 비용에 대한 매입세액은 매출세액에서 공제를 받을 수 있다.

③ 과세사업을 영위하는 법인이 상시주거용에 해당되지 아니하는 종업원을 위한 기숙사로 사용할 오피스텔을 취득하고 수취한 세금계산서의 매입세액은 공제대상에 해당하는 것이나 상시주거용으로 사용하는 경우에는 불공제하여야 할 것으로 판단된다. <국세청에 재확인할 것>

[3] 법인의 부동산 양도 및 추가 과세, 추가 과세에서 제외되는 사택 등

내국법인이 부동산을 양도하는 경우 개인과 달리 그 소득에 대하여 법인세를 납부하여야 하며(양도소득세 신고납부의무 없음), 특정 주택 또는 비사업용 토지 및 건물인 경우에는 양도차액(양도가액 - 양도 당시의 세무상 장부가액)의 10%를 법인세로 추가 납부하여야 한다. 단, 주주등이나 출연자가 아닌 임원(소액주주등인 임원을 포함한다) 및 사용인에게 제공하는 사택 및 그 밖에 무상으로 제공하는 법인 소유의 주택으로서 사택제공기간 또는 무상제공기간이 10년 이상인 주택의 경우 추가 과세가 제외된다.

[개정 세법] 법인이 보유한 주택 양도 시 추가세율 인상 등
(종전) 법인의 주택 양도차익에 대해서는 기본 법인세율(10~25%)에 10%를 추가 적용
(개정) 법인이 주택 양도시 추가세율을 20%로 인상하고, 법인이 '20.6.18. 이후 8년 장기 임대등록하는 주택도 추가세율 적용
<적용시기> 추가세율 적용은 2021.1.1. 이후 양도하는 분부터 적용

[4] 사원 주거용 주택 처분시 부가가치세

국민주택 규모 이하인 경우 면세되는 것이며, 과세사업자가 국민주택 규모를 초과하는 사원 주거용 아파트를 매각하는 경우 부가가치세가 과세된다. 한편, 건축법 시행령 제3조의5(용도별 건축물의 종류) 별표1에 해당하는 기숙사를 처분하는 경우에는 부가가치세가 과세되는 것으로 판단된다.

06 골프회원권 및 콘도회원권 세무회계

1 골프회원권

❶ 개요

골프회원권은 투자자산 항목에 '골프회원권'이란 계정과목을 만들어 회계처리하며, 법인이 업무와 관련하여 골프회원권의 취득에 소요되는 비용(명의개서료, 취득세, 수수료 등)은 당해 자산의 취득가액에 산입하는 것으로 당기에 비용으로 처리할 수 없다. 다만, 업무용으로 사용하는 골프회원권으로서 사용기간이 정하여진 경우에는 그 사용기간 동안 균등하게 비용처리한다. 골프회원권을 개인이 양도하는 경우에는 양도소득세가 과세되나 법인의 경우 양도차익에 대하여 법인세가 과세된다.

❷ 골프회원권과 관련한 세무상 유의사항

[1] 매입세액공제 여부

골프회원권이 과세사업과 관련이 있는 경우 그 매입세액은 매출세액에서 공제할 수 있는 것이나 당해 골프회원권의 과세사업과의 관련 여부는 구입목적과 실제 이용 상태에 따라 판단할 사항이며, 골프회원권을 양도하는 경우에는 부가가치세가 과세된다.

한편, 업무와 관련하여 매입한 경우에도 접대를 목적으로 매입한 골프회원권은 그 매입세액을 공제받을 수 없는 것이며, 사업자가 자기의 과세사업과 관련하여 취득한 재화에 대하여 매입세액을 공제받지 못한 경우에도 당해 재화의 매각시에 부가가치세가 과세됨에 유의하여야 한다.

▶ **골프회원권 구입가액 및 부대비용의 매입세액공제**
사업자가 거래처의 접대 등을 위하여 골프회원권을 매입하는 경우에는 그 구입에 관련된 매입세액은 공제할 수 없는 것이나, 직원들의 복리후생목적으로 구입하는 경우 당해 매입세액은 공제할 수 있는 것이 원칙이다. 다만, 그 구입목적은 회사만이 알고 구분이 모호함으로 인하여 복리후생을 위해 구입한 것으로 보아 매입세액공제를 받는 경우가 있으나 과세당국은 골프회원권은 복리후생적인 사용보다는 접대성의 경우가 많으므로 매입세액불공제로 보는 것이 일반적이다. 따라서 세무리스크를 예방하기 위해서는 특별한 사정이 없는 한 매입세액공제를 받지 않는 것이 적절할 것이다.

◆ 골프회원권 매입세액공제
(서면인터넷방문상담3팀-721, 2005.05.26.)
사업자가 골프회원권을 취득한 경우, 그 회원권의 사용실태 등을 고려하여 사업상 종업원의 복리후생을 목적으로 취득한 때에는 매입세액공제가 가능한 것이나, 거래처 등을 접대하기 위하여 취득한 경우에는 부가가치세법 제17조 제2항 제2호의 규정에 의하여 사업과 직접 관련이 없는 지출에 대한 매입세액으로 보아 공제되지 아니하는 것임

[2] 업무무관 자산 해당 여부

법인이 법인명의의 골프회원권을 영업상 고객접대 및 직원복지 등의 목적으로 업무와 관련하여 사용하는 것이 입증되는 경우에는 업무무관자산에 해당하지 아니하므로 그 유지 및 관련 비용은 법인의 손금에 산입할 수 있다.

◆ 골프회원권 업무무관자산 여부
(서면인터넷방문상담2팀-779, 2005.06.04.)
법인이 법인명의의 골프회원권을 영업상 고객접대 및 직원복지 등의 목적으로 업무와 관련하여 사용하는 것이 입증되는 경우에는 법인세법시행령 제49조 제1항 제2호 다목의 업무무관자산에 해당하지 아니하는 것이나, 당해 자산이 이에 해당하는지는 이용실태 등을 파악하여 사실 판단할 사항임

▶ 개인명의로 취득한 골프회원권
골프회원권을 법인 명의로 취득할 수 있음에도 개인 명의로 취득하여 사용 시 취득에 소요된 금액은 법인의 자산으로 보지 아니하며, 가지급금으로 처리하여야 한다.

[3] 골프회원권 취득 및 유지관련 비용의 손금 산입 여부

▶ 임원이 사용한 골프장 이용료의 손금산입 여부

특정 임원들 간의 경영관리 회의와 단합 및 사기증진을 위해 골프장 이용료로 지출한 비용은 건전한 사회통념과 상관행에 비추어 정상적인 법인의 지출로 인정할 수 없으므로 법인의 손금에 산입할 수 없는 것이며 관련 지출비용은 해당 임원의 상여로 처분하여야 한다. (서면인터넷방문상담2팀-1259 , 2005.08.03.)

▶ 입회금

입회금의 경우에는 동 입회금이 반환조건인가 아닌가에 따라 달라진다. 즉, 보증금 형태의 반환조건으로 취득하는 경우에는 부가가치세 과세대상이 아니므로 부가가치세 부담이 없으며, 이에 대해서는 세금계산서 등 적격증빙을 갖추지 않아도 되나 반환조건이 아닌 경우 골프회원권의 취득은 과세대상으로서 세금계산서를 수취하여야 한다.

▶ 보증금

보증금은 해지시 반환을 받을 수 있는 금액으로 적격증빙 수취대상이 아니다.

▶ 취득세 등 각종 세금

골프회원권 취득시 부담하는 취득세, 명의개서료, 수입인지대 등은 골프회원권의 취득가액에 포함하여야 한다. 다만, 보증금 형태의 골프회원권의 경우 기타의 무형자산 등으로 처리하여 골프회원권 이용기간 동안 감가상각을 하여 손금에 산입한다.

(1) 취득세 : 회원권가격의 100분의 2
(2) 농어촌특별세 : 취득세의 100분의 10

▶ 캐디피 지출증빙 및 손금산입

캐디피는 접대비에 해당하며, 접대비에 대하여 정규영수증을 수취하지 못한 경우 전액 손금불산입하여야 한다. 다만, 기타소득 또는 사업소득으로 징수하는 경우에는 접대비한도내의 금액은 법인의 손금에 산입할 수 있을 것으로 판단된다.

[4] 골프회원권 양도에 대한 세금

(1) 골프회원권 매각시 부가가치세 과세여부
부가가치세 과세사업을 영위하는 사업자가 골프회원권을 취득·보유하다가 양도하는 경우에는 부가가치세가 과세되므로 부가가치세법 제32조의 규정에 의하여 세금계산서를 발급하여야 하다. (부가46015-2647, 1998.11.28.)

(2) 골프회원권 양도차손익에 대한 법인세
법인은 양도차익에 대하여 법인세를 추가로 부담하는 것이며, 양도차손이 발생한 경우 법인의 손금에 산입할 수 있다.

▶ **개인 소유 골프회원권의 양도차익에 대한 세금**
골프회원권은 양도소득세 과세대상이 되는 기타자산에 해당하며, 골프회원권을 양도하는 경우 그 양도일이 속하는 달의 말일부터 2개월 이내에 양도소득세를 신고 및 납부하여야 하며, 골프회원권의 양도소득세는 다음과 같이 계산한다. 단, 골프회원권의 경우 장기간 보유한 경우에도 장기보유특별공제는 적용되지 아니한다.

1) 양도가액 - 취득가액 - 취등록세.중개수수료 등 = 양도차익
2) 양도차익 = 양도소득금액
3) 양도소득금액 - 양도소득기본공제(2,500,000원) = 과세표준
4) 과세표준 × 일반세율 = 금액 - (누진공제) = 산출세액

❸ 골프회원권에 대한 회계처리

[1] 금융감독원 의견(K-IFRS 제1032호, 제1038호)
골프회원권의 사용가치 부분은 무형자산으로, 현금등을 수취할 권리 또는 주주권 부분은 금융자산으로 인식
1. 일정기간 경과후 반환이 예정되어 있는 주중회원권은 예탁금의 현재가치를 금융상품으로, 잔여가액을 무형자산으로 분류
2. 골프장 소유권과 이용권이 모두 포함된 주주회원권의 경우 주주권에 대한 대가를 금융자산으로, 잔여가액을 무형자산으로 분류

[2] 보증금 형태 골프회원권 회계처리

골프회원권 중 미래에 실질적으로 회수가능 한 금액은 "보증금"으로 처리하고 부대비용과 세액은 "기타의 무형자산"으로 처리하여 감가상각하면 된다.

[예제] 사용기간 5년의 골프회원권을 다음의 조건으로 취득
1. 입회비(반환받을 수 없음)   10,000,000원
2. 부가가치세(매입세액불공제)   1,000,000원
3. 보증금(5년 뒤 반환)   20,000,000원
4. 취득세 및 농어촌특별세   682,000원

(1) 취득시 분개

무형자산(골프회원권)	11,682,000 / 보통예금	31,682,000
기타보증금	20,000,000		

(2) 보유시의 분개(매년 감가상각)

감가상각비	2,336,400 / 무형자산(골프회원권)	2,336,400

* 11,682,000원 ÷ 5 = 2,336,400원(5년 균등상각)

[3] 소유권 형태 골프회원권 회계처리 사례

① 《골프회원권 취득》 접대목적에 사용할 골프회원권을 1억원(부가세 별도)에 매입하고 그 대금은 보통예금에서 인출하여 지급하다.

골프회원권	110,000,000 / 보통예금	110,000,000

② 《골프회원권 취득과 관련한 제비용 지급》 골프회원권 취득과 관련한 취득세 및 기타수수료 3,000,000원을 현금으로 지급하다.

골프회원권	3,000,000 / 보통예금	3,000,000

③ 《골프회원권 매각》 법인이 소유한 골프회원권을 1억 3천만원(부가세 별도)에 양도하고 그 대금은 보통예금에 입금되다.

보통예금	143,000,000 / 골프회원권	113,000,000
		부가세예수금	13,000,000
		투자자산처분이익	17,000,000

2 콘도회원권

❶ 개요

콘도회원권은 오너쉽회원권과 멤버쉽회원권으로 구분되며, 오너쉽회원권은 최초발행시에도 부가가치세가 과세되나 보증금 형태의 콘도회원권(멤버쉽회원권)의 경우 최초의 계약자가 콘도를 분양하는 회사로부터 직접 분양받는 경우 부가가치세가 과세되지 아니하나 중간거래인으로부터 구입할 경우에는 부가가치세 과세된다. 따라서 중간거래인으로부터 콘도회원권을 구입할 시에는 과세대상거래로 그 매입시 세금계산서를 발급받아야 하는 것이다.

콘도회원권의 취득은 지방세법상 취득세 과세대상으로 취득부대비용(입회금, 시설관리운영보증금)과 취득세 등은 콘도회원권 취득원가에 포함하여 처리한다.

◆ 콘도회원권 매입세액공제 여부
(부가22601-1190, 1991.9.10.)
사업자가 종업원의 복리후생을 목적으로 콘도회원권을 취득하여 부가가치세 과세사업에 사용한 경우 이와 관련된 매입세액은 매출세액에서 공제받을 수 있으나, 이 경우 콘도회원권을 사업과 관련하여 직접 사용하였는지 여부는 자산의 구입목적과 실제 이용상태에 따라 소관세무서장이 사실을 조사하여 판단할 사항임.

❷ 콘도회원권 회계처리 사례

① 《콘도회원권 구입》 콘도회원권을 분양회사로부터 2천만원에 구입(멤버쉽 회원권)하고 그 대금은 보통예금에서 인출하여 지급하다.

콘도회원권	20,000,000	/	보통예금	20,000,000

07 판매 촉진과 관련한 세무회계

1 사은품, 상품권, 샘플 등 세무회계

❶ 사은품

사업자가 자기의 제품 또는 상품을 구입하는 자에게 구입당시 그 구입액의 비율에 따라 증여하는 기증품 등은 주된 재화의 공급에 포함하므로 사업상 증여에 해당하지 아니한다.(부가가치세가 과세되지 아니함) 단, 당사자간의 약정에 의하여 일정기간의 판매비율에 따라 장려금품으로 공급하는 재화는 그러하지 아니하다. 즉, 본사와 대리점간의 약정에 의하여 본사가 대리점에 지급하는 장려금품(금전으로 지급하는 장려금은 부가가치세가 과세되지 아니함)은 부가가치세가 과세되는 것이다.

한편, 추첨에 의해 경품을 지급하는 경우에는 주된 재화의 공급에 포함된 것이 아니므로 경품 제공시 부가가치세를 거래징수하여야 하며, 경품가액을 광고선전비로 보아 손금에 산입할 수 있으나 이 경우 경품을 지급받는 자에게 기타소득세를 원천징수하여 납부하여야 한다.

① 광고선전을 목적으로 불특정다수인에게 견본품, 달력, 수첩, 부채, 컵 등 이와 유사한 물품을 불특정다수인에게 기증하기 위하여 지출한 비용은 광고선전비에 해당한다.
② 일정 요건(성명이 뚜렷하고 영구히 새겨진 증정품, 펜.사무용품 등 일반인에게 보편적으로 나누어줄 수 있는 식별가능 품목 등)을 갖춘 30,000원 이하 소액물품 구입비의 경우 조건없이 전액 광고선전비로 인정한다.

□ 법인세법 시행령 제19조(손비의 범위)
18. 광고선전 목적으로 기증한 물품의 구입비용[특정인에게 기증한 물품(개당 3만원 이하의 물품은 제외한다)의 경우에는 연간 5만원 이내의 금액으로 한정한다]

[개정 세법] 접대비로 보지 않는 소액광고선전비 기준금액 인상(법인령 §19, 소득령 §55)
(종전) [특정인 대상] 연간 3만원(개당 1만원 이하 물품 제외) 이하
광고선전비 초과 → 접대비(한도 내 손금산입)
(개정) [특정인 대상] → 연간 5만원(개당 3만원)
<적용시기> '21.1.1. 이후 지출하는 분부터 적용

사은품 회계처리 사례

① 《사은품으로 제공할 물품 구입》 판매촉진을 위하여 사은품으로 제공할 상품 2백만원(부가세 별도)을 구입하고, 대금은 보통예금에서 인출하여 지급하다.

소모품	2,000,000	/ 보통예금	2,200,000
부가세대급금	200,000		

② 《사은품 증정》 구매고객의 구입비율에 따라 사은품을 증정하다.

광고선전비	2,000,000	/ 소모품	2,000,000

□ 기증품의 과세 [부가세 기본통칙 6-16-4]
사업자가 자기의 제품 또는 상품을 구입하는 자에게 구입당시 그 구입액의 비율에 따라 증여하는 기증품 등은 주된 재화의 공급에 포함하므로 사업상증여에 해당하지 아니한다. 다만, 당사자간의 약정에 의하여 일정기간의 판매비율에 따라 장려금품으로 공급하는 재화는 그러하지 아니한다.

□ 광고선전물의 배포 [부가세 기본통칙 6-16-2]
사업자가 자기의 사업과 관련하여 생산하거나 취득한 재화를 자기사업의 광고선전목적으로 불특정 다수인에게 광고선전용 재화로서 무상으로 배포하는 경우(직매장·대리점을 통하여 배포하는 경우를 포함한다)에는 재화의 공급으로 보지 아니한다.

❷ 상품권 세무회계

상품권은 발행인이 만든 증표에 기재된 금액에 대한 대가를 상품권 구매자가 미리 지급하고 수취한 상품증권을 말한다. 상품권은 상품과 교환할 수 있는 정액 무기명 유가증권의 일종이다. 따라서 상품권 매매는 재화 또는 용역의 공급이 아니므로 상품권매입시에는 매입세금계산서를 발급받을 수 없는 것이다.

상품권은 적격증빙수취대상거래가 아니므로 대금 지급시 법인신용카드로 결제하거나 상품권 판매업자가 발행하는 영수증(간이영수증 등)을 지출증빙서류로 첨부하여야 한다.

단, 상품권을 구입하여 거래처 접대에 사용하는 경우로서 상품권 금액이 3만원을 초과하는 경우 상품권 구입시 반드시 신용카드로 결제하여야 손금에 산입할 수 있다.

왜냐하면, 상품권 구입거래는 적격증빙수취대상거래가 아니나 접대비인 경우 신용카드결제 또는 세금계산서, 계산서 등 정규영수증을 수취하지 않는 거래에 대해서는 손금불산입되기 때문이다.

한편, 근로자가 근로의 제공으로 인하여 지급받는 금액은 그 지급하는 금액의 명칭(급여, 월급, 봉급, 명절휴가비등)에 관계없이 근로소득에 해당하는 것으로 금전이 아닌 현물로 지급하는 경우에는 소득세법시행령 제51조 제5항의 규정에 의하여 평가한 시가를 근로소득에 합산하여야 하는 것으로 근로자에게 상품권을 지급하는 경우 상품권 액면금액을 근로소득에 합산하여야 한다.

▶ 상품권 회계처리 사례

① 《상품권 구입》 거래처 접대용으로 상품권 2,000,000원(100,000원권 20매)을 구입하고 신용카드로 결제하다.

상품권	2,000,000 / 미지급금	2,000,000

- 상품권 : 상품권은 당좌자산으로 분류하며, 계정과목은 상품권 또는 유가증권으로 처리한다.

②《상품권 증정》상품권 중 5매는 직원에게, 15매는 거래처에 선물하다.

복리후생비	500,000	/	상품권	2,000,000
접대비	1,500,000			

- 복리후생비 : 직원에게 지급하는 상품권은 복리후생비로 처리한 다음 과세되는 급여에 합산하거나 지급시 즉시 급여로 처리한다.

▶ 상품권 증빙서류

상품권판매업자는 상품권을 자기책임과 계산하에 구입하여 판매하는 경우에 있어서 당해 상품권은 부가가치세가 과세되지 아니하는 것으로 세금계산서를 발급할 수 없다. 또한 상품권발행회사의 상품권을 취득하여 일반소비자에게 판매하는 상품권유통사업자인 법인이 상품권을 판매하는 경우에 법인세법 제121조에 규정한 계산서의 작성 및 발급의무가 없는 것이며, 상품권유통법인으로부터 상품권을 구입하는 법인의 경우에도 지출증빙서류의 수취관련 가산세가 적용되지 아니하는 것이나, 상품권을 구입하여 접대비로 사용하는 법인의 경우에 접대비의 지출(신용카드 결제) 외에는 1회의 접대에 지출한 접대비가 3만원 이상인 경우 각사업연도소득금액 계산시 이를 손금에 산입할 수 없다. (부가46015-3650,2000.10.26.)

[개정 세법] 적격증빙 없는 소액접대비 기준금액 인상(법인령 §41, 소득령 §83)
적격증빙(신용카드매출전표, 현금영수증, 세금계산서 등)이 없더라도 손금불산입하지 않는 소액접대비 기준금액
(종전) 1만원
(개정) 3만원
<적용시기> '21.1.1. 이후 지출하는 분부터 적용

◆ 상품권의 비용처리 시점
(법인 46012-883,1997.03.29)
법인이 백화점에서 발행한 상품권을 구입하고 세금계산서 대신 영수증(입금증)을 수취한 후 동 상품권을 업무와 관련한 접대 또는 종업원의 복리후생을 위하여 실제 사용한 경우에는 동 상품권 구입상당액은 사용일이 속하는 사업연도에 접대비 또는 복리후생비로 처리하여야 하는 것임.

❸ 샘플 세무회계

사업을 위하여 대가를 받지 아니하고 다른 사업자에게 인도 또는 양도하는 견본품은 과세되는 재화의 공급으로 보지 아니하며, 광고선전용 샘플 및 샘플을 소비자에게 발송할 시 소요되는 봉투대금, 인쇄비, 우편발송비용 등은 광고선전비로 처리한다. 단, 사업상증여에 해당하는 증여물품은 과세대상으로 증여시 증여물품의 시가를 기준으로 과세표준을 계산하여야 하며, 해당 부가세는 '세금과공과금'으로 처리하고, 세금계산서는 발행하지 않는다.

샘플용 물품을 무상으로 취득하는 경우 그 시가를 계산하여 익금으로 처리하고, 그 사용시에는 견본비등으로 손금처리한다.
특정인에게 기증한 물품의 비용은 연간 3만원 한도 내에서 손비로 인정되며, 이 경우 10,000원 이하의 물품 제공은 3만원 한도가 적용되지 않는다.

◆ 대가를 받지 아니하고 다른 사업자에게 인도하는 견본품
(부가46015-1960, 1995.10.24)
건축용 자재를 제조하는 사업자가 자기가 제조한 제품을 자기의 사업을 위하여 대가를 받지 아니하고 다른 사업자에게 인도 또는 양도하는 견본품은 부가가치세법 제6조 제3항에서 규정하는 재화의 공급에 해당하지 아니하는 것임.

◆ 증여하는 재화에 대한 부가세 과세
(부가46410-2689, 1999.09.03)
사업자가 자기의 사업과 관련하여 생산하거나 취득한 재화를 자기의 고객이나 불특정다수인에게 증여하는 경우로서 증여되는 재화의 대가가 주된 거래인 재화의 공급대가에 포함되지 아니한 경우에는 부가가치세법 제6조 제3항 및 동법시행령 제16조 제2항의 규정에 의하여 부가가치세가 과세된다. 이 경우 부가가치세 과세표준은 당해 재화의 시가가 되는 것이고, 동법시행령 제57조의 규정에 의하여 세금계산서 발급의무는 면제되는 것임.
다만, 부가가치세법 제17조 제2항의 규정에 의하여 당해 증여되는 재화에 대한 매입세액을 공제받지 아니하는 경우에는 동법시행령 제16조 제2항의 단서규정에 의하여 과세되는 재화의 공급으로 보지 아니하는 것이다

▶ 샘플 회계처리 사례

① 《자사 생산제품 샘플제공》 자사 생산제품 2,000,000원 상당액을 견본품(샘플)으로 소비자에게 무상 제공하다.

견본비	2,000,000 / 제품	2,000,000

② 《샘플용 물품구입》 샘플로 제공할 물품 3,000,000원(부가세 별도) 상당액을 구입하고 그 대금은 보통예금에서 인출하여 지급하다.

소모품	3,000,000 / 보통예금	3,300,000
부가세대급금	300,000		

- 소모품 : 광고선전을 목적으로 구매하는 물품 등은 구입시점에 '소모품'등으로 회계처리한 다음 고객에게 제공시 광고선전비로 회계한다.
- 광고선전을 위해 매입한 상품 등의 매입세액은 공제가능하다.

③ 《샘플용 구입상품 샘플제공》 샘플로 제공하기 위하여 구입한 물품 중 2백만원 상당액을 샘플로 제공하다.

견본비	2,000,000 / 소모품	2,000,000

2 마일리지 세무회계

❶ 마일리지 및 세무회계

마일리지란 고정 고객 등의 확보를 통한 판매촉진을 위하여 고객이 물품 등을 구입할 시 일정액의 마일리지를 부여하고, 고객은 누적된 마일리지를 현금처럼 사용할 수 있는 판매촉진 프로그램의 일종이다. 기업의 입장에서는 고객에게 물품 등을 구입할 때 부여하는 마일리지는 잠정적인 채무에 해당하는 것이므로 고객에게 마일리지를 부여하는 시점에 부채로 계상한 다음, 고객이 마일리지를 사용하는 시점에 채무를 변제한 것으로 회계처리를 하여야 한다.

1 물품 판매 및 마일리지 부여

◎ 고객이 당 사의 상품 1,000,000원(부가가치세 포함)구입하고 신용카드로 결제하였으며, 그에 대한 마일리지로 10,000원 상당의 포인트를 부여하다.

| 미수금 | 1,000,000 | / | 상품매출 | 909,091 |
| | | | 부가세예수금 | 90,909 |

| 판매촉진비 | 10,000 | / | 판매촉진충당부채 | 10,000 |

2 고객의 마일리지 사용

◎ 고객이 누적된 마일리지로 당 사의 상품 100,000원을 구입하다.

| 판매촉진충당부채 | 100,000 | / | 상품매출 | 100,000 |

◆ 마일리지는 고객의 과세소득에 해당하지 않음
(소득46011-21041, 2000.07.26.)
사업자가 자기 상품을 구매하는 고객에게 구매금액에 따라 값의 일부를 할인하여 주거나 덤을 주는 경우 또는 사은품을 제공하는 경우 그 할인금액이나 덤 또는 사은품은 구매고객의 과세소득에 해당하지 아니하는 것임. 또한 마일리지, 사이버머니 적립제도 등의 방법으로 일정기간의 구매실적에 따라 사은품 또는 사례금을 제공하는 경우에도 그 사은품 등은 구매고객의 과세소득에 해당하지 아니하는 것임.

❷ 마일리지와 관련하여 세무상 유의하여야 할 사항

1 자기적립 마일리지 등의 부가가치세 과세제외 [부령 제61조 ①]

자기적립 마일리지는 부가가치세 과세표준에서 제외하며, 당초 재화 또는 용역을 공급하고 마일리지등을 적립하여 준 사업자에게 사용한 마일리지를 말한다. (마일리지를 적립하여 준 사업자가 고객이 마일리지를 사용하여 재화를 공급받는 경우에 당해 사업자의 경우 부가가치세가 과세되지 않은 것을 말함)

여러 사업자가 적립하여 줄 수 있거나 여러 사업자를 대상으로 사용할 수 있는 마일리지등의 경우 다음의 요건을 모두 충족한 경우로 한정한다.
1) 고객별·사업자별로 마일리지등의 적립 및 사용 실적을 구분하여 관리하는 등의 방법으로 당초 공급자와 이후 공급자가 같다는 사실이 확인될 것
2) 사업자가 마일리지등으로 결제받은 부분에 대하여 재화 또는 용역을 공급받는 자 외의 자로부터 보전받지 아니할 것

2 마일리지 적립액의 세무상 손금산입 여부

기업이 고객의 마일리지를 충전하여 주는 시점에 판매촉진비 등으로 비용처리한 금액은 세법에서 인정하지 않는다. 따라서 법인이 마일리지를 적립하는 시점에 법인세법상 인정되지 않는 마일리지충당금을 부채로 계상하고, 비용(판매촉진비)으로 처리한 때에는 세무조정에서 손금불산입(유보)한 후 고객이 해당 마일리지충당금을 사용하는 사업연도에 세무조정에서 추인(손금산입 △유보)하여야 한다.

[사례] 고객의 상품 구매 실적에 따라 부여하여 준 마일리지는 5,000,000원이며, 이 중 3,000,000원은 고객이 마일리지를 사용하였고, 회계기말 미사용한 마일리지 금액은 2,000,000원으로 미사용분은 세무조정에서 손금불산입하고 유보 처분한다.

| 판매촉진비 | 5,000,000 | / | 판매촉진충당부채 | 5,000,000 |
| 판매촉진충당부채 | 3,000,000 | / | 매출 | 3,000,000 |

<세무조정> 손금불산입 판매촉진비 2,000,000원 (유보)

08 손해배상금 및 클레임 세무회계

❶ 손해배상금

법인의 업무와 관련한 과실로 인하여 타인에게 끼친 손해를 배상하는 경우 고의나 중과실이 아닌 경우 당해 사업자가 피해자에게 지급한 합의금 등은 타 법률에 의하여 구상권을 행사할 수 있는 경우를 제외하고는 '손해배상금'(영업외비용) 등의 비용항목을 새로 설정하여 손금에 산입할 수 있다.

단, 보상비 명목으로 지급하는 손해배상금이 상대적으로 경미하고 소액인 경우 영업외비용인 잡손실로 처리한다. 피해 합의금 또는 손해배상금은 재화 또는 용역의 공급이 아니므로 부가가치세 과세대상이 아니다.

따라서 세금계산서 등 정규영수증을 수취하여야 하는 거래는 아니지만, 손해배상금 지급에 대한 해당 증빙을 수취하여야 한다. 예를 들면, 합의서나 손해배상금수령증 등 증빙을 수취하여 보관하여야 한다.

□ 부가가치세법 기본통칙 4-0-1 【손해배상금 등】
① 각종 원인에 의하여 사업자가 받는 다음 각 호에 예시하는 손해배상금 등은 과세대상이 되지 아니한다. (2011. 2. 1. 항번개정)
1. 소유재화의 파손·훼손·도난 등으로 인하여 가해자로부터 받는 손해배상금
2. 도급공사 및 납품계약서상 그 기일의 지연으로 인하여 발주자가 받는 지체상금
3. 공급받을 자의 해약으로 인하여 공급할 자가 재화 또는 용역의 공급없이 받는 위약금 또는 이와 유사한 손해배상금 (1998. 8. 1. 개정)

◆ 위약금, 보상금, 손해배상금 등 과세 여부 (부가46015-815, 2000.04.14)
계약불이행 또는 계약의 해지, 하자 등으로 인하여 재화 또는 용역의 공급없이 지급받는 위약금 또는 이와 유사한 보상금, 손해배상금, 변상금 등은 부가가치세 과세대상이 되지 아니하는 것임

❷ 손해배상금 회계처리 사례

[예제]《손해배상금 지급》업무 중 법인소유차량이 사고를 일으켜 상대방에게 물적 배상금 1,000,000원을 현금으로 지급하고 이에 대한 영수증을 수취하다.

잡손실	1,000,000	/	현금	1,000,000

❸ 클레임

클레임이 발생하여 지급한 손해배상금은 당해 손해금액을 초과하지 아니하는 범위내에서 손금산입 가능한 것이며, 이는 정규영수증 수취대상거래가 아니므로 소비자 등에게 금융기관을 통하여 지급한 송금영수증 및 손해배상금보상에 대한 약정서 등을 지출증빙으로 보관하면 된다. 클레임으로 지급한 금액은 따로 분류할 계정과목이 없으므로 통상 영업외비용 항목인 잡손실로 처리하며, 클레임등으로 보상을 받은 금액은 영업외수익 항목인 잡이익으로 처리한다.

❹ 매출에누리 및 매출할인

[1] 매출에누리
매출에누리란 재화 또는 용역의 공급에 있어서 그 품질·수량 및 인도·공급대가의 결제 기타 공급조건이 계약내용과 상이한 경우 그 재화 또는 용역의 공급당시 공급가액에서 일정액을 직접 공제하는 금액을 말하여, 에누리액은 매출금액에서 차감하여야 하므로 감액수정세금계산서를 발행하여야 한다.

[2] 매출할인
매출할인이란 외상판매에 대한 공급대가의 미수금을 결제하거나 공급대가의 미수금을 약정기일전에 영수하는 경우 할인하는 금액으로 할인액은 과세표준에서 공제한다.

09 금융상품 세무회계

1 CMA, MMF

❶ 개요

CMA는 고객이 예치한 자금을 금융회사가 대출을 하여 주고, 이자 수익을 올리는 것이 아니라 다른 방법으로 수익을 올려 예금주에게 나누어 주는 방식이다. 예를 들어 기업어음(CP), 양도성예금증서(CD), 국공채 등에 투자하여 그 투자수익을 CMA에 예금을 예치한 고객에게 지급하는 방식으로 운용이 된다.

증권회사에서는 CMA-MMF. CMA-RP등의 상품명으로 판매하고 있으며, 보통예금과 같이 수시 입출금이 가능한 상품으로 보통예금 보다 높은 이자를 얻고자 하는 경우 및 단기자금에 대한 마땅한 투자처가 없는 경우 증권회사에서 판매하는 CMA 관련 상품에 예치를 하면 된다.

▣ 양도성예금증서(CD)

CD란 은행이 자금 확보(고객의 자금예치)를 위하여 CP(기업어음)와 유사한 방법으로 발행하는 증서로서 정기예금 증권의 일종으로 무기명으로 발행하며, 양도가 가능하여 양도성예금증서라고 하는 것이다. 단, 증서에 기재된 만기 이전에는 현금으로 교환할 수가 없다.

예를 들어 은행이 증서에 1천만원 및 만기일을 기재하여 두고, 9백 8십만원에 판매한 후 만기일에 이 증서(CD)를 가져오는 자에게 1천만원을 지급하는 것으로 투자자는 CD를 매입하여 2십만원의 투자이익을 얻을 수 있는 것이다.

▣ CP(기업어음)

어음이란 원래 구매자가 물품등을 구입하고, 판매자에게 그 대금을 나중에 주겠다고 약속하고, 그 증거로 요식화된 양식(어음)에 발행금액, 발행일, 지급일(만기일), 지급장소등을 기재하여 발급하는 증표를 말하며, 은행을 지급장소로 하는 어음은 어음을 발행한 자가 어음의 지급일 이전에 자기의 당좌예금에 어음발행금액 이상을 예치하고, 어음소지인이 만기일에 지급장소인 은행에 어음을 제시하면, 은행은 어음발행인의 당좌예금에서 어음대금을 어음소지인에게 결제를 하여 주게 된다.

반면, 기업어음이란 주로 우량기업(부도 발생의 위험이 극히 적은 기업)이 물품등의 거래없이 단지 단기자금 확보를 목적으로 주로 만기 1년 이내로 발행하는 차입금에 대한 증표로 융통어음이라고 한다. 예를 들어 단기자금 100억원이 필요한 기업이 일정기간 돈을 빌려 쓰고, 그 대가로 은행금리보다 높은 금리를 주겠다고 약속하는 경우 은행에 이자수익을 목적으로 돈을 예치하여 두고 있는 예금주는 은행보다 높은 이자수익을 목적으로 기업이 발행한 어음을 매입하여 이자를 더 받을 수 있을 것이다. 그런데 문제는 기업어음을 발행한 기업이 투자자로부터 돈을 받고 발행하여 준 기업어음의 지급기일에 자금이 부족하여 결제를 하지 못하는 경우이다. 이 경우 기업은 부도가 나게 되고, 기업어음을 매입한 투자자는 지급기일에 투자한 원금을 돌려받을 수 없게 되어 투자자금을 전액 날려 버리기도 하는 것이다. 예를 들어 동양그룹이 발행한 기업어음이 그 대표적인 사례에 해당한다.

은행의 일반 정기예금이자율보다 높은 이자를 주는 금융상품의 경우 이자수익이 높아질수록 그에 따르는 위험은 더욱 높아진다는 사실을 투자자들이 잘 알고 있는 것만큼 중요한 사실은 없다.

일반투자자의 경우 '대기업이 부도가 나겠나' 하는 안이한 마음으로 보유중인 현금성자산을 전액 투자하여 전재산을 날려 버리기도 하는 것이나 전문적인 투자자는 투자수익이 아무리 높더라도 투자의 위험성을 잘 알고 있기 때문에 투자자금의 대부분 또는 전부를 특정 상품에 투자를 하지 않는 것이며, 가능한 분산하여 투자를 하여 그 중 일부 투자상품에 손실이 발생하더라도 다른 투자상품에서 더 많은 이익을 남길 수도 있으므로 전체적으로 효과적인 투자를 하는 것이다.

❷ CMA, MMF 회계처리 사례

CMA는 증권회사가 투자자로부터 투자자금을 모집하여 다른 금융상품에 투자해서 수익을 되돌려 준다. 즉, 고객들로부터 자금을 모아 단기금융상품에 집중 투자해 수익을 얻은 뒤 고객에게 되돌려 주는 단기금융상품으로 CMA는 예금의 성격과 유가증권의 성격이 혼재되어 있다. 실무에서는 CMA를 예금의 성격으로 보아 현금성자산(만기일이 3월 이내인 것) 또는 단기금융상품으로 처리하며, CMA투자수익은 이자수익으로 처리한다.

① 《CMA 매입》 CMA 2천만원을 매입하고(매입시 기준가격 1,014.18/ 1,000)보통예금에서 인출하여 지급하다.
   ◦ 구입좌수 19,720,365 [20,000,000 ÷ 매입시 기준가격(1,014.18) × 1,000]

현금성자산	20,000,000	/	보통예금	20,000,000

② 《CMA 매도》 CMA 20,000,000원(구입좌수 19,720,365)을 매각하다. 매각 당시 1,000원당 기준가격은 1,030.25원으로 CMA 평가금액은 20,316,906원이며, 평가차익 316,906원(20,316,906 - 20,000,000)에 대한 법인세 44,360원 및 지방소득세 4,430을 공제한 잔액 20,272,546원이 보통예금에 입금되다.

보통예금	20,268,116	/	현금성자산	20,000,000
선납세금	48,790		이자수익	316,906

* 평가차익 : 316,906원 매각좌수(19,720,365)/1,000 × [매각시 기준가격(1,030.25) - 매입시 기준가격 (1,014.18)]

▣ CMA 참고자료

▶ 기준가격 및 거래좌수

기준가액이란 1,000원당 금융기관의 평가금액을 말한다. CMA 금융상품 신규 매입시 1,000원에 대한 당일의 금융기관 기준가액이 1,034.55인 경우 투자 당일의 거래좌수는 9,666,038좌[10,000,000원 ÷ 기준가액(1,034.55) × 1,000]이며, 기준가액은 금융기관의 투자성과에 따라 항상 변동한다.

● 매입시 매입좌수 = 입금금액 ÷ 기준가격 × 1,000

▶ **평가이익(① − ②)**
① 출금금액 = 출금(매각)좌수 × 출금시 기준가격 ÷ 1,000
② 입금금액 = 입금(매입)좌수 × 입금시 기준가격 ÷ 1,000

▶ **출금금액**
- 출금금액 = 평가금액(입금금액 + 평가차익) − 평가차익에 대한 이자소득세
- 평가금액 = 출금좌수 × 매각시 기준가격 ÷ 1,000
- 이자소득세 = 과세표준(평가차익) × 법인세율(14%) 또는 이자소득세율(14%)
- 지방소득세 = 이자소득세(법인의 경우 법인세) × 10%

사 례 퇴직연금, 펀드, CMA 평가이익의 익금산입

퇴직연금 및 펀드의 경우 사업연도 종료일 현재 평가대상은 아니나, 사업연도 중에 재투자하기로 약정되어 있는 경우에는 재투자 시점에는 종전 장부가액과의 차액을 수익으로 인식하여야 한다.
(법인22601-1699, 1990.08.28)
CMA에서 발생하는 수입이자의 손익귀속시기는 예금인출일이 속하는 사업연도로 하는 것이나, 그 수입이자가 원본에 전입하는 특약에 의하여 원본에 전입되는 경우에는 그 특약에 의하여 원본에 전입되는 날이 속하는 사업연도로 하는 것임

---

2 보험료 세무회계

❶ 개요

업무상 재해로 근로자가 질병, 사고 등을 당한 경우 기업이 부담한 산재보험료를 재원으로 산재보험 적용을 받게 된다. 그러나 업무상 재해가 아닌 질병, 사고 등은 언제든지 발생할 수 있으며, 이 경우 산재보험의 적용대상이 아니므로 임직원 개인은 질병, 사고 등으로 인한 병원치료비, 치료 등을 위한 휴직, 실직 위험 등으로

심각한 경제적 위험에 처할 수 있다. 따라서 이러한 산재사고외의 위험에 대비하여 근로자 개개인은 각종 보험에 가입을 하여 보험료를 불입하고 있을 것이다.

한편, 근로자에 해당하지 않는 임원의 경우 산재보험가입대상이 아니므로 업무상 재해뿐만 아니라 업무외적 사고로 인한 경제적 위험에 대비하기 위한 보험가입의 필요성이 있으며, 이로 인하여 상당수의 기업이 임원의 사고 위험에 대비하여 보험에 가입을 하고 있으며, 근로자의 경우에도 복리후생 차원에서 근로자 개인이 부담하여야 하는 보험료를 회사가 일괄 가입하여 보험료를 부담하기도 한다.

이와 같이 임직원 개인의 보험료를 기업이 부담하는 경우 발생하는 세무상 문제를 살펴보기로 한다.

❷ 회사가 부담한 보험료의 세무회계 처리

1 직원을 피보험자로 하고, 수익자를 법인으로 하는 보험

[1] 개요
법인이 가입하는 대부분의 보험은 임직원을 피보험자로 하고, 보험사고 발생시 수익자를 법인으로 하는 보험으로 이러한 보장성보험료는 법인의 비용으로 하고, 저축성보험료는 장기성예금 등 자산으로 처리한다.

[2] 저축성보험료
만기 이자수익 등을 목적으로 보험회사에 불입하는 적립식보험은 은행의 정기적금과 유사한 금융상품으로 수익자가 법인인 경우 보험예치금으로 처리하거나 장기성예금으로 처리한다. 단, 수익자가 임직원인 경우 해당 임직원에 대한 급여로 처리를 하여야 한다.

[3] 보장성보험료
보장성보험료는 보험료 등 법인의 손금으로 처리한다. 단, 수익자가 임직원인 경우 해당 임직원에 대한 급여로 처리를 하여야 한다.

[4] 보장성보험과 저축성보험이 혼합된 상품

법인이 종업원의 업무상 재해 및 사망을 보험금 지급사유로 하고 당해 법인을 수익자로 하여 만기시에 일정액을 환급받는 보험에 가입하고 보험료를 불입하는 경우 보험료 불입금액 중 저축성 보험료 상당액은 자산항목인 '장기성예금' 등의 계정과목으로 처리하고 기타의 부분은 '보험료'로 처리한다. .

▶ 보험료 회계처리 사례

① 《보험료 불입》 법인이 종업원의 업무상 재해 및 사망을 보험금 지급사유로 하고 당해 법인을 수익자로 하여 만기시에 일정 금액을 환급받는 보험에 가입하고(3년 만기, 월납) 적립식 보험료 100,000원 및 소멸성보험료(보장성보험료) 20,000원을 보통예금에서 이체하여 불입하다.

장기성예금	100,000	/ 보통예금	120,000
보험료	20,000		

- 장기성예금 : 적금식 보험료
- 보험료 : 소멸성 보험료

② 《보험료 만기》 상해보험료 만기가 되어 보험료 원금 3,600,000원 및 이자 400,000원에서 법인세 56,000원 및 지방소득세 5,600원을 공제한 3,938,400원이 법인의 보통예금통장에 입금되다.

보통예금	3,938,400	/ 장기성예금	3,600,000
선납세금	61,600	이자수익	400,000

② 임원을 피보험자로 하고, 수익자를 법인으로 하는 보험

[1] 개요

임원을 피보험자로 하고, 보험사고 발생시 수익자를 법인으로 하는 보험의 경우 보장성보험료는 법인의 비용으로 하고, 저축성보험료는 장기성예금 등 자산으로 처리한다.

◆ 수익자가 임원인 보험료는 임원의 급여로 처분하되, 주주총회 등의 급여지급기준을 초과하는 금액은 손금산입할 수 없음(서면2팀-1631 2006.8.28.)

1. 법인이 피보험자를 임원(대표이사 포함) 또는 종업원으로, 수익자를 법인으로 하여 보장성 보험과 저축성 보험에 가입한 경우, 법인이 납입한 보험료 중 만기환급금에 상당하는 보험료 상당액은 자산으로 계상하고, 기타의 부분은 이를 보험기간의 경과에 따라 손금에 산입하는 것임.
2. 법인이 피보험자를 임원(대표이사 포함) 또는 종업원으로 하고, 계약자 및 수익자를 법인으로 하여, 납입한 보험료는 피보험자인 임원 및 종업원의 근로소득으로 볼 수 없는 것임.
3. 법인이 보험계약자이고, 임원이 피보험자 또는 수익자인 경우 법인이 납입한 보험료 중 법인세법 시행령 제43조의 규정에 따라 정관, 주주총회 또는 이사회 결의에 의해 결정된 급여지급기준을 초과하는 금액은 손금불산입하여 상여처분하는 것임.
4. 법인이 보험계약자이고 종업원이 피보험자 또는 수익자인 경우 법인이 납입한 보험료는 종업원의 급여로 보아 손금에 산입하는 것임.

[2] 수익자가 법인인 보험의 수익자를 퇴사하는 임원으로 변경하는 경우

법인을 계약자와 수익자로 하고, 임원을 피보험자로 하는 만기환급금이 없는 보험에 가입하여 보험료를 불입하여 오던 중 당해 임원의 퇴직 등의 사유로 그 보험계약의 계약자 및 수익자를 그 임원으로 변경하는 경우 동 법인이 보험계약에 따라 기 불입한 보험료상당액은 그 임원의 근로소득에 해당하는 것으로 한다.

▶ 종신보험

종신보험의 경우 아래 예규에서 정하는 바에 따라 주주총회에서 임원의 급여 한도액을 실제 지급할 금액보다 높게 책정한 다음 이사회가 임원의 급여를 승인하는 방식으로 하여 임원에 대한 급여로 처리하고, 법인의 손금에 산입하는 것이 바람직할 것으로 판단된다.

◆ 수익자가 법인인 종신보험 회계처리 (서면2팀-826, 2008.05.01.)

법인이 임원을 피보험자로 법인을 수익자로 하여 보험기간 즉 만기일이 종신인 변액연금보험에 가입한 경우, 법인이 납입한 보험료 중 만기환급금에 상당하는 보험료 상당액은 자산으로 계상하고, 기타의 부분은 이를 보험기간의 경과에 따라 손금에 산입하는 것으로, 기존 해석사례(서면2팀-1631, 2006.8.28.)를 참고하기 바람.

2 직원을 피보험자로 하고, 수익자가 직원인 보험

법인이 보험계약자이고 종업원이 피보험자 또는 수익자인 경우 법인이 납입한 보험료는 종업원의 과세대상 급여로 보아 손금에 산입한다. 단, 근로소득에서 제외되는 단체순수보장성보험 등 불입액은 비과세되는 근로소득으로 한다.

▶ 근로소득에서 제외되는 단체순수보장성보험 등 [소령 제17조의4 3]
종업원이 계약자이거나 종업원 또는 그 배우자 및 그 밖의 가족을 수익자로 하는 보험·신탁 또는 공제와 관련하여 사용자가 부담하는 보험료·신탁부금 또는 공제부금 중 다음 각 목의 보험료등
가. 종업원의 사망·상해 또는 질병을 보험금의 지급사유로 하고 종업원을 피보험자와 수익자로 하는 보험으로서 만기에 납입보험료를 환급하지 않는 보험(단체순수보장성보험)과 만기에 납입보험료를 초과하지 않는 범위에서 환급하는 보험(단체환급부보장성보험)의 보험료 중 연 70만원 이하의 금액
나. 임직원의 고의(중과실을 포함한다) 외의 업무상 행위로 인한 손해의 배상청구를 보험금의 지급사유로 하고 임직원을 피보험자로 하는 보험의 보험료

❸ 법인이 수익자인 보험의 지급사유 발생에 따른 세무회계

1 보험금 수입

[1] 보장성보험료 수입
피보험자를 임직원으로 하여 수익자가 법인인 보험 등에 가입한 후 보험사고의 발생으로 받는 보험금은 영업외수익으로 처리를 하여야 한다.

[2] 저축성보험료 수입
만기가 종료되거나 보험을 중도해지하여 보험금을 수령하는 경우 환급금이 장부상 금액(장기성예금 또는 보험예치금 등)을 초과하는 금액은 영업외수익(보험차익, 잡이익 등)으로 장부상 금액보다 적은 경우 그 차액은 영업외손실로 처리한다.

10 소프트웨어, 프로그램 세무회계

❶ 개요

기업회계기준 해석에서는 업무지원용 소프트웨어의 자체개발에 소요된 비용이 자산 인식요건을 충족한 경우 무형자산인 개발비로 처리하고, 상용 소프트웨어를 구입하여 사용하는 경우에는 동 구입비용은 기타의 무형자산으로 회계처리하도록 규정하고 있다. 단, 국세청의 유권해석에 의하면, 소프트웨어는 당해 자산에 대한 감가상각비가 판매비와관리비를 구성하는 경우에는 법인세법시행규칙[별표 5]의 구분 1 '기구 및 비품'으로 보아 내용연수를 적용하는 것이며, 그 이외의 경우에는 업종별 자산의 내용연수를 적용한다. 따라서 실무에서는 통상 비품으로 처리하고 감가상각한다.

소프트웨어구입비용이 100만원을 초과하는 경우 유형자산인 '비품'으로 계정처리를 하며, 100만원 이하인 경우 '소모품비'로 처리하며, 소프트웨어 사용기간이 제품등록일로부터 1년 이내인 경우 당기에 전액 비용(소모품비)으로 처리한다.

◆ 소프트웨어 감가상각시기 (법인 46012 - 3143, 1996.11.12)
법인이 고객관리 소프트웨어개발을 용역업체에 의뢰하고 용역비를 3회 분할하여 지급하는 경우 동 용역비는 개발이 완료되어 당해 법인이 업무에 사용되기 전까지 기구 및 비품으로 계상한 후 동 소프트웨어가 업무에 사용되는 사업연도부터 감가상각한다.

▶ 기업회계기준서에 의한 처리방법

업무지원용 소프트웨어의 경우 개발단계에서 발생한 지출은 다음의 조건을 모두 충족하는 경우에만 무형자산으로 인식하고, 그 외의 경우에는 경상개발비의 과목으로 하여 발생한 기간의 비용으로 인식한다. (기업회계기준해석 41)
① 무형자산을 사용 또는 판매하기 위해 그 자산을 완성시킬 수 있는 기술적 실현가능성을 제시할 수 있다.
② 무형자산을 완성해 그것을 사용하거나 판매하려는 기업의 의도가 있다.
③ 완성된 무형자산을 사용하거나 판매할 수 있는 능력을 제시할 수 있다.

④ 무형자산이 어떻게 미래 경제적 효익을 창출할 것인가를 보여줄 수 있다. 예를 들면, 무형자산의 산출물, 그 무형자산에 대한 시장의 존재 또는 무형자산이 내부적으로 사용될 것이라면 그 유용성을 제시하여야 한다.
⑤ 무형자산의 개발을 완료하고 그것을 판매 또는 사용하는 데 필요한 기술적, 금전적 자원을 충분히 확보하고 있다는 사실을 제시할 수 있다.
⑥ 개발단계에서 발생한 무형자산 관련 지출을 신뢰성 있게 구분하여 측정할 수 있다.

▶ 홈페이지 구축비용

회사 홍보용 홈페이지 구축비용(사이트 구축비용)은 세무상 자산(비품)으로 계상하였다가 홈페이지가 개발 완료되어 정상적으로 가동되기 시작한 날부터 감가상각을 하여 비용화한다. 단, 호스팅비, 유지보수비 등은 지급수수료로 처리한다.
한편, 홈페이지 구축비용이 100만원 이하인 경우 광고선전비로 처리한다.

◆ 인터넷 홈페이지 구축비용은 기구 및 비품으로 감가상각함
(법인, 법인46012-306 , 2001.02.06.)
인터넷 홈페이지를 구축하면서 소요되는 비용은 자산(기구 및 비품)으로 계상하여 동 홈페이지가 정상적으로 가동되기 시작한 날부터 감가상각함

❷ 소프트웨어, 프로그램 회계처리 사례

[예제] 《회계프로그램 구입》 업무전산화를 위한 회계프로그램을 800,000원(부가세 별도)을 구입하고 그 대금은 즉시 보통예금에서 인출하여 지급하다.

소모품비	800,000	/ 보통예금	880,000
부가세대급금	80,000		

11   4대보험료, 두루누리, 연말정산 회계처리

1   퇴사자 연말정산 및 4대보험 정산

❶ 중도 퇴사자 근로소득 연말정산

① 퇴사자의 경우 **퇴직하는 월의 급여를 지급하는 때까지** 연말정산을 하여야 한다. 연말정산 결과 결정세액이 매 월 간이세액표에 의하여 징수한 금액보다 적은 경우 퇴사한 회사에서 환급을 하여야 하며, 결정세액이 매 월 간이세액표에 의하여 징수한 금액보다 많은 경우 퇴사 전에 근로소득세 및 지방소득세를 추가로 징수하여야 한다.
② 퇴사자에 대한 근로소득지급명세서 및 퇴직소득지급명세서는 그 지급일이 속하는 연도의 다음연도 3월 10일까지 제출하여야 한다.

□ 소득세법 제148조(퇴직소득에 대한 세액정산 등)
① 퇴직자가 퇴직소득을 지급받을 때 이미 지급받은 다음 각 호의 퇴직소득에 대한 원천징수영수증을 원천징수의무자에게 제출하는 경우 원천징수의무자는 퇴직자에게 이미 지급된 퇴직소득과 자기가 지급할 퇴직소득을 합계한 금액에 대하여 정산한 소득세를 원천징수하여야 한다.
1. 해당 과세기간에 이미 지급받은 퇴직소득
2. 대통령령으로 정하는 근로계약에서 이미 지급받은 퇴직소득

■ 연말정산시 공제받지 못한 소득공제 추가공제

연말정산시 공제받지 못한 금액에 대하여 근로소득자는 본인의 주소지 관할세무서에 다음연도 5월 1일부터 5월 31일까지 퇴사한 직장에서 발급받은 근로소득원천징수영수증과 소득공제 증빙서류를 구비하여 종합소득세 확정신고를 하여 공제받을 수 있으며, 환급세액이 발생하는 경우 세무서로부터 환급받을 수 있다.

❷ 퇴사자 건강보험료 정산

직원이 퇴사한 경우 건강보험료는 당해 연도 초일부터 퇴사일까지 지급한 급여를 기준으로 정산한 다음 과다 징수한 금액은 돌려주고, 과소 징수한 금액은 추가 징수하여야 한다. 한편, 건강보험 자격을 상실한 경우 상실한 달(상실한 달 전 날을 기준)까지 보험료를 납부하여야 한다. 즉, 퇴사자의 경우 퇴사 월의 보험료는 직장가입자로 납부하여야 하는 것이다.

❸ 퇴사자 고용보험료 정산

퇴사 월까지 지급한 보수총액에 대하여 종업원부담금을 정산하여 과다 징수한 금액은 돌려주고 과소 징수한 금액이 있는 경우 추가 징수하여 납부하여야 한다.
퇴사시 건강보험, 고용보험료의 과오납이 있을 수 있으므로 개인별 징수내역을 충분히 검토하여 착오가 없도록 유의하여야 한다.

❹ 퇴사자 국민연금

국민연금은 전년도 급여를 기준으로 고지되고, 별도의 정산절차없이 확정되므로 퇴사자에 대하여 정산을 하지는 않는다. 단, 국민연금직장가입자 자격을 상실한 경우 상실한 달(상실한 달 전 날을 기준)까지 보험료를 납부하여야 한다. 즉 자격을 상실한 달의 보험료는 자격을 상실할 낭시 사격 기준으로 납부하어아 하므로 되사자의 경우 퇴사 월의 보험료는 직장가입자로 납부하여야 하는 것이다.

❺ 퇴사자 산재보험

산재보험료는 전액 회사가 부담하므로 별도의 정산은 하지 않는다.

2 4대보험료 정산 회계처리

❶ 퇴사자 근로소득세 및 4대보험료 정산 회계처리

①《퇴사자 연말정산 결과 환급세액 발생》4월 10일 직원이 퇴사하여 1월 1일 부터 퇴사 일까지의 급여를 중도 정산한 결과 환급세액이 110,000원(근로소득세 100,000원, 지방소득세 10,000원)이 발생하였다.

미수금(서초세무서)	100,000	/ 미지급금	110,000
미수금(서초구청)	10,000		

- 미수금 : 중도퇴사자 근로소득세 정산환급금은 근로소득세 과다납부금액으로 세무서로부터 돌려받을 금액으로 계속 근로자의 납부할 세액과 상계처리한다.
- 미지급금 : 퇴사자의 근로소득세 과다납부금액으로 세무서에서 돌려받아 퇴사자에게 지급하여야 하는 금액이다. 단, 계속 근로자의 납부할 금액에서 상계처리할 수 있으므로 계속 근로자로부터 징수한 금액으로 지급하거나 징수 전 회사가 미리 지급한다.
- 환급세액을 계속 근로직원의 근로소득세 원천징수 전 지급하는 경우에는 가지급금으로 처리한 다음 계속 근로직원 근로소득세 납부시 납부할 금액에서 가지급금을 공제한 잔액을 납부한다.

②《건강보험료 과다납부 금액 발생》퇴사자에 대한 건강보험료 정산결과 건강보험료 과다납부 금액 80,000원을 건강보험공단에 대한 미수금으로 계상하고 직원부담금 40,000원을 퇴사한 직원에 대한 미지급금으로 계상하다.

미수금(건강보험공단)	80,000	/ 미지급금	40,000
		복리후생비	40,000

- 미수금 : 건강보험료 과다납부 금액
- 미지급금 : 건강보험료 환급금 중 종업원부담금은 종업원에게 돌려주어야 하는 채무로 미지급금으로 처리한다.
- 복리후생비 : 퇴직자 건강보험료 회사부담금은 회계처리시 복리후생비로 처리하였으므로 과오납 금액 중 회사부담금은 당해 연도 복리후생비에서 차감하여야 한다.

③《고용보험료 과다납부 금액 발생》퇴사자에 대한 고용보험료 정산결과 과다납부한 금액 30,000원을 근로복지공단에 대한 미수금으로 계상하고 직원부담금 12,580원을 퇴사한 직원에 대한 미지급금으로 계상하다.

미수금(근로복지공단)	30,000 /	미지급금	12,580
		복리후생비	17,420

- 미지급금 : 고용보험료 과다납부금액 중 종업원부담금은 종업원에게 돌려주어야 하는 부채로 퇴사한 직원에 대한 미지급금으로 처리한다.
- 복리후생비 : 퇴직자 고용보험료 회사부담금은 회계처리시 복리후생비로 처리하였으므로 과다납부한 금액 중 회사부담금은 당해 연도 복리후생비에서 차감한다.

④《퇴직금 및 근로소득세 환급금 지급》4월 30일 퇴직금 10,000,000원에서 퇴직소득세 210,000 및 지방소득세 21,000원을 차감한 9,769,000원 및
근로소득세 환급금 100,000원, 지방소득세 환급금 10,000원, 건강보험료 과다납부금액 40,000원, 고용보험료 과다납부 금액 12,580원을 더한 9,931,580원을 보통예금에서 인출하여 지급하다. 단, 퇴직급여는 전액 퇴직급여충당금과 상계처리하다.

퇴직급여충당금	10,000,000 /	예수금(퇴직소득세)	210,000
미지급금	162,580	예수금(지방소득세)	21,000
		보통예금	9,931,580

- 퇴직급여충당금 : 퇴직급여충당금이 없거나 부족한 경우 퇴직금으로 처리하여 퇴직연도의 비용으로 한다.

❷ 계속 근로자 4대보험료 정산

① 계속 근로자 건강보험료 및 고용 및 산재보험료 연말정산

건강보험료, 고용보험, 산재보험료는 전년도 과세대상 급여를 기준으로 공단에서 매 월 고지한 금액을 납부한 다음, 당해 연도 실제 지급한 급여를 기준으로 확정 정산하여 과소납부한 금액은 추가 고지되며, 과다 납부한 금액은 다음연도 4월분 보험료에서 차감된다. 따라서 이 경우 추가 고지되거나 차감된 금액에 대한 회계처리를 하여야 한다. 단, 국민연금은 전년도 급여에 의하여 납부한 금액으로 확정되므로 별도의 정산은 하지 않는다.

■ 건강보험료 연말정산에 의한 과오납금액 회계처리

① 《건강보험료 연말정산환급금 발생》 건강보험료 연말정산 결과 과오납 금액 1,800,000원이 발생하다.

미수금	1,800,000	/	미지급금	900,000
			잡이익	900,000

- 미수금 : 건강보험료 환급금 미수금액
- 미지급금 : 건강보험료 환급금 미수금액 중 종업원부담금은 원칙적으로 종업원에게 돌려주어야 하는 채무로 미지급금으로 처리한다.
- 잡이익 : 건강보험료 회사부담금은 전년도 회계처리시 복리후생비로 처리하였으나 전년도의 복리후생비 중 900,000원은 과오납된 것이다. 과오납금액은 전기의 복리후생비에서 차감하여야 하나 이미 결산이 종료되어 이를 재무제표에 반영할 수 없으므로 그 금액이 소액인 경우 통상 '잡이익'또는 '전기오류수정이익'으로 처리한다.

② 《4월분보험료와 상계》 4월분 보험료 1,200,000원을 건강보험료 환급금액과 상계처리하다.

미지급금	600,000	/	미수금	1,200,000
복리후생비	600,000			

- 미지급금 : 4월분보험료 중 직원부담금을 급여징수시 징수하여야 하나 전년도에 납부한 금액이 과다 납부되어 당해연도 4월분과 상계처리한 금액으로 직원개인별 건강보험료 원천징수부에는 징수하여 납부한 것으로 처리하고, 미지급금과 상계처리한다.
- 복리후생비 : 4월분 보험료 중 회사부담금으로 회사자금으로 납부하여야 하나 전년도에 납부한 금액이 과다 납부되어 건강보험공단으로부터 받을 미수금과 상계한다.
- 건강보험료 종업원부담금 상계금액 및 회사부담금은 당해연도의 납부금액으로 다음연도 연말정산시 보험료납부총액에 합산된다.

③ 《건강보험료 환급금 입금》 1개월분을 초과하는 금액 600,000원이 건강보험공단으로부터 보통예금통장에 입금되다.
▷ 환급금액 : 과오납 금액(1,800,000원) - 4월분 충당금액(1,200,000원)

보통예금	600,000	/	미수금	600,000

④《건강보험료 환급금 중 직원부담분 지급》건강보험료 환급금 중 직원분 과오납금 300,000원을 보통예금에서 인출하여 해당 직원에게 환급하다.

미지급금	300,000 / 보통예금	300,000

■ 건강보험료 연말정산에 의한 추가 납부금액 회계처리

①《연말정산 건강보험료 추가 납부 → 급여일이 다음달 10일 이후인 경우》건강보험 연말정산 결과 추가 납부하여야 할 건강보험료 1,000,000원이 발생하여 4월분 건강보험료 납부시 4월분 보험료 800,000원과 같이 예금에서 인출하여 납부하다.
○ 4월분보험료 중 종업원부담금 징수금액 400,000원
○ 추가 납부금액 중 종업원부담금 대신 지급금 500,000원

예수금	400,000 / 보통예금	1,800,000
가지급금	500,000	
복리후생비	900,000	

• 예수금 : 건강보험료를 회사가 먼저 대신 지급하고 나중에 급여 지급시 징수하는 경우에는 '가지급금'으로 처리한다.
• 복리후생비 : 추가고지분 및 4월분 건강보험료 중 회사부담금

②《종업원 부담분 건강보험료 등 징수》4월분 급여 18,000,000원을 5월 25일 지급하다. 급여지급시 건강보험료 추가 고지분 중 회사가 대납한 금액 500,000원 및 근로소득세, 지방소득세 440,000원, 당월분 건강보험료 종업원부담금 400,000원 국민연금 종업원부담금 800,000원, 고용보험 종업원부담금 70,000원을 차감한 잔액 15,790,000원을 보통예금에서 인출하여 지급하다.

급여	18,000,000 / 예수금(갑근세)	440,000
	가지급금	500,000
	예수금(건강보험)	400,000
	예수금(국민연금)	800,000
	예수금(고용보험)	70,000
	보통예금	15,790,000

■ **고용보험료 정산에 의한 과오납금액 회계처리**

① 《고용보험료 과다납부 금액 발생》 전년도 고용보험료 납부금액을 정산한결과 과다납부한 금액 155,000원을 근로복지공단에 대한 미수금으로 계상하고 직원부담금 65,000원을 퇴사한 직원에 대한 미지급금으로 계상하다.

미수금(근로복지공단)	155,000 /	미지급금	65,000
		복리후생비	90,000

- 미지급금 : 고용보험료 과다납부금액 직원에 대한 미지급금으로 처리한다.
- 복리후생비 : 과다납부한 금액 중 회사부담금은 당해 연도 복리후생비에서 차감한다.

② 《전년도 고용보험료 과다납부 금액을 당해 연도 고용보험료와 상계》 당해연도 4월분 보험료 1,550,000원(사업주부담금 900,000원, 근로자부담금 650,000원)에서 전년도 과다납부금액 155,000원을 차감한 1,395,000원을 5월 10일 납부하다.

복리후생비	900,000 /	미수금(근로복지공단)	155,000
예수금	585,000	보통예금	1,395,000
마자급금	65,000		

- 예수금 : 근로자로부터 징수한 금액 585,000원(근로자부담금 - 전년도 과다납부금액)

■ **산재보험료 정산에 의한 과오납금액 회계처리**

① 《산재보험료 과다납부 금액 발생》 전년도 산재보험료 납부금액을 정산한결과 과다납부한 금액 300,000원을 근로복지공단에 대한 미수금으로 계상하다.

미수금(근로복지공단)	300,000 /	복리후생비	300,000

② 《전년도 산재보험료 과다납부 금액을 당해 연도 산재보험료와 상계》 당해 연도 4월분 보험료 1백만원에서 전년도 과다납부금액 300,000원을 차감한 700,000원을 5월 10일 납부하다.

복리후생비	1,000,000 /	미수금(근로복지공단)	300,000
		보통예금	700,000

4대보험료 요율 [종업원 및 사업주 부담금 비율] (2025년 기준)

구 분		회사분	종업원분	합계	비 고
국민연금		4.50%	4.50%	9.00%	
건강보험요율(합계)		4.004%	4.004%	8.008%	
국민건강보험료		3.545%	3.545%	7.090%	
노인성장기요양보험		0.459%	0.459%	0.918%	
고 용 보험료	실업급여	0.90%	0.90%	1.8%	
	고용안정 직업능력 개발사업	0.25%	-	0.25%	150명 미만 사업장
		0.45%	-	0.45%	150명 이상(특정업종)
		0.65%	-	0.65%	150명 ~ 1,000명
		0.85%	-	0.85%	1000명 이상
산재보험료		회사부담	없음		업종별로 다름
임금채권부담금		0.06%	없음		

■ 국민연금 '보험료율' 9% → 13%로 인상

연도별 국민연금 보험료 요율 [종업원 및 사업주 부담금 비율]

연도	회사분	종업원분	합계
2025년	4.50%	4.50%	9.00%
2026년	4.75%	4.75%	9.50%
2027년	5.00%	5.00%	10.00%
2028년	5.25%	5.25%	10.50%
2029년	5.50%	5.50%	11.00%
2030년	5.75%	5.75%	11.50%
2031년	6.00%	6.00%	12.00%
2032년	6.25%	6.25%	12.50%
2033년	6.50%	6.50%	13.00%

❸ 고용보험료 개산보험료 일시 납부 및 정산 (건설업종)

① 《20×7년 개산보험료 일시 납부》 20×7. 3. 31 개산보험료 1,550,000원에서 일시 납부 할인금액 77,500원을 차감한 1,472,500원을 우리은행 보통예금에서 인출하여 납부하다.
- 추정임금 100,000,000원 : 통상 전년도 임금총액을 추정임금으로 한다.
- 개산보험료 1,550,000원 : 추정임금(100,000,000원) × 보험요율(1.55%)
- 일시납 할인금액 77,500원 : 개산보험료(1,550,000원) × 할인율(5%)
* 20×7년 고용보험요율 : 1.55%(사업주 : 0.9%, 근로자 : 0.65%)

선급비용	1,550,000 / 보통예금	1,472,500
	잡이익	77,500

② 《보험료 당기 비용 계상》 20×7년도분 임금 정산 결과 실제 지급한 임금은 120,000,000원이며, 이에 대한 20×7년 확정보험료는 1,860,000원이다. 확정보험료 중 회사부담금 1,080,000원은 당기 비용으로 계상하다.

복리후생비	1,080,000 / 선급비용	1,080,000

③ 《20×7년 확정 보험료 납부》 20×8년 3월 31일 20×7년도 임금 정산 결과 실제 지급한 임금은 120,000,000원이며, 20×6년 확정보험료는 1,860,000원이다.
예수금과 선급비용 잔액을 대체하고, 20×7년 고용보험료 과소납부금액 310,000원(1,860,000원 − 1,550,000원)을 미지급금으로 계상하다.
* 예수금으로 징수하여 둔 금액 : 780,000원
  ○ 2017년 1월~ 12월 고용보험료 종업원부담금 : 120,000,000원 × 고용보험료율(0.65%)

예수금	780,000 / 선급비용	470,000
	미지급금	310,000

④ 《20×8년 개산보험료 납부》 20×8년 3월 31일 20×8년도 개산보험료 1,860,000원에서 일시납 할인금액 93,000원을 차감한 금액에 20×7년도 고용보험료 과소납부금액 310,000원을 더한 2,077,000원을 보통예금에서 인출하여 납부하다.
- 추정임금   120,000,000원 : 통상 전년도 임금을 추정임금으로 한다.

- 개산보험료　　　1,860,000원 : 추정임금(120,000,000원) × 보험요율(1.55%)
- 일시납 할인액　　 93,000원 : 개산보험료(1,860,000원) × 할인율(5%)

선급비용	1,860,000 / 보통예금		2,077,000
미지급금	310,000　잡이익		93,000

- 잡이익 : 일시납 개산보험료 5% 할인금액

☐ 법인세법 집행기준 21-0-2 【벌과금 등의 손금불산입】
다음의 벌과금 등은 각 사업연도 소득금액 계산상 이를 손금에 산입하지 아니한다.
3. 「고용보험 및 산업재해보상보험의 보험료 징수 등에 관한 법률」 제24조에 따라 징수하는 산업재해보상보험료의 가산금
5. 「국민건강보험법」 제80조에 따라 징수하는 **연체금**

☐ 법인세법 집행기준 21-0-3 【지체상금 등의 처리】
다음의 손비는 손금불산입하는 벌금 등에 해당되지 아니한다.
4. 「고용보험 및 산업재해보상보험의 보험료 징수 등에 관한 법률」 제25조에 따른 산업재해보상보험료의 **연체금**
6. 전기요금의 납부지연으로 인한 연체가산금

3 두루누리 지원금 회계처리

❶ 두루누리 사회보험 개요

두루누리 사회보험이란 근로자 10인 미만 사업장에 신규로 취업한 저임금 근로자(월 평균보수 270만원 이하)의 국민연금 및 고용보험료의 80%를 정부가 지원하는 제도로서 채용 이후 36개월간 지원한다.

▶ **지원대상**

근로자 수가 10명 미만인 사업에 새로 고용된 근로자 중 지원신청일 직전 1년간 피보험자격 취득이력이 없는 근로자로서 월평균보수가 270만원(2025년도 기준) 미만인 근로자와 그 사업주에게 사회보험료(국민연금·고용보험)를 80%까지 각각 지원한다.

▶ **지원제한 대상자**

○ 지원신청일이 속한 보험연도의 전년도 재산의 과세표준액 합계가 6억원 이상인 자
○ 지원신청일이 속한 보험연도의 전년도(소득자료 입수 시기에 따라 보험연도의 전년도 또는 전전년도) 종합소득이 4,300만원 이상인 자

❷ 두루누리 지원금 회계처리 사례

> **예제** 근로자 김인수(신규 근로자) 월급여 2,300,000원
>
> ○ 국민연금 정부지원금(국민연금이 80%) 및 본인부담금(20%) 41,400원
> - 국민연금 월 207,000원(사업주 103,500원 / 근로자 본인 103,500원)
> - 국민연금 지원금 월 165,600원(사업주 82,800원 / 근로자 본인 82,800원)
> ○ 고용보험 및 정부지원금(고용보험료의 80%) 및 본인부담금(20%) 4,140원
> - 고용보험료 월 47,150원(사업주 26,450원 / 근로자 본인 20,700원)
> - 고용보험 지원금 월 29,600원(사업주 21,160원 / 근로자 본인 16,560원)

[예제] 급여 지급 및 정부 지원금 차감 후 징수
국민연금 예수액 20,700원(103,500원 - 지원금 82,800원)
고용보험료 예수액 4,140원(20,700원 - 지원금 16,500원)

급여	2,300,000 /	예수금(국민연금)	20,700
		예수금(고용보험)	4,140
		예수금(건강보험)	92,000
		보통예금	2,183,160

[예제] 국민연금보험료 207,000원에서 지원금 165,600원을 차감한 41,400원 납부

예수금	20,700 /	보통예금	41,400
세금과공과금	186,300	잡이익	165,600

[예제] 고용보험료(47,150원)에서 지원금(37,720원) 차감한 금액(9,430원) 납부

예수금(고용보험)	4,140 /	보통예금	9,430
복리후생비	43,010	잡이익	37,720

▶ **두루누리 지원금액의 근로소득 해당 여부**

근로자에 대한 근로자부담금 지원금은 근로소득에 해당되지 않는 것이므로 해당 지원금에 대하여는 근로소득세를 원천징수하지 않는 것이며, 연말정산시 국민연금, 고용보험료 소득공제는 근로자 본인이 부담한 금액만 공제를 받아야 한다.

❸ 두루누리 사회보험 신청

사용자(사업주)의 신청에 의해 지원하며 보험료를 완납하면, 익월 보험료에서 차감하는 방식으로 지원한다.

▶ **신청 문의**

근로복지공단 1588-0075, 고용노동부 (국번없이) 1350

4 연말정산 환급 회계처리

❶ 국세청의 연말정산 서비스

연말정산에 관한 내용은 국세청에서 모든 자료를 제공하고 있으므로 본서에서는 연말정산 개요만을 수록하였으며, 자세한 내용은 국세청 자료를 참고한다.

[1] 「근로소득 간이세액표 해설」 책자 발간 및 조회 프로그램 제공
국세청홈페이지(www.nts.go.kr) → 조회.계산 → 근로소득 간이세액표

[2] 「원천징수이행상황신고서 작성요령」 책자 발간
국세청 홈페이지(www.nts.go.kr) → 국세정보 → 국세청발간책자 → 분야별 해설책자 소득세 → 원천징수이행상황신고서 작성요령

[3] 홈택스 연말정산 신고프로그램 제공
홈택스 홈페이지(www.hometax.go.kr) → (근로.퇴직 등) 지급명세서 → 근로소득 → 연말정산

[4] 연말정산 신고안내 해설 동영상 제공
국세청 홈페이지(www.nts.go.kr) → 신고납부 → 원천징수(연말정산) 안내 → 연말정산 동영상

[5] 연말정산 신고안내 무료교육
국세청 홈페이지 → 신고납부 → 원천징수(연말정산)안내

[6] 연말정산 상담
국세청 고객만족센터 국번없이 ☎ 126

❷ 연말정산 환급 회계처리 사례

[1] 연말정산 환급세액 발생

① 《연말정산 환급세액 발생》 연말정산 결과 간이세액표에 의하여 납부한 근로소득세(기납부세액)가 결정세액을 초과하여 근로소득세 1,200,000원 및 지방소득세 120,000원이 환급발생되다.

미수금	1,320,000 / 미지급금	1,320,000

- 미수금 : 세무서로부터 돌려받아야 할 금액
- 미지급금 : 세무서에서 돌려받은 금액을 해당 직원에게 지급하여야 할 금액

[2] 조정환급세액과 납부할 세액 상계처리

① 《연말정산 환급세액을 납부할 금액과 상계》 2월 10일 1월분(급여지급일 1월 31일) 근로소득세 400,000원 및 동 지방소득세 40,000원을 전년도 연말정산 환급금에서 상계처리한 후 원천징수이행상황을 신고하다.

미지급금	440,000 / 미수금	440,000

- 미지급금 : 관할 세무서로부터 근로소득세를 돌려받아 직원에게 지급하여야 할 금액이나 납부할 근로소득세를 급여지급시 징수하지 아니하고, 미지급금과 상계처리한 다음 개인별근로소득원천징수부에 근로소득세를 납부한 것으로 하여 미지급금과 상계한다.
- 미수금 : 1월 분 급여 지급시 근로소득세 400,000원 및 지방소득세 40,000원을 납부하여야 하나 세무서 및 시·군·구로부터 돌려받아야 할 세액을 납부할 세액과 상계처리한 것임

② 《연말정산 환급세액을 납부할 금액과 상계》 3. 10 2월 분 근로소득세로 납부하여야 하는 600,000원 및 동 지방소득세 60,000원을 전년도 연말정산 환급금에서 차감 후 원천징수이행상황을 신고하다.

미지급금	660,000 / 미수금	660,000

③《급여지급 및 근로소득세 환급세액 조정》3월 31일 급여 10,000,000원 지급시 3월 근로소득세 500,000원 및 동 지방소득세 50,000원을 계상하다. 소득세 및 지방소득세 중 연말정산 환급금 미정산금액 220,000원을 차감한 잔액 330,000원 [환급세액(1,320,000) - 1월분조정금액(440,000) - 2월분조정금액(660,000)] 및 국민연금보험료, 건강보험료, 고용보험료 직원부담금 700,000원을 직원으로부터 원천징수하고 차감 잔액 8,970,000원을 보통예금에서 인출하여 지급하다.

급여	10,000,000 / 예수금(근로소득세)	300,000
	예수금(지방소득세)	30,000
	예수금(국민,건강)	700,000
	보통예금	8,970,000

④《근로소득세 및 지방소득세 납부》4. 10 근로소득세 및 지방소득세 330,000원을 보통예금에서 인출하여 납부하다.

미지급금	220,000 / 미수금	220,000
예수금(근로소득세)	300,000 / 보통예금	330,000
예수금(지방소득세)	30,000	

[3] 환급할 근로소득세를 회사가 미리 대신 지급한 경우 회계처리

①《연말정산 환급세액 발생》연말정산 결과 소득세 조정환급세액 1,200,000원 및 지방소득세 120,000원이 발생하다.

미수금	1,320,000 / 미지급금	1,320,000

②《연말정산 환급금 발생금액 지급》연말정산 결과 발생한 근로소득세 조정환급세액 1,200,000원 및 지방소득세 120,000원이 발생하여 환급금액을 회사가 보통예금에서 인출하여 종업원에게 대신 지급하다.

가지급금	1,320,000 / 보통예금	1,320,000

• 가지급금 : 연말정산 환급금을 회사가 대신 지급한 금액은 당해 연도에 직원에게 원천징수한 근로소득세 및 지방소득세는 회사의 입금(가지급금 회수)으로 처리하고 '소득자별근로소득원천징수부'에는 징수한 것으로 처리한다.

③《급여지급 및 근로소득세 등 징수》2월 10일 1월분 급여 1천만원 지급시 근로소득세 400,000원 및 동 지방소득세 40,000원을 직원으로부터 징수하다.

급여	10,000,000	/	예수금(근로소득세)	400,000
			예수금(지방소득세)	40,000
			보통예금	9,560,000

④《근로소득세 신고시 납부할 금액 상계》1월분 근로소득세 및 지방소득세를 전년도 연말정산 환급금에서 차감 조정하여 원천징수이행상황을 신고하다.

예수금(근로소득세)	400,000	/	가지급금	440,000
예수금(지방소득세)	40,000			

- 가지급금 : 직원으로부터 징수한 1월분 근로소득세 및 지방소득세는 회사가 가지급금을 회수한 것으로 처리한다. 한편, 근로소득세 및 지방소득세는 연말정산환급금에서 차감하여 상계처리하므로 납부할 세액은 없는 것임

미지급금	440,000	/	미수금	440,000

- 미지급금 : 직원에게 지급할 금액을 회사가 대신 지급한 후 급여 지급시 징수한 금액을 상계처리한다.
- 미수금 : 1월 분 급여 지급시 근로소득세 400,000원 및 지방소득세 40,000원을 직원으로부터 징수하여야 하나 세무서로부터 환급 받을 세액을 납부할 세액과 상계처리한 것임

[4] 연말정산 환급세액 발생 및 환급금 입금

①《연말정산 환급세액 발생》연말정산 결과 1,200,000원의 환급금액이 발생하여 2. 10 환급신청을 하다.

미수금	1,200,000	/	미지급금	1,200,000

②《근로소득세 환급》세무서에서 근로소득세 환급금액이 결정되어 법인의 보통예금에 환급금 1,200,000원이 입금되다.

보통예금	1,200,000	/	미수금	1,200,000

12 수출실무 및 회계처리

1 수출실무

❶ 수출재화의 공급시기

수출하는 재화의 공급시기는 부가가치세법 제9조 및 같은 법 시행령 제21조 제1항의 규정에 의하여 수출재화의 선(기)적일이 되는 것이며 이 경우 사업자가 그 대가를 외화로 받은 때에는 공급시기(선적일)가 도래하기 전에 원화로 환가한 경우에는 그 환가한 금액을, 공급시기(선적일) 이후에 외국통화 기타 외국환의 상태로 보유하거나 지급받는 경우에는 당해 공급시기(선적일)에 해당하는 외국환거래법에 의한 기준환율 또는 재정환율에 의하여 계산한 금액을 과세표준으로 계산한다.

❷ 수출 과세표준

1 일반적인 수출

수출신고필증에 기재된 FOB 가격은 관세법 또는 대외무역법 등의 규정에 따라 수출실적 통계 등의 기준금액이다. 따라서 (34) 결제금액이 수출매출금액이다.
한편, 수출매출금액을 계산함에 있어 환율 적용시 달러의 경우 기준환율을 적용하며, 기타 외국화폐는 재정환율을 적용한다.

□ 수출신용장의 금액과 실제수출금액이 상이한 경우
[부가가치세법 기본통칙 11-24-8]
사업자가 재화를 수출하고 수출금액과 신용장상의 금액과의 차액을 별도로 지급받는 경우 그 금액에 대하여도 영의 세율을 적용한다. (1985. 1. 22 개정)

☐ 외화자산·부채의 기장환율 【법인세법 기본통칙 42-76…2 】

외화자산·부채는 다음 각호의 방법에 의하여 환산한 원화금액으로 기장한다.

1. 사업연도 중에 발생된 외화자산·부채는 발생일 현재 「외국환거래법」에 의한 기준환율 또는 재정환율에 의하여 환산한다. 이 경우 외화자산·부채의 발생일이 공휴일인 때에는 그 직전일의 환율에 의한다. <개정 2008.07.25>
2. 사업연노 중에 보유외환을 매각하거나 외환을 매입하는 경우에는 기래은행에서 실제 적용한 환율에 의하여 기장한다.
3. 사업연도 중에 보유외환으로 다른 외화자산을 취득하거나 기존의 외화부채를 상환하는 경우에는 보유외환의 장부상 원화금액으로 회계처리한다.

2 도착지인도기준 수출

도착지인도조건으로 수출하는 경우에 있어서의 과세표준은 수출제품의 가격에 명목여하를 불구하고 거래상대방으로부터 받은 선박운송비, 운송보험료 등을 포함한 금액으로 한다. (수출하는 재화의 영세율 과세표준은 신용장상의 금액에 상관 없이 실제 수출한 금액으로 한다.)

3 내국신용장에 의한 수출

내국신용장에 의하여 공급하는 재화는 수출하는 재화에 포함하여 영세율을 적용하고 있지만, 국내거래로서 국내에서 거래되는 공급시기와 동일하게 적용하여야 하며, 이 경우 내국신용장에 표시된 금액을 과세표준으로 한다. 다만, 외화로 표시된 금액은 공급시기일 현재의 기준환율 또는 재정환율로 환산한 금액으로 한다.

❸ 무환 수출

사업자가 위탁가공을 위하여 원자재를 반입조건부로 국외의 수탁가공사업자에게 무환반출하는 경우에는 부가가치세법 제6조의 규정에 의한 재화의 공급에 해당하지 아니한다. (재소비 46015-315, 1996.10.24)

☐ 재화의 무상수출 [부가가치세법 기본통칙 11-24-4]

사업자가 재화를 국외로 무상으로 반출하는 경우에는 영의 세율을 적용한다. 다만, 자기사업을 위하여 대가를 받지 아니하고 국외의 사업자에게 견본품을 반출하는 경우에는 재화의 공급으로 보지 아니한다.

◆ 견본품 반출 후 대가를 받는 경우(부가22601-1427, 1990.10.31)

자기사업을 위해 대가를 받지 아니하고 외국사업자에게 견본품 반출하였으나 추후 견본품 대가를 받기로 한 경우에는 그 대가를 받기로 확정한 때를 공급시기로 하여 동 공급시기가 속하는 예정·확정신고시 부가가치세법시행령 제64조 제3항 제1호에 규정하는 서류를 첨부하여 신고하는 때에는 영세율 적용받는 것임.

❹ 국제우편 등을 이용한 수출매출

사업자가 자기의 책임과 계산하에 국제우편 또는 인편에 의하여 내국물품을 외국으로 반출하는 경우에는 영의 세율이 적용되고, 세금계산서의 발급의무가 면제되는 것이며, 그 공급시기는 당해 소포수령증 발급일을 공급시기로 한다. 단, 인편에 의하여 수출한 경우에는 당해 재화의 선적일 또는 선기일을 공급시기로 한다.

DHL, EMS 등 소포우편에 의한 수출의 경우 영세율첨부서류는 당해 우체국장이 발행하는 소포수령증으로 한다. 다만, 사업자가 당해 법령 또는 훈령에 정하는 서류를 제출할 수 없는 경우에는 외화획득명세서에 당해 외화획득내역을 입증할 수 있는 증빙서류를 첨부하여 제출할 수 있다.

❺ 수출물품 반입

수출한 재화가 당초 계약내용과 상이하여 재수입되는 경우 반입일이 속하는 과세표준신고시 부가가치세 과세표준에서 반입재화의 공급가액을 차감하여 계산하여야 한다. 다만, 사업자가 재화를 수출한 후 하자로 인하여 당해 수출한 재화를 반입하면서 세관장으로부터 수입계산서를 발급받고 반입된 재화를 수리하여 재수출하거나 동일제품으로 교환하여 재수출하는 경우에는 당해 재화의 반입일이 속하는 예정신고기간 또는 확정신고기간에 대한 예정 또는 확정신고시 부가가치세 과세표준에서 반입재화의 공급가액을 차감하지 아니하고 반입시 발급받은 수입세금계산서의 매입세액은 매출세액에서 공제하는 것이며, 당해 수리된 재화 등의 재수출시에는 부가가치세가 과세되지 아니한다.

◆ 수출재화가 환입된 경우의 과세표준
(부가, 서면인터넷방문상담3팀-586 , 2005.05.02)
수출한 후 하자로 인하여 반입하면서 수입세금계산서를 교부받은 경우에는 반입일이 속하는 과세기간의 과세표준에서 차감하는 것임

◆ 수출 후 반입된 재화의 매입세액공제 (부가22601-243,1990.02.28)
사업자가 재화를 수출한 후 당초 계약내용과 상이하여 반입된 재화로서 세관장으로부터 수입세금계산서를 발급받은 경우에는 반입일이 속하는 예정신고 또는 확정신고시 부가가치세 과세표준에서 반입재화의 공급가액을 차감하여 과세표준을 계산하며, 당해 수입세금계산서상의 매입세액은 반입일이 속하는 예정신고 또는 확정신고시 매입세액으로 공제할 수 있는 것임.

◆ 수리후 국외로 반출하는 경우 영세율 적용 여부
(서면-2016-부가-4786 [부가가치세과-1935] 2016.09.20.)
수출한 재화를 반입시 과세표준에서 공급가액을 차감하지 아니하는 것이며, 반입시 교부받은 수입세금계산서의 매입세액은 매출세액에서 공제하는 것이고, 당해 수리된 재화 등의 재수출시에는 부가가치세가 과세되지 아니하는 것임.

❻ 외국인도수출, 중계무역, 중개무역, 위탁가공무역

사업자가 대한민국의 주권이 미치지 아니하는 국외에서 재화를 공급하는 경우에는 부가가치세의 납세의무가 없는 것이나, 국내의 사업장에서 계약과 대가수령 등 거래가 이루어지는 것으로서 대외무역법에 의한 중계무역방식의 수출, 위탁판매수출, 외국인도수출, 위탁가공무역방식의 수출을 하는 때에는 부가가치세 영세율이 적용된다. 다만, 이 경우 세금계산서 발급의무는 면제된다.(서면3팀-1884, 2005.10.27)

[1] 외국인도수출

수출대금은 국내에서 영수하지만 국내에서 통관되지 아니한 수출물품등을 외국으로 인도하는 수출을 말한다.
(사례) 국내사업자 : 중국 구입(수입 ×) → 일본 수출(수출 ○)
외국인도수출의 거래방식은 산업설비수출, 해외건설, 해외투자 등 해외사업현장에서 필요한 기자재 등을 외국인수수입형태로 구입하여 사용한 후 국내로 반입하지 않고 다시 매각할 때 사용되는 거래조건이다.

◆ 외국인도수출의 공급시기 (서면3팀-2204, 2005.12.5.)
사업자가 대외무역법에 의한 외국인도수출하는 경우의 공급시기는 부가가치세법 시행령 제21조 제1항 제10호 다목의 규정에 의하여 외국에서 당해 재화가 인도되는 때를 말하는 것으로, 이 경우 부가가치세 과세표준은 당해 수출에 대한 가액을 말함

◆ 외국인도수출의 영세율 적용 및 공급시기, 영세율 첨부서류
서면인터넷방문상담3팀-2536, 2006.10.25.
대외무역법에 의한 외국인도수출의 경우에는 수출하는 재화에 해당하여 영세율이 적용되는 것이며, 이 경우 공급시기는 수출재화가 인도되는 때가 공급시기이며 영세율 첨부서류는 수출계약서 사본 등임.

[2] 중계무역

중계무역이란 수출할 것을 목적으로 물품을 수입하여 관세법상의 보세구역 등(보세구역외 장치의 허가를 받은 장소, 자유무역지역 등)에서 국내로 반입하지 않고 수출하는 수출입을 말한다. 즉, 수출할 목적으로 물품을 수입하여 원상태를 변경시키지 않는 상태로 외국으로 수출하여 수출대금과 수입대금과의 차액인 중계수수료를 취하는 거래를 말한다.
(사례) 국내사업자 : 중국 구입 → (수입)보세구역(수출) → 일본 수출

■ 중계무역과 외국인도수출 차이점 등

(1) 계약관계

중계무역과 외국인도수출은 물품이 외국에서 외국으로 이동한다는 점에서는 동일하나 중계무역은 수입, 수출 2건의 거래가 각각 발생하나 외국인도수출은 1건의

수출행위만이 발생한다. 한편, 중계무역은 수입대금 결제은행과 수출대금 입금은행이 동일하여야 한다.

(2) 특정거래형태 인정대상여부
중계무역의 경우에는 대외무역법상 특정거래형태로서 대금의 영수 및 지급을 하나의 외국환은행을 통하여 행하지 아니하는 송금방식의 거래와 선적서류를 하나의 외국환은행을 통하여 인수 및 송부하지 아니하는 거래는 산업자원부장관의 인정을 받아야 한다.

(3) 수출실적인정금액
1. 외국인도수출 : 외국환은행의 입금액
2. 중계무역 : 가득액(수출통관액-수입통관액)

(4) 영세율 첨부서류
중계무역과 외국인도수출의 경우에는 수출계약서 사본 또는 외국환은행이 발급하는 외화입금증명서 등

◆ 중계무역방식 및 외국인도수출의 공급시기 (서면3팀-1950, 2006.08.30.)
부가가치세법상 수출재화에 대한 공급시기는 부가가치세법 시행령 제21조 제1항 제10호의 규정에 의하는 것으로서 「대외무역법」에 의한 중계무역방식으로 수출하는 경우는 수출재화의 선(기)적일이며, 「대외무역법」에 의한 외국인도수출의 경우에는 당해 수출재화가 인도되는 때가 되는 것임.

[3] 중개무역(merchandising trade)
중개무역이란 수출국과 수입국가의 중간에서 제3국의 상인이 개입하여 이루어지는 거래로 물품은 통상 제3국을 경유하지 않고 수출국에서 수입국으로 직수출되며 제3국 상사는 수입상으로 부터 중개수수료를 획득하는 무역으로 대외무역법상 무역거래에 해당되지 않아 수출실적으로 인정받을 수 없다.
(사례) 한국 회사 : 수출입계약을 하도록 중개 역할만 함
중국과 미국회사간 수출입 계약
중국 A사 → 미국 B사

[4] 위탁가공무역

위탁가공무역이란 가공임을 지급하는 조건으로 외국에서 가공(제조, 조립, 재생, 개조를 포함한다)할 원료의 전부 또는 일부를 거래상대방에게 수출하거나 외국에서 조달하여 이를 가공한 후 가공물품 등을 수입하거나 외국으로 인도하는 수출입을 말한다(대외무역관리규정 제1-0-2조 6). 즉, 노동력이 저렴한 중국, 베트남 등 동남아시아 등에서 제품을 위탁가공방식에 의해 생산하여 제3국으로 수출하거나 국내로 재반입 하는 형태의 무역거래방식이다. 대외무역법상 위탁가공무역방식의 수출에 해당하기 위해서는 다음 요건이 모두 충족되어야 한다.

① 가공임(CMT charge)을 지급하는 조건으로 외국에서 가공이 이루어질 것
② 원재료의 국내 또는 외국에서 조달하여(외국인수수입) 외국수탁가공업자에게 전부 또는 일부를 제공할 것
③ 가공물품을 제3국으로 인도하거나 가공국내의 제3자에게 인도할 것

▶ **위탁가공의 경우 영세율 적용 여부**

1. 사업자가 국외 위탁가공을 위하여 원자재를 국외의 수탁가공사업자에게 대가없이 반출한 후 완성된 제품을 소유권 이전없이 국내로 반입하는 경우 당해 원재료 반출은 재화의 공급으로 보지 않아 부가가치세 신고대상이 아니다.
2. 국내사업자가 원료를 대가 없이 국외의 수탁가공 사업자에게 반출하여 가공한 재화를 다른 사업자에게 양도하는 경우에는 그 원료의 반출에 대하여 수출로 보아 영세율을 적용하여야 한다.

❼ 4자무역

[1] 개요

4자무역이란 계약체결과 대금의 수수는 국내사업자간에 이루어지나 재화는 국외에서 국외로 이동된 경우의 무역을 말한다.
(사례)
거래 계약 : 국내사업자 '을'(계산서 발급) → 국내사업자 '갑'(영세율 적용)
물품 공급 : 외국 사업자(B) (중국) → 외국 사업자(A) (일본)

◆ 4자무역의 영세율 적용 등 (부가-4449, 2008.11.27.)

국내사업자(갑)가 외국사업자(A)에게 수출할 목적으로 국내사업자(을)와의 계약에 의하여 수출 물품을 공급받기로 하고 "을"은 당해 물품을 국외에 있는 다른 사업자(B)로부터 대외무역관리규정상 외국인수수입에 해당하는 방식으로 구매하여 국내에 반입하지 아니하고 "갑"이 지정하는 "A"에게 인도하는 경우 "갑"의 경우는 「부가가치세법 시행령」 제24조 제1항 제2호의 규정에 의한 수출에 해당하여 영외 세율이 적용되는 것이나, "을"의 행위는 당해 규정에 의한 수출에 해당하지 아니하는 것이며, 재화의 이동이 국외에서 이루어진 것이므로 같은 법 제10조의 규정에 의거 부가가치세 과세거래에 해당하지 아니하는 것임

[2] 4자무역의 공통매입세액 안분 계산

부가가치세 과세되지 아니하는 거래와 관련된 매입세액은 매출세액에서 공제하지 아니하는 것이며, 과세되지 아니하는 거래와 과세사업에 공통으로 관련된 매입세액이 발생된 경우에는 부가가치세법 시행령 제61조의 규정에 의한 공통매입세액 안분계산에 준하여 매입세액을 공제함이 타당한 것으로 판단된다.

2 수출과 관련한 회계처리 사례

❶ 신용장 방식에 의한 수출

①《수출 선적일》 3. 10 미국에 상품을 수출하기 위하여 수출물품 $10,000 을 선적하다. 선적일 기준환율 1,200원/$

외상매출금	12,000,000	/	수출매출	12,000,000

* 수출신고필증에 기재된 FOB 가격은 관세법 또는 대외무역법 등의 규정에 따라 수출실적 통계 등의 기준금액으로 (34) 결제금액이 수출매출금액이다.

②《수출대금 입금》 수출대금 CIF USD 10,000 송금받다. (매입율 1,150/$)
국제은행 중개수수료 23,000원 및 송금수수료 10,000원을 현금으로 지급되다.

보통예금	11,500,000	/	외상매출금	12,000,000
외환차손	500,000		현금	33,000
수출제비용	23,000			
지급수수료	10,000			

❷ 수출 선수금을 받은 경우 회계처리

①《수출선수금 입금》 200×. 10. 20 수출 선수금 $10,000을 T/T송금받아 전액 원화로 환가하였다. (대고객전신환매입율 1042.3/$) 은행수수료 20,000원을 제외한 10,342,000원이 보통예금에 입금되다.

보통예금	10,403,000	/	수출선수금	10,423,000
지급수수료	20,000			

◆ 수출선수금을 받은 경우 부가가치세 과세표준 (부가46015-2385, 1999.08.09)
사업자가 재화 또는 용역을 공급하고 그 대가를 외국통화 기타 외국환으로 받는 때에는 부가가치세법 제9조에 규정하는 공급시기 도래전에 원화로 환가한 경우에는 그 환가한

금액, 공급시기 이후에 외국통화 기타 외국환의 상태로 보유하거나 지급받는 경우에는 동법 동조에 규정하는 공급시기의 외국환거래법에 의한 기준환율 또는 재정환율에 의하여 계산한 금액을 부가가치세 과세표준으로 하는 것임.

②《수출물품 선적》200×. 11. 18 수출 물품을 제조 완성하여 선적 완료하다. 선적시 기준환율은 $ 당 1,036.1원이며, 운임 등 수출제비용 200,000원을 보통예금에서 인출하여 지불하다.

수출선수금	10,423,000 /	수출매출	10,423,000
수출제비용	200,000	보통예금	200,000

❸ 송금방식에 의한 수출 회계처리

①《수출대금 입금》200×. 10. 30 수출 대금 $5,000을 T/T송금받아 전액 원화로 환가하였다. (대고객전신환매입율 1023.9/$) 전신환수수료 등 25,000원을 제외한 5,094,500원이 보통예금에 입금되다.

보통예금	5,094,500 /	수출선수금	5,119,500
지급수수료	25,000		

* 선수금 입금시 환율은 선수금 입금일의 대고객전신환매입율에 의한 금액이다.

②《수출물품 선적》200×. 11. 25 수출 물품을 제조 완성하여 선적 완료하다. 선적시 기준환율은 $ 당 1,041.9원이며, 운임 등 수출제비용 200,000원을 보통예금에서 인출하여 지불하다.

수출선수금	5,119,500 /	수출매출	5,119,500
수출제비용	200,000	보통예금	200,000

▶ 수출대금 선수금으로 받은 외화를 즉시 환가하지 아니하고 보관하다 수출 선적일 전 환가한 경우에는 그 환가한 금액이 부가가치세 과세표준이며, 수출 선적일 이후에 환가하는 경우 부가가치세 과세표준은 수출 선적일의 기준환율에 의한다.

13 수입실무 및 회계처리

1 수입실무

❶ 일반적인 수입절차

① 수입계약체결 ~ 수출업자가 제시한 청약(offer)을 수입업자가 승낙(accept)함으로서 수입계약은 체결된다. (물품매도확약서 작성)

② 신용장 개설 ~ 수입업자는 거래은행에 수입신용장의 개설을 의뢰한다. 이 때 은행은 수입업자를 대신하여 상대방 수출업자에게 수출대금을 보증하게 되므로 수입업자는 신용장 금액을 담보로 제공하여야 한다.

③ 신용장 개설은행 ~ 신용장 개설은행은 수출업자의 거래은행에 신용장(L/C)을 송부하고, 수출자의 거래은행은 수출업자에게 L/C가 내도하였음을 통지한다.

④ 수출업자는 수출물품을 선적하고, 선주로부터 B/L(선하증권)을 발급받아 거래은행을 거쳐 수입업자의 거래은행으로 송부한다.

⑤ 수입대금 결제 및 선적서류 수취 ~ 수입업자의 거래은행은 수입업자에게 선적서류의 도착을 통보하고 수입업자는 거래은행에 수입대금을 지불한 다음 선적서류를 인수받는다.

⑥ 수입업자는 수출대금 결제 후 인도받은 선적서류 중 Original B/L을 운송인(선사 또는 포워더)에게 전달하고, 선주는 수입자에게 물품인도조건에 따라 선임 등을 징수한 후 D/O(화물인도지시서)를 수입자에게 발급한다.
단, 수입화물이 수입항에 도착하였으나 선적서류가 도착하지 않은 경우 거래은행으로부터 수입화물선취보증서(L/G)를 발급받아 수입화물을 인수할 수 있다.

⑦ 수입업자는 직접 또는 관세사를 통하여 세관에 수입신고를 한다.

⑧ 세관에서는 수입검사 또는 서류심사 후 이상이 없을 경우 관세 및 부가가치세등 제세금을 징수하고 수입신고필증을 수입상에게 교부한다.

⑨ 수입업자는 운송인에게 받은 D/O(화물인도지시서)와 세관으로 부터 교부받은 수입신고필증을 수입화물이 장치되어 있는 CY(Container yard) 또는 CFS(컨테이너 화물을 채울 수 있는 것보다 적은 화물)에 제시하고 보관료, 작업료 등을 지급하면, 해당 CY 또는 CFS에서 차량을 통하여 화물을 반출하여 인수함으로 수입절차는 종료된다.

❷ 수입대금 결제 방식

1 신용장 방식

① at sight 방식 ~ 수입자가 수입서류인수 후 즉시 수입대금을 금융기관에 지급하는 방식

② usance 방식 ~ 수입자가 수입서류를 인수한 후 거래은행의 신용을 바탕으로 수입대금을 대출받아 일정 기간 경과 후 수입대금을 결제하는 방식
- banker's usance : 수입자의 거래은행이 수입자와 약정에 의하여 수입대금을 먼저 결제하고 수입자가 수입대금을 결제할 때까지의 기간에 대하여 금융이자를 부담하는 것으로 이자비용은 당기 비용으로 처리한다.
- shipper's usance : 수입자가 선적서류를 인수받은 후 그 대금결제를 수출자가 연기하여 주는 것으로 수입자 입장에서는 통상 금전적 비용이 발생하지 않는다.

2 무신용장 방식

① D/P ~ 수입자가 수입서류(일람불화환어음)인수 후 수입자가 수입대금을 금융기관에 즉시 지급하는 방식

② D/A ~ 수입자가 수입서류(일람 후 정기출금)를 인수받은 후 수입자의 신용을 바탕으로 수입대금을 대출받아 일정 기간 경과 후 수입대금을 결제하는 방식

❸ 기타 참고자료

1 수입대행

사업자가 재화의 수입을 위탁하는 경우에는 수입위탁자의 명의로 수입세금계산서를 교부받는 것이며, 수입대행자는 수입대행에 따른 수수료를 과세표준으로 하여 수입위탁자에게 세금계산서를 발급한다. 다만, 수입대행자가 실질적으로 자기의 책임과 계산하에 재화를 수입하는 경우에는 수입대행자가 수입세금계산서를 발급받는 것이며, 당해 수입대행자가 수입재화를 위탁자에게 판매하는 경우 재화의 가액을 과세표준으로 하여 세금계산서를 발급하여야 한다.

2 수입물품 반출

사업자가 국외로부터 수입한 재화에 하자가 발생하여 반송하는 경우 동 재화가 관세법 제106조에 규정하는 위약물품에 해당하는 경우에는 관할세관장은 수정수입세금계산서를 수입자에게 발급하고, 이를 관할세무서장에게 제출하여야 한다. 이 경우 반송되는 재화는 수출하는 재화에 해당하지 아니한다.

◆ 수입물품 반출 (제도46015-12407, 2001.7.26)
사업자가 국외로부터 수입한 재화가 하자가 발생하여 반송하는 경우 동 재화가 관세법 제106조에 규정하는 위약물품에 해당하는 경우에는 관할세관장은 부가가치세를 지체없이 환급하여야 하는 것이므로 수출하는 재화에 해당하지 아니하는 것이며, 반송하는 수입재화가 관세법에 규정하는 위약물품에 해당되지 아니하는 경우에는 수출하는 재화에 해당하는 것임.

3 위탁가공 반출 및 반입

사업자가 위탁가공을 위하여 원자재를 반입조건부로 국외의 수탁가공사업자에게 무환 반출하는 경우에는 재화의 공급에 해당하지 아니하며, 무환 반출물품을 임가공한 다음 국내로 다시 반입하는 경우 부가가치세 매입세액에 대한 회계처리를 한 다음 임가공비용에 대하여 임가공비로 처리한다.

4 관세 및 관세환급금

[1] 관세
관세는 국가가 조세법률주의(租稅法律主義)의 원칙에 따라 법률에 의하여 국가재정(國家財政)의 수입 또는 국내산업(國內産業)의 보호를 목적으로 수입물품에 대하여 부과하는 조세를 말한다.

즉 외국의 상품 등을 수입하는 경우 국가가 특별한 규제 없이 방치한다면, 외국의 값싸고 질 좋은 상품이 무제한으로 국내에 들어와 국내산업에 막대한 지장을 초래할 수 있으므로 외국의 물품 등이 수입될 때 수입품의 종류에 따라 일정한 요율을 정해놓고 국가가 부과하는 세금을 말하는 것이다.

[2] 관세환급금
관세환급이란 수입시 세관에서 징수당한 관세 중에서 특정한 요건에 해당하는 경우 즉 수입시에 관세를 납부하고 들어온 수입원재료를 사용하여 제조한 물품을 다시 수출하였을 때 원재료 수입시 부담한 관세의 전부 또는 일부를 세관으로부터 되돌려 받는 것을 말한다. 관세환급은 수입면허일로부터 1년 6개월 이내에 원재료를 사용하여 제품으로 만들어 수출하거나 수출면허일로부터 2년 이내에 신청하여야 한다.

▶ 관세환급금 산출방법
① 개별환급 ~ 수출물품 제조에 소요된 원재료의 품명·규격·수량과 동원재료의 수입시 납부세액을 원재료별로 개별 확인하여 환급금을 산출하는 방법을 말한다.

② 정액환급 ~ 정부가 정하는 일정한 금액(정액환급율표 상의 금액)을 소요원재료의 수입시 납부세액으로 보고 환급금을 산출하는 방법을 말한다.

▶ 관세환급금 회계처리
관세환급금은 원칙적으로 상품이나 원재료 계정에서 차감하여야 하나, 그 금액이 중요하지 않는 경우 실무에서는 영업외수익 항목인 관세환급금으로 처리한다.

5 수입물품의 보세구역내 선하증권 양도

수입 통관전 보세구역내에서 수입자가 선하증권을 다른 사업자에게 양도하는 경우 부가가치세가 과세되므로 선하증권 금액 또는 양도가액을 공급가액으로 하여 세금계산서를 발급하여야 한다. 참고로 보세구역이란 수입물품 통관 전 관세를 부과하지 않은 상태로 보관할 수 있는 지역을 말한다.

사업자가 보세구역 내에 보관된 재화를 다른 사업자에게 공급하고, 그 재화를 공급받은 자가 그 재화를 보세구역으로부터 반입하는 경우에는 그 재화의 공급가액에서 세관장이 부가가치세를 징수하고 발급한 수입세금계산서에 적힌 공급가액을 **뺀** 금액을 과세표준으로 하여 세금계산서를 발급하여야 한다.

한편, 선하증권에 대하여 세금계산서를 발급받고 수입통관시에도 세관장으로부터 수입세금계산서를 발급받아 동일 재화에 두 번 부가가치세를 부담한 경우에도 당해 매입세액은 모두 공제가능하다.

◆ 보세구역내에서 보세구역 이외의 국내에 재화를 공급하는 경우
(서삼46015-10204, 2003.02.06.)
사업자가 보세구역내에서 보세구역 이외의 국내에 재화를 공급하는 경우에 당해 재화가 부가가치세법 제8조에 규정하는 수입재화에 해당되어 세관장이 같은법 제23조 제3항의 규정에 의하여 부가가치세를 징수한 때에는 공급가액 중 같은법 제13조 제4항에 규정하는 금액을 제외한 잔액을 과세표준으로 하여 같은법 제16조 제1항의 규정에 의한 세금계산서를 교부하여야 하는 것이며 재화의 공급가액 중 재화의 수입에 대한 부가가치세 과세표준을 제외한 잔액이 없는 때에는 세금계산서 교부의무가 없는 것임.

◆ 보세구역내에서 선하증권을 재차 양도하는 경우 (부가-1246, 2010.09.17.)
사업자 "갑"이 수입물품에 대한 선하증권을 "을"에게 양도(수입물품이 보세구역에 도착하기 전에 양도하는 경우를 포함)하고 "을"이 다시 당해 선하증권을 "병"에게 양도한 후 선하증권의 최종소유자인 "병"이 수입물품을 통관하는 경우, "갑"은 선하증권을 양도하는 때에 선하증권 양도가액(부가가치세 제외)을 공급가액으로 하여 "을"에게 세금계산서를 발급하는 것이며, "을"은 「부가가치세법 시행령」 제48조 제8항 규정에 따라 세금계산서를 발급하는 것임.

6 L/G(수입화물선취보증)

L/G란 선하증권 없이 수입화물을 먼저 수취할 때 선사에게 제출하는 은행 보증서류를 말한다. 해상운송에서 화물이 선적서류보다 먼저 도착했을 때, 수입업자가 화물을 먼저 받기 위해 은행의 보증을 받아 선박회사에 제출하는 서류이다. 무역 상대국이 가까운 거리에 위치할 때 자주 발생되는 것으로, 수입업자는 선하승권 원본이 도착하면 선박회사에 제출할 것을 서약한 뒤 이 서류를 제시하고 화물을 인도받을 수 있다. 선박회사의 입장에서는 이러한 방식의 거래를 화물의 보증도(保證渡)라고 한다. 은행이 수입화물선하보증서를 발급하여 수입자에게 교부하면, 수입자는 이를 선박회사에 제시하여 화물을 인도받고, 차후 선하증권원본이 은행에 내도하면, 이를 선박회사에 송부하여 수입화물선취보증서를 회수하게 된다.

① 《수입보증금 지급》 수입화물이 선하증권보다 먼저 도착하여 거래은행에 L/G발급을 의뢰하고 수입보증금 $10,000을 예치하다. (대고객매도율 1,100원/$)

수입보증금	11,000,000 / 보통예금	11,000,000

② 《수입물품 인수》 L/G를 선박회사에 제출하고, 수입물품을 인수하다. 인수시의 기준환율(1,050/$)에 의하여 미착상품으로 처리하다.

미착상품	10,500,000 / 외상매입금	10,500,000

③ 《수입물품 입고》 수입물품을 창고에 입고하고, 미착상품을 상품계정으로 대체하다.

상품	10,500,000 / 미착상품	10,500,000

④ 《수입물품대금 결제》 B/L이 도착하여 수입대금을 수입보증금 $10,000로 결제하다.

외상매입금	10,500,000 / 수입보증금	11,000,000
외환차손	500,000	

* 외환차손 : 수입보증금 대체 금액(11,000,000원) - 수입물품외상매입금(10,500,000원)

② 수입과 관련한 회계처리 사례

수입과 관련한 제반비용 및 수입물품대금은 미착상품 또는 미착원재료로 처리한 다음 최종적으로 수입물품을 인수(창고 입고 등)할 시 상품 또는 원재료계정으로 대체처리한다. 한편, 수입세금계산서의 공급가액은 관세 과세표준을 계산하기 위하여 통관 세관에서 정하는 금액으로 수입물품대금이 아니다. 따라서 수입세금계산서를 수취한 경우에는 매입세액 결제에 관한 거래만 회계처리하여야 한다.

❶ 일반적인 수입 회계처리

①《수입계약 체결》별도의 회계처리를 하지 않는다.

②《신용장(L/C) 개설》2. 10. 신용장을 개설하고 L/C 개설수수료 50,000원 무역협회부담금 55,000원, 전신료 15,000원을 현금으로 지급하고, 수입과 관련하여 거래은행에 신용장개설 수입보증금 2,400,000원(1,200/$) [US $2,000 (US $20,000 × 10%)]을 보통예금에서 인출하여 지급하다.

선급금	120,000	/	현금	120,000
수입보증금	2,400,000		보통예금	2,400,000

③《선적서류 인수》3. 25 신용장(L/C) 금액 US $20,000에 대하여 L/C 개설은행으로부터 일람불 화환어음을 제시받고 수입보증금 US $2,000을 제외한22,500,000원을 보통예금에서 인출하여 결제하고 선적서류를 인수하다. (US $18,000 × 전신환매도율 1,250/$)

미착상품(1)	24,900,000	/	보통예금	22,500,000
			수입보증금	2,400,000
미착상품(2)	120,000	/	선급금	120,000

• 신용장 개설시 수입보증금은 당시의 환율로 수입거래은행이 환가하여 보관한 외화로 수입물품대금을 결제하게 되므로 환차익을 인식하지 않는다.

▶ **수입물품의 재고자산 인식 시점**

운송 중에 있어 아직 도착하지 않은 미착상품은 법률적인 소유권의 유무에 따라서 재고자산 포함 여부를 결정한다. 법률적인 소유권 유무는 매매계약상의 거래조건에 따라서 다르다. 선적지 인도조건인 경우에는 상품이 선적된 시점에 소유권이 매입자에게 이전되기 때문에 미착상품은 매입자의 재고자산에 포함된다. 따라서 선적지 인도기준에 의하여 상품을 수입하고, 수입상품대금을 나중에 지급하는 경우에는 수입상품의 선적일(입항일)에 수입상품대금에 그 날의 기준환율 또는 재정환율을 곱한 금액을 미착상품 등으로 처리를 하여야 한다. 목적지인도조건인 경우에는 상품이 목적지에 도착하여 매입자가 인수한 시점에 소유권이 매입자에게 이전되기 때문에 매입자의 재고자산에 포함되지 않는다.

④《수입통관》3. 30 수입통관 제비용을 현금으로 지불하다.
[통관비용] 하역비 30,000원, 통관수수료 120,000원, 해상운임 800,000원, 해상보험료 80,000원, 창고료 60,000원, 수입관세 2,500,000원, 수입 부가가치세: 2,800,000원

미착상품(3)	3,590,000	/ 현금	6,390,000
부가세대급금	2,800,000		

⑤《입고》3. 31 수입물품이 회사 창고에 입고되다.

상품	28,610,000	/ 미착상품(1)	24,900,000
		미착상품(2)	120,000
		미착상품(3)	3,590,000

❷ 관세사사무소에 위임하는 경우 수입 회계처리

①《수입계약 체결》별도의 회계처리를 하지 않는다.

②《수입통관 비용 지급》상품 수입과 관련하여 운임 등 통관 예상 비용 1백5십만원을 통장에서 인출하여 관세사사무소에 지급하다.

선급금	1,500,000	/ 보통예금	1,500,000

* 상품 인도전에 미리 그 관련비용을 지급한 것은 선급금으로 처리한 다음 정산한다.

③《수입물품 대금 지급》수입상품이 도착하여 수입물품 대금 USD 4,166.00(원화 환산금액 4,867,554원 1,168.40/$)을 법인통장에서 결제하다. 이에 따른 송금수수료 15,000원, 전신료 7,500원, 대체료 4,470원을 현금으로 지불하다.

| 미착상품(1) | 4,867,554 | / | 보통예금 | 4,867,554 |
| 미착상품(2) | 26,970 | | 현금 | 26,970 |

④《수입통관비용 정산》수입통관 제비용을 관세사사무소와 정산하다. 수입세금계산서, 관세사 수수료에 대한 세금계산서, 수입관련비용에 대한 영수증 등을 수취하고, 정산 후 잔액 150,000원은 현금으로 돌려받다.
[정산내역] 하역비 30,000원, 관세사수수료 110,000원(부가가치세 10,000원 포함), 해상운임 200,000원, 해상보험료 50,000원, 수입관세 480,000원, 수입 부가가치세 480,000원

미착상품(3)	860,000	/	선급금	1,500,000
부가세대급금	490,000			
현금	150,000			

* 하역비, 관세사수수료, 해상운임, 해상보험료, 수입관세 등 수입제반비용은 미착상품으로 처리하고, 수입 부가가치세는 '부가세대급금'으로 처리한다.

⑤《입고》수입물품이 회사 창고에 입고되다.

상품	5,754,524	미착상품(1)	4,867,554
		미착상품(2)	26,970
		미착상품(3)	860,000

❸ 유산스에 의한 수입 회계처리

일람불 화환신용장 방식에 의한 수입의 경우 수입업자는 거래은행으로부터 선적서류 등을 인수받는 즉시 수입대금을 결제하여야 하나 기한부 신용장방식의 경우 수입업자는 먼저 선적서류를 인수하고, 기한부 어음 만기일에 수입대금을 결제하므로 선적서류 인수일부터 어음만기일까지 대금 지급을 연기받고 이에 대한 이자를 거래은행에 지급하게 되며, 이 이자를 유산스 이자라고 하며, 유산스 이자는 수입상품의 취득가액이 아닌 이자비용으로 처리하여야 한다.

① 《뱅커스 유산스에 의한 수입 물품 대금 지급》 10. 1 수입과 관련하여 L/C금액 $100,000 을 L/C 개설은행으로부터 일람불 화환어음을 제시받다. 약정에 의하여 수입자의 거래은행이 수출자의 거래은행에 수입물품대금을 지급하다.
(기준환율 1,200/$) 한편, 수입자는 2개월 후 차입금 및 이자를 상환하기로 하다.

미착상품	120,000,000	/ 외화단기차입금	120,000,000

② 《수입물품 대금 차입금 및 이자 지급》 11. 30 외화단기차입금 $100,000에 대한 원화환산금액 125,000,000원(전신환매입율에 의함 : 1,250/$)) 및 유산스이자 1,000,000원을 보통예금에서 인출하여 지급하다.

외화단기차입금	120,000,000	/ 보통예금	126,000,000
외환차손	5,000,000		
이자비용	1,000,000		

* 수입물품은 수입통관일의 환율을 적용하여 취득가액으로 계상하는 것이며 실제 결재한 날과의 환율차이에 대하여 환차손익으로 처리한다.

❹ 무상 수입 회계처리

① 《무상수입》 일본의 거래처로부터 견본 상품을 무상으로 증여받다. 부가가치세 100,000원 및 관세 200,000원을 보통예금에서 인출하여 세관에 납부하다. (수입세금계산서 공급가액 1,000,000원, 부가세 100,000원)

상품	1,200,000	/ 잡이익	1,000,000
부가세대급금	100,000	보통예금	300,000

* 상품 : 당해 물품의 통관시 관세 과세표준금액(1,000,000원) + 관세(200,000원)

□ 무환으로 통관된 물품의 취급 [법인세법 기본통칙 15-11-3]
법인이 해외에서 물품을 무환으로 수입하는 경우에는 이를 각 사업연도의 소득금액계산상익금으로 한다. 이 경우에 익금에 산입할 금액은 당해 물품의 통관시 관세 과세표준금액이 되는 감정가액으로 하며 관세 및 부대비용은 취득가액에 합산한다.

③ 재화의 수입에 대한 부가가치세 납부 유예

❶ 납부유예 및 대상 사업자

과세대상 물품 등을 수입하는 경우 부가가치세를 세관에 납부하여야 하나 일정 요건을 충족하는 수출 중소사업자의 경우 세관에 수입 관련 부가가치세의 납부유예 신청하는 경우 부가가치세 신고기한까지 납부를 유예받을 수 있는 제도를 말하며, 다음에 정하는 요건을 모두 충족하는 중소사업자가 물품을 제조·가공하기 위한 원재료 등을 수입하는 경우 납부유예를 할 수 있다.

[1] 사업자 요건
① 직전 사업연도에 중소기업 또는 중견기업에 해당하는 법인(제조업을 주된 사업으로 경영하는 기업에 한정한다)일 것
② 직전 사업연도에 영세율을 적용받은 재화의 공급가액의 합계액(수출액)이 다음의 어느 하나에 해당할 것
1. 직전 사업연도에 공급한 재화 또는 용역의 공급가액의 합계액 중 수출액이 차지하는 비율이 30퍼센트 이상일 것 단, 중견기업인 경우 직전 사업연도에 공급한 재화 또는 용역의 공급가액의 합계액에서 수출액이 차지하는 비율이 30퍼센트 이상일 것
2. 수출액이 50억원 이상일 것

[2] 수입물품 요건
중소사업자가 자기의 과세사업에 사용하기 위한 재화를 말한다. 다만, 매출세액에서 공제되지 아니하는 매입세액과 관련된 재화는 제외한다.

❷ 납부유예 신청 및 유예기간

① 중소사업자는 다음 각 호의 신고기한의 만료일 중 늦은 날부터 3개월 이내에 관할 세무서장에게 수입 부가가치세 납부유예 사업자 요건의 충족 여부의 확인을 요청할 수 있다.

♣ 확인서 요청 서식 '재화의 수입에 대한 부가가치세 납부유예 요건 확인(요청)서'

② 관할 세무서장은 중소사업자가 부가가치세 납부유예를 위하여 확인을 요청한 경우에는 해당 중소사업자가 납부유예 대상자에 해당하는 지 여부를 확인한 후 요청일부터 1개월 이내에 '재화의 수입에 대한 부가가치세 납부유예 요건 확인(요청)서'를 해당 중소사업자에게 발급하여야 한다.

③ 부가가치세의 납부를 유예받으려는 중소사업자는 '재화의 수입에 대한 부가가치세 납부유예 요건 확인(요청)서'를 첨부하여 부가가치세 납부유예 적용 신청서를 관할 세관장에게 제출하여야 한다.

④ 부가가치세 납부유예 적용 신청을 받은 관할 세관장은 신청일부터 1개월 이내에 납부유예의 승인 여부를 결정하여 해당 중소사업자에게 통지하여야 한다.

⑤ 납부유예를 승인하는 경우 그 유예기간은 1년으로 한다.

❸ 납부유예한 부가가치세의 정산

납부를 유예받은 중소사업자는 납세지 관할 세무서장에게 예정신고 또는 확정신고 등을 할 때 그 납부가 유예된 세액을 공제대상 매입세액에서 차감하여야 한다. 이 경우 납세지 관할 세무서장에게 공제대상 매입세액에서 차감한 세액은 세관장에게 납부한 것으로 본다.

📄 **부가가치세 신고서 일부**

매입세액	세금계산서 수취분	일 반 매 입	(10)		
		수출기업 수입분 납부유예	(10-1)		
		고정자산 매입	(11)		
	예 정 신 고 누 락 분		(12)		
	매입자발행 세금계산서		(13)		
	그 밖의 공제매입세액		(14)		
	차 감 계 (15)-(16)		(17)		ⓛ

14 외화환산손익 및 외환거래 회계처리

1 외화환산손실 및 회계처리

❶ 외화환산손실

기업회계기준에 의하여 화폐성외화자산 또는 부채의 장부상 원화기장액과 사업연도 종료일 현재의 화폐성외화자산 또는 부채잔액을 기준환율(또는 재정환율)로 평가하여 환산손실이 발생하는 경우 당해 사업연도에 외화환산손실로 처리한 다음 세무조정에서 손금불산입하여야 한다. **단, 화폐성외화자산·부채는 취득일 또는 발생일 현재의 매매기준율등으로 평가하되, 관할세무서장에게 사업연도 종료일 현재의 매매기준율등으로 평가하는 방법을 신고한 경우 그 방법에 의하여 평가할 수 있으며, 이 경우 세무조정대상은 아니다.**

▣ 화폐성 외화자산·부채 및 비화폐성 외화자산·부채

구 분	화폐성(평가대상)	비화폐성(평가대상 아님)
자 산	외화현금, 외화예금, 외화채권, 외화보증금, 외화대여금, 외화매출채권	선급금, 재고자산 비유동자산(고정자산)
부 채	외화채무, 외화차입금, 외화사채	선수금

◆ 외화자산 및 부채의 평가시 적용 환율(법인46012-462, 2000.2.17)
법인세법시행령 제76조의 규정에 의한 화폐성 외화자산 및 부채의 평가시 적용하는 사업연도종료일 현재의 환율은 사업연도종료일에 금융결제원에서 고시한 기준환율 또는 재정환율을 말하는 것으로 사업연도종료일이 공휴일 등으로 고시한 환율이 없는 경우에는 사업연도종료일 전일에 고시한 기준환율 또는 재정환율을 적용하는 것임.

♣ 기준환율 또는 재정환율 조회 → 서울외국환중개주식회사 (www.smbs.biz)

◆ 외화매출채권의 기재는 발생일 현재 환율로 기재함.(법인46012-985, 1998.4.22)
법인이 사업연도 중에 발생한 외화매출채권을 장부에 기재할 때에는 부가가치세법에 의한 공급가액 환산환율과 관계없이 당해 매출채권의 발생일 현재의 외국환관리법에 의한 기준환율 또는 재정환율로 환산하여 기재하는 것임

❷ 외화환산손실 회계처리 사례

① 《수출 매출》 12. 5 수출물품 $10,000 을 선적하다. (기준환율 1,200원/$)

외상매출금	12,000,000	/ 수출매출	12,000,000

- 외상매출금 : 일반 매출채권과 구분하기 위하여 외화외상매출금이란 별도의 계정과목을 사용하는 경우 외화외상매출금으로 처리한다.

② 《기말 외화자산평가》 외화매출채권($10,000)의 장부상 가액은 1200만원이나 결산시점의 기준환율은 $당 1,150원으로 외화환산손실을 계상하다.

외화환산손실	500,000	/ 외상매출금	500,000

③ 《수출대금 입금》 1. 30 수출대금이 네고되다. 원화환산가액 11,000,000원(전신환매도율 1,100/$ × 10,000$)에서 환가료 60,000원 및 전신료 10,000원을 차감한 10,930,000원이 보통예금에 입금되다.

보통예금	10,930,000	/ 외상매출금	11,500,000
외환차손	500,000		
지급수수료	70,000		

* 외환차손 : $10,000 × (1,150/$ - 1,100/$)
* 지급수수료 : 환가료 및 전신료

2 외화환산이익 및 회계처리

❶ 외화환산이익

기업회계기준에 의하여 화폐성외화자산 또는 부채의 장부상 원화기장액과 사업연도 종료일 현재의 화폐성외화자산 또는 부채잔액을 기준환율(또는 재정환율)로 평가하여 차익이 발생하는 경우 당해 사업연도에 외화환산이익으로 처리한 다음 세무조정에서 익금불산입하여야 한다.

화폐성외화자산·부채는 취득일 또는 발생일 현재의 매매기준율등으로 평가하되, 관할세무서장에게 사업연도 종료일 현재의 매매기준율등으로 평가하는 방법을 신고한 경우 그 방법에 의하여 평가할 수 있으며, 이 경우 세무조정대상은 아니다.

▶ 화폐성 외화자산·부채 및 비화폐성 외화자산·부채

구 분	화폐성(평가대상)	비화폐성(평가대상 아님)
자 산	외화현금, 외화예금, 외화채권, 외화보증금, 외화대여금, 외화매출채권	선급금, 재고자산 비유동자산(고정자산)
부 채	외화채무, 외화차입금, 외화사채	선수금

❷ 외화환산이익 회계처리 사례

① 《기말 외화 자산평가》 외화매출채권($10,000)의 장부상 가액은 1천만원이나 결산시점의 기준환율은 $당 1,200원으로 차액을 외화환산이익으로 계상하다.

| 외화외상매출금 | 2,000,000 | / | 외화환산이익 | 2,000,000 |

3 외환 거래의 실무적 처리

❶ 보유중인 외화로 수입물품대금을 결제한 경우

보유중인 외화를 환가하지 아니한 상태에서 수입물품대금으로 지급한 경우 장부상 원화 입금시 환율을 적용하여 수입상품원가로 처리를 하여야 한다. 단, 외화가 수차에 걸쳐 입금되고, 입금시 기준환율을 적용하여 장부상 원화금액으로 계상한 경우 원화기장액 산정방법은 선입선출법을 적용하는 것이나 이동평균법을 준용한 평가방법을 계속적으로 적용하여 온 경우 그 평가방법을 적용할 수 있다.

□ 외화예금 인출시 원화기장액 산출방법 [법인세 집행기준 42-76-5]
법인이 수차례에 걸쳐 입금한 외화예금의 일부를 원화로 인출하는 경우 외화예금의 원화기장액 산정방법은 선입선출법을 적용하는 것이나 이동평균법을 준용한 평가방법을 계속적으로 적용하여 온 경우 그 평가방법을 적용할 수 있다. (2010. 6. 23. 제정)

❷ 여러 차례 입금된 외화를 환전하는 경우의 장부가액

위와 같은 방법으로 장부가액을 계상하여 외환차손익을 인식한다. 즉, 원화기장액 산정방법은 선입선출법을 적용하는 것이나 이동평균법을 준용한 평가방법을 계속적으로 적용하여 온 경우 그 평가방법을 적용할 수 있다.

사례 수차에 걸쳐 입금된 외화 출금시 인출된 외화의 장부가액 계산

외화입금일	외화출금일	외화입금액	외화출금액	기준환율	원화입금 장부금액	원화출금 장부가액
11.01		$3,000		1,100/$	3,300,000	
11.10		$2,000		1,050/$	2,100,000	
11.20		$1,000		1,080/$	1,080,000	
	11.30		$4,000	1,090/$		4,350,000

보통예금	4,360,000	/	보통예금(외화)	4,350,000
			외환차익	10,000

15 전기오류수정손익

1 전기오류수정손익

❶ 개요

전기 또는 그 이전 기간의 재무제표를 작성할 때 발생하였던 오류, 탈루 등을 발견하더라도 전기의 재무제표를 수정할 수 없다. 따라서 전기 이전의 오류, 탈루 등을 당기에 반영하여야 하는 경우 전기 이전의 비용은 당기에 전기오류수정손실로 처리하여 반영하여야 하고, 전기 이전의 수익은 당기에 전기오류수정이익으로 처리하여야 한다.

다시 말하면, 전기 회계처리 내용을 누락한 경우에는 회계오류에 해당하는 것으로 회계오류는 재무상태표(결산종료일 또는 외부감사일로서 재무상태표를 확정한 이후)일 이전에 발견한 경우에는 바로 수정하면 되나 재무상태표일 이후에는 전기오류사항으로 정리하여야 하는 것이다. 이러한 회계오류는 계산상의 실수, 기업회계기준의 잘못된 적용, 사실판단의 잘못, 부정, 과실 또는 사실의 누락 등으로 인해 발생하며, 당기에 발견한 전기 또는 그 이전기간의 오류는 당기 손익계산서에 영업외손익 중 전기오류수정손익으로 보고한다.

다만, 중대한 오류에 대해서는 전기이월이익잉여금을 수정한다. 중대한 오류는 재무제표의 신뢰성을 심각하게 손상할 수 있는 중요한 오류를 말한다.

한편, 세법에서는 권리의무 확정주의에 의하여 전기 이전의 수익 또는 비용을 누락하였거나, 전기의 수익이 아닌 것을 수익으로 처리한 경우 또는 전기의 비용이 아닌 것을 전기의 비용으로 처리한 것은 전기의 수익 또는 비용에 반영하여 법인세 과세표준 또는 종합소득세 과세표준을 수정하여 신고하도록 규정하고 있다.

❷ 전기오류수정에 대한 세무처리

[1] 전기 비용을 누락한 경우
전기 법인세 신고 또는 소득세 신고내용에 대하여 세무조정으로 전기에 누락한 비용을 손금산입(법인) 또는 필요경비(개인)에 산입하여야 한다.

[2] 전기 비용을 실제 보다 과다하게 계상한 경우
전기 법인세 신고 또는 소득세 신고내용에 대하여 세무조정으로 전기에 과다하게 계상한 비용은 손금불산입(법인) 또는 필요경비불산입(개인)하여야 한다.

[3] 전기 수익이 아닌 것을 전기의 수익으로 처리한 경우
전기 법인세 신고 또는 소득세 신고내용에 대하여 세무조정으로 전기 수익이 아닌 것을 익금불산입(법인) 또는 총수입금액불산입(개인)하여야 한다.

[4] 전기의 수익을 누락하여 소득을 과소 계상한 경우
전기 법인세 신고 또는 소득세 신고내용에 대하여 세무조정으로 익금산입(법인) 또는 총수입금액에 산입(개인)하여야 하며, 전기의 오류나 탈루 등을 당기에 반영하여야 하는 경우 회계처리 및 세무조정이 필요하며, 그 내용은 다음과 같다.

(1) 전기분 세무조정 → 익금산입 (유보)

(2) 전기 누락한 수익에 대하여 해당 채권을 당기에 계상함

외상매출금	**** / 전기오류수정이익	****

(3) 당기 세무조정
익금불산입 (△유보)

2 전기오류수정이익

❶ 개요

과거 연도의 수익을 누락하였거나 비용을 이중으로 계상한 경우 또는 자산을 비용으로 처리한 경우 그 해당 사업연도별로 수정하여야 하므로 수익을 누락하거나 비용을 이중으로 계상한 경우 또는 자산을 비용으로 처리한 사업연도의 법인세 신고내용을 수정(세무조정사항에서 익금산입 또는 손금불산입)하여 법인세를 추가 납부하여야 하며, 오류를 반영한 사업연도의 전기오류수정이익(영업외수익)은 익금불산입 처리하여야 한다.

단, 전기 이전의 법인세 수정신고시 세무조정에서 손금불산입(또는 익금산입)하고 상여로 처분한 금액은 사외에 유출된 것이므로 당기에 이를 회수하는 분개처리 및 세무조정은 하지 않는다.

❷ 전기 이전에 자산을 비용으로 처리한 경우

전기 이전의 자잔에 해당함에도 착오등에 의하여 비용으로 처리한 경우 전기의 오류를 수정하여야 하며, 이 경우 비용으로 처리한 연도에 세무조정에 의하여 손금불산입하여 법인세를 수정신고하면서 법인세를 추가로 납부하고, 신고불성신가산세 및 납부지연가산세를 부담하여야 한다.

한편, 당기에 자산으로 반영하는 회계처리를 하여야 하며, 전기오류수정이익은 세무조정에서 익금불산입하여야 하며, 자산을 매입한 거래처에 그 대금을 이미 결제한 경우 세무조정 사항은 유보로 처분한다.

[예제] 당기에 전기의 회계자료를 확인한 결과 20×1년에 자산(기계장치) 1천만원을 소모품비로 비용처리한 바 20×1년 법인세를 수정신고하고, 20×2년에 장부상 기계장치로 반영하는 회계처리를 하다.

20×1년 세무조정
[손금불산입] 소모품비 1천만원(유보)

20×2년 회계처리
기계장치   1천만원 / 전기오류수정이익   1천만원

20×2년 세무조정
[익금불산입] 전기오류수정이익   1천만원 (△유보)

❸ 전기 비용을 이중으로 처리하고 매입채무를 누락한 경우

법인이 전기에 결산조정사항으로서 결산시에 비용을 이중으로 계상하여 추후 발견한 경우 전기 세무조정사항을 수정하여 손금불산입하고, 법인세를 수정신고하여야 하는 것이며, (전년도 법인세 및 가산세 추가 납부) 회계처리상 오류를 수정하기 위해서는 다음과 같이 처리한다.

[예제] 전기 매입세금계산서를 이중으로 신고하여 제품매출원가를 과대계상하다. 다만, 매입채무를 이중으로 계상하여 법인의 자금은 사외에 유출되지 않았다.
(원재료비 10,000,000원, 세액 1,000,000원)

▷ 전기분 법인세 수정신고 및 세무조정
- 손금불산입 : 원재료비   11,000,000원 (유보)
- 손금산입 : 매입세액   1,000,000원 (기타)

▷ 전기분 이중 매입에 대한 법인세 및 가산세 계산
- 전기분 법인세 추가 납부세액 : 수정 후 산출세액 - 당초 산출세액
- 법인세 납부지연가산세 : 추가 납부할 법인세 × 미납일수 × 3/10000

▷ 법인세 과소신고가산세
(수정 후 산출세액 - 기납부세액) × 가산세율(10%, 부정 40%) × (1- 수정신고감면율)

[개정] 2020.1. 이후 수정신고시 과소신고 가산세 감면율 조정 및 세분화(국기법 §48②)

수정신고기간	감면율	수정신고기간	감면율
1개월 이내	90% 감면	6개월 ~ 1년 이내	30% 감면
3개월 이내	75% 감면	1년 ~ 1년 6개월 이내	20% 감면
3 ~ 6개월 이내	50% 감면	1년 6개월 ~ 2년 이내	10% 감면

▶ **수정신고로 인하여 법인세 산출세액이 증가한 경우 세액감면**

수정신고의 경우 증액된 과세표준으로 산출세액을 계산하고, 중소기업에 대한 특별 세액 감면을 추가로 공제받을 수 있다. 다만, 관할 세무서에서 과세표준과 세액을 경정할 것을 미리 알고 제출하는 경우로서 부정행위에 해당하는 경우 추가 감면을 받을 수 없다.

당기 회계처리

[예제] 전기에 착오에 의하여 원재료비를 이중 계상하고 외상매입금으로 처리한 11,000,000원을 외상매입금에서 차감하는 분개처리를 하다.

외상매입금	11,000,000	/	전기오류수정이익	11,000,000

▶ 당기 세무조정 → 익금불산입 : 전기오류수정이익 11,000,000원 (△유보)

> **TIP 이중 매입, 가공 경비 등에 대한 세무조정 및 소득처분**
>
> 1. 이중 매입, 가공경비 등의 경우 그 대금이 대표이사 등에게 유출된 것이 분명한 경우에는 해당 금액을 손금불산입하고, 대표이사 등에 대한 상여로 처분하여야 한다.
> 2. 전기에 착오에 의하여 장부상 이중 경비로 처리하였으나 이중 경비 등이 사외에 유출되지 아니한 경우, 예를 들어 경비를 이중으로 계상하였으나, 부채인 외상매입금 등으로 장부에 반영하고, 당기 장부에서 외상매입금을 감액하는 회계처리를 하는 경우 손금불산입하고 유보로 처분할 수 있으며, 이 경우 인정이자는 계상하지 아니한다.
> 3. 이중 매입액, 가공경비 등을 현금 지급한 것으로 회계처리하고, 다음해 이후 현금을 회수하는 경우 이중 매입액 또는 가공경비 지급일부터 장부상 회수하는 기간 동안 그 대금을 대표이사가 유용한 것으로 보아 가지급금인정이자를 계상하여 가지급금인정이자상당액은 익금산입하고, 대표이사에 대한 상여로 처분을 하여야 한다.

❹ 전기 매출 누락분의 매출대금을 당기에 회수하는 경우

[예제] 전년도 7월 1일 매출 10,000,000원(부가세 별도)을 누락한 사실을 당기에 발견하고, 전년도 법인세 내용을 수정신고하다.

▶ 전년도 법인세 수정신고 및 세무조정
- 익금산입 : 매출   11,000,000원(유보)
- 익금산입 : 가지급금인정이자   255,079원(상여)
* 매출대금 발생일부터 장부상 회수하는 기간 동안 매출대금을 대표이사가 유용한 것으로 보아 이 기간(7.1 ~ 12.31)에 대하여 가지급금인정이자 259,079원을 계상하여 익금산입하고, 대표이사에 대한 상여로 처분을 하여야 한다.
- 가지급금인정이자 : 11,000,000원 × 당좌대출이자율(4.6%, 매 년 변동됨) × 184/365
- 손금산입 : 부가가치세   1,000,000원(기타)

> **TIP**   매출누락 대금에 대한 세무조정 및 소득처분
>
> 1. 매출누락대금이 대표이사 등에게 유출된 것이 분명한 경우에는 해당 금액을 익금산입하고, 그 귀속자에 대하여 상여로 처분한 다음 근로소득세를 수정신고하여야 한다.
> 2. 전기에 착오에 의하여 장부상 매출을 누락하였으나 매출누락대금이 사외에 유출되지 아니한 경우, 예를 들어 매출과 외상매출금을 동시에 누락하였으나 매출대금이 사외로 유출되지 아니하였음을 입증할 수 있고, 당기 장부에 외상매출금을 반영하는 경우 익금산입하고 유보로 처분할 수 있으며, 이 경우 인정이자는 계상하지 아니한다.
> 3. 단, 당기 장부에 매출대금을 현금으로 회수하는 경우에는 익금산입하고 유보로 처분하되, 매출대금이 사외로 유출된 기간(매출발생일부터 매출대금 회수일까지 기간) 동안에 대하여는 매출누락대금을 대표이사가 유용한 것으로 보아 가지급금인정이자를 세무조정에서 익금산입하고, 귀속자(대표이사 등)에게 상여로 처분하여야 한다.

▶ 당기 회계처리
당기에 전기 매출누락대금 11,000,000원을 현금으로 회수하는 분개처리를 하다.

현금   11,000,000   /   전기오류수정이익   11,000,000

- 당기 세무조정 [익금불산입] → 전기오류수정이익 11,000,000원 (△유보)

3 전기오류수정손실

❶ 개요

전기오류수정손실이란 전기 이전의 오류를 수정하는 경우 처리하는 계정으로 실무에서는 주로 전기 이전의 비용을 누락하여 당기에 반영하는 경우 발생한다.

과거 연도 이전의 비용을 누락한 경우 누락한 비용의 손금은 그 해당 사업연도별로 계상하여야 하므로 누락한 사업연도의 법인세 신고내용을 수정(세무조정사항에서 손금산입)하고, **경정청구(5년 이내)**를 하여 법인세를 환급받아야 하는 것이며, 전기의 오류를 반영한 사업연도에 장부상 전기오류손익수정손실로 처리하고, 세무조정에서 손금불산입처리한다.

왜냐하면, 전기 이전의 비용 누락에 대하여 전기 이전 법인세 경정청구로 이미 손금으로 처리하였기 때문이다.

▣ 경정청구 및 가산세

전기 이전의 매입세금계산서를 누락하여 법인세 및 부가가치세를 경정청구(수정에 의하여 환급금이 발생하는 것)하는 경우에는 세금을 실제보다 과다하게 납부한 다음 나중에 돌려받거나(법인세), 공제받을 세금을 세법에서 정한 때 보다 늦게 공제를 받아 돌려받은 것(부가가치세)이므로 가산세는 적용되지 아니한다.

❷ 전기 매입세금계산서 누락의 세무회계

[예제] 20×4년도 법인세신고시 사무실 임차료에 대하여 발급받은 매입세금계산서(공급가액 1,000,000원 세액 100,000원)를 신고누락하였다.
20×5년에 발견하여 20×4년도분 법인세를 경정청구하고 20×5년도에 임차료 미지급금 1,100,000원을 보통예금에서 인출하여 지급하다.

▶ 20×4년도분 법인세 경정청구 및 세무조정

- 손금산입(부채누락) : 매입채무 1,100,000원(△유보)
- 익금산입(자산누락) : 매입세액 100,000원(유보)

▶ 20×5년 회계처리

① 20×4년도 임차료 미지급금 1,100,000원을 미지급금으로 계상하나.

| 전기오류수정손실 | 1,000,000 | / 미지급금 | 1,100,000 |
| 부가세대급금 | 100,000 | | |

▶ 20×5년 세무조정 [손금불산입]

- 익금산입(부채계상) : 미지급금 1,100,000원(유보)
- 손금산입(자산계상) : 부가세대급금 100,000원(△유보)

◆ 비용 누락으로 처리하는 경우 세무조정

20×4년 : 손금산입(비용누락) : 1,000,000원 (△유보)

20×5년 : 손금불산입 : 1,000,000원 (유보)

② 《전기 비용누락에 대한 경정청구》 전기결산시 지급임차료 1,000,000원을 누락하여 법인세과세표준을 수정하고, 법인세환급금 100,000원 및 법인세분 지방소득세 환급금 10,000원을 경정청구하다.

| 미수금 | 110,000 | / 법인세환급액 | 110,000 |

* 법인세환급액 : 영업외수익에 해당하며, 세무조정에서 익금불산입한다.

③ 《법인세 환급금액 입금》 법인세환급금 100,000원이 보통예금에 입금되다.

| 보통예금 | 100,000 | / 미수금 | 100,000 |

④ 《매입세금계산서 누락분 경정청구》 매입세금계산서누락에 대하여 관할세무서에 경정청구하다.

| 미수금 | 100,000 | / 부가세대급금 | 100,000 |

❸ 전기 이전의 비용을 자산으로 처리한 경우 세무회계

[예제] 20×3년도 확정기여형퇴직연금(DC)으로 불입한 금액 1천만원을 착오에 의하여 자산(퇴직연금운용자산)으로 처리하였음을 20×5년 3월 10일 발견하고, 20×3년도 법인세를 경정청구하고, 전기오류수정손실로 처리한 다음 세무조정하다.

▶ 확정급여형퇴직연금 및 확정기여형퇴직연금의 손금산입 방법
1. 확정급여형퇴직연금(DB)은 자산(퇴직연금운용자산)처리한 다음 결산조정으로 퇴직연금충당부채를 계상하여 손금에 산입하거나(퇴직금 / 퇴직연금충당부채) 세무조정사항으로 손금산입하여야 하며,
2. 확정기여형퇴직연금(DC)은 퇴직연금 불입시 즉시 비용처리하여야 한다.

▶ 20×3년도분 법인세 경정청구 및 세무조정
<세무조정>
· 손금산입 : 퇴직연금운용자산 10,000,000원(△유보)

▶ 20×5년 회계처리
[예제] 20×5년도 퇴직연금운용자산 10,000,000원을 장부에서 제거하는 회계처리를 하고, 전기오류수정손실로 계상하다.

전기오류수정손실	10,000,000	/ 퇴직연금운용자산	10,000,000

▶ 20×5년 세무조정
<세무조정>
· 손금불산입 : 전기오류수정손실 10,000,000원 (유보)

▶ 20×5년도 회계처리한 전기오류수정손실은 손금불산입(20×3년도 법인세 수정신고로 이미 손금으로 처리한 것임)처리한다.

❹ 전기오류수정손익을 전기 법인세 수정신고없이 당기에 처리하는 경우

전기에 수익을 누락하거나 비용을 이중으로 계상한 경우에는 전기의 법인세를 과소납부한 것이므로 반드시 전기의 법인세를 수정신고하여야 한다. 반대로 전기에 수익을 이중 계상하거나 비용을 누락한 경우에는 전기의 법인세를 과다납부한 것이므로 전기의 법인세를 수정하여 경정청구를 하여야 한다. 단, 전기에 비용을 이중으로 계상한 금액 등이 중요하지 않거나 전기의 비용을 누락하였으나 전기 소득을 수정하여 법인세를 경정청구하지 않는 경우 전기의 법인세 수정신고를 아니하고 당기에만 처리하여도 무방할 것이다.

▶ 전기 수익 누락 또는 비용 이중 금액을 전기오류수정이익으로 하는 경우

전년도의 수익을 당해 연도의 전기오류수정수익으로 계상하거나 전년도의 비용이 아닌 것을 당해 연도의 전기오류수정이익으로 처리함으로써 전기오류수정이익에 상당하는 법인세를 오류가 발생한 연도에 납부하지 아니하고, 당해 연도에 납부하여 법인세를 1년간 늦게 납부하는 결과가 되나 금액적으로 중요하지 않은 경우 나중에 세무상 문제가 되더라도 손익 귀속연도의 문제만 있으므로 전년도의 법인세에 대한 신고불성실가산세 및 납부지연가산세만 부담을 하면 되기 때문이다.

▶ 전기의 비용을 누락하였거나 수익을 이중으로 계상한 경우

전년도의 비용을 당해 연도에 전기오류수정손실로 처리하여 비용 계상하는 경우 전기오류수정손실에 상당하는 법인세를 전년도에 납부함으로써 법인세를 1년간 먼저 납부하는 결과가 되어 세무상 특별한 문제는 발생하지 않을 것이다. 다만, 이 경우 회사 입장에서는 실제 발생한 비용을 손금으로 처리하지 아니함으로써 손금에 해당하는 법인세를 많이 내는 것은 감수하여야 한다.

▶ 전기 이전의 오류를 이익잉여금 항목으로 처리하는 경우

전기 이전의 오류사항 중 손익과 관련이 없는 오류를 이익잉여금의 증감항목으로 처리하는 경우 손익과정을 거치지 아니하고, 자본 계정에서 조정이 되므로 당기의 법인세에는 영향을 미치지 않는다.

16 가산세 및 적용 사례

1 국세기본법의 가산세

❶ 무신고가산세 [국세기본법 제47조의2]

납세의무자가 법정신고기한까지 세법에 따른 국세의 과세표준 신고를 하지 아니한 경우에는 신고로 납부하여야 할 세액(가산세와 세법에 따라 가산하여 납부하여야 할 이자 상당 가산액이 있는 경우 그 금액은 제외)의 **100분의 20**에 상당하는 금액을 가산세로 한다.

「소득세법」에 의한 복식부기의무자 및 「법인세법」에 의한 법인이 과세표준 신고를 하지 아니한 경우에는 각각 무신고납부세액의 100분의 20에 상당하는 금액과 수입금액에 1만분의 7을 곱하여 계산한 금액 중 큰 금액을 가산세로 한다.

◨ 기한 후 신고 및 가산세 감면

▶ 기한 후 신고 [국세기본법 제45조의3]

법정신고기한까지 과세표준신고서를 제출하지 아니한 자는 관할 세무서장이 세법에 따라 해당 국세의 과세표준과 세액을 결정하여 통지하기 전까지 기한후과세표준신고서를 제출할 수 있다. 단, 기한 후 신고를 하는 경우 무신고가산세, 납부지연가산세 등이 적용되며, 기한 후 과세표준신고를 하려는 자는 기한후과세표준신고서를 관할 세무서장에게 제출하여야 한다.

[세법 개정] 기한 후 신고시 무신고 가산세 감면율 조정 및 세분화(국기법 §48②)
- 1개월 이내 : 50% 감면
- 1 ~ 3개월 이내: 30% 감면
- 3 ~ 6개월 이내: 20% 감면

<적용시기> 2020.1.1. 이후 기한 후 신고하는 분부터 적용

❷ 과소신고가산세

1 과소신고가산세

납세의무자가 법정신고기한까지 세법에 따른 국세의 과세표준 신고를 한 경우로서 납부할 세액을 신고하여야 할 세액보다 과소신고하거나 환급받을 세액을 신고하여야 할 금액보다 많이 신고(초과신고)한 경우에는 **과소신고한 납부세액**과 초과신고한 환급세액을 합한 금액의 100분의 10에 상당하는 금액을 가산세로 한다.

1. 소득세, 법인세 등 : (산출세액 - 기납부세액) × 가산세율(10%, 부정행위 40%)
2. 부가가치세, 개별소비세, 주세
(과소신고 납부세액 - 기납부세액) × 가산세율(10%, 부정행위 40%)

▶ **부정과소신고가산세**
부정한 방법으로 과소신고한 과세표준이 있는 경우에는 다음의 금액을 합한 금액을 납부할 세액에 가산하거나 환급받을 세액에서 공제한다. 과세표준 중 부정한 방법으로 과소신고한 과세표준에 상당하는 금액이 과세표준에서 차지하는 비율을 산출세액에 곱하여 계산한 금액의 100분의 40에 상당하는 금액

다만, **복식부기의무자 또는 법인**이 신고한 과세표준이 세법에 따라 신고하여야 할 소득세 과세표준 또는 법인세 과세표준에 미치지 못하는 경우에는 부정과소신고가산세액과 부정한 방법으로 과소신고한 과세표준과 관련된 수입금액에 1만분의 14를 곱하여 계산한 금액 중 큰 금액으로 한다.

□ 부정한 방법의 유형 [조세범 처벌법 제3조 제6항]
"사기나 그 밖의 부정한 행위"란 다음 각 호의 어느 하나에 해당하는 행위로서 조세의 부과와 징수를 불가능하게 하거나 현저히 곤란하게 하는 적극적 행위를 말한다.
1. 이중장부의 작성 등 장부의 거짓 기장
2. 거짓 증빙 또는 거짓 문서의 작성 및 수취
3. 장부와 기록의 파기
4. 재산의 은닉, 소득·수익·행위·거래의 조작 또는 은폐

5. 고의적으로 장부를 작성하지 아니하거나 비치하지 아니하는 행위 또는 계산서, 세금계산서 또는 계산서합계표, 세금계산서합계표의 조작
6. 전사적 기업자원관리설비의 조작 또는 전자세금계산서의 조작
7. 그 밖에 위계(僞計)에 의한 행위 또는 부정한 행위

② 수정신고와 과소신고가산세 감면 [국세기본법 제48조]

[개정] 수정신고시 과소신고 가산세 감면율 조정 및 세분화(국기법 §48②)

수정신고기간	감면율	수정신고기간	감면율
1개월 이내	90% 감면	6개월 ~ 1년 이내	30% 감면
3개월 이내	75% 감면	1년 ~ 1년 6개월 이내	20% 감면
3 ~ 6개월 이내	50% 감면	1년 6개월 ~ 2년 이내	10% 감면

<적용시기> 2020.1.1. 이후 수정신고하는 분부터 적용

▶ 가산세 감면 제외 사유
1. 해당 국세에 관하여 세무공무원이 조사에 착수한 것을 알고 과세표준수정신고서 또는 기한후과세표준신고서를 제출한 경우
2. 해당 국세에 관하여 관할 세무서장으로부터 과세자료 해명 통지를 받고 과세표준수정신고서를 제출한 경우

❸ 납부지연가산세

납세의무자가 세법에 따른 납부기한까지 국세의 납부(중간예납·예정신고납부·중간신고납부 포함)를 하지 아니하거나 납부하여야 할 세액보다 적게 납부(과소납부)하거나 환급받아야 할 세액보다 많이 환급(초과환급)받은 경우에는 다음 각 호의 금액을 합한 금액을 가산세로 한다. [국세기본법 제47조의4]

1. 납부하지 아니한 세액 또는 과소납부분 세액 × 납부기한의 다음 날부터 자진납부일 또는 납세고지일까지의 기간 × 2.2/10,000
2. 초과환급받은 세액 × 환급받은 날의 다음 날부터 자진납부일 또는 납세고지일까지의 기간 × 2.2/10,000

[개정 세법] 2019년 이후 납부지연가산세 이자율 인하 [국세기본법 시행령 제27조의4]
2019년 2월 11일 이전의 미납기간 : 1일 0.03%
2019년 2월 12일 이후의 미납기간 : 1일 0.025%
2022년 2월 15일 이후의 미납기간 : 1일 0.022%

[사례] 납부지연가산세 계산
<예제> 2023년 제1기 부가가치세 신고는 하였으나 납부할 세액 1천만원을 자금사정으로 납부하지 못하였으며, 관할 세무서에서 납부할 세액 1천만원 및 납부지연가산세를 계산하여 고지한 바 납부하다.

사 례	부가가치세 미납부 가산세 계산

[예 제] 미납금액 10,000,000원, 고지일 9월 10일, 납부기한 9월 30일
  미납부가산세(103,400원) : 10,000,000원 × 미납일수(47일) × 2.2/10,000
  * 미납일수 : 7월 26일부터 고지일(9월 10일)까지의 기간 일수

▣ 원천징수대상 국세의 납부지연가산세 등

▶ **원천세 미납부가산세 (1 + 2) 미납금액 10% 한도**
1. 미납부금액의 3%
2. 미납부금액 × 미납일수 × 2.2/10,000

[개정 세법] 2019.2.12. 이후 납부지연가산세 이자율 인하 [국세기본법 시행령 제27조의4]
2019년 2월 12일 이후의 미납기간 : 1일 0.025%
2022년 2월 15일 이후의 미납기간 : 1일 0.022%

◆ 원천세 신고불성실가산세 → 없음

◆ 원천세 지급명세서 미제출가산세
제출기한까지 제출하지 아니한 금액의 1% 단, 제출기한일로부터 3개월 이내에 제출하는 경우 0.5% (소득세법 제81조의11)

2 부가가치세 관련 가산세

❶ 세금계산서 발급 관련 가산세

[1] 전자세금계산서를 발급하지 않은 경우
공급가액의 2%를 가산세로 부담하여야 한다.

[2] 착오로 전자세금계산서를 이중으로 발급한 경우
① 매출자는 처음에 발급한 세금계산서의 내용대로 음(陰)의 표시를 하여 발급 : 전자세금계산서를 착오에 의한 이중으로 발급한 경우 당초 작성일자로 하여 부(-)의 수정세금계산서를 발행하고 당초 과세기간분에 대하여 '경정청구'하여 환급을 받아야 한다. 이 경우 가산세 적용은 없다.
② 매입자는 매입세액을 공제받은 사실이 없는 경우 가산세 적용은 없으나 매입세액을 중복으로 공제받았다면, 수정신고를 하여야 하며, 수정신고시 신고불성실 및 납부지연가산세가 적용된다. 단, 수정전자세금계산서를 발급받고 수정신고시에는 매입처별세금계산서합계표불성실가산세는 적용되지 않는다.

[3] 세금계산서를 발행하여야 하나 면세 계산서를 발행한 경우
부가가치세가 과세되는 재화 또는 용역을 공급하였으나 면세 계산서를 발급한 경우 소급하여 세금계산서를 발급할 수 없는 것이며, 세금계산서 미발급 가산세(공급가액의 2%), 신고불성실가산세, 납부지연가산세가 적용된다.

[4] 면세 계산서를 발행하여야 하나 세금계산서를 발행한 경우
부가가치세가 면제되는 재화나 용역을 공급하면서 착오로 계산서가 아닌 세금계산서로 발급한 경우 가산세는 적용되지 않는다.

[5] 재화 또는 용역의 공급없이 세금계산서를 잘못 발행한 경우
재화나 용역을 공급함이 없이 매출 세금계산서를 잘못 발급한 경우에는 수정세금계산서 발급사유에 해당하지 아니하므로 수정세금계산서를 발급할 수 없으며, 재화나 용역을 공급함이 없이 매출세금계산서를 발급한 공급자는 공급가액의 3%를 가산세로

부담하여야 한다. 한편, 거래없이 타 사가 세금계산서를 잘못 발행한 매입세금계산서를 수취한 해당 업체는 매입세액을 불공제처리하여야 하며, 매입세액공제를 받은 경우에는 수정신고를 하여야 하고, 수정신고시 신고불성실가산세 및 납부지연가산세를 추가로 부담하여야 한다.

[6] 폐업자에게 세금계산서를 발급한 경우

재화 또는 용역을 공급받는 자가 사업자가 아닌 경우(폐업자 포함)에는 공급받는 자의 주소·성명 및 주민등록번호 기재하여 발급하여야 한다. 단, 매입자가 폐업자인줄 모르고 사업자번호로 세금계산서를 발행한 경우 재화 및 용역의 공급일이 속하는 과세기간에 대한 **확정신고기한 다음날부터 1년까지** 수정세금계산서를 작성 발급할 수 있는 것으로 이 경우 당초분은 취소하고 공급받는 자의 주민등록번호를 기재한 수정세금계산서를 발급할 수 있으며, 가산세 적용은 없다.

[개정 세법] 수정세금계산서 발급기한 확대(부가령 §70①)
필요적 기재사(공급자, 공급받는자, 공급가액, 작성연월일)을 잘못 기재한 세금계산서에 대한 수정세금계산서 발급기한
(종전) 확정신고기한까지
(개정) 확정 신고기한 다음날부터 1년까지
<적용시기> 2022.2.15. 이후 재화 또는 용역을 공급하는 분부터 적용

❷ 세금계산서 기재사항 관련 가산세

[1] 공급받는자 사업자등록번호를 잘못 기재한 경우

공급받는자를 잘못 기재한 경우 재화 또는 용역의 공급시기가 속한 과세기간의 **확정 신고기한 다음날부터 1년까지** 공급받는 자를 수정하는 세금계산서를 발행할 수 있으며, 이 경우 적용되는 세금계산서 관련 가산세는 없다. 단, 공급받는 자의 수정은 기재사항 착오로 볼 수 없으므로 **확정 신고기한 다음날부터 1년 이후**에는 수정세금계산서를 발급할 수 없으며, 이후 세금계산서를 발급한 경우 세금계산서를 발급하지 않은 것으로 보아 공급자는 공급가액의 2%를 곱한 금액의 가산세가 적용되며, 매입자는 매입세액을 공제받을 수 없다.

[개정 세법] 수정세금계산서 발급기한 확대(부가령 §70①)
(종전) 확정신고기한까지
(개정) 확정 신고기한 다음날부터 1년까지
<적용시기> '2022.2.15. 이후 재화 또는 용역을 공급하는 분부터 적용

[2] 사업자를 주민등록기재분으로 세금계산서 발급한 경우

공급자가 거래 상대방이 사업자인 것을 모르고 주민등록번호를 기재하여 발행한 세금계산서는 주민등록번호를 사업자등록번호로 수정한 세금계산서를 발급할 수 있다. 이 경우 가산세 적용은 없으나 관할 **세무서장이 경정하여 통지하기 전까지** 당초에 발급한 세금계산서의 내용대로(당초 작성일자) 세금계산서를 수정하여 발급하여야 한다. **다만, 공급받는 자가 사업자등록을 하기 전에 공급받는 자의 주민등록번호를 기재하여 발급한 세금계산서에 대하여는 사업자등록번호로 수정한 세금계산서를 발급할 수 없다.**

[3] 작성일자를 잘못 기재하여 해당 공급시기가 속하는 달의 다음달 10일 이내 수정발급하는 경우 가산세는 없음

세금계산서 작성일자를 잘못 기재하여 이를 수정발급하는 경우로서 당초 발급한 세금계산서가 거래시기가 속하는 달의 다음달 10일까지 발급하였으나 이를 수정하는 경우 가산세는 적용되지 않는다. 단, 당초 세금계산서를 지연발급(공급시기가 속하는 달의 다음달 11일 이후 발급)한 경우에는 공급자는 공급가액의 1%를 공급받는 자는 공급가액의 0.5%를 가산세로 부담하여야 한다.

[4] 필요적 기재사항을 착오로 잘못 입력한 경우

처음에 발급한 세금계산서의 내용대로 세금계산서를 음(陰)의 표시를 하여 발급하고, 수정하여 발급하는 세금계산서는 양수로 작성하여 발급한다. 다만, 다음의 어느 하나에 해당하는 경우로서 과세표준 또는 세액을 경정할 것을 미리 알고 있는 경우는 제외한다.
1. 세무조사의 통지를 받은 경우
2. 세무공무원이 과세자료의 수집 또는 민원 등을 처리하기 위하여 현지출장이나 확인업무에 착수한 경우
3. 세무서장으로부터 **과세자료 해명안내 통지**를 받은 경우

❸ 공급시기 관련 가산세

[1] 공급시기와 작성일자는 같아도 발급일자가 늦은 경우 세무상 문제

세금계산서는 재화 또는 용역의 공급일을 작성일자로 하여 해당 재화 또는 용역의 공급일에 전자세금계산서를 발급(공급일 = 작성일자 = 발급일자)하여야 한다. 다만, 월합계 세금계산서나 실제거래사실이 확인되는 경우 해당 월의 말일 또는 거래일을 작성 연월일로 하여 해당 월의 다음달 10일까지 발급을 할 수 있다.

정당한 공급일을 작성일자로 전자세금계산서를 발급하더라도 발급일자가 늦어지는 경우 다음의 가산세가 적용된다.

▶ **공급시기가 속하는 다음 달 11일 이후 부가가치세 확정신고기한내 전자세금계산서를 발급하는 경우 지연발급가산세가 적용됨**

작성일자는 정당하더라도 다음 달 11일 이후에 세금계산서를 발급한 경우 동일 과세기간인 경우 공급자는 공급가액의 1%를 가산세로 부담하여야 하며, 공급받는자는 공급가액의 0.5%를 가산세로 부담하여야 한다.

▶ **공급시기가 속하는 확정과세기간의 다음달 11일 이후 25일(신고기한)내 전자세금계산서를 발급하는 경우**

공급시기가 속하는 부가가치세 과세기간의 다음달 11일부터 25일까지 전자세금계산서를 발급하는 경우 공급자 및 공급받는자는 세금계산서 지연발급가산세(공급가액의 1%)가 적용된다. 예를 들어 6월 30일 작성일자인 세금계산서를 **7월 11일 이후 7월 25일 이내에 발급**하거나, 12월 31일 작성일자인 세금계산서를 다음해 **1월 11일 이후 1월 25일 이내에 발급**하는 경우 공급자는 공급가액의 1%를 가산세로 부담하여야 하며, 공급받는자는 공급가액의 0.5%를 가산세로 부담하여야 한다.

[개정 세법] 지연수취 세금계산서 등에 대한 매입세액공제 (부가가치세법 시행령 제75조)
공급시기 이후 세금계산서를 발급받았으나, 실제 공급시기가 속하는 과세기간의 확정신고기한 다음날부터 6개월 이내에 발급받은 것으로서 수정신고·경정청구하거나, 거래사실을 확인하여 결정·경정하는 경우
<적용시기> 2019.2.12. 이후 재화 또는 용역을 공급받는 분부터 적용

[개정 세법] 공급시기가 지난 후 발급된 세금계산서의 매입세액공제 인정범위 확대
(부가가치세법 시행령 제75조)
확정신고기한 다음날부터 1년(6개월 → 1년) 이내에 세금계산서를 발급받고 납세자가 경정청구, 수정신고 하는 경우
(종전) 6개월
(개정) 1년
<적용시기> 2022. 2.15.이후 재화 또는 용역을 공급하는 분부터

▶ 세금계산서 발급 및 수취 관련 가산세 요약표

구 분		내 용	발급자	수취자
발급	미발급	발급시기가 지난 후 공급시기가 속하는 과세기간에 대한 확정신고기한 내에 발급하지 아니한 경우	2%	매입세액 불공제
	지연발급	발급시기가 지난 후 공급시기가 속하는 과세기간에 대한 확정신고기한 내에 발급한 경우	1%	0.5%
	종이발급	발급시기에 전자세금계산서 외의 세금계산서 발급	1%	-

■ 세금계산서 관련 가산세 중복 적용 배제
1. 미발급가산세가 적용되는 경우 지연발급가산세는 적용되지 아니함
2. 미발급가산세 또는 지연발급가산세가 적용되는 경우 지연전송관련 가산세는 적용되지 아니함
3. 미발급가산세 또는 지연발급가산세가 적용되는 경우 세금계산서합계표 관련 가산세는 적용되지 아니함

❹ 부가가치세 기한 후 신고시 적용되는 가산세

법정신고기한까지 과세표준신고서를 제출하지 아니한 자는 관할 세무서장이 세법에 따라 해당 국세의 과세표준과 세액을 결정하여 통지하기 전까지 기한후과세표준신고서를 제출할 수 있다. 단, 기한 후 신고를 하는 경우 무신고가산세 및 납부지연가산세 등이 적용된다.

[1] 무신고가산세 : 납부할 세액 × 20/100

[세법 개정] 기한 후 신고시 무신고 가산세 감면율 조정 및 세분화(국기법 §48②)
- 1개월 이내 : 50% 감면
- 1 ~ 3개월 이내: 30% 감면
- 3 ~ 6개월 이내: 20% 감면

<적용시기> 2020.1.1. 이후 기한 후 신고하는 분부터 적용

[2] 납부지연가산세 : 과소납부금액 × 미납일수 × 일변(2.2/10000)

[개정 세법] 납부지연가산세 이자율 인하 [국세기본법 시행령 제27조의4]
2022년 2월 15일 이후의 미납기간 : 1일 0.022%

[3] 매출세금계산서합계표미제출가산세 : 공급가액 × 5/1000
소매, 음식업 등 세금계산서 의무발급대상업종이 아닌 경우에는 적용하지 않는다.

[4] 부동산임대공급가액명세서 또는 현금매출명세서 미제출가산세
제출하지 아니한 수입금액 × 1% (1개월 이내 제출시 50% 감면)
* 부동산임대공급가액명세서 또는 현금매출명세서 제출대상사업자가 제출하지 않은 경우

❺ 예정신고누락분을 확정신고시 같이 신고하는 경우 가산세

[1] 매입세금계산서 누락분
매입세금계산서합계표를 제출누락하여 확정신고시 같이 신고하는 경우에는 가산세 적용은 없다.

[2] 매출세금계산서 누락분
매출세금계산서합계표를 누락하여 확정신고시 같이 신고 및 납부하는 경우 다음의 가산세를 적용하여 확정신고 및 납부하여야 한다.
1. 세금계산서합계표불성실가산세 : 공급가액의 0.3%
2. 신고불성실가산세 : 매출세액의 5%[10% × 감면율(50%)]

❻ 매입세액불공제분을 공제받은 경우 가산세

매입세액을 공제받을 수 없는 비영업용승용자동차를 구입하고 세금계산서를 수취하여 매입세액을 공제받은 경우 이에 대하여 매입세액불공제로 수정신고를 하여야 하며, 이 경우 신고불성실가산세 및 납부지연가산세는 적용되나 매입처별세금계산서합계표불성실가산세는 적용하지 아니한다.

❼ 영세율 과소신고 및 첨부서류 미제출에 대한 가산세

① 사업자가 부가가치세 신고를 한 경우로서 영세율과세표준을 과소신고(신고하지 아니한 경우 포함)한 경우에는 과소신고분(신고하여야 할 금액에 미달한 금액) 영세율과세표준의 **1천분의 5**에 상당하는 금액을 합한 금액을 가산세로 한다.

② 사업자가 부가가치세 신고시 영세율 과세표준이 있는 경우에는 법령에 정한 영세율 첨부서류를 반드시 제출하여야 하며, 미제출시에는 영세율과세표준의 **1천분의 5**에 해당되는 가산세가 적용된다.

■ 영세율 신고와 첨부서류 제출 여부에 따른 가산세
- 영세율 신고, 영세율첨부서류 미제출 : 영세율신고불성실가산세 적용
- 영세율 신고누락, 영세율첨부서류 미제출 : 영세율신고불성실가산세 적용

■ 영세율과세표준 과소신고 가산세
사업자가 부가가치세 신고를 한 경우로서 영세율과세표준을 과소신고하거나 신고하지 아니한 경우 그 과소신고되거나 무신고된 영세율과세표준의 1천분의 5에 상당하는 금액을 가산세로 부담하여야 한다. [국세기본법 제47조의3 ② 2]

□ 부가가치세법 집행기준 60-0-13 [과다 기재한 영세율과세표준에 대한 가산세]
영세율이 적용되는 사업자가 영세율 붙임서류를 정상적으로 제출하였으나 그 신고한 과세표준이 신고하여야 할 과세표준보다 과다하게 신고한 경우에는 영세율과세표준신고불성실가산세를 적용하지 아니한

3 법인세 및 원천세 관련 가산세

❶ 법인세 관련 가산세

1 가산세 관련 개정 세법

■ 계산서 지연발급 및 미발급 가산세 (법인세법 제75조의8 ① 4)
(종전) 계산서 미발급 가산세 : 공급가액의 2%
(개정) [미발급 가산세] 사업연도 말의 다음달 25일까지 발급하지 않은 경우 공급가액의 2%
[지연발급 가산세] 사업연도 말의 다음달 25일까지 지연발급 : 공급가액의 1%
<적용시기> 2018.1.1. 이후 공급하는 이후 계산서를 발급하는 경우부터 적용

■ 계산서합계표 및 세금계산서합계표 제출불성실 가산세 (법인세법 제75조의8 ① 1, 3)
○ 계산서합계표 및 세금계산서합계표 제출기한(면세 법인) : 다음해 2월 10일
(종전) 공급가액의 1% (지연제출시 0.5%)
(개정) 공급가액의 0.5% (지연제출시 0.3%)
<적용시기> 2018년 1월 1일 이후 매출·매입처별 계산서합계표 또는 매입처별 세금계산서합계표의 제출기한이 도래하는 분부터 적용한다.

■ 주식변동상황명세서 제출불성실 가산세 (법인세법 제75조의2 ②)
(종전) 주식액면가액의 2%, 지연제출시 1%(1개월 내) <국세기본법>
(개정) 주식액면가액의 1%, 지연제출시 0.5%(1개월 내)
<적용시기> 2018. 1. 1. 이후 제출기한이 도래하는 분부터 적용

■ 지급명세서 제출불성실가산세 (법인세법 제75조의7)
(종전) 지급금액의 2%, 지연제출시 1%(3개월 내)
(개정) 지급금액의 1%, 지연제출시 0.5%(3개월 내)
<적용시기> 2018. 1. 1. 이후 제출기한이 도래하는 분부터 적용

■ 간이지급명세서 제출불성실가산세 (법인세법 제75조의7)

간이지급명세서를 제출하지 않거나 허위 제출하는 경우
(종전) 지급금액 × 0.5%, 기한 후 3개월 이내 제출시 50% 감면
(개정) 지급금액 × 0.25, 기한 후 3개월 이내 제출시 50% 감면
<적용시기> 2021.1.1. 이후 신고·결정 및 경정하는 분부터 적용

② 면세 전자계산서 미발급 및 지연발급시 가산세

[1] 전자 계산서 미발급 가산세

면세되는 재화 또는 용역을 공급하고 전자계산서 또는 현금영수증을 발급하지 아니한 경우 공급가액의 2%를 가산세로 부담하여야 한다. 다만, 영수증발급대상 사업자 중 현금영수증의무발급대상 사업자가 아닌 경우 가산세 적용은 없다. 한편, 전자계산서를 발급하지 아니하였으나 종이계산서를 발급한 경우 미발급가산세는 공급가액의 1%로 한다.

[2] 전자 계산서 지연발급 가산세

전자계산서를 지연발급한 경우 공급가액의 1%를 가산세로 부담하여야 한다. 다만, 해당 사업연도의 다음해 1월 25일까지 발급하지 않은 경우 계산서를 미발급한 것으로 보아 공급가액의 2%를 가산세로 부담하여야 한다.

■ 계산서 지연발급 및 미발급 가산세 (법인세법 제75조의8 ① 4)

(종전) 계산서 미발급 가산세 : 공급가액의 2%
(개정) [미발급 가산세] 사업연도 말의 다음달 25일까지 발급하지 않은 경우 공급가액의 2%
[지연발급 가산세] 사업연도 말의 다음달 25일까지 지연발급 : 공급가액의 1%
<적용시기> 2018.1.1. 이후 공급하는 이후 계산서를 발급하는 경우부터 적용

▶ 계산서 지연수취가산세

전자세금계산서를 지연수취한 경우 부가가치세법 제60조 제7항 제1호의 규정에 따라 공급가액의 0.5%를 세금계산서지연수취가산세로 부담하는 것이나 법인세법 제

제75조의8 및 소득세법 제81조의10 에서 전자계산서 지연발급가산세(공급가액의 1%)는 규정되어 있으나 지연수취 가산세는 없으므로 지연수취가산세는 적용되지 않는 것으로 판단됨

③ 면세 계산서합계표 제출을 누락한 경우 가산세

면세 계산서합계표의 제출기한은 작성일자가 속하는 사업연도의 다음해 2월 10일까지이며, 계산서합계표를 제출하지 아니한 경우 공급가액의 0.5%를 가산세로 부담하여야 한다. 단, 과세사업자가 부가가치세 신고시 면세 계산서합계표신고를 누락하였으나 다음해 2월 10일까지 제출하는 가산세 적용은 없다.

▶ **토지 또는 건물 매각분의 계산서 발급의무**
1. 토지 및 건축물을 공급하는 경우 계산서 발급의무는 없다. 다만, 거래상대방이 계산서 발급을 요구하는 계산서를 발급하여야 한다.
2. 단, 과세사업자가 건물을 매각하는 경우에는 세금계산서를 발급하여야 한다.

④ 지급명세서 미제출 등에 대한 가산세

납세지 관할 세무서장은 법인세법 및 소득세법에 의하여 지급명세서를 제출하여야 할 내국법인이 그 제출기한까지 제출하지 아니하였거나 제출된 지급명세서가 불분명한 경우에 해당하는 경우에는 그 제출하지 아니한 분의 지급금액 또는 <u>불분명한 분의 **지급금액의 100분의 1**</u>에 상당하는 금액을 가산한 금액을 법인세로서 징수하여야 한다. 이 경우 산출세액이 없는 경우에도 가산세는 징수한다. [법인세법 제75조의7]

▶ **법인세법에 의한 지급명세서의 제출의무 [법인세법 제120조]**
내국법인에게 소득세법에 의한 이자소득 또는 배당소득을 지급하는 자는 납세지 관할 세무서장에게 지급명세서를 제출하여야 한다. 참고로 법인이 법인에게 배당금을 지급하는 경우에는 배당소득세를 징수·납부할 의무는 없는 것(법인세법 제73조 제1항)이나 지급명세서는 제출하여야 하며, 제출하지 않는 경우 가산세가 적용됨에 유의하여야 한다.

▶ 지급명세서가 불분명한 경우 [법령 제120조 ⑥]
(1) 제출된 지급명세서에 지급자 또는 소득자의 주소, 성명, 고유번호(주민등록번호로 갈음하는 경우에는 주민등록번호)나 사업자등록번호, 소득의 종류, 소득귀속연도 또는 지급액을 적지 아니하였거나 잘못 적어 지급사실을 확인할 수 없는 경우
(2) 제출된 지급명세서 및 이자·배당소득 지급명세서에 유가증권표준코드를 적지 아니하였거나 잘못 적어 유가증권의 발행자를 확인할 수 없는 경우

▶ 지급명세서 등 미제출분의 제출기한 경과 후 3개월 제출하는 경우 가산세 감면
제출기한이 지난 후 3개월(소득세법에 의한 지급명세서는 3개월) 이내에 세법에 따른 제출 의무를 이행하는 경우 해당 가산세액의 100분의 50에 상당하는 금액을 감면한다.

5 정규영수증 미수취 등에 대한 가산세

법인(수익사업을 영위하지 하지 아니하는 비영리법인은 제외) 및 개인사업자(해당 과세기간에 신규로 사업을 개시한 사업자 및 직전 과세기간의 사업소득의 수입금액이 4천800만원에 미달하는 사업자 제외)가 사업과 관련하여 사업자로부터 재화 또는 용역을 공급받고 세금계산서, 계산서, 현금영수증, 신용카드매출전표 등 정규영수증을 받지 아니하거나 사실과 다른 증명서류를 받은 경우에는 정규영수증 수취특례에 해당하는 경우를 제외하고는 그 받지 아니한 금액 또는 사실과 다르게 받은 금액의 **100분의 2**에 상당하는 금액을 가산한 금액을 법인세로서 징수하여야 한다. 이 경우 산출세액이 없는 경우에도 가산세는 징수한다. [법인세법 제75조의5]

6 감면대상이 아닌 세액을 감면받은 경우

세액감면대상이 아님에도 감면을 받은 경우 과세표준에는 영향을 미치지 아니하므로 과소신고가산세는 적용하지 않는 것이며, 국세기본법 제47조의4에 따른 납부지연가산세만 적용된다.

◆ 법인, 법인46012-630 , 1993.03.15.
법인세과세표준을 신고함에 있어서 과세표준에는 포함하였으나 감면세액을 과다 계상한 경우는 과소신고 가산세가 적용되지 아니하는 것임

4 매출누락에 대한 수정신고 및 가산세 적용[법인]

❶ 개요

전년도 이전 매출누락에 대하여 납세자가 스스로 부가가치세 및 법인세를 수정신고하는 경우 신고불성실과 관련한 가산세 감면과 법인세 산출세액 증가에 따른 세액감면 등을 추가로 공제받을 수 있으며, 사외유출된 매출누락대금을 회수하는 회계처리를 하는 경우 매출누락된 금액에 대하여 익금산입하고 유보로 처분하여 상여처분을 면할 수 있다. 단, 이 경우에도 매출누락대금이 사외유출된 기간 동안은 그 귀속자가 법인의 자금을 유용한 것으로 보아 가지급금인정이자를 계상하여 수정신고시 세무조정에서 익금산입하고, 귀속자에게 상여처분하여야 한다.

❷ 매출누락에 대하여 추가 납부할 세금 등 계산 사례

[예제] 제조업을 영위하는 (주)대성공업은 20×3년 10월 1일 발행한 매출세금계산서를 신고누락하여 납세자 스스로 20×4년 9월 30일 매출누락금액(부가세 포함)을 대표이사로부터 회수하는 회계처리를 하고, 20×3년 2기 확정 부가가치세 수정신고서 및 20×3 사업연도 법인세 수정신고서를 제출하다. 그리고 납부할 세액을 계산하여 20×4년 9월 30일 보통예금에서 인출하여 납부하다.

1 부가가치세 추가 납부세액 및 가산세

① 추가 납부하여야 할 부가가치세
누락신고한 매출액(세금계산서 공급가액등)의 매출세액

② 매출처별세금계산서합계표 불성실가산세
세금계산서 공급가액 × 0.5/100 (2016년 이전 : 세금계산서 발급분 5/1,000)
* 매출세금계산서를 발급하지 않은 경우에는 세금계산서미발급가산세(공급가액의 2%)가 적용된다. 단, 종이세금계산서를 발급한 경우 공급가액의 1%를 가산세로 한다.

* 음식업, 소매업 등 세금계산서 의무발급대상 업종이 아닌 경우 동 가산세는 적용되지 않는다.
* 신고기한의 종료일로부터 1개월 이내에 수정신고하는 경우 매출처별세금계산서합계표 불성실가산세 가산세의 50%가 감면된다.[국세기본법 제48조(가산세 감면 등) ② 3]

③ 납부지연가산세

신고누락한 매출세액 × 미납일수 × 2.2/10,000

* 미납일수 : 20×3년 2기 확정 부가가치세 납부기한일(20×4년 1월 25일)의 다음 날인 20×4년 1월 26일부터 수정신고납부일인 20×4년 9월 30일까지의 일수
- 납부기한일이 공휴일인 경우 공휴일의 다음날이 납부기한일이 된다.

[개정 세법] 2019년 이후 납부지연가산세 이자율 인하 [국세기본법 시행령 제27조의4]
2019년 2월 11일 이전의 미납기간 : 1일 0.03%
2019년 2월 12일 이후의 미납기간 : 1일 0.025%
2022년 2월 15일 이후의 미납기간 : 1일 0.022%

④ 신고불성실가산세

과소납부세액 × 10/100 × [1 - 감면율]

[개정 세법] 수정신고시 과소신고 가산세 감면율 조정 및 세분화(국기법 §48 ②)

종 전	개 정
□ 수정신고시 과소신고·초과환급신고 가산세 감면*	□ 수정신고시 가산세 감면율 조정 및 세분화
○ 법정신고기한 경과 후 - 6개월 이내 : 50% 감면 - 6개월 ~ 1년 이내: 20% 감면 - 1 ~ 2년이내 : 10% 감면 * 다만, 과세관청이 과세표준·세액을 경정할 것을 미리 알고 수정신고시 감면 배제	○ 법정신고기한 경과 후 - 1개월 이내 : 90% 감면 - 3개월 이내 : 75% 감면 - 3 ~ 6개월 이내 : 50% 감면 - 6개월 ~ 1년 이내 : 30% 감면 - 1년 ~ 1년 6개월 이내: 20% 감면 - 1년 6개월 ~ 2년 이내: 10% 감면

<적용시기> 2020.1.1. 이후 수정신고하는 분부터 적용

2 법인세 추가 납부세액 및 가산세

① 20×3 사업연도 법인세 추가 납부할 세액
수정 신고 감면 후 산출세액 – 당초 신고 감면 후 산출세액

◆ 과세표준 증가에 따른 중소기업에 대한 특별세액 추가 감면
1. 사업자가 스스로 정기 신고내용에 오류, 탈루, 착오 등이 있음을 알고 수정신고하는 경우에는 증액된 과세표준으로 산출세액을 계산하고, 중소기업특별세액감면세액을 추가로 공제받을 수 있다.
2. 관할 세무서로부터 매출누락 자료 확인 해명안내를 받고 수정신고를 하는 경우 "과세표준 수정신고서를 제출한 과세표준과 세액을 경정할 것을 미리 알고 제출한 경우"로 보며, 부정행위로 인한 과소신고분인 경우 중소기업에 대한 특별세액감면 등을 추가 공제받을 수 없는 것으로 판단된다.

② 납부지연가산세
추가 납부할 법인세 × 미납일수 × 2.2/10,000(2022.2.15. 이후)

③ 과소신고가산세
(산출세액 – 기납부세액) × 가산세율(일반 10%, 부정 40%) × (1 – 수정신고감면율)

3 과소신고가산세 대상금액 및 세무조정 사항

□ <세무조정> 익금산입 및 소득처분
● 매출누락금액 및 부가가치세 (유보)
● 가지급금인정이자 (상여)
 (매출누락금액 + 부가가치세) × 계산 일수(92일)/365 × 당좌대출이자율
- 가지급금인정이자 계산 일수 : 20×3.10.1 ~ 20×3.12.31
- 당좌대출이자율 [법인세법 시행규칙 제43조]
  2016년 ~ 2023년 귀속분 : 4.6%

□ <세무조정> 손금산입 및 소득처분
● 부가가치세 (△유보)

▶ **가지급금인정이자 계산 기간**

1. 20×3 사업연도 법인세 수정신고시 장부기장을 누락한 외상매출금을 매출누락일인 10월 1일부터 회계기말인 12월 31일까지의 기간에 대하여 가지급금인정이자를 계산하여 세무조정에서 익금 산입한 다음 상여로 처분하여야 한다.

2. 20×4 사업연도 법인세 신고시 20×4년 1월 1일부터 장부상 매출대금 회수일인 20×4년 9월 30일까지의 기간에 대하여 가지급금인정이자를 계산하여 세무조정에서 익금 산입한 다음 상여로 처분한다.

3. 단, 전기 이전의 매출누락금액에 대하여 회수하지 아니하고, 법인세 수정신고를 하는 경우 전액 상여로 처분하여야 하며, 이 경우 가지급금인정이자는 계상하지 아니한다.

4 인정상여

인정상여란 실제 상여금은 아니지만, 상여금으로 간주하여 대표이사 등에게 소득처분하는 금액을 말한다. 예를 들어 매출을 누락하고, 법인의 장부상 회수하지 아니하는 경우 또는 가짜 세금계산서를 수취하여 비용으로 계상하거나 실제 발생하지 않은 인건비 등을 가짜로 비용처리한 경우 그 금액을 법인의 대표이사가 가져간 것으로 보아 상여금으로 처분하는 금액을 말한다.

5 매출누락 또는 가짜로 비용 처리한 금액에 대한 소득처분

전기 이전의 법인세 신고시 매출을 누락하였거나 가짜로 비용 처리한 금액에 대하여 수정신고하는 경우 세무조정에서 익금산입 또는 손금불산입하고, 그 귀속자에게 상여처분하여야 하며, 귀속자가 불분명한 경우에는 대표이사에 대한 상여로 처분하여야 한다. 다만, 법인세 수정신고기한내에 매출누락, 가공경비 등 부당하게 사외유출된 금액을 회수하는 회계처리를 하는 경우 세무조정으로 익금에 산입하고, 소득처분은 사내유보로 할 수 있다. 단, 세무조사 통지를 받거나 세무조사에 착수된 것을 알게 된 경우 및 관할 세무서장으로부터 과세자료 해명 통지를 받고 과세표준수정신고서를 제출한 경우 등 경정이 있을 것을 미리 알고 사외유출된 금액을 익금산입하는 경우에는 상여로 처분하여야 한다.

■ 매출누락액을 회수하고, 법인세를 수정신고하는 경우 회계처리

법인이 전기 결산시에 매출을 누락하였으나 추후 발견한 경우 전기 재무제표사항을 수정할 수 없으므로 전기 세무조정사항을 수정하여 익금산입하고 수정신고하여야 하는 것이며, 회계처리상 오류를 수정하기 위해서는 다음과 같이 처리한다.

[예 제] 20×4년 9월 30일 매출 10,000,000원(부가세 별도)을 누락한 사실을 당기에 발견하고, 수정신고시 회수하는 분개처리를 하다.

① 《매출누락금액 및 부가가치세 회수》 20×4. 9. 30 대표이사로부터 20×3년도 매출누락금액 10,000,000원 및 부가가치세 1,000,000원을 회수하여 예금에 입금하다.

보통예금	11,000,000 / 전기오류수정이익	11,000,000

전기오류수정손실	1,000,000 / 부가세예수금	1,000,000

□ <20×4년 세무조정>
▷ 익금불산입
• 전기오류수정이익 11,000,000원 (△유보)
▷ 손금불산입
• 전기오류수정손실 1,000,000원 (유보)

▶ 전기오류수정이익

과거 연도의 수익을 누락하거나 비용을 이중으로 계상한 경우 손익은 해당 사업연도별로 계산하여야 하므로 수익을 누락하거나 비용을 이중으로 계상한 사업연도의 법인세 신고내용을 수정(세무조정사항에서 익금산입 또는 손금불산입)하여 법인세를 추가 납부하여야 하며, 오류를 반영한 사업연도의 전기오류수정이익은 익금불산입 처리하여야 한다. 왜냐하면, 전기의 수익 누락에 대하여 전기 법인세 수정신고로 이미 익금에 산입하였기 때문이다.

② 《법인세 등 납부》 20×3년도 귀속분 법인세 수정신고시 법인세 800,000원 및 동 가산세 200,000원 합계 1,000,000원을 납부하다.

법인세등추납액	1,000,000 / 보통예금	1,000,000

부가가치세 수정시 부가세 1,000,000원 및 가산세 200,000원 합계 1,200,000원을 9월 30일 보통예금에서 인출하여 납부하다.

부가세예수금	1,000,000 / 보통예금	1,200,000
세금과공과금	200,000		

☐ <20×4년 세무조정> 손금불산입
- 법인세등추납액 1,000,000원(기타사외유출)
- 세금과공과금   200,000원(기타사외유출)

◼ 법인세 수정신고 등에 의하여 상여 처분한 금액의 소득 신고

▶ 원천징수 신고 및 납부

1. 인정상여 처분을 받은 자가 근로소득자인 경우 소득금액변동통지서를 받은 날(법인세법에 의하여 법인이 신고함으로써 소득금액에 변동이 있는 경우에는 당해 법인의 법인세 신고기일)이 속하는 달의 **다음달 10일**까지 원천징수이행상황신고서를 수정하여 제출하고 추가로 납부할 세액을 납부하여야 한다.
2. 근로소득지급명세서를 수정하여 제출하여야 한다.(지급명세서는 다음해 3월 10일까지 수정하여 제출할 수 있으나 통상 같이 제출한다.)
3. 추가로 납부하는 근로소득세는 해당 귀속자(대표이사 등)가 부담하여야 하며, 가산세는 적용하지 않는다. 단, 인정상여에 대한 소득세를 법인이 일시 대납하는 경우 가지급금으로 처리한 다음 회수하여야 한다.

▶ 종합소득세 수정신고

종합소득과세표준 확정신고기한이 지난 후에 법인세 과세표준을 수정 또는 경정 하여 익금에 산입한 금액이 상여, 배당 또는 기타소득으로 처분됨으로써 소득금액에 변동이 발생함에 따라 종합소득 과세표준확정신고 의무가 없었던 자 및 과세표준확정신고를 한 자가 소득세를 추가 납부하여야 하는 경우 해당 법인이 소득금액변동통지서를 받은 날(법인이 신고함으로써 소득금액이 변동된 경우에는 그 법인의 법인세 신고기일)이 속하는 달의 **다음다음 달 말일**까지 추가신고납부하여야 하며, 이 경우 기한내 신고납부한 것으로 보며, 가산세는 적용하지 아니한다.

❸ 법인세 수정신고와 일반과소신고 및 부정과소신고가산세

[1] 부정과소신고가산세의 적용
법인이 전년도 이전의 법인세를 수정신고함에 있어 조세범처벌법 제3조 제6항 각 호의 어느 하나에 부정행위로 인한 과소신고분 과세표준이 있는 경우 과세표준에서 차지하는 비율을 산출세액에 곱하여 계산한 금액의 100분의 40에 상당하는 금액을 부정과소신고가산세액으로 부담하여야 한다. 다만, 부정행위로 과소신고한 자가 부정과소신고가산세액과 부정과소신고과세표준 관련 수입금액(부정과소신고수입금액)에 1만분의 14를 곱하여 계산한 금액 중 큰 금액으로 한다.

1. 산출세액 × 부정과소신고과세표준/경정 과세표준 × 40/100
2. 부정과소신고수입금액 × 14/10,000

☐ 조세법처벌법 제3조 (조세 포탈 등) ⑥ 제1항에서 "사기나 그 밖의 부정한 행위"란 다음 각 호의 어느 하나에 해당하는 행위로서 조세의 부과와 징수를 불가능하게 하거나 현저히 곤란하게 하는 적극적 행위를 말한다.
1. 이중장부의 작성 등 장부의 거짓 기장
2. 거짓 증빙 또는 거짓 문서의 작성 및 수취
3. 장부와 기록의 파기
4. 재산의 은닉, 소득·수익·행위·거래의 조작 또는 은폐
5. 고의적으로 장부를 작성하지 아니하거나 비치하지 아니하는 행위 또는 계산서, 세금계산서 또는 계산서합계표, 세금계산서합계표의 조작
6. 전사적 기업자원관리설비의 조작 또는 전자세금계산서의 조작
7. 그 밖에 위계(僞計)에 의한 행위 또는 부정한 행위

[2] 일반과소신고가산세의 적용
고의가 아닌 착오 등의 사유로 매입금액을 과다계상한 경우에는 일반과소신고가산세를 적용하는 것이므로 단지 가공 매입 이유만으로 이를 판단하는 것이 아니며, 부정과소 및 일반과소의 구분은 관할세무서에서 사실관계를 종합하여 판단하여야 하는 문제가 있으므로 납세자의 중대한 과실이 없는 한 일단, 일반과소신고가산세를 적용하여 수정신고하면 될 것이다.

5 가공 매입 및 이중 비용 수정신고[법인]

❶ 개요

가공 매입이란 실제 거래없이 세금계산서만 수취한 경우를 말하며, 해당 연도의 법인세 확정신고 이후 가공 매입한 사실이 밝혀지는 경우 해당 금액을 손금불산입하여야 하고, 당해 귀속자에게 상여로 소득처분하는 것이며, 귀속이 불분명한 경우 대표이사에게 상여처분하여야 한다.

관할 세무서의 과세자료 해명요구에 의하여 수정신고를 하는 경우에는 신고불성실과 관련한 가산세 감면을 받을 수 없고, 경비로 이중 또는 과다계상한 금액이 **부정행위**에 의한 경우 산출세액의 증가에 따른 법인세 세액감면 또는 세액공제를 추가 감면 또는 공제를 받을 수 없음을 유의하여야 한다.

❷ 가공매입에 대한 추가 납부할 세금 등 계산 사례

[예제] 건설업을 영위하는 (주)대한건설이 20×2년 6월 30일 수령한 매입세금계산서(공급가액 30,000,000원, 세액 3,000,000원)는 실물거래 없는 가공 매입세금계산서로 관할세무서에서 확인하여 수정신고할 것을 안내받고, 20×4년 9월 30일 가공매입금액(부가가치세 포함)에 대하여 익금산입하고, 20×2년 1기 확정 부가가치세 수정신고서 및 20×2 사업연도 법인세 수정신고서를 제출하다.

1 가공매입에 대한 부가가치세 추가 납부세액 및 가산세

① 추가 납부하여야 할 부가가치세 (매출세액 3,000,000원)

② 실물거래없는 가공 세금계산서 수취에 대한 가산세 (600,000원)
공급가액(30,000,000원) × 2/100 = 600,000원

◆ 가공 세금계산서 수취에 대한 가산세
사업자가 재화 또는 용역을 공급받지 아니하고 세금계산서등을 발급받은 경우 그 공급가액에 3%[2018년 이후 수취분 2% → 3%]를 곱한 금액을 납부세액에 더한다.

③ 납부지연가산세
매출세액(3,000,000원) × 2.2/10,000 × 미납일수
- 미납일수 : 신고납부기한일의 다음날부터 수정신고납부일까지의 일수

[개정 세법] 2019년 이후 납부지연가산세 이자율 인하 [국세기본법 시행령 제27조의4]
2019년 2월 11일 이전의 미납기간 : 1일 0.03%
2019년 2월 12일 이후의 미납기간 : 1일 0.025%
2022년 2월 15일 이후의 미납기간 : 1일 0.022%

④ 신고불성실가산세 (1,200,000원)
과소납부세액(3,000,000) × 부정과소신고가산세(40/100) = 1,200,000원

◆ 부정과소신고가산세
거짓 증빙 또는 거짓 문서의 작성 및 수취로 세금을 포탈한 경우 부정행위로 볼 수 있으며, 이 경우 과소신고분 납부세액(부정과소신고납부세액)의 100분의 40에 상당하는 금액을 가산세로 부담하여야 한다.

2 가공매입에 대한 법인세 추가 납부세액 및 가산세

20×2년도 법인세 과세표준 100,000,000원, 산출세액 10,000,000원, 중소기업에 대한 특별세액감면 3,000,000원(감면율 : 30%), 감면이후 세액 7,000,000원

20×2년도 수정 법인세 과세표준 130,000,000원, 산출세액 13,000,000원, 중소기업에 대한 특별세액감면 3,000,000원, 감면이후 세액 10,000,000원

자료상으로부터 매입세금계산서를 수취하여 경비처리한 내용에 대하여 관할 세무서의 과세자료 해명요구를 받고 수정신고하는 경우 거짓 증빙 또는 거짓 문서의 작

성 및 수취에 해당하는 행위로서 조세의 부과를 현저히 곤란하게 하는 적극적 행위가 있은 것으로 보아 수정신고를 하더라도 부정과소신고가산세를 적용하여야 하며, 산출세액의 증가에 따른 중소기업에 대한 특별세액 감면을 추가 공제받을 수 없는 것으로 판단된다.

① 20×2 사업연도 법인세 추가 납부세액(3,000,000원)
수정 감면이후 세액(10,000,000원) - 당초 감면이후 세액(7,000,000원)

② 납부지연가산세
추가 납부할 법인세 × 미납일수 × 2.2/10,000

③ 부정과소신고가산세
(산출세액 - 기납부세액) × 과소신고가산세율(부정행위 40%)

◆ 부정과소신고가산세
거짓 증빙 또는 거짓 문서의 작성 및 수취에 해당하는 행위로서 조세의 부과와 징수를 불가능하게 하거나 현저히 곤란하게 하는 적극적 행위가 있는 경우 부정과소신고가산세를 적용하여야 한다.

▣ 가공매입의 세무조정 및 소득처분

□ <세무조정> 손금불산입 및 소득처분
- 가공매입금액 및 부가가치세 : 33,000,000원 (상여)

□ <세무조정> 손금산입 및 소득처분
- 부가가치세 : 3,000,000원 (기타)

▣ 원천징수 신고 및 납부

인정상여 처분금액은 법인세 수정신고일이 속하는 달의 **다음 10일**까지 원천징수이행상황신고서를 수정하여 제출하고 납부하여야 하며, 또한 근로소득지급명세서를 수정하여 같이 제출하여야 한다.

❸ 연도별 법인세율 및 소득세 기본세율

1 법인세율

▶ 2018년 ~ 2022년 귀속 사업연도 법인세율 [법인세법 제55조]

과세표준	세 율
2억원 이하	과세표준의 100분의 10
2억원 초과 200억원 이하	2천만원 + (2억원을 초과하는 금액의 100분의 20)
200억원 초과 3천억원 이하	39억8천만원 + (200억원을 초과하는 금액의 100분의 22)
3천억원 초과	655억8천만원 + (3천억원을 초과하는 금액의 100분의 25)

[개정 세법] 법인세 세율 및 과세표준 구간 조정(법인법 §55)

종 전		개 정	
□ 법인세율 과세체계 ○ 세율 및 과세표준		□ 법인세율 인하 및 과표구간 조정 ○ 세율 1% 인하	
과세표준	세 율	과세표준	세 율
2억원 이하	10%	2억원 이하	9%
2~200억원	20%	2~200억원	19%
200~3,000억원	22%	200~3,000억원	21%
3,000억원 초과	25%	3,000억원 초과	24%

<적용시기> '23.1.1. 이후 개시하는 사업연도 분부터 적용

▶ **사업연도가 1년 미만인 경우 산출세액 계산**

$$\text{법인세산출세액} = \left(\text{과세표준} \times \frac{12}{\text{사업연도월수}}\right) \times \text{세율} \times \frac{\text{사업연도월수}}{12}$$

* 월수는 역에 따라 계산하되 1월 미만의 일수는 1월로 한다.

▶ **법인의 최초사업연도의 개시일 (법인세법 시행령 제4조)**
내국법인의 경우에는 설립등기일

② 소득세율

[개정 세법] 소득세 최고세율 조정(소득법 §55①)

2018년~2020년 기본세율

과세표준 구간	세율	누진공제액
1,200만원 이하	6%	
1,200만원 초과 4,600만원 이하	15%	108만원
4,600만원 초과 8,800만원 이하	24%	522만원
8,800만원 초과 1억5천만원 이하	35%	1,490만원
1억5천만원 초과 3억원 ~ 5억원	38%	1,940만원
3억원 ~ 5억원	40%	2,540만원
5억원 초과	42%	3,540만원

2021년 ~ 2022년 기본세율

과세표준 구간	세율	누진공제액
1,200만원 이하	6%	
1,200만원 초과 4,600만원 이하	15%	108만원
4,600만원 초과 8,800만원 이하	24%	522만원
8,800만원 초과 1억5천만원 이하	35%	1,490만원
1억5천만원 초과	38%	1,940만원
3억원 ~ 5억원	40%	2,540만원
5억원 ~ 10억원	42%	3,540만원
10억원 초과	45%	6,540만원

<적용시기> '21.1.1. 이후 발생하는 소득분부터 적용

[개정 세법] 2023년 이후 소득세 기본세율 (소득세법 §55①)

과세표준 구간	세율	누진공제액
1,400만원 이하	6%	
1,400만원 5,000만원 이하	15%	126만원
5,000만원 8,800만원 이하	24%	576만원
8,800만원 1.5억원 이하	35%	1,544만원
1.5억원 3억원 이하	38%	1,994만원
3억원 5억원 이하	40%	2,594만원
5억원 10억원 이하	42%	3,594만원
10억원 초과	45%	6,594만원

<적용시기> '23.1.1. 이후 발생하는 소득 분부터 적용

6 소득세 관련 가산세

❶ 소득세 가산세 요약

가산세종류	의무위반 사항 및 가산세 등	가산세
무기장가산세	사업자가 장부를 비치·기록하여 소득금액을 계상하지 아니한 경우 단, 신규사업자 및 소규모사업자(전년도 수입금액 4800만원 이하)는 제외	산출세액의 20%
지급명세서 미제출가산세	원천세 지급에 대한 지급명세서를 다음해 2월 말일 또는 3월 10일까지 제출하지 아니한 경우 ▶ 3개월 이내 제출시 100분의 0.5%	지급금액의 1%
계산서 미발급가산세	계산서 발급대상업종에 해당하는 복식부기 의무자가 계산서를 발급하지 아니한 경우	공급가액의 2%
계산서 지연발급가산세	계산서 발급대상업종에 해당하는 복식부기 의무자가 계산서를 공급시기가 속하는 과세기간의 다음 연도 1월 25일까지 발급한 경우	공급가액의 1%
계산서합계표 미제출가산세	복식부기의무자가 매출·매입처별계산서합계표를 다음해 2월 10일까지 제출하지 아니한 경우 공급가액의 0.5%(1개월 내 지연제출 0.3%) - 2017년 이전 1%(지연제출 0.5%)	공급가액의 0.5%
세금계산서합계표 미제출가산세	면세사업을 영위하는 복식부기의무자가 매입처별세금계산서합계표를 다음해 2월 10일까지 제출하지 아니한 경우 공급가액의 0.5%(1개월 내 지연제출 0.3%) - 2017년 이전 1%(지연제출 0.5%)	공급가액의 0.5%
정규영수증 미수취가산세	사업자(소규모사업자 및 추계과세자 제외)가 지출에 대하여 정규영수증(세금계산서, 계산서, 신용카드결제, 현금영수증 등)을 수취하지 아니한 경우	거래금액의 2%
영수증수취 명세서미제출 가산세	사업자(소규모사업자 및 추계과세자 제외)가 정규영수증 수취예외거래 중 특정거래에 대하여 영수증수취명세서를 제출하지 아니한 경우	거래금액의 1%

가산세종류	의무위반 사항 및 가산세 등	가산세
사업장현황신고 불성실가산세	의료업, 수의업, 약사업을 영위하는 사업자가 다음해 2월 10일까지 사업장현황신고를 하지 아니한 경우	수입금액의 0.5%
사업용계좌 미사용가산세	복식부기의무자가 주요거래(금융기관을 이용한 거래대금결제, 인건비, 임차료등)에 대하여 사업용계좌를 사용하지 아니한 경우	미사용 금액의 0.2%
현금영수증 미가맹가산세	현금영수증가맹점 가입대상사업자가 현금영수증가맹점으로 가입하니 아니한 경우	수입금액의 1%
현금영수증 미발급가산세	현금영수증가맹점이 발급을 거부하였거나 사실과 다르게 발급한 경우	미발급액의 5%
현금영수증 미발급과태료	학원, 병·의원 등 특정 현금영수증가맹업종이 10만원 이상 거래에 대하여 현금영수증을 발급하지 아니한 경우 그 금액의 100분의 20에 해당하는 금액을 가산세로 부과	
공동사업자 불성실가산세	1. 공동사업자가 사업자등록을 하지 아니하거나 공동사업자가 아닌 자가 공동사업자로 거짓으로 등록한 경우: 등록하지 아니하거나 거짓 등록에 해당하는 각 과세기간 총수입금액의 1천분의 5 2. 공동사업자가 신고하여야 할 내용을 신고하지 아니하거나 거짓으로 신고한 경우: 신고하지 아니하거나 거짓 신고에 해당하는 각 과세기간 총수입금액의 1천분의 1	

❷ 사업용계좌 미개설시 가산세 부과 및 중소기업특별세액공제, 창업중소기업에 대한 감면 배제

복식부기기장의무자가 사업용계좌를 신고하지 않은 경우 중소기업특별세액공제, 창업중소기업에 대한 감면 등을 받을 수 없으며 사업용계좌 미개설 가산세 및 미사용 가산세가 적용된다.

17 지출증빙, 제척기간, 소멸시효

❶ 정규영수증 수취대상 거래

1 건별 거래금액이 3만원 초과 거래

재화 또는 용역의 거래 건당 공급대가(부가세 포함)가 3만원을 초과하는 거래인 경우 정규영수증을 수취하여야 한다. 따라서 거래 건당 3만원 이하인 거래의 경우 정규영수증을 수취하지 않아도 가산세는 적용되지 아니한다.

한편, 공급대가가 3만원을 초과하는 동일거래에 대해서 여러 장의 간이영수증을 분할하여 수취하는 경우 적격증빙수취의무에 위반되는 것으로 적격증빙을 수취하지 못한 것으로 보아 증빙불비가산세가 적용된다.

2 사업자와의 거래

정규지출증빙에 관련된 규정은 거래상대방이 아래의 사업자인 경우에 적용되며 거래상대방이 사업자가 아닌 경우에는 적용되지 아니한다. 다만, 거래상대방이 사업자등록을 하지 않았다하더라도 사업의 계속성이 있는 경우 재화 또는 용역을 공급받은 사업자는 정규영수증 미수취에 대한 가산세를 부담하여야 한다.

[1] 법인사업자
내국법인 및 수익사업을 영위하는 비영리법인(외국법인을 포함한다.)

[2] 개인사업자
영수증 발행대상사업자 및 간이과세자를 제외한 모든 개인사업자

❷ 정규영수증 수취대상이 아닌 경우

◼ 정규영수증 수취대상 제외사업자와의 거래

아래 사업자와의 거래시에는 세금계산서, 계산서, 신용카드매출전표, 현금영수증 등 정규영수증을 수취하지 아니하고 일반영수증을 수취하여도 적격증빙미수취 가산세가 적용되지 아니한다.

[1] 비영리법인
비영리법인과의 거래 단, 법인세법시행령 제2조 제1항의 규정에 해당하는 수익사업과 관련된 부분은 정규영수증을 수취하여야 한다.

[2] 국가 및 지방자치단체
국가 및 지방자치단체에 납부하는 각종 세금은 정규영수증 수취의무가 없으며, 납부영수증을 증빙으로 갖추어 되면 된다.

[3] 금융보험업을 영위하는 법인(금융·보험용역 제공에 한함)
거래상대방 공급자가 금융보험업자인 경우 적격증빙수취대상이 아니므로 해당 기관이 발행하는 영수증을 증빙으로 보관하면 된다.

[4] 읍·면지역에 소재 간이과세자로서 신용카드가맹점이 아닌 사업자
읍·면지역(도농복합 시지역의 읍면지역 포함)에 소재하는 간이과세자로 신용카드가맹점이 아닌 사업자인 경우 해당 사업자가 발행하는 간이영수증 등을 지출증빙으로 수취하면 된다. 시지역의 간이과세자인 경우 정규영수증인 현금영수증을 수취하거나 신용카드로 결제하여야 정당한 증빙으로 인정이 된다.

[5] 국내사업장이 없는 외국법인
국내사업장이 없는 외국법인과의 거래시 정규영수증 수취의무가 없으며, 이 경우 지출에 대한 증빙으로 영수증(형식은 무관함)을 갖추어 두면 된다.

❸ 정규영수증을 수취하지 않아도 되는 거래

[1] 거래 건당 공급대가(부가세 포함)가 3만원 이하인 거래
거래 건 당 3만원 이하인 거래의 경우 정규영수증을 수취하지 않아도 가산세는 적용되지 아니한다. 3만원 초과 거래 여부의 판단은 거래 1건별 영수증금액(부가세 포함)을 기준으로 판단하며, 동일한 거래에 대하여 영수증을 분할하여 발급받은 경우에도 합산한 금액을 1건의 거래로 본다.

[2] 다음의 어느 하나에 해당하는 거래
① 농·어민(법인 제외)으로부터 재화 또는 용역을 직접 공급받은 경우
② 재화의 공급으로 보지 아니하는 사업의 양도(사업의 포괄양도.양수)에 의하여 재화를 공급받은 경우
③ 방송용역을 제공받은 경우
④ 전기통신사업법에 의한 전기통신사업자로부터 전기통신용역을 공급받은 경우
⑤ 국외에서 재화 또는 용역을 공급받은 경우
⑥ 공매.경매 또는 수용에 의하여 재화를 공급받은 경우
⑦ 토지 또는 주택을 구입하거나 주택의 임대업을 영위하는 자(법인을 제외한다)로부터 주택임대용역을 공급받은 경우
⑧ 택시운송용역을 제공받은 경우
⑨ 금융.보험용역을 제공받은 경우
⑩ **건물 또는 토지 구입** ~ 건물 또는 토지를 구입하는 경우로서 거래내용이 확인되는 매매계약서 사본을 법인세과세표준신고서에 첨부하여 납세지 관할세무서장에게 제출하는 경우 단, 과세대상 건물을 구입하는 경우로서 그 매입세액을 공제받고자하는 경우에는 세금계산서를 수취하여야 한다. (법인세법 시행령 제164조 ③)
⑪ 입장권.승차권.승선권 등을 구입하여 용역을 제공받은 경우
⑫ 항공기의 항행용역을 제공받는 경우
⑬ 부동산임대용역을 제공받은 경우로서 전세금 또는 임대보증금에 대한 부가가치세액(간주임대료에 대한 부가가치세액)을 임차인이 부담하는 경우
⑭ 재화공급계약.용역제공계약 등에 의하여 확정된 대가의 지급지연으로 인하여 연체이자를 지급하는 경우
⑮ 「유료도로법」에 따른 유료도로를 이용하고 통행료를 지급하는 경우

> 다음의 하나에 해당하는 경우로서 공급받은 재화 또는 용역의 거래금액을 금융기관을 통하여 지급한 경우로서 법인사업자는 법인세과세표준신고서에 송금사실을 기재한 경비 등의 '경비등의 송금명세서'를 개인사업자는 영수증수취명세서를 관할 세무서장에게 제출하는 경우

1. 간이과세자로부터 부동산임대용역을 제공받은 경우
2. 임가공용역을 제공받은 경우(법인과의 거래를 제외한다)
3. 간이과세자로부터 재활용폐자원 등이나 재활가능자원을 공급받은 경우
4. 항공법에 의한 상업서류 송달용역을 제공받는 경우
5. 부동산중개업법에 의한 중개업자에게 수수료를 지급하는 경우
6. 기타 국세청장이 정하여 고시하는 경우
가. 인터넷, PC통신 및 TV홈쇼핑을 통하여 재화 또는 용역을 공급받는 경우
나. 우편송달에 의한 주문판매를 통하여 재화를 공급받는 경우

[3] 재화 또는 용역의 공급으로 보지 아니하는 거래

재화 또는 용역의 공급으로 보지 아니하는 거래는 정규영수증 수취대상이 아니므로 예를 들어 다음에 예시하는 거래는 해당 거래사실을 입증할 수 있는 증빙을 갖추어 두면 된다.
○ 조합 또는 협회에 지출하는 경상회비,
○ 판매장려금(현금 지급) 또는 포상금 등 지급
○ 거래의 해약으로 인한 위약금, 손해배상금 등
○ 기부금

[4] 원천징수대상 소득을 지급하는 경우

원천징수대상 소득(근로소득, 퇴직소득, 이자소득, 기타소득, 원천징수대상 사업소득을 지급하는 경우 그 지급에 대한 명세서를 기재한 지급명세서를 제출하여야 하며, 이 경우 지급명세서가 그 지출에 대한 증빙이 되므로 별도의 정규영수증 수취의무가 없다.

❹ 영수증수취명세서 제출의무 및 가산세

■ 영수증수취명세서 제출의무

[1] 영수증 수취명세서 제출의무
개인사업자가(소규모사업자 제외) 다른 사업자로부터 재화나 용역을 공급받고 적격증빙(세금계산서, 계산서, 신용카드매출전표, 현금영수증) 외의 것을(간이영수증 등) 수취한 경우에는 종합소득세 확정신고 시 '영수증수취명세서'를 제출하여야 한다.

[2] 제출대상
거래건당 3만원을 초과하고 계산서·세금계산서·신용카드매출전표 및 현금영수증이 아닌 영수증을 기재한 것으로서 다음의 명세서제출 제외대상 거래가 아닌 것

영수증수취명세서(1)

1. 세금계산서·계산서·신용카드 등 미사용 내역

⑨구 분	3만원 초과 거래분		
	⑩총 계	⑪명세서제출제외대상	⑫명세서제출대상(⑩-⑪)
⑬건 수			
⑭금 액			

2. 3만원 초과 거래분 명세서제출 제외대상 내역

구 분	구 분
⑮읍·면지역소재	㉖부동산구입
⑯금융·보험용역	㉗주택임대용역
⑰비거주자와의 거래	㉘택시운송용역
⑱농어민과의 거래	㉙전산발매통합관리시스템 가입자와의 거래
⑲국가·지방자치단체 또는 지방자체단체조합과의 거래	㉚항공기항행용역
⑳비영리법인과의 거래	㉛간주임대료
㉑원천징수대상사업소득	㉜연체이자지급분
㉒사업의 양도	㉝송금명세서제출분
㉓전기통신·방송용역	㉞접대비필요경비부인분
㉔국외에서의 공급	㉟유료도로 통행료
㉕공매·경매·수용	㊱합 계

▶ 소규모사업자
1. 해당 과세기간에 신규로 사업을 개시한 사업자
2. 직전 과세기간의 사업소득의 수입금액이 4천800만원에 미달하는 사업자
3. 원천징수대상 사업소득만 있는 자

[3] 명세서 제출대상거래
영수증 수취명세서(2) 서식에 공급자 내역을 건별로 기재를 하여야 한다.

영수증수취명세서(2)							
⑤일련번호	⑥거래일자	공 급 자				⑪거래금액	⑫비 고
		⑦상 호	⑧성 명	⑨사 업 장	⑩사업자등록번호		

[4] 경비등의 송금명세서
영수증 수취명세서 ㉝송금명세서제출분의 경우 경비등의 송금명세서를 별도로 작성하여 제출을 하여야 한다. 다만, 경비등의 송금명세서를 제출하지 않는 경우 제출한 영수증 수취명세서가 불분명하다고 인정되어 가산세가 적용될 수 있다.

경비 등의 송금명세서								
3. 거래·송금명세 및 공급자								
⑤일련번호	⑥거래일	⑦상 호	⑨사업자등록번호	⑩거래명세	⑪거래금액	⑫송금일	⑬은 행 명	
		⑧성 명					⑭ 계좌번호	

▶ 법인 [법인세법 시행규칙 제79조(지출증명서류의 수취 특례)]
법인은 아래의 경우 법인세 신고시 '경비등의 송금명세서'를 제출하여야 하나 제출하지 않은 경우라도 가산세 적용은 없다.

□ 경비등의 송금명세서를 제출하여야 하는 경우
1 간이과세자로부터 부동산임대용역을 제공받은 경우
2 임가공용역을 제공받은 경우(법인과의 거래를 제외한다)
3 간이과세자인 운수업을 영위하는 자가 제공하는 운송용역을 공급받은 경우
4 간이과세자로부터 재활용폐자원 등이나 재활용가능자원을 공급받은 경우
5. 「항공법」에 의한 상업서류 송달용역을 제공받는 경우
6. 중개업자에게 수수료를 지급하는 경우
7. 통신판매에 따라 재화 또는 용역을 공급받은 경우
8. 그 밖에 국세청장이 정하여 고시하는 경우

2 영수증수취명세서 미제출가산세

사업자(소규모사업자 및 소득금액이 추계되는 자는 제외)가 영수증수취명세서 제출대상거래에 대하여 과세표준확정신고기한까지 제출하지 아니하거나 제출된 영수증수취명세서에 거래상대방의 상호, 성명, 사업자등록번호(주민등록번호로 갈음하는 경우에는 주민등록번호), 거래일 및 지급금액을 기재하지 아니하였거나 사실과 다르게 기재하여 거래사실을 확인할 수 없는 경우 그 제출하지 아니한 분의 지급금액 또는 불분명한 분의 지급금액의 100분의 1에 해당하는 금액을 결정세액에 더한다.
[소득세법 제81조 ①]

▶ 정규영수증을 부득이하게 수취하지 못한 경우

실무에서 정규영수증을 수취할 수 없는 부득이한 경우가 발생할 수 있으며, 이 경우 그 지급사실을 증명할 수 있도록 은행 등을 통하여 송금을 하여야 한다. 왜냐하면, 지급사실이 확인되는 경우 정규영수증 미수취에 대한 가산세(거래금액의 100분의2)는 부담할 수 있으나 비용으로는 인정을 받을 수 있기 때문이다.

한편, 정규영수증이 없다하여 실무에서 당장 세무상 문제는 발생하지 않는다. 국세청은 사업자의 비용에 대하여 정당한 증빙을 수취하였는지 여부는 세무조사 등에 의하여 확인할 수 있으므로 금액적으로 중요하지 않은 지출에 대한 증빙 미수취로 경리실무자가 전전긍긍할 필요는 없을 것이다.

❺ 정규영수증 미수취에 대한 가산세 등

① 개인사업자

[1] 증빙불비가산세
① 적용대상 ~ 소규모사업자가 아닌 사업자
* 소규모사업자 : 직전연도 수입금액이 4,800만원 미만인 사업자 및 신규사업자
② 가산세 ~ 정규증빙서류 미수취금액의 100분의 2

[2] 영수증수취명세서 미제출가산세
① 적용대상 ~ 소규모사업자(직전연도 수입금액이 4,800만원 미만)가 아닌 사업자
② 가산세 ~ 영수증수취명세서를 과세표준확정신고기한 내에 제출하지 아니하거나, 제출한 영수증수취명세서가 불분명한 경우 미제출 거래금액의 100분의 1

② 법인사업자

① 정규증빙서류 미수취금액의 100분의 2
② 법인은 '경비등의 송금명세서'를 법인세 신고시 제출하여야 하나 제출하지 않는 경우에도 가산세는 없다.

❻ 영수증 수취 관련 사업자 주의사항

① 개인과의 거래

[1] 개인(사업자 미등록자)으로부터 과세재화를 공급받는 경우
사업자등록이 없는 개인으로부터 과세재화를 공급받는 경우 당해 개인이 물품 또는 재화를 계속적으로 공급하는 사업성을 가진 자가 아닌 경우에는 정규영수증 수취대상이 아니다. 따라서 사업자등록이 없는 개인으로부터 물품 등을 구입하는 경

우 그 지급사실을 증명할 수 있는 영수증(형식은 무방하나 공급자의 인적사항과 연락처, 금액 등을 기재한 영수증)을 수취하고, 금융기관을 통하여 송금한 송금영수증을 보관하면 된다. (개인으로부터 중고자동차 매입 등) 다만, 사업자등록이 없는 개인이라도 사업성이 있고, 물품 등을 계속적으로 공급하는 경우(미등록 부동산임대업자 등)로서 3만원을 초과하는 거래에 대하여 정규영수증을 수취하지 않은 경우 증빙불비가산세(거래금액의2%)를 부담하여야 한나.

[2] 개인으로부터 일용노무를 제공받는 경우

1) 개인으로부터 일용노무를 제공받는 경우 통상 '잡급'으로 처리하며, 지출증빙서류 수취대상은 아니나 그 지급에 대한 송금영수증, 작업일지(일용노무비대장 등) 등을 보관하여 두고, 그 지급일이 속하는 분기의 다음달 말일(2023년 이후 지급일의 다음달 말일)까지 지급명세서를 관할 세무서에 제출하여야 한다.
2) 일용근로자의 일당이 15만원을 초과하는 경우 근로소득세를 원천징수하여 그 징수일의 다음 달 10일까지 납부하여야 한다.

[3] 정규영수증 수취의무 면제 거래

사업자가 아닌 자와의 거래로서 아래에 해당하는 경우 정규영수증이 없더라도 증빙불비가산세는 적용되지 아니한다. 단, 그 거래사실을 입증할 수 있는 입금증, 송금영수증, 계약서등은 보관하여야 한다.
1. 폐업한 사업자로부터 폐업시 잔존재화를 공급받는 경우
2. 개인으로부터 중고자동차를 취득하거나 종업원 개인 소유차량을 취득하는 경우

2 면세사업자와의 거래

사업자가 면세재화 또는 용역을 거래할 때에는 거래상대방이 계산서를 발급할 수 있으므로 이들과 거래시에는 반드시 계산서를 발급받거나 신용카드로 결제하여야 하며,(단, 지출증빙수취 특례규정에 해당하는 경우는 제외함) 발급받은 계산서는 매입처별계산서합계표를 작성하여 다음 해 2월 10일까지 제출하여야 하며, 법인 또는 복식부기의무자인 개인사업자가 수취한 계산서합계표를 익연도 2월 10일까지 제출하지 아니할 경우 공급가액의 1%를 가산세로 부담하여야 한다.

3 간이과세자와의 거래

1) 거래상대방이 간이과세자인 경우 간이과세자는 부가가치세가 과세되는 거래에 대하여 세금계산서를 발급할 수 없기 때문에 지출증빙서류 특례규정에 해당하는 경우를 제외하고, 신용카드로 결제하여야 한다.
2) 간이과세자가 신용카드가맹점이 아닌 경우 신용카드결제가 불가능하므로 간이과세자와의 거래금액이 3만원을 초과할 시 부득이 증빙불비가산세를 부담할 수밖에 없을 것이다. 단, 읍·면지역에 소재하는 간이과세자가 신용카드가맹점이 아닌 경우 증빙불비가산세는 해당되지 아니한다.

▶ **간이과세자와의 거래시 증빙수취 방법**
(1) 간이과세자가 읍, 면지역에 소재한 경우로서 신용카드가맹점이 아닌 경우에는 간이영수증을 증빙으로 수취하면 된다.
(2) 간이과세자가 도시지역에 소재한 경우에는 신용카드로 결제하고, 신용카드매출전표를 수취하여야 한다.
(3) 간이과세자가 도시지역에 소재한 사업자로 신용카드가맹점이 아닌 경우 거래금액을 금융기관을 통하여 지급하고 과세표준확정신고서에 그 송금명세서를 첨부하여 관할세무서장에게 제출한 경우 손금인정은 되지만, 증빙불비가산세는 적용된다.
(4) 간이과세자이나 세금계산서 발급대상 간이과세자와 거래를 한 경우 세금계산서를 수취하여야 한다.

■ 세금계산서 발급이 가능한 간이과세자인 조회
홈택스 → 조회발급 → 사업자상태 → 사업자등록번호로 조회
부가가치세 간이과세자(세금계산서 발급사업자)로 표시

❼ 장부 및 증거서류 보존, 전자기록 장부 등의 보존

[1] 상법
장부의 보존연한은 10년(전표 또는 이와 유사한 서류는 5년)

□ 상법
제33조(상업장부등의 보존)
①상인은 10년간 상업장부와 영업에 관한 중요서류를 보존하여야 한다. 다만, 전표 또는 이와 유사한 서류는 5년간 이를 보존하여야 한다. 〈개정 1995. 12. 29.〉
③제1항의 장부와 서류는 마이크로필름 기타의 전산정보처리조직에 의하여 이를 보존할 수 있다. 〈신설 1995. 12. 29.〉
④제3항의 규정에 의하여 장부와 서류를 보존하는 경우 그 보존방법 기타 필요한 사항은 대통령령으로 정한다. 〈신설 1995. 12. 29.〉
□ 상법 시행령 제3조(전산정보처리조직에 의한 보존)
□ 「전자문서 및 전자거래 기본법」

[2] 법인세법에 의한 지출증빙서류
법인세 신고기한이 지난 날부터 5년간

[3] 국세기본법
① 장부 및 증거서류는 그 거래사실이 속하는 과세기간에 대한 해당 국세의 **법정신고기한이 지난 날부터 5년간**(역외거래의 경우 7년간) 보존하여야 한다.

② 납세자는 제1항에 따른 장부와 증거서류의 전부 또는 일부를 전산조직을 이용하여 작성할 수 있다. 이 경우 그 처리과정 등을 자기테이프, 디스켓 또는 그 밖의 정보보존 장치에 보존하여야 한다.

□ 전자기록의 보전방법 등에 관한 고시
국세청 홈페이지 → 알림소식 → 고시

❽ 제척기간과 소멸시효, 국세체납액의 소멸

[1] 제척기간
제척기간이란 일정한 권리에 대해 법률관계를 빨리 확정하려고 하는 목적으로 법률이 예정한 존속기간을 말하며, 제척기간이 경과한 후에는 국세부과권이 소멸된다. 예를 들어 법인세를 정당하게 신고한 경우 과세당국은 신고내용의 적법성 여부에 대하여 세무조사 등을 실시하여 과세권을 행사할 수 있으나 신고기한일로부터 5년이 경과하면, 국세부과권이 소멸되는 것으로 제척기간은 소멸시효와 달리 중단 등의 사유는 발생하지 않는다.

□ 국세기본법 제26조의2(국세의 부과제척기간) -요약-
① 국세를 부과할 수 있는 기간(부과제척기간)은 국세를 부과할 수 있는 날부터 5년으로 한다.

② 제1항에도 불구하고 다음 각 호의 어느 하나에 해당하는 경우에는 다음 각 호의 구분에 따른 기간을 부과제척기간으로 한다. 〈신설 2019. 12. 31.〉
1. 납세자가 법정신고기한까지 과세표준신고서를 제출하지 아니한 경우: 해당 국세를 부과할 수 있는 날부터 7년(역외거래의 경우 10년)
2. 납세자가 사기나 그 밖의 부정한 행위(부정행위)로 국세를 포탈(逋脫)하거나 환급·공제를 받은 경우: 그 국세를 부과할 수 있는 날부터 10년
3. 납세자가 부정행위를 하여 다음 각 목에 따른 가산세 부과대상이 되는 경우: 해당 가산세를 부과할 수 있는 날부터 10년
   가. 「소득세법」 제81조의10제1항제4호
   나. 「법인세법」 제75조의8제1항제4호
   다. 「부가가치세법」 제60조제2항제2호, 같은 조 제3항 및 제4항

④ 제1항 및 제2항에도 불구하고 상속세·증여세의 부과제척기간은 국세를 부과할 수 있는 날부터 10년으로 하고, 다음 각 호의 어느 하나에 해당하는 경우에는 15년으로 한다.
1. 납세자가 부정행위로 상속세·증여세를 포탈하거나 환급·공제받은 경우
2. 「상속세 및 증여세법」 제67조 및 제68조에 따른 신고서를 제출하지 아니한 경우
3. 「상속세 및 증여세법」 제67조 및 제68조에 따라 신고서를 제출한 자가 대통령령으로 정하는 거짓신고 또는 누락신고를 한 경우

[2] 소멸시효

소멸시효란 권리를 행사할 수 있는 자가 일정한 기간 동안 그 권리를 행사하지 않는 경우 법률 안정을 위하여 권리를 소멸시키는 것을 말한다. 국세징수권의 경우 소멸시효기간은 5년(5억원 이상의 국세 : 10년)이다. 다만, 소멸시효의 경우 제척기간과 달리 체납세금에 대해 재고지를 하거나 독촉, 교부청구, 압류 등을 하는 경우 소멸시효가 중단된다. 따라서 과세관청은 조세권 확보를 위하여 소멸시효 완성전 계속 고지·독촉·최고를 하여 소멸시효를 중단시킴으로서 세금을 체납한 납세자가 소멸시효에 의하여 체납세금을 면제받을 길은 없는 것이다.

ㅁ 국세기본법 제26조(납부의무의 소멸)
국세 및 강제징수비를 납부할 의무는 다음 각 호의 어느 하나에 해당하는 때에 소멸한다. 〈개정 2018. 12. 31., 2020. 12. 22.〉
3. 제27조에 따라 국세징수권의 소멸시효가 완성된 때

제27조(국세징수권의 소멸시효)
① 국세의 징수를 목적으로 하는 국가의 권리는 이를 행사할 수 있는 때부터 다음 각 호의 구분에 따른 기간 동안 행사하지 아니하면 소멸시효가 완성된다. 이 경우 다음 각 호의 국세의 금액은 가산세를 제외한 금액으로 한다. 〈개정 2019. 12. 31.〉
1. 5억원 이상의 국세: 10년
2. 제1호 외의 국세: 5년

제28조(소멸시효의 중단과 정지) ① 제27조에 따른 소멸시효는 다음 각 호의 사유로 중단된다. 〈개정 2020. 12. 29., 2023. 12. 31.〉
1. 납부고지
2. 독촉
3. 교부청구
4. 압류
② 제1항에 따라 중단된 소멸시효는 다음 각 호의 기간이 지난 때부터 새로 진행한다.
1. 고지한 납부기간
2. 독촉에 의한 납부기간
3. 교부청구 중의 기간
4. 압류해제까지의 기간